Andreas Lorenz
Aung San Suu Kyi

Andreas Lorenz

Aung San Suu Kyi

Ein Leben für die Freiheit

Verlag C.H.Beck

Für Jutta und die Kids

Mit 22 Abbildungen und einer Karte

© Verlag C.H.Beck oHG, München 2015
Satz: Janß GmbH, Pfungstadt
Gesetzt aus der Scala und Scala Sans
Druck und Bindung: GGP Media GmbH, Pößneck
Gedruckt auf säurefreiem, alterungsbeständigem Papier
(hergestellt aus chlorfrei gebleichtem Zellstoff)
Umschlaggestaltung: Geviert, Grafik & Typografie, Christian Otto
Umschlagabbildung: Aung San Suu Kyi in Paris, April 2014,
© Nicolas Gouhier/picture-alliance
Printed in Germany
ISBN 978 3 406 67509 6

www.beck.de

Inhalt

Vorwort

Das erste Mal sah ich sie persönlich im Mai 1996 bei einer ihrer Zaunreden in der University Avenue 54, das letzte Mal im Juni 2014 in der Kantine des Parlaments in der neuen Hauptstadt Naypyidaw. Sie saß an einem Tisch mit Abgeordneten der ethnischen Minderheiten. Als ich sie fotografieren wollte, stellte sich ein Parlamentsbeamter in den Weg: «No photos.» Aung San Suu Kyi hatte die Szene beobachtet, schüttelte fast unmerklich den Kopf und lächelte.

Aber auch sie selbst schottet sich ab, lässt sich nur selten interviewen, auch schriftliche Fragen hat sie für dieses Buch nicht beantwortet. Sie ist bekannt dafür, dass sie ihre Privatsphäre streng abschirmt. «Zu viel zu tun, zu wenig Zeit», schrieb sie in einer E-Mail. Wie also eine Biografie über eine Person schreiben, von der fast jeder Mensch auf dieser Welt schon einmal etwas gehört hat, die in jüngerer Zeit aber nur wenig von sich preisgibt?

Ich habe deshalb versucht, so viele Quellen wie möglich zusammenzutragen und viele Zeitzeugen und Wegbegleiter Aung San Suu Kyis zu befragen. Auch bei öffentlichen Auftritten habe ich sie oft beobachtet. Um Aung San Suu Kyi kennenzulernen und zu verstehen, reicht es nicht aus, ihren eigenen Werdegang zu beschreiben. Ihre Person ist nicht ohne die Geschichte ihres Vaters Aung San, des Nationalhelden, und auch nicht ohne die jüngere Geschichte ihres Landes zu erklären. Zum besseren Verständnis der Personen und ihres Handelns gehört auch die Problematik der Minderheiten, denn Myanmar ist ein Vielvölkerstaat, in dem die Mehrheit der Burmanen nicht bei allen wohlgelitten ist.

Damit sind wir bei Namen: Die britischen Kolonialherren haben das Land «Burma» genannt, weil sich die Mehrheit der Einwohner selbst als «Bamar» bezeichneten. Die ethnischen Minderheiten wie etwa die Mon oder die Karen blieben dabei unberücksichtigt. In Deutschland ist neben «Burma» und den «Burmesen» auch die übersetzte Form gebräuchlich: «Birma» und «Birmesen», die «Birmesisch» sprechen. Die Militärjunta hat den offiziellen Staatsnamen am 18. Juni 1989 geändert: Aus der «Union Burma» wurde die «Union Myanmar». Myanmar ist ein Begriff, den die Menschen in der Schriftsprache schon immer für ihr Land benutzt haben. Die Generäle wollten sich damit von der Kolonialmacht absetzen und ihre Eigenständigkeit beweisen. Die Sache wurde kompliziert – und politisch. Weil das Regime die Namensänderung durchgesetzt hatte, ohne das Volk zu fragen, weigerten sich viele zu folgen. Die prominenteste Gegnerin: Aung San Suu Kyi. Sie sagt auf Englisch weiter «Burma» und «Burmese». Auch die USA machten nicht mit, für sie blieb Myanmar bis Mitte 2014 Burma. Das Nachrichtenmagazin «Der Spiegel» hat ebenfalls die alte Schreibweise beibehalten, die BBC verwendet erst seit 2014 Myanmar.

Auch Rangun (im Englischen: «Rangoon») bekam einen anderen Namen: «Yangon». Aus der Tempelstadt Pagan wurde Bagan, aus dem Volk der Arakan das Volk der Rakhine, aus dem Fluss Irrawaddy der Ayeyarwady.

Persönlich finde ich Burma bzw. Birma sympathischer als das Myanmar der Junta. Doch dieser Begriff setzt sich in Literatur und politischer Praxis immer mehr durch. Für die UNO und das Berliner Auswärtige Amt gelten Myanmar und Yangon.

Deshalb benutze ich in diesem Buch beide Begriffe: Burma und Rangun für die Zeit vor der offiziellen Namensänderung, Myanmar und Yangon für die Zeit nach 1989. Die Bezeichnungen in Zitaten oder Quellen ändere ich nicht. Allerdings werden die Menschen bei mir nicht zu Myanma oder Myanmaresen, und sie sprechen auch nicht Myanma, Myanmaresisch oder Myanmarisch. Diese Begriffe halte ich für zu kompliziert und zu ungebräuchlich. Sie bleiben Burmesen, die Burmesisch sprechen. Ist vom Volk der «Bamar» die Rede, also nicht von den Staatsbürgern des Landes, nenne ich sie «Burmanen». Aung San Suu Kyi ist also Burmesin als Staatsbürgerin und Burmanin als Angehörige der Mehrheitsethnie. Auch der mächtige Irrawaddy wird aus diesem Grund nicht zum Ayeyarwady, das Volk der Karen nicht zu den Kayin. Persönliche Namen sind in Myanmar ebenfalls kompliziert. Es gibt keine Vor- und Nachnamen. «Aung San» stammt zum Beispiel von ihrem Vater, «Suu» von ihrer Großmutter und «Kyi» von ihrer Mutter. Vor die Namen gehören Anreden: «Daw» (Dame) bei Frauen, «U» (Onkel) bei Männern; «Ma» werden jüngere Frauen genannt, «Ko Ko» jüngere Männer. Wenn also von «Ma Suu» gesprochen wird, ist Aung San Suu Kyi gemeint. «Daw» und «U» erwähne ich nur beim ersten Mal, es sei denn, die Anrede ist in die Geschichte eingegangen, wie etwa beim früheren UNO-Generalsekretär U Thant oder beim Expremierminister U Nu.

Einige feste englische Begriffe wie etwa das «Rangoon General Hospital» oder die «University Avenue» habe ich belassen.

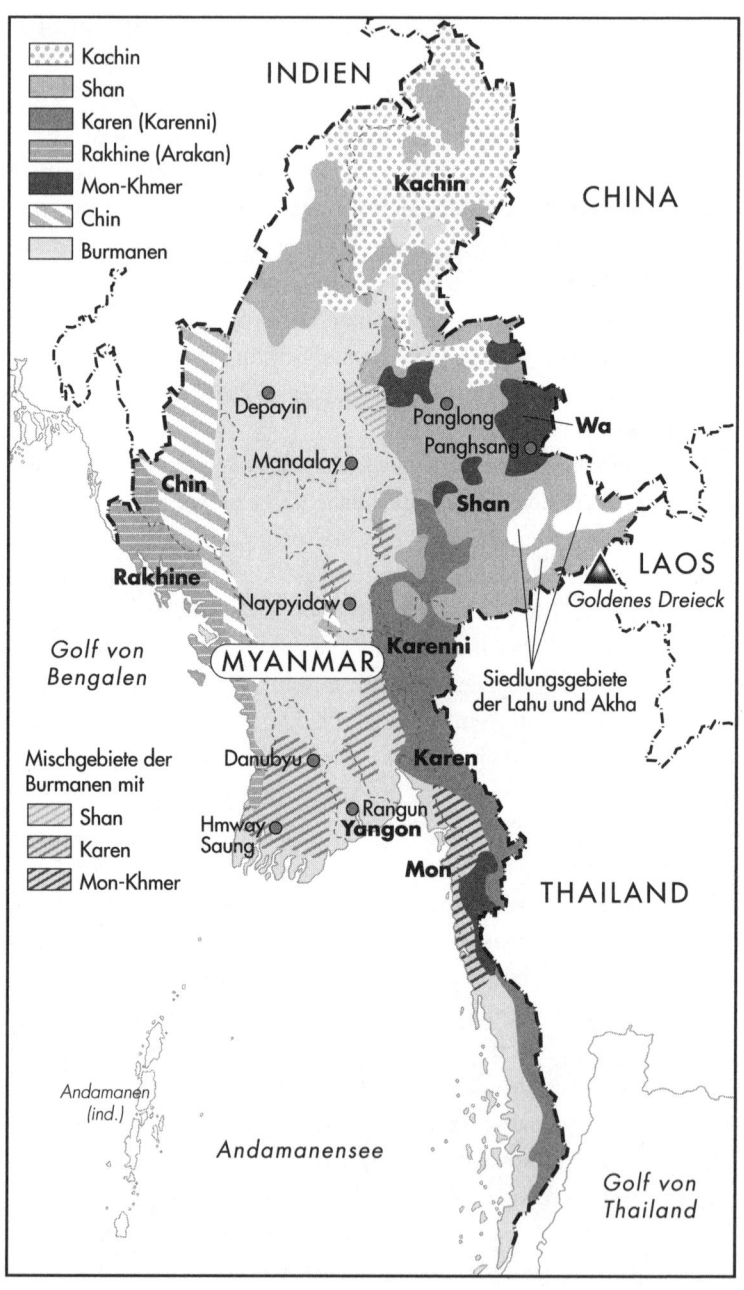

Kachin
Shan
Karen (Karenni)
Rakhine (Arakan)
Mon-Khmer
Chin
Burmanen

INDIEN

CHINA

Kachin

Depayin

Panglong
Panghsang   Wa

Mandalay

Chin

Shan

Rakhine

LAOS

Naypyidaw

Goldenes Dreieck

Golf von
Bengalen

MYANMAR

Karenni

Siedlungsgebiete
der Lahu und Akha

Mischgebiete der
Burmanen mit
Shan
Karen
Mon-Khmer

Danubyu

Karen

Hmway
Saung   Rangun
Yangon

Mon

THAILAND

Andamanen
(ind.)

Andamanensee

Golf von
Thailand

Einleitung: Aung San Suu Kyi –
Brücke zwischen Ost und West

Tauwetter in Myanmar

Wenn sie durch ihr Land fährt, werfen ihr Anhänger Blumen und Obst zu. Oft bleibt der Konvoi in der Menge stecken, weil so viele Menschen sie von Nahem sehen, sie begrüßen, sie berühren wollen – fast wie ein göttliches Wesen oder zumindest wie einen Popstar.

Kinder singen ihr zu Ehren, Studenten brechen in Tränen aus, wenn sie die Gelegenheit bekommen, ihr eine Frage zu stellen. Der 72-jährige leitende Redakteur der Parteizeitung «D-Wave», Pyapon Ni Lone Oo, schiebt nach unserem Gespräch in Yangon stolz einen dünnen Band mit eigenen Gedichten über den Tisch, in denen er seine Chefin anhimmelt: «Oh, Du Rose, Du die volksliebende Herzblume!» Ein privater Moment in der Öffentlichkeit, ein Spaziergang, ein Einkaufsbummel auf dem Markt sind ihr nicht mehr möglich, ohne dass Menschen herbeiströmen, die sie bewundern.

Im Zentrum Yangons bieten Händler T-Shirts, Becher oder Taschen mit ihrem Porträt feil. Manche Galerien organisieren Ausstellungen von Künstlern, die immer wieder nur eine Frau malen: Aung San Suu Kyi. Ihr Foto findet sich auf Kalendern, Schulheften und Buchdeckeln. Vor der Parteizentrale der «National League for Democracy» (NLD) in der West Shwegondaing Road sind ganze Stapel mit DVDs ihrer Auftritte zu kaufen, daneben Aung-San-Suu-Kyi-Tassen, -Tüten, -Beutel und -Schlüsselanhänger, kleine Statuen und Büsten.

All das erscheint in Yangon wie ein Wunder: Noch vor wenigen Jahren saß Aung San Suu Kyi im Hausarrest. Damals wagte es niemand, ihren Namen laut auszusprechen, schüttete die staatliche Presse Hohn und Spott über sie aus, dichtete ihr Liebesaffären an, warf ihr Nähe zu den Kommunisten und Vaterlandsverrat vor.

Seit 1989 hatte die Militärjunta sie dreimal eingesperrt, ihre Anhänger verhaftet und gefoltert – oft für lächerliche oder konstruierte Vergehen. Es gab in der Regel weder Richter, die sie verurteilten, noch Anwälte, die sie verteidigten. Der Geheimdienst und das Militär allein hatten die Macht, Freiheit zu nehmen und sie wieder zu geben. 2010 zählten Menschenrechtler 2189 politische Häftlinge in 42 Gefängnissen und über 100 Arbeitslagern, im Juli 2014 saßen nach wie vor 70 politische Aktivisten hinter Gittern.[1]

Wer heute in Yangon mit Oppositionspolitikern, kritischen Journalisten oder Wissenschaftlern spricht, begegnet kaum jemandem, der nicht im Gefängnis saß oder ins Exil geflüchtet ist. Unter der burmesischen Junta herrschten weitaus schlimmere Verhältnisse als in anderen Diktaturen dieser Welt: Sie unterdrückte nicht nur die Erwachsenen, sie zwang auch Kinder in ihre Armee. Und sie stahl der Jugend die Chance auf Wissen und Bildung, indem sie auf Monate Schulen und Universitäten verriegelte, weil sie Unruhen der Teenager befürchtete. Nur die KP Chinas hat das während der Kulturrevolution (1966–1976) geschafft.

Über 15 Jahre lang war Aung San Suu Kyi die wichtigste Gefangene der Generäle. Jetzt ist sie frei und sogar Abgeordnete des Parlaments. Über ihre Reden und Auftritte berichten die heimischen Medien. 2010 war das Unerwartete geschehen: Die Militärs, die Myanmar jahrzehntelang mit eiserner Faust regiert hatten, rückten plötzlich beiseite. In jenem Jahr durften die Bürger zum ersten Mal nach 20 Jahren wieder wählen, und der langjährige Junta-Chef, Senior-General Than Shwe, trat von der politischen Bühne ab. Statt seiner führt Exgeneral Thein Sein mit einer quasizivilen Regierung als Staatspräsident das Land.

Niemand kennt so recht den Grund für das Umschwenken des Militärs. Aung San Suu Kyi glaubt, die fatale wirtschaftliche Lage des Landes sei die Ursache gewesen. Womöglich befürchteten die Generäle aber auch, das gleiche Schicksal zu erleiden wie Diktatoren in anderen Regionen der Welt. Indem sie rechtzeitig ein klein wenig nachgaben, konnten sie die Kontrolle über das Land und die Geldtöpfe behalten.

Der neue Mann an der Spitze, ein unscheinbarer Herr mit halbrunder Goldrandbrille und schütterem Haar, war einst Infanterie-Generalleutnant, mehr ein Schreibtischsoldat als ein Schlachtenlenker. Er hat eine erstaunliche Verwandlung hinter sich, war er doch seit 1997 Mitglied des Militärregimes, das seine politischen Gegner brutal unterdrückte. Später leitete er die Regierungspartei «Union Solidarity and Development Party» (USDP) und wurde schließlich Premierminister.

Kaum im Amt, ließ er 2010 nicht nur Aung San Suu Kyi, sondern auch Hunderte weitere Dissidenten frei – und schuf so die Voraussetzungen für ein Ende der Isolierung Myanmars und seiner rund 51 Millionen Einwohner. Die USA und die EU strichen Sanktionen. Politiker wie US-Präsident Barack Obama oder Bundespräsident Joachim Gauck, Konzernchefs und die Vertreter von Hilfsorganisationen geben sich seither in der neuen Hauptstadt Naypyidaw die Klinke in die Hand – und alle wollen mit der «Lady» sprechen, wie Aung San Suu Kyi in ihrer Heimat oft genannt wird.

Sie selbst darf seither wieder ins Ausland reisen, ohne fürchten zu müssen, nicht in ihre Heimat zurückkehren zu dürfen. Sie wird mit Ehrendoktortiteln, Medaillen und Ehrungen überhäuft, nachdem sie bereits 1991 den Friedensnobelpreis und ein Jahr zuvor den nach dem lange verbannten russischen Regierungskritiker und Atomwissenschaftler benannten Sacharow-Preis «für geistige Freiheit» des Europäischen Parlaments erhalten hatte. 2014 empfing sie während ihres Berlinbesuchs den Internationalen Willy-Brandt-Preis der deutschen Sozialdemokraten.

Ikone der Freiheit

Kein Zweifel: Nur wenige Politiker und Politikerinnen dieser Welt begeistern die Menschen so wie Aung San Suu Kyi. Die Jazzvirtuosen Herbie Hancock und Wayne Shorter spielten das Stück «Aung San Suu Kyi», es gewann 1997 als beste Instrumentalkomposition den Grammy.

Die irische Rockgruppe U2 widmete ihr 2000 ein Lied («Walk on»). Die US-Schauspieler George Clooney und Brad Pitt, die Sänger Madonna und Bono warben für ihre Freilassung. Der französische Regisseur Luc Besson setzte ihr 2011 mit dem Film «The Lady» – in der Hauptrolle der malaysische Star Michelle Yeoh – ein Denkmal. Aung San Suu Kyi selbst hat sich den Streifen übrigens nie angesehen.

«Beauty and the Beast in Burma» überschrieb die «New York Review of Books» einen Artikel des britischen Journalisten und Historikers Timothy Garton Ash über die Gegner in diesem Kampf um die Macht in Myanmar – hier eine schöne Oppositionspolitikerin und dort grobe Generäle.[2]

Aung San Suu Kyi fasziniert, weil sie Ost und West auf unnachahmliche Weise verbindet. Sie war mit einem Engländer verheiratet, sie hat in Oxford studiert und in New York gearbeitet. Sie spricht das Englisch der Oberklasse, zum Teil altmodisch und literarisch wie in ihrer Dankesrede für den Friedensnobelpreis – und ist doch Buddhistin durch und durch, philosophiert gerne über die sechs buddhistischen Leiden oder die zehn Tugenden. Eine Brücke zwischen westlicher Demokratie und östlichem Buddhismus zu schlagen, das Wertesystem der Oxford-Universität, nämlich den Respekt «für das Beste in der menschlichen Zivilisation», auf ihr Land zu übertragen – das ist ihr großes Lebensziel.

Obwohl sie so lange im Ausland gelebt hat, ist sie tief verwurzelt in ihrer Heimat. So trägt sie stets den burmesischen Longyi, den langen Rock. Bewunderer zeichnen Aung San Suu Kyi gern als zierlich-fragile, gleichwohl unbeugsame Asiatin mit der Aura der gewaltlosen Entschlossenheit, eine Inkarnation fernöstlicher Duldsamkeit, die Schmerz, Unbill und Erniedrigung für ein hehres Ziel auf sich nimmt.

Die Verbindung zwischen Ost und West, zwischen Asien und Europa brachte sie in ihrer Rede vor dem englischen Parlament mit einem Zitat aus einem Gedicht des englischen Dichters Arthur Hugh Clough (1819–1861) selbst zum Ausdruck: Wenn das Tageslicht anbreche, scheine es durch die östlichen Fenster, «aber zum Westen hin, schau, wie hell das Land ist».[3]

Obwohl sie bereits über 40 Jahre alt war, als sie sich der Politik zuwandte, ist sie schon zu Lebzeiten eine Lichtgestalt. Sie steht in einer

Aung San Suu Kyi – für viele eine Lichtgestalt. Die Asiatin verkörpert Hoffnung für Millionen.

Reihe mit dem Südafrikaner Nelson Mandela und dem Dalai Lama, dem religiösen Oberhaupt der Tibeter. Wer von ihr spricht, denkt an den amerikanischen Prediger Martin Luther King oder den tschechischen Dissidenten und späteren Präsidenten Václav Havel.

Es scheint, als verkörpere sie persönlich all die Hoffnungen auf ein besseres Leben in Myanmar. Bewunderer nennen sie «Ikone der Freiheit». Der Sprecher des britischen Unterhauses, John Bercon, erhob sie 2012 zum «Gewissen eines Landes» und zur «Heldin der Menschheit».[4] Sie selbst lehnt Beweihräucherung ab. Eine Ikone stehe oder hänge irgendwo herum, sie aber arbeite hart. Wenn sie «Ikone» genannt werde, könnte leicht der Eindruck entstehen, dass sie nur zum Anschauen da sei, beteuert sie immer wieder.

Ihre Popularität weiß sie wohl zu nutzen, wie eine Spendenaktion an einem Abend im Februar 2014 zeigt. Auf einem leeren Gelände gegenüber der alten Pferderennbahn Yangons stehen 70 Reihen Plastikstühle, blau-grüne Lichterketten funkeln in den Bäumen. Zwei große Porträts von Aung San Suu Kyi rahmen eine Bühne ein. Dazwischen steht sie selbst, in einem blaugrauen langen Rock, einer rosa Bluse und einem rosa Schal. Im Haar hat sie auf der einen Seite weiße Blüten und auf der anderen Seite eine rosa Rose. Aung San Suu Kyi und ihre NLD haben zu einem Benefizkonzert eingeladen, dessen Erlös in Krankenhäuser und Gesundheitsstationen auf dem Land fließen soll. 20 Minuten lang beklagt die Gastgeberin, die wie immer frei spricht, wie arg es um die medizinische Versorgung im Lande steht. Sponsoren, meist von Pharmaunternehmen und Apotheken, klettern mit Umschlägen in der Hand auf die Bühne. Händeschütteln, ein gemeinsames Foto. Von der Firma «Frozen Frolic Yoghurt» gibt es eine Million Kyat (rund 720 Euro). Dann hämmert die Gruppe «Bobo» schweren Myanmar-Rock, und Aung San Suu Kyi ergreift die Flucht. Erst zieht sie sich einige Sitzreihen nach hinten zurück, dann verschwindet sie ganz in der Dunkelheit.

Ein paar Kilometer weiter, in der Innenstadt, drängen sich Zuschauer in der Galerie «Sixtyfive». Hier sind zum ersten Mal Zeichnungen des populären Karikaturisten Pe Thein zu sehen, die zuvor nicht veröffentlicht werden durften: Zwei zeigen Aung San Suu Kyi, wie ihr, gefangen in einem Vogelkäfig, zahlreiche Medaillen entgegengestreckt werden.

Ohne ihren Vater, den Nationalhelden Aung San, wäre sie wahrscheinlich nicht so berühmt geworden. Bevor der General 1947 von politischen Rivalen erschossen wurde, hatte er erfolgreich für die Unabhängigkeit Burmas gekämpft. Damit steht Aung San Suu Kyi in einer Reihe mit anderen prominenten Töchtern Asiens wie Indira Gandhi (Indien), Benazir Bhutto (Pakistan), Sheikh Hasina Wajed (Bangladesch) oder Megawati Sukarnoputri (Indonesien), die alle den politischen Ehrgeiz ihrer Väter geerbt hatten und deren Werk vollenden wollten.

Bis 2015 hat sie es im Gegensatz zu diesen Frauen nicht in ein Regierungsamt geschafft, und es ist offen, ob sie es jemals tun wird. Sie hat für ihr Ziel, ein besseres Myanmar, große Opfer gebracht: So versagte sie es sich, ihren sterbenden Mann in seinen letzten Stunden zu begleiten und ihre halbwüchsigen Söhne zu erziehen – die große Sache war ihr wichtiger. Als «fast fanatisch in der Pflichterfüllung gegenüber ihrem Land» hat ihr politischer Weggefährte U Kyi Maung diese Haltung beschrieben.[5] Ihre Heimat hat es nicht zuletzt ihr zu verdanken, dass sie im Bewusstsein der Weltöffentlichkeit blieb.

Goldenes Land, armes Land

Schon in früheren Zeiten hatte Burma mit seinen unzähligen Tempeln und Pagoden, mit den auf Spenden wartenden Mönchen und Nonnen, mit seinen Teakholz ziehenden Elefanten und seinen schimmernden Reisfeldern die Europäer fasziniert. «Dies ist Burma – und es wird wie kein anderes Land sein, das Du kennst», schwärmte der britische Autor Rudyard Kipling beim Anblick der Shwedagon-Pagode. Kiplings Gedicht «Road to Mandalay» (gesungen von Frank Sinatra und Robbie Williams) beschreibt die Sehnsucht eines britischen Soldaten nach einem märchenhaften Land und einer geheimnisvollen Frau. George Orwells «Tage in Burma» handelt von der tragischen Liebe eines britischen Holzhändlers in der Ortschaft Kyauktada.

Die Einheimischen nennen ihre Heimat gerne «Das goldene Land». Der Schönheit dieser Bilder steht die große Härte des Alltags gegenüber. Burmas Bevölkerung litt unter den eigenen Kriegskönigen, später unter den britischen Kolonialherren, dann unter einem der brutalsten Militärregimes der Welt. Obwohl reich an Rohstoffen und Edelsteinen, ist es derzeit eines der ärmsten Länder auf dieser Erde. Nach seiner Unabhängigkeit 1948 tobte ein langer Bürgerkrieg zwischen der Zentralregierung und zahlreichen Rebellenarmeen. Ganze Landstriche sind zu Narco-Regionen verkommen, weil sich Aufständische und Warlords mit dem Handel von Opium und Amphetaminen die Kriegskassen und die eigenen Konten füllen.

Eingekeilt zwischen den Großmächten Indien und China, liegt Burma/Myanmar am Golf von Bengalen, einer strategisch wichtigen

Wasserstraße, die Indien und Südostasien miteinander verbindet und durch die chinesische Öltanker und amerikanische Flugzeugträger pflügen. Seine geografische Lage macht das Land zum Objekt der Begierde. An seiner Küste lassen sich Häfen und Horchposten errichten, durch sein Gebiet Gas- und Ölpipelines nach China und nach Thailand legen. Aung San Suu Kyi hat als Tochter des Armeegründers nie aus ihrer Sympathie für das Militär einen Hehl gemacht. Sie habe eine Schwäche für Uniformen, gab sie einmal zu. Dennoch trieb sie jahrelang die Generäle zur Weißglut. Die ihrerseits haben sie beleidigt, schikaniert und gequält, wo es nur ging. Vor den Parlamentswahlen 1990 wurde sie unter Hausarrest gestellt. Damals gewann die NLD haushoch – doch das Militär weigerte sich, die Macht abzugeben.

Ist sie überzeugt davon, das Richtige zu tun, kann man sie nicht mehr davon abbringen, sagen Freunde und Gegner. Ja, sie könne sogar ziemlich autoritär werden. Einen «Kern aus Stahl» entdeckte der frühere britische Botschafter in Yangon, Andrew Heyn, in dieser zierlichen Frau.[6] Was hat Aung San Suu Kyi geprägt? Woher nahm sie die Kraft, die langen Jahre des Hausarrests durchzustehen und der Verlockung einer Ausreise ins Exil selbst dann nicht nachzugeben, als ihr Mann im fernen England um sein Leben kämpfte? Ist sie «eisig», «hartherzig», eine «schlechte Mutter», wie ihr Kritiker vorwerfen, weil sie sich so viele Jahre nicht um ihre Söhne kümmerte und sich stattdessen für den Kampf gegen die Generäle entschied?[7]

Hat sie gar, wie ihre politischen Gegner sagen, Unglück über Millionen von Burmesen gebracht, als sie als Oppositionsführerin die internationale Gemeinschaft darin bestärkte, nicht mit der Junta zu handeln, Touristen fernzuhalten und im Land nicht zu investieren? Macht sie gar einen kapitalen Fehler, wenn sie sich nun in die Niederungen des politischen Alltags mit seinen Kompromissen und Deals begibt?

Sind die gewaltigen Erwartungen, die so viele Bewohner dieses politisch und ethnisch zerrissenen Landes in sie setzen, überhaupt zu erfüllen? Muss sie ihre Anhängerschaft nicht enttäuschen, wird sie irgendwann womöglich als tragische Figur enden wie der einst populäre polnische Arbeiterführer und spätere glücklose Präsident Lech Wałęsa?

1. Eine Jugend als Tochter eines berühmten Vaters und einer strengen Mutter 1945–1964

Geburt in turbulenten Zeiten

Als sie am 19. Juni 1945 das Licht der Welt erblickt, ist es brütend heiß. Die Temperatur klettert in diesen Tagen bis auf 40 Grad. Der Himmel hängt voller schwerer Wolken, der Monsun zieht unerbittlich über Felder, Kanäle und Flussarme, auch über das Dorf Hmway Saung.

Ihre Mutter Khin Kyi hat hier, in ihrer alten Heimat im Delta des Irrawaddy, hochschwanger vor der japanischen Besatzungsmacht Zuflucht gesucht. Denn ihr Vater, der Unabhängigkeitskämpfer Aung San, gilt in den Augen der Japaner als Verräter, der nichts anderes als den Tod verdient: Zwei Monate vor Aung San Suu Kyis Geburt ist er mit den Truppen der Burmesischen Nationalarmee (BNA) zu den Briten, den früheren Kolonialherren, übergelaufen. Wenn die Japaner seine Frau und die zwei kleinen Söhne erwischen, werden sie sich bitter an ihnen rächen, fürchtet er.

Seine Familie im Hauptquartier der BNA in Thayetchaung ganz im Süden des Landes unterzubringen erwies sich als zu riskant. In Rangun zu bleiben war ebenso gefährlich. Also sind Khin Kyi, die Kinder, ihre Schwester und fünf Soldaten in der Nacht zum 18. März aus Rangun herausgeschlüpft, um sich, als einfache Bauern verkleidet, auf dem Land zu verstecken. Das Glück ist ihnen hold. Auf dem Twantay-Kanal, der von Rangun ins Irrawaddy-Delta führt, beschießt ein japanisches Kampfflugzeug Boote, die nur wenige Meter von ihnen entfernt liegen.

Familienglück in Rangun 1947: Aung San Suu Kyi (im Vordergrund) mit Mutter Khin Kyi, den Brüdern Aung San Oo und Aung San Lin und ihrem Vater Aung San

In der Stadt Pyapon wimmelt es von japanischen Soldaten. Am Ufer des Dorfes Kyatphamwezaung gibt sich eine Wache mit der Auskunft Khin Kyis zufrieden, sie wolle hier frischen Fisch kaufen.

Kurz vor Aung San Suu Kyis Geburt ist die größte Gefahr vorüber. In Rangun donnern am 15. Juni Salutschüsse: Die Alliierten feiern mit einer großen Parade ihren Sieg über die Japaner, obwohl die noch in verschiedenen Ecken des Landes erbittert kämpfen. Am 3. Mai waren die letzten Soldaten des Kaisers Hirohito aus der Stadt geflohen, fünf Tage später gab die deutsche Wehrmacht im fernen Europa den Zweiten Weltkrieg für verloren und kapitulierte. In Rangun herrscht Chaos. Die Hafenviertel sind zerstört, Plünderer marodieren durch die Straßen. Nun bereitet sich London darauf vor, seine Kolonie wieder in den Griff zu bekommen. Aung San schreibt seiner Frau eine Notiz: Komm nach Rangun zurück, die Japaner sind verschwunden, die Stadt ist sicher. Darauf macht sich die Gruppe auf den Heimweg. Das Mitglied der Familie, das in diesen turbulenten Tagen geboren wird, heißt Aung

San Suu Kyi. Ihr Name bedeutet übersetzt: «Eine seltsame Ansammlung glänzender Siege». Es war ein behütetes und privilegiertes Leben, in das sie trotz der wirren Zeiten hineingeboren wurde. Ihr Vater Aung San diente nun den britischen Kolonialherren als De-facto-Premierminister. Ihn verehrte das Volk als kühnen Kämpfer für die Unabhängigkeit. Die Familie zog in ein großes Haus in der Tower Lane, einer schmalen gewundenen Straße oberhalb des Kandawgyi-Sees, der zu dieser Zeit noch Royal Lake hieß. Es war eine gute Gegend. In dem großer Garten pflanzte Aung San Gemüse und Salat an, und in einem Teich quakten Frösche. Beim Einzug ahnte niemand, welches Unglück der Familie bevorstand.

Tod im Teich

Um ins Haus zu kommen, musste die kleine Aung San Suu Kyi viele Treppenstufen hochklettern. Hinter der Tür lag der große Eingangsbereich. Links, vor einem Bücherregal, aß die Familie an einem großen Holztisch. Auf der anderen Seite befand sich das Wohnzimmer, wo Gäste empfangen wurden. In der Mitte des Foyers führte eine Treppe in den ersten Stock zum Arbeitszimmer des Vaters, zum Bad und dem Schlafzimmer der Eltern. Die Räume waren tagsüber abgedunkelt, damit sie in der Hitze kühl blieben. Eine schmale Wendeltreppe wand sich hinauf in ein winziges Turmzimmer, in dem der Vater meditierte. Vom kleinen Fenster war die Shwedagon-Pagode, das Wahrzeichen und religiöse Zentrum Burmas, zu sehen.

Aung San Suu Kyi hatte zwei Brüder: Aung San Oo, der Älteste, war zwei Jahre alt, als sie geboren wurde. Aung San Lin kam ein Jahr vor ihr zur Welt. Eine jüngere Schwester, Aung San Chit, lebte nur wenige Tage. Sie starb am 26. September 1946. Die drei Kinder wohnten ebenfalls im ersten Stock in einem großen Zimmer mit hohen Wänden. Sie schliefen in Holzbetten mit Moskitonetzen.

Aung San Suu Kyi erinnert sich, wie sie als Sechsjährige auf der Veranda stand und fasziniert dem Regen zuschaute, der in der Monsunzeit auf die Erde prasselte: «Ich schaute, wie sich der Himmel verdunkelte, und hörte den Erwachsenen mit ihren gefühlsseligen Geschichten zu, die sie angesichts der dunstigen Schwaden dicker Regenwolken erzählten.» Und sie beobachtete, dass Regen, der in «glitzernden Kristallstäben» herabfiel, bei den Erwachsenen «Sehnsucht nach der Vergangenheit» auslöste und ein solch grauer Monsuntag für sie «Ausdruck unerklärlichen Leids» war.[1]

Mit Leid wurde Aung San Suu Kyi schon in früher Kindheit konfrontiert. Die erste Tragödie erlebte sie freilich nicht bewusst: Sie war erst zwei Jahre und einen Monat alt, als Attentäter ihren Vater und sechs weitere Politiker erschossen, darunter auch ihren Onkel U Ba Win, den Bruder Aung Sans.

»Ich erinnere mich an ihn, wie er mich jedesmal auf den Arm nahm, wenn er nach der Arbeit nach Hause kam», sagte sie, war sich aber nicht sicher, ob dies ihre eigene Erinnerung war oder ob sie es nur von Erzählungen wusste.[2] Später fiel ihr ein, dass sie sich einmal geweigert hatte, ihrem Vater einen Kuss zu geben, weil der einen Schnupfen hatte. Ein anderes mal nahm er sie mal nicht auf den Arm und sie verlangte: «Bitte, heb dieses Kind hoch.» Als er scherzte: «Welches Kind denn?», krähte sie: «Dieses Kind, dieses Kind.»

Außer diesen Erinnerungen an ihren Vater blieb ihr eine Puppe, die er im Januar 1947 aus London mitgebracht hatte. Und da war ein weißer Schal ihrer Mutter, den sie beim Reinemachen aus dem Kleiderschrank holte. Auf ihm war ein großer Blutfleck getrocknet. Ihre Mutter, berichtete sie ihrer Freundin Ma Thanegi, trug diesen Schal am Tag des Attentats. Als sie den Stoff wieder in den Händen hielt, rief sie aus: «Da war so viel Blut! Da war so viel Blut!»[3]

Die zweite Tragödie geschah fast sechs Jahre später, und Aung San Suu Kyi brauchte Jahrzehnte, um sie zu verwinden. Es war der 16. Januar 1953. Aung San Suu Kyi spielte mit ihrem Lieblingsbruder Aung San Lin im Garten. Er war ein Kumpel, mit dem man Unsinn machen konnte, einer, den sie bewunderte und innig liebte – im Gegensatz zum älteren Aung San Oo, einem Eigenbrödler, der sich nicht mit einem kleinen Mädchen abgab. Bis heute ist das Verhältnis zwischen Aung San Oo und Aung San Suu Kyi gespannt.

An diesem Januartag stapfte Aung San Suu Kyi die Stufen hinauf ins Haus, ihr Bruder blieb draußen und spielte weiter am Teich. Als sein Spielzeuggewehr in das trübe Wasser fiel, versuchte er es herauszufischen. Eine Sandale blieb dabei im Schlamm stecken. Ihm gelang es dennoch, das Gewehr zu erwischen, er rannte nach oben und gab es seiner Schwester. Dann flitzte er wieder zum Teich, um die Sandale zu holen. Nach einer Weile trieb er mit dem Gesicht nach unten im Wasser. Es ist nicht klar, wer ihn so gefunden hat: seine Schwester oder einer der Hausangestellten. Später berichtete Aung San Suu Kyi, dass sie sich nur daran erinnerte, wie sie nach dem Spielen zurück ins Haus gelaufen war. Von da an war die Erinnerung ausgelöscht.

Sein Tod traf die Schwester hart. «Ich stand ihm sehr nahe, näher als irgendjemandem anderen», sagte sie. «Wir teilten ein Zimmer, wir spielten immer gemeinsam. Sein Tod war ein schrecklicher Verlust für mich.» Doch zerbrochen sei sie an dem Unglück nicht. «Ich war nicht völlig am Boden zerstört durch das Ereignis. Ich war traurig ...» Die Familie habe sie wohl aufgefangen, um ihren Kummer verarbeiten zu können.[4] Noch als erwachsene Frau vermisste Aung San Suu Kyi ihren älteren Bruder, vor allem, wenn sie selbst in schwierigen Situationen steckte.

Umzug in die Villa am See

Aung San Suu Kyis Mutter wollte nicht mehr in dem Haus in der Tower Lane bleiben, zu viele schlimme Erinnerungen lasteten auf der Villa mit dem Türmchen. Zunächst zogen die drei in ein Haus in der sogenannten Halpin-Nachbarschaft von Rangun, einem guten Wohnviertel mit vielen Bäumen und Villen aus der Kolonialzeit. Dann schenkte die Regierung Khin Kyi die Villa eines reichen Händlers in der University Avenue 54, romantisch gelegen am Inya-See – der besten Gegend Ranguns. Die Nachbarn waren Diplomaten, Politiker, Generäle, reiche Geschäftsleute. Das sollte sich bis heute nicht ändern.

Heute heißt die Tower Lane «Bogyoke Aung San Museum Road». Aus dem ersten Heim Aung San Suu Kyis hat die Regierung ein Museum gemacht. Viele Einrichtungsgegenstände sind Originale, denn die Mutter hatte alles hinter sich gelassen. Nur wenige Meter entfernt hat sich die deutsche Botschaft eingemietet. Und ganz in der Nähe, am See, steht ein goldfarbenes Denkmal des Vaters von Aung San Suu Kyi. «Die Regierung verwöhnte uns», erinnert sich U Aye Win, ein Cousin von Aung San Suu Kyi. Sein Vater U Ba Win, der älteste Bruder von Aung San, war bei dem Attentat ebenfalls ums Leben gekommen. Ba Win diente damals als Handelsminister. Auch seine Familie erhielt eine große Villa in der University Avenue geschenkt, kaum mehr als einen Steinwurf von Aung San Suu Kyis Haus entfernt, etwas weiter weg vom See. «Jede Witwe erhielt außerdem 100 000 Rupien von der Regierung», berichtet er.[5] Umgerechnet waren das rund 82 000 D-Mark, eine Menge Geld für die damaligen Verhältnissen.

Aung San Suu Kyis Mutter kümmerte sich fortan allein um die Kinder. Doch sie sah ihre Rolle nicht nur als Witwe und Hausfrau, sondern erwog, wieder als Krankenschwester zu arbeiten. Die Regierung unter Premierminister U Nu befand allerdings, dass die Witwe einer so wichtigen Persönlichkeit wie Aung San etwas Besseres verdient hatte. So wurde sie zur Direktorin der Nationalen Wohltätigkeitsorganisation für Frauen und Kinder befördert.

Aung San Suu Kyis Mutter, die ursprünglich Lehrerin hatte werden wollen und eine Vorkämpferin der Emanzipation war, stieg damit zu einer wichtigen Persönlichkeit in den ersten Jahren der Unabhängigkeit auf. Ab 1953 führte sie die Soziale Planungskommission, war damit so etwas wie die Sozialministerin Burmas. Sie leitete Delegationen zur Weltgesundheitsorganisation (WHO) und übernahm für kurze Zeit den Abgeordnetensitz ihres Mannes in dessen Wahlkreis im Westen Ranguns. Später organisierte sie den Frauenverband in der Regierungspartei AFPFL. Sie unterstützte den damaligen Premierminister U Nu und rührte im Norden Burmas als Wahlkämpferin die Werbetrommel für ihn. 1960 ernannte die Regierung sie zur Botschafterin in Indien und Nepal. Als die Woman's Society of Christian Service der Methodistischen Kirche von Rangun 1962 ein internationales Kochbuch herausgab, zu dem Diplomatinnen und Botschaftergattinnen Kochrezepte beisteuerten, erschienen darin Rezepte unter anderem für Curryhühnchen und Kokosnussreis von «Mrs Aung San», die nun als Diplomatin in New Delhi lebte.

Sieben Jahre später zog sich Khin Kyi aus dem politischen Leben zurück, sie wollte die diktatorische sozialistische Regierung unter General Ne Win nicht länger nach außen vertreten. Die Militärjunta rückte sie in ihrer Propaganda später in die Nähe der Kommunisten, um ihrer Tochter zu schaden. In gewisser Weise hatte sie sogar recht. Ihr Schwager Than Tun war der Chef der Kommunistischen Partei Burmas. Die Kommunisten hätten sie zu überreden versucht, nach einem Umsturz Staatspräsidentin zu werden, hieß es auf einer Pressekonferenz am 5. August 1989. Khin Kyi habe auf ihren schlechten Gesundheitszustand verwiesen und abgelehnt.

Sollten die Kommunisten jemals erwogen haben, Khin Kyi an die Spitze des Staates zu stellen, zeigt dies, wie groß der politische und gesellschaftliche Stellenwert der Witwe Aung Sans geworden war.

Erziehung zur Disziplin

Ihre Kinder behandelte sie strikt und versuchte ihnen Werte wie Disziplin, Selbstlosigkeit und Aufrichtigkeit, für die ihr Mann eingestanden hatte, zu vermitteln. Sie war wohl keine Frau von großer Herzlichkeit, keine, die sich auf den Boden hockte, um mit ihrer Tochter ein Puppenhaus einzurichten, wie sich Aung San Suu Kyi erinnert: «Sie konnte sehr streng sein ... sehr diszipliniert ... alles zur richtigen Zeit ... in der richtigen Weise. Sie war eine Perfektionistin.»[6]

Niemals durfte sich das Mädchen in Gegenwart ihrer Mutter an eine Stuhllehne anlehnen. Wenn sie Gäste empfing, musste die Tochter adrett und gut gekämmt erscheinen, ihre Kleidung makellos sein. Das Gleiche galt, wenn Aung San Suu Kyi das Haus verlassen wollte. Das Verhältnis zwischen ihr und ihrer Mutter war ihrer Erinnerung nach «förmlich».[7]

Ein Licht auf die Disziplin und den Ordnungssinn der Mutter wirft ihre Reaktion auf die Nachricht vom Tod ihres Sohnes, die ihr im Büro während einer Konferenz übermittelt wurde: Sie ließ nicht alles stehen und liegen, eilte nicht sofort nach Hause, brach nicht verzweifelt zusammen. «Sie blieb und beendete ihre Arbeit», berichtete Aung San Suu Kyi in einem Interview.[8] Trotz dieser zuweilen verstörenden Eigenschaften ihrer Mutter spricht Aung San Suu Kyi sehr positiv über sie, über ihre Aufrichtigkeit, ihren Mut und ihre Selbstbeherschung.

Khin Kyi erzog das Mädchen zu einem sozialen Menschen, immer musste es mit anderen teilen. Als ein Minister, Angehöriger der ethnischen Minderheit der Karen, unter dem Verdacht verhaftet wurde, mit den Rebellen paktiert zu haben, und seine Familie aus der Dienstwohnung ausziehen musste, nahm Khin Kyi die Leute wie selbstverständlich in der University Avenue auf.

«Sie war fröhlich, lebhaft, süß. Sie lächelte oft. Auf den Familientreffen unterhielten wir uns in der Regel», sagt ihr Cousin Aye Win über seine kleine Verwandte. Auch er berichtet von den strengen Vorschriften, die in der University Avenue galten. So gab es für das Mädchen keinen Mittagsschlaf, und gelesen wurde nie im Liegen, sondern stets aufrecht.[9]

Als kleines Mädchen hatte Aung San Suu Kyi oft Angst, wofür Khin Kyi kein Verständnis hatte. «Sie wurde immer sehr wütend auf mich, wenn ich Angst zeigte» – etwa, wenn sie ein dunkles Zimmer betreten musste, in dem sie böse Geister vermutete.[10] Dann presste sie sich an einen Erwachsenen und schrie: «Mach das Licht an, mach das Licht an!»

Als sie elf Jahre alt war, bemühte sie sich, ihre Furcht zu überwinden. Sie ließ vor dem Zubettgehen ihre Milch auf dem Küchentisch stehen («zu heiß») und tappte dann im Dunkeln aus dem Schlafraum im ersten Stock wieder nach unten, um sie zu holen. Nach zehn Tagen bereitete ihr der Ausflug ins Ungewisse keine Probleme mehr.[11]

Wie jedes Kind versuchte Aung San Suu Kyi, die Grenzen auszuloten. Sie drückte sich vor Schularbeiten, tobte und versteckte sich. «Ich hatte keine Freude am Arbeiten oder Lernen.» Das sollte sich später ändern. Schon früh hatte sie ein schlechtes Gewissen, wenn sie durch Haus oder Garten stromerte, anstatt am Schreibtisch oder am Piano zu sitzen. Ihr war immer bewusst, dass sie etwas versäumte, was sie eigentlich hätte tun sollen.

Wie viele Mädchen ihres Alters spielte Aung San Suu Kyi mit Puppen: «Ich hatte ein paar haarlose, großäugige Puppen aus rosa Plastik», schrieb sie einmal in einer Zeitungskolumne, «die ständig auseinanderfielen und Beulen bekamen.» Gingen sie kaputt, mussten sie repariert werden, denn neue zu kaufen kam nicht in Frage: Die Mutter legte Wert auf Sparsamkeit. Das Gleiche galt für ein Kaleidoskop, in das Aung San Suu Kyi gerne schaute: Als es eines Tages zerbrach, durfte es nicht ersetzt werden. Bruder Aung San Oo versuchte, so gut es ging, es für seine kleine Schwester zu reparieren.

Abends, nach der Arbeit, legte sich ihre Mutter oft auf ihr Bett, um sich auszuruhen. Die kleine Suu hüpfte herum und, jedes Mal am Fußende angekommen, bombardierte sie Khin Kyi mit Fragen, etwa: «Warum heißt Wasser ‹Wasser›?»

Mit SuuSuu ist nicht zu spaßen

Später sorgte die Mutter dafür, dass das Mädchen nicht herumfaulenzte. «Ich musste immer etwas zu tun haben, entweder nähen oder sticken oder Klavier üben», erzählte sie ihrer Freundin Ma Thanegi.[12] Kaum hatte sie lesen gelernt, tauchte Aung San Suu Kyi in die Welt der Bücher ein. Ihr ganzes Leben sollte sie ein Bücherwurm bleiben. Vor allem Krimis haben es ihr angetan. Sie war neun Jahre alt, als ein Cousin ihr den Londoner Detektiv Sherlock Holmes nahebrachte, genauer: die Kurzgeschichte von Sir Arthur Conan Doyle: «Der blaue Karfunkel», ein Rätsel um einen in einer Weihnachtsgans versteckten gestohlenen Diamanten.

Kurz danach fiel ihr ein amerikanischer Comic mit Bugs Bunny in die Finger, und sie kam zu dem Schluss, dass ein Detektiv, der wie im «Blauen Karfunkel» nach sorgfältiger Untersuchung eines schäbigen alten Hutes in der Lage war, auf den physischen und geistigen Zustand, auf die finanzielle Lage und auf die Eheprobleme des ehemaligen Besitzers zu schließen, viel interessanter war als ein flippiger Hase.

Aung San Suu Kyi las bei jeder Gelegenheit. Da ihr im fahrenden Auto beim Lesen schlecht wurde, griff sie sofort zum Buch, wenn die

Ampel auf Rot schaltete. Wenn es grün wurde, klappte sie das Buch zu und wartete ungeduldig bis zur nächsten Ampel. Der britische Autor Rudyard Kipling wurde einer ihrer Lieblingsautoren. Nach dessen 1901 erschienenem Roman «Kim» sollte sie eines Tages ihren zweiten Sohn nennen.

Später verschlang sie die Romane um den Privatdetektiv Philip Marlowe, die Inspektoren Grant and Dalgliesh, den belgischen Ermittler Hercule Poirot und den Pariser Kommissar Jules Maigret. Sie ließ kaum einen Krimi der Schriftstellerinnen Dorothy Sayers, P. D. James oder Ruth Rendell aus. Aber auch Spionageromane von Len Deighton und John le Carré faszinierten sie.

Und sie machte sich Gedanken darüber, was ihre Helden eigentlich aßen, wenn sie mal keine Maulwürfe oder Mörder jagten. In einem Roman, fiel ihr auf, mochte Maigret keine Kalbsleber, in einem anderen konnte es für ihn nichts Besseres geben als Kalbsleber «à la bonne femme». Und der Agent des britischen Auslandsgeheimdienstes MI 6, George Smiley? Hatte der jemals überhaupt etwas gegessen?

Wenn Khin Kyi im Büro oder auf Reisen war, passten eine Großtante und der Großvater U Pho Hnyin auf die Kinder auf. Diesen alten Mann, der sehr nachsichtig und liebevoll war, liebte und bewunderte Aung San Suu Kyi: «Während meiner Kindheit war er die wichtigste männliche Person in meinem Leben.»[13]

Pho Hnyin war Christ, wie auch seine Tochter Khin Kyi ursprünglich Baptistin gewesen war und in eine christliche Schule ging. Unklar ist, ob Khin Kyi eine Angehörige der Karen-Minderheit oder eine Burmanin war. Erst mit der Heirat mit Aung San wechselte sie zum Buddhismus, zu ihrem Begräbnis bat ihre Tochter allerdings den Christlichen Rat der Kirchen, Pfarrer zu schicken, die für ihre Mutter beteten.[14] Als Pho Hnyin im hohen Alter nicht mehr sehen konnte, las ihm Aung San Suu Kyi aus der Bibel vor.

Christen waren im buddhistischen Burma keine Seltenheit, die britischen Kolonialherren hatten nicht nur Soldaten und Beamte, sondern auch Missionare im Tross. Zu Weihnachten pflegte Santa Claus im roten Mantel und mit weißem Wattebart durch die Straßen Ranguns zu wandern, auf Weihnachtspartys wurden Dinge für wohltätige Zwecke versteigert und verlost. Einmal gewann Aung San Suu Kyi eine Flasche Whisky, die damals selten und teuer war, und wunderte sich, warum sich plötzlich eine Zahl älterer Herren um sie scharte. Ihre Mutter riet ihr, die Flasche zu verschenken – und sie konnte nicht verstehen, warum die Männer so glücklich davonzogen.

Ihre Mutter schickte sie ins Saint Francis Convent, eine private katholische Mädchenschule in der U-Htun-Myat-Straße in der Nähe der Tower Lane am östlichen Ende des heutigen Kandawgyi-Sees. Dass sie in eine christliche Schule kam, war damals nichts Außergewöhnliches. Ranguns wohlhabende Familien versuchten in den fünfziger Jahren und auch später, ihre Kinder in protestantischen oder katholischen Schulen unterzubringen – selbst wenn sie überzeugte Buddhisten, Hindus oder Muslime waren. Denn diese Schulen, in denen oft Briten oder Amerikaner unterrichteten, standen für gute Erziehung. Die Kinder lernten Englisch, und die Abschlüsse ermöglichten ein Studium in England.

Heute beherbergt das verwitterte Gebäude aus roten Ziegeln die staatliche Grundschule Nr. 4, eine Mauer trennt sie vom Konvent. Nach dem Putsch 1962 wurde die Schule verstaatlicht, und die ausländischen Schwestern mussten ausreisen.

Auch die Methodist English High School gleich neben der Methodistischen Kirche von Rangun war in den fünfziger Jahren eine wichtige Institution. Die Schulglocke hängt links am Eingangstor – so wie damals, als Aung San Suu Kyi hier zum ersten Mal das Gebäude betrat. An einer Bücher- und Lehrmaterialkammer vorbei ging es einige Stufen hoch in einen grün gestrichenen Flur. Links an der Wand standen auf grünen Tafeln in weißer Schrift Verhaltensmaßregeln für die Schüler. An der Kopfseite hing eine Uhr, darunter waren die Pokale der Sportmannschaften ausgestellt.

Die Schülerinnen trugen weinrote Röcke und weiße Blusen, die Jungen weiße Hemden und Hosen, dazu eine weinrote Krawatte. Noch heute erscheinen die burmesischen Schüler in Uniformen zum Unterricht, allerdings nicht in weinroten, sondern in grünen Longyis. Die Lehrerinnen und Lehrer unterrichten in den gleichen Farben.

In der Methodist English High School mussten die Schüler sogar auf dem Schulhof Englisch sprechen. «Wer dabei erwischt wurde, Burmesisch zu reden, musste eine kleine Strafe zahlen: zehn Pya» (damals rund acht Pfennig), berichtet Daw Nyunt Nyunt, die mit Aung San Suu Kyi einige Jahre in eine Klasse ging.[15]

Nyunt Nyunt ist Ärztin, hat unter anderem im Frauen- und Kinderkrankenhaus in Ranguns Bezirk Okkalapa gearbeitet. Später war sie in der staatlichen Blutbank beschäftigt. Sie trägt eine große Brille, hat ihr Haar im Nacken zusammengebunden. Nyunt Nyunt ist stolz darauf, mit einer so berühmten Persönlichkeit wie Aung San Suu Kyi zur Schule gegangen zu sein. Als deren Mutter 1988 starb, besuchte sie mit anderen ehemaligen Schülerinnen die Villa in der University Avenue 54, um zu kondolieren. «Als Aung San Suu Kyi hörte, dass wir da waren, kam sie extra zu uns herunter», erinnert sie sich.

Zuweilen begegnen sie sich auf Klassentreffen. Nyunt Nyunt freut sich, dass ihre prominente Klassenkameradin die Namen ihrer Mitschüler nicht vergessen hat. Bei der letzten Zusammenkunft im Ranguner Restaurant «Royal Garden» neckte Aung San Suu Kyi sie: «Du hast aber zugelegt.» Und dann erinnerten sie sich an die alten Schlager, für die sie geschwärmt hatten: Songs von Elvis Presley, Pat Boone und Ricky Nelson. Bei Aung San Suu Kyi ging der Spaß jedoch nie so weit, dass sie sich auf Tanzpartys von Jungs über das Parkett schwenken ließ.

Nyunt Nyunt weiß noch genau, wie sie Aung San Suu Kyi zum ersten Mal sah. Es war mitten im Schuljahr 1957, plötzlich ging die Klassentür auf, und die Rektorin, Mrs Doreen Logie, stellte sie vor. «Sie trug zwei dicke Zöpfe, ein weißes Hemd, keine Mädchenbluse», sagt ihre Mitschülerin. Was den Kindern sofort auffiel: Aung San Suu Kyi hatte schwarze Stiefel mit Schnürsenkeln an, nicht die in Burma üblichen Sandalen. Die Mitschüler nannten sie «SuuSuu». Mit «SuuSuu» war nicht zu spaßen, wie die Jungen schnell herausfanden. Damals neckten sie die Mädchen gern, indem sie ihnen zum Beispiel im Unterricht von hinten die Zöpfe verknoteten. «Dann wurde sie so ärgerlich, dass die Jungen sie irgendwann zufriedenließen.»

Der Unterricht begann um sieben Uhr dreißig. Nach dem Glockenschlag zogen alle Schüler in die Aula, geordnet in vier Gruppen: rot, grün, blau, gelb. Die Klassenverbände waren nach berühmten Persönlichkeiten benannt: Adoniram Judson, einem amerikanischen Missionar, der die Bibel ins Burmesische übersetzt hatte (grün); dem britischen Missionar und Botaniker William Carey (gelb); John Wesley, einem britischen Prediger und Mitbegründer der methodistischen Kirche (blau); David Livingstone, dem britischen Missionar und Entdecker (rot). Nyunt Nyunt und Aung San Suu Kyi gehörten zur grünen Gruppe.

In der Aula empfing sie die Rektorin Mrs Logie, die mal christliche Stücke, mal Kinderlieder wie «Kookaburra sits in the old gum tree» anstimmen ließ. Danach beteten die Schüler das «Vaterunser». Die nichtchristlichen Schüler brauchten das Gebet nicht mitzusprechen, es reichte Mrs Logie, wenn sie die Hände falteten. Einmal in der Woche mussten die Kinder an einem Gottesdienst in der methodistischen Kirche nebenan teilnehmen, Nyunt Nyunt glaubt sich zu erinnern, das er immer donnerstags stattfand.

Heute trennt eine Mauer Schule und Kirche. Vor dem Gotteshaus steht an einem Februartag 2014 Bischof Mo Ya in schwarzer Hose und einem lila Hemd mit Beffchen. «Ihre Lehrer haben Aung San Suu Kyi als ganz stilles Mädchen beschrieben», sagt der Geistliche. Nyunt Nyunt, die frühere Klassenkameradin, erinnert sich ebenso: «Sie war immer ernsthaft, kein besonders geselliger Typ. Aber sie versuchte, mit jedem auszukommen.» Aung San Suu Kyi konnte allerdings dickköpfig sein: «Was sie sich vorgenommen hatte, versuchte sie auf Biegen und Brechen durchzusetzen.» Wie die Grundschule hat Burmas Diktator General Ne Win auch die Oberschule 1965 drei Jahre nach seiner Machtübernahme verstaatlicht. Heute heißt sie «Basic Education High School Nr. 1» und ist nach wie vor Yangons Spitzenschule, auf die die Elite ihre Kinder schickt.

Bei den Lehrern war Aung San Suu Kyi beliebt, weil sie still und ernsthaft war und fleißig lernte. Nach den Aussagen ihrer Mitschülerin hatte sie Spaß daran, hinter Büchern zu sitzen. Damals lasen die Schüler Werke von Shakespeare, Charles Dickens und von Emily Brontë den Roman «Wuthering Heights» («Sturmhöhe»).

Ein Mädchen verschwindet

«SuuSuu» gab nicht damit an, die Tochter eines berühmten Vaters zu
sein, viele ihrer Mitschüler waren ebenfalls Kinder prominenter Eltern.
«Sie war nicht eingebildet», sagt Nyunt Nyunt. Allerdings brachte ein
Chauffeur sie jeden Morgen und holte sie nach Schulschluss wieder ab,
was damals aber auch nicht ungewöhnlich war. In der Freizeit führte
sie die Pfadfindergruppe «Myat Lay» («Jasmin»), knüpfte mit den Mädchen Makrameeknoten, wanderte und tanzte traditionelle burmesische
Tänze. Sie sang und aß auf Weihnachtsfesten, besuchte Geburtstagspartys von Klassenkameraden.

1960 in der zehnten Klasse, mitten im Schuljahr, verschwand Aung
San Suu Kyi plötzlich. Ihre Mutter war Botschafterin in Indien und
Nepal geworden, weshalb ihre damals 15-jährige Tochter zwei Jahre vor
der Abschlussprüfung Rangun verließ. Ihre neue Heimat wurde die
indische Hauptstadt New Delhi, genauer: die Akbar Road 24 im politischen Zentrum der Stadt, ganz in der Nähe des India Gate – eines
Triumphbogens zu Ehren gefallener indischer und britischer Soldaten.
Jawaharlal Nehru, Indiens damaliger Ministerpräsident, nannte den
Bungalow «Burma-Haus», um die Witwe des burmesischen Unabhän-
gigkeitskämpfers Aung San zu ehren. Die Residenz war zwischen 1911
und 1925 vom britischen Architekten Sir Edwin Lutyens errichtet worden – elegant und kühl in der mörderischen Sommerhitze New Delhis.
Noch heute gilt sie als Beispiel britischer Kolonialarchitektur. Indiens
Kongress-Partei machte das Areal später zu ihrem Hauptquartier.

Aung San Suu Kyi geriet in eine Welt des Luxus, weit weg von den
Slums der indischen Metropole. Nehru hatte ihrer Mutter Dienstboten
und Gärtner zur Verfügung gestellt, sie selbst bezog den Raum mit
dem großen Piano. Fortan übte sie jeden Abend mit einem Lehrer. Sie
lernte zu reiten und auf japanische Weise Blumen zu arrangieren. Es
waren die Leibwächter der indischen Regierungsmitglieder, die ihr auf
dem Gelände des riesigen Präsidentenpalastes ganz in der Nähe ihrer
Wohnung beibrachten, ein Pferd zu beherrschen.

Oft mit dabei waren die beiden Söhne einer anderen berühmten

Tochter Asiens: Sanjay und Rajiv Gandhi, der eine ein Jahr jünger, der andere ein Jahr älter als sie. Ihre Mutter Indira Gandhi, Tochter Nehrus, wurde 1966 Ministerpräsidentin. Sanjay, der später die Regierungsgeschäfte seiner Mutter stark beeinflusste, starb 1980, als er mit einem Sportflugzeug abstürzte. Rajiv regierte Indien von 1984 bis 1989, zwei Jahre später sprengte ihn eine Selbstmordattentäterin in die Luft.

Aung San Suu Kyi war ein schüchternes Mädchen, wie sich der burmesische Diplomat U Thet Tun erinnerte: «Wenn ihre Mutter auf dem Sofa saß, setzte sie sich auf die Lehne, aber ich kann mich nicht erinnern, dass sie viel sagte.»[16] Das sollte sich bald ändern: Harriet O'Brien, Tochter eines britischen Diplomaten, beschreibt die 16- oder 17-jährige Aung San Suu Kyi als anmutig, aufgeweckt und gut informiert. Sie habe an der allgemeinen Diskussion über indische Politik teilgenommen.[17]

«Wir fühlten uns wie im Himmel»

Ihre Mutter schickte sie wie schon in Rangun auf eine christliche Eliteschule, diesmal eine nur für Mädchen: das katholische «Convent of Jesus and Mary School» im Herzen der indischen Hauptstadt, knapp zehn Minuten Autofahrt von der Residenz entfernt. Aung San Suu Kyi kam mit dem Botschafts-Mercedes, gelenkt von Herrn Wilson, dem Fahrer.

Malavika Karlekar, eine indische Schulfreundin, berichtet, dass die irischen Nonnen die Schule mit strengem Regiment führten. Einige Lehrerinnen führten sich auf wie rassistische Snobs.[18] Sie habe sich wie in einer «Zwangsjacke» gefühlt: «Ich begann schnell, diese Schule zu hassen, und sogar als ich erwachsen war, habe ich es vermieden, in ihre Nähe zu kommen.» Karlekar vermutet, dass Aung San Suu Kyi ähnlich dachte.

Die Schwestern bestanden darauf, dass die Röcke ihrer Schülerinnen gestärkt wurden, sie mussten einen Daumen breit über das Knie reichen, weil der Wind sie ja aufblähen konnte. Mittags, wenn der Gong erklang, mussten die Schülerinnen, egal, ob Buddhisten, Hindus oder Muslime, auf Knien das Angelus-Gebet beten («Der Engel des Herrn brachte Maria die Botschaft ...»). Bibelkunde war Prüfungsfach, und die Nonnen versäumten es nicht, ihren Schützlingen die moralischen Werte der katholischen Kirche einzuimpfen. Widerspruch duldeten sie nicht. In einer Klasse saßen über 40 Mädchen.

Malavika Karlekar, später eine anerkannte Soziologin und Autorin, beschreibt ihre burmesische Freundin als ruhiges, folgsames Mädchen, das ein großes Talent zum Schreiben besaß.[19] Sie war schlagfertig, witzig und immer bereit, über irgendetwas zu kichern. Meist trug sie zwei Zöpfe und ein wenig Thanaka auf den Wangen, die gelblich weiße Paste aus geriebener Rinde des indischen Holzapfelbaums. Schon damals fiel sie durch ihre gute Haltung auf. Nie lümmelte sie sich in ein Sofa, wie es ihre Freundinnen gerne taten.

In der Freizeit besuchten sich Aung San Suu Kyi und ihre Freundin gegenseitig. Im «Burma House» schlürften sie an faulen Sonntagnachmittagen Khao Suey, Nudeln mit einer Kokonuss-Curry-Soße und Garnelen. Malavika bekam mit, dass bei ihrer Freundin zu Hause ein strenges Regiment herrschte. Die Mutter von Aung San Suu Kyi flößte den Mädchen Respekt ein: «Wir hatten Angst vor ihr: Suu stand unter ihrer strengen Aufsicht.»[20] So habe Khin Kyi sie ständig ermahnt, nicht zu vergessen, wer sie sei – die Tochter eines berühmten Vaters.

Nach außen hin machte sie nicht viel Aufhebens über ihre Herkunft. Nie erwähnte sie ungefragt, dass sie die Tochter des auch in Indien als Unabhängigkeitskämpfer verehrten Generals und Gründers des modernen Burma war. Ihre Zukunft sah sie zu dieser Zeit nicht in der Politik. Literatur, das war das Fach, für das sie sich wirklich interessierte.

Eineinhalb Jahre litten die Mädchen unter den verknöcherten Schwestern. Nach dem «Senior Cambridge»-Examen entschied sich Aung San Suu Kyi, wie ihre Freundinnen auf dem College Politik zu studieren. Warum sie das tat, ist nicht klar. Malavika Karlekar: «Ich weiß auch nicht, warum sie sich Politische Wissenschaften aussuchte. Aber Englische Literatur war damals so ein Fach, das man nicht belegte, ich weiß nicht mehr, warum.»[21]

Wahrscheinlicher ist, dass ihre Mutter sie zu diesem Fach drängte, weil sie Literatur als brotlose Kunst sah. Womöglich wollte sie verhin-

Aung San Suu Kyi als Studenten-Schauspielerin in Indien 1963 (4. von links):
«Wir fühlten uns wie im Himmel.»

dern, dass ihre Tochter die Rolle einer belesenen Society-Lady ohne Kontakt zu politischem und gesellschaftlichem Alltag übernahm.

Jedenfalls schrieben sich die fünf jungen Frauen im Lady Shri Ram College for Women, einer der besten Bildungsanstalten für junge Oberklassenfrauen in Indien, ein. Shri Ram war ein indischer Industrieller gewesen. Das College war damals mit einer Fachhochschule zu vergleichen.

Für Aung San Suu Kyi und ihre Gefährtinnen war der Wechsel wie eine Befreiung. In dieser Schule gab es zwar auch Klassen; in Aung San Suu Kyis saßen rund 60 Studentinnen. Disziplin wurde großgeschrieben, doch die Studentinnen mussten keine Uniform tragen, sie konnten sich frei entfalten – auch wenn Diskussionen während des Unterrichts noch verpönt waren. Widerworte waren aber erlaubt: So stritten sich die Studentinnen zum Beispiel mit der Collegeleitung über die Frage, warum die Tore zum Gelände abgeschlossen werden mussten (vermutlich, um Jungen fernzuhalten). Aung San Suu Kyi leitete fortan einen Debattierklub.

«Wir fühlten uns wie im Himmel», erinnert sich Malavika Karlekar.

«Unsere Talente blühten auf, Suu Kyi schrieb Stücke, wir spielten ...» So verfasste sie eine Parodie auf das Shakespeare-Stück «Antonius und Cleopatra», in dem sie selbst in einer togaähnlichen Robe und mit zusammengebundenem Haar eine männliche Rolle spielte: den römischen Feldherrn Marcus Antonius, der sich in die ägyptische Herrscherin verliebt.

Nach ihrer damaligen Dozentin im Fach Internationale Beziehungen, Nirmala Khanna, machte Aung San Suu Kyi kein Aufhebens um sich, sie war an Außenpolitik interessiert, ragte nie heraus, war aber stets neugierig und immer bestrebt, eine gute Studentin zu sein. Die jungen Frauen lasen die politischen Philosophen wie Jean-Jacques Rousseau, Thomas Hobbes, John Locke, David Hume und Niccolò Machiavelli. Auf dem Lehrplan standen auch die Lehren Mahatma Gandhis von der Gewaltlosigkeit und vom passiven Widerstand, die Aung San Suu Kyis Denken fortan stark beeinflussen sollten.

Vor ihrem Abschluss am Lady Shri Ram College zog sie nach England, um in Oxford zu studieren, konkreter: im St. Hugh's College, einer Hochschule für Frauen. Sie wählte eine Kombination aus Politik, Philosophie und Ökonomie, welche die Engländer kurz PPE nennen. Warum sie ihr Studium in New Delhi abbrach, ist nicht klar. Offenbar hatte sich Aung San Suu Kyi schon vorher um einen Studienplatz in Oxford beworben und plötzlich grünes Licht aus England bekommen – eine Chance, die nicht verspielt werden durfte. Denn für die jungen Eliten in Ost wie West war es ein Privileg, an einer der besten Universitäten der Welt studieren zu dürfen. Womöglich war Oxford für den Teenager aber auch die Gelegenheit, der strengen Mutter mit den vielen Regeln für eine Weile zu entkommen.

Eine neue Heimat bei Sherlock Holmes

Khin Kyi ließ ihre Tochter nach Europa ziehen. Zum einen wollte sie ihr keine Steine in den Weg legen. Zum anderen war Aung San Suu Kyi auch in der Ferne wohlbehütet – durch langjährige Freunde, die versprachen, sie aufzufangen, falls etwas schiefgehen sollte: das Ehepaar

Sir Paul und Lady Patricia Gore-Booth. Paul Gore-Booth war ein hoher britischer Diplomat, ein Lord mit trockenem Witz und enormen Augenbrauen, schrullig und gutherzig. 1968 versetzte er seinen Vorgesetzten einen kleinen Schock, als er sich, als Sherlock Holmes verkleidet, in ein Flugzeug in die Schweiz setzte – er war Präsident der Sherlock-Holmes-Gesellschaft. Seine Frau, sehr viel jünger als er, stammte aus Australien und war einst seine Assistentin gewesen.

Khin Kyi und Aung San Suu Kyi hatte er als Botschafter in Rangun kennengelernt (1953–1956), später wurde er Hochkommissar der Krone in Indien. Das Ehepaar bot Aung San Suu Kyi ein Refugium in ihrem Haus im Londoner Stadtteil Chelsea – und nicht nur das: Die Gore-Booths umgaben sich mit erlesenen Freunden und Bekannten: Politikern, Wissenschaftlern, Künstlern, etwa dem Philosophen Sir Isaiah Berlin, dem Dirigenten Sir Malcolm Sargent, dem amerikanischen Ökonomen John Kenneth Galbraith und Lord Louis Mountbatten, dem früheren Vizekönig von Indien und Fürsprecher ihres Vaters.

Aung San Suu Kyi war in den höchsten Kreisen Englands angekommen. Da war sie 19 Jahre alt.

2. Von der Kolonialprovinz zum unabhängigen Staat

Unter Kontrolle der britischen Krone

Im November 1885 hörte das unabhängige Burma auf zu existieren. Burma wurde ein Teil von Britisch-Indien – und so behandelt: nicht als eigenständige Kolonie, sondern als Provinz. Es war kaum mehr als das Anhängsel eines großen Reiches.

Die Briten überließen es weitgehend den Indern, Burma zu verwalten und zu kontrollieren – etwa dem Indischen Öffentlichen Dienst (ICS), der indischen Armee und der Indischen Imperialen Polizei. Eine Ausnahme war ein gewisser Eric Arthur Blair, ein 19-jähriger Absolvent der Eliteschule Eton, der 1922 in Rangun an Land sprang. Er sorgte fortan in der brütenden Hitze des Irrawaddy-Deltas als Polizist für Ordnung. Fünf Jahre dauerte sein Dienst im Fernen Osten. Bekannt wurde er später unter dem Namen George Orwell mit der «Farm der Tiere» und «1984»; er konnte damals nicht ahnen, wie sehr das Land eines Tages Orwell'schen Charaker annehmen würde.

Rangun ähnelte damals einer indischen Stadt, fast die Hälfte der Bevölkerung stammte aus dem Nachbarland. Die Inder zahlten für die Überfahrt horrende Preise, um in Burma ihr Glück zu suchen. Dabei nahmen sie in Kauf, auf den Booten wie Vieh behandelt zu werden. Am Ziel angekommen, legten sie Gleise, steuerten Lokomotiven, standen am Ruder der Flussfähren oder ernteten, oft für Hungerlöhne, Reis im Irrawaddy-Delta – wo Tausende von ihnen an Malaria und anderen Krankheiten starben.

Die Wirtschaft Burmas blühte auf, es herrschte Aufbruchstimmung.

In London erschien 1885 ein Buch mit dem Titel: «Burma and the Burmans: ‹Or, The best unopened market in the world›».¹ Die Bauern
bestellten mehr Felder und ernteten mehr Reis als je zuvor.
Das Land entwickelte sich zu einem wichtigen Reisexporteur.
Immer mehr private britische Firmen siedelten sich an, um wertvolle Hölzer zu schlagen, Öl
zu fördern, Zinn abzubauen, Kautschukplantagen anzulegen, Rubine
und Gold auszugraben. Das Monopol über den lukrativen Teakabbau
sicherte sich allerdings die Londoner Regierung.

Die Kolonialherren benahmen sich, wie es Kolonialherren oft tun:
rassistisch, arrogant und ohne das Vermögen, sich in die Seelenlage
ihrer Untertanen einzufühlen. Die Briten schrieben ihnen vor, Offiziere ebenso demütig zu grüßen wie wichtige Alte und Geistliche. Ausgenommen von der Regel waren Mönche. Zudem mussten sie in den
Dörfern die Kolonialherren mit Feuerholz und Nahrung versorgen.

Thant Myint-U, ein Enkel des späteren UNO-Generalsekretärs
U Thant, beschreibt den Fall von Tin Tut, einem Absolventen der Un-
versität Cambridge, dem 1924 zwar erlaubt wurde, in einem Ranguner
Rugbyklub mitzuspielen – mit seinen Mannschaftskameraden gemeinsam duschen durfte er nicht.²

George Orwell, der Polizist und spätere berühmte Autor, berichtete
über den Hass, der ihm und seinen Landsleuten in der Stadt Moulmein
entgegenschlug: Wann immer ihn beim Fußball ein einheimischer
Gegner von den Beinen geholt und der ebenfalls einheimische Schieds-
richter das Foul ignoriert hatte, «brüllte die Menge mit grässlichem Ge-
lächter auf», schrieb er 1936 in seiner Kurzgeschichte «Shooting an
Elephant». Eine europäische Frau, die alleine über einen Markt ging,
konnte sicher sein, dass ihr jemand den roten Saft einer Betelnuss auf
das Kleid spuckte. Am schlimmsten, so Orwell, waren die Mönche,
«von denen keiner so richtig etwas zu tun zu haben schien, außer an
Straßenecken zu stehen und Europäer zu verhöhnen». Sein Fazit: «Im-
perialismus war teuflisch ... ich war für die Burmanen und gegen ihre
Unterdrücker, die Briten.»³

Britische und indische Bürokraten warfen alte lokale Traditionen
um. Sie schafften eine Ordnung ab, die sich durch die Gunst der Sterne
leiten ließ, und schufen eine neue, in der Paragraphen zählten: Sie ent-

machten die meist adligen Dorfvorsteher, die ihren Posten geerbt hatten und wie kleine Könige herrschen durften, und ersetzten sie durch Beamte. Was früher nur ein freundliches Wort mit dem Bürgermeister brauchte, erforderte nun Formulare: Streitereien mit dem Nachbarn, der Erwerb von Land, die Registrierung von Geburten, Steuerschulden – für all dies mussten die Untertanen den Wasserbüffelkarren anspannen, um in den nächstgrößeren Ort zur Verwaltung zu rumpeln. Immerhin: Gesetze galten nun mehr als die willkürliche Entscheidung einer Person, auch wenn sie von einer fremden Macht geschrieben worden waren.[4]

Zahlreiche Dörfler – die britische Propaganda nannte sie «Banditen» – griffen Militärposten an, um sich gegen das fremde Diktat zu wehren. Es dauerte bis 1890, bis die Kolonialherren das Land endgültig im Griff hatten. Doch vollends unter Kontrolle bekamen die Briten und ihre indischen Helfer die Gesellschaft nie. Burma war eine Problemzone, Rangun zum Beispiel lange Zeit die Stadt mit der höchsten Kriminalitätsrate ganz Asiens.

Und stets, wenn etwas schiefging oder schiefzugehen drohte, setzten die Briten Polizei und Armee in Marsch – eine Praxis, die einige Jahrzehnte später die burmesische Junta übernehmen sollte: Zwang und Druck gegen unzufriedene Bürger sollten Probleme beseitigen.

Da die Kolonialmacht die Bauern besteuerte, egal, wie gut ihre Ernten ausfielen, blühte das Geschäft der Geldverleiher, von denen die meisten aus Indien stammten. Deshalb verloren viele Bauern ihr Land an Ausländer, wenn sie Kredite nicht zurückzahlen konnten. Oft hatten sie das Geld leichtfertig aufgenommen, statt in die Landwirtschaft zu stecken oder im Steueramt abzuliefern, spendeten sie es Klöstern oder veranstalteten Feste.

Die britische Herrschaft brachte aber auch Vorteile für die Bürger: Schulen außerhalb der buddhistischen Klöster vermittelten den jungen Leuten Kunst und Wissenschaften. Sie eröffneten die Chance, Geschäfte zu machen oder im öffentlichen Dienst aufzusteigen; gepflasterte Straßen und mehr Schiffe auf dem Irrawaddy verbesserten die Absatzchancen, zuverlässigere medizinische Versorgung verlängerte das Leben. So ließen die Europäer ihre Untertanen gegen Pocken impfen.

Die Söhne der Erde werden unruhig

Gleichwohl fand sich die Bevölkerung nie mit der Fremdherrschaft ab. 1906 gründeten Aktivisten die Buddhistische Vereinigung für junge Männer (YMBA). Ihr Ziel war es zu verhindern, «dass unser nationaler Charakter, unsere Institutionen, ja unsere Existenz als eigene Nationalität hinweggefegt wird», wie es ein Mitglied formulierte.[5] Die YMBA, die eine englischsprachige Zeitung «The Sun» veröffentlichte, legte sich oft und gerne mit den Kolonialherren an. Sie störte etwa, dass ausländische Unternehmen Buddha-Figuren oder Pagoden in ihrer Werbung abbildeten. Und der britische Soldatenfriedhof auf dem Gelände der Shwedagon-Pagode müsse da sofort weg, verlangte die YMBA.

Vor allem erregte viele Burmesen ein europäisches Kleidungsstück – Schuhe. In Pagoden behielten sich die Engländer das Recht vor, sie nicht auszuziehen, was die Burmanen zutiefst beleidigte. Wären die Engländer nicht auch erzürnt, wenn ein Burmane in der Londoner St-Paul's-Kathedrale den Hut aufbehielte und sich eine Cheeroot-Zigarre in den Mund steckte? Das Schuhproblem artete sogar in Gewalt aus. In Mandalay schlugen Mönche in einer Pagode mit Stöcken auf Engländer ein. Die Briten gaben 1918 schließlich nach, zumindest ein wenig: Die Äbte durften entscheiden, welche Kleidung in ihren Klöstern erlaubt war. Das kam einem Schuhverbot gleich. Soldaten blieben allerdings von der Regel ausgenommen.

Die Kolonialherren versuchten, den aufkommenden Nationalismus im Keim zu ersticken, und setzten Mitglieder der YMBA unter Druck, den Verein zu verlassen – oft mit Erfolg. 1919 und 1920 schickte die YMBA zwei Delegationen nach London, die um mehr Autonomie baten.

Die Organisation zerstritt sich, radikalere Aktivisten gründeten eine neue Gruppierung, den «Generalrat Burmesischer Vereinigungen» (GCBA). Kaum gegründet, unterstützte er 1920 einen Streik von Studenten in Rangun. Grund des Ausstandes: das von den Briten geplante Universitätsgesetz.

Nach Ansicht der Hochschüler hatte das Paragraphenwerk zwei gravierende Mängel: Es machte das Studium für ärmere Studenten unmöglich, zudem musste in den meisten Kursen Englisch gesprochen werden, was die Jugend auf dem Lande kaum beherrschte. Burma, so forderten die Studenten, brauche deshalb eine Nationale Hochschule, die auch die «Söhne der Erde» besuchen könnten.[6]

Erfolgreich war der Streik nicht, aber er wirkte: Viele Burmesen ließen sich von antikolonialen Gefühlen anstecken. Die Briten sahen ein, dass sie Zugeständnisse machen mussten – obwohl viele Politiker befanden, die Burmesen seien nicht reif für Reformen. Der Vizegouverneur Harvey Adamson stufte Burma zum Beispiel intellektuell 50 Jahre hinter Indien ein.

In den zwanziger Jahren des 20. Jahrhunderts entstanden neben dem Generalrat Burmesischer Vereinigungen sogenannte Dorfvereine. Diese sahen sich oft als Konkurrenz zur Kolonialverwaltung und forderten die Bauern auf, sich bei Streitigkeiten nicht an britische Gerichte, sondern an einen lokalen Richter zu wenden. Die Dorfvereine steckten auch hinter einer Kampagne, die man heutzutage wohl «Buy Burmese» nennen würde: Sie ermunterten die Bevölkerung, sich nicht in importierte Stoffe, sondern in selbst gewebte Textilien zu hüllen, nicht Virginia-Zigaretten zu rauchen, sondern die heimischen Cheeroots, im Tempel nicht britische Kerzen anzuzünden, sondern die eigenen.

«Burma ist nicht Indien»

Die Briten antworteten mit Druck, verabschiedeten etwa das «Anti-Boykott-Gesetz», mit dessen Hilfe sie aufmüpfige Dorfvereine bestrafen konnten. Es sollte nicht lange dauern, bis die Burmesen anfingen, sich mit Gewalt zu wehren. 1930 brachen anti-indische Unruhen aus. Sie begannen im Hafen von Rangun, als indische Festmacher für höhere Löhne streikten und die britischen Arbeitgeber Burmesen als Streikbrecher anheuerten. Als die Inder wieder die Arbeit aufnahmen, mussten die Burmesen gehen. Am 26. Mai schlug der Zorn in Schlägereien um, die in ein Massaker mündeten. Innerhalb einer halben Stunde töteten Burmesen mindestens 200 Inder und warfen sie in den Fluss. In nur zwei Tagen breiteten sich die Unruhen im ganzen

Land aus, wie viele Menschen genau starben, hat niemand aufgeschrieben.

Die Briten lenkten schließlich ein und ließen ein pseudodemokratisches System zu, das sie später auch in ihrer Kronkolonie Hongkong praktizierten. Sie schufen den sogenannten Legislativrat, der ursprünglich nur dazu da war, den Gouverneur zu beraten und den Briten die Kontakte mit wichtigen Geschäftsleuten zu erleichtern. Ab 1922 durften die Burmesen 79 der 103 Mitglieder des Legislativrates im ganzen Land wählen. Allerdings mussten sie bestimmte Summen an Steuern bezahlt haben, um an die Urnen zu dürfen.

Die Folge war, dass von zwölf Millionen Menschen nur 1,8 Millionen an den Wahlen teilnehmen konnten, und so folgten viele Burmesen den Boykottaufrufen von Nationalisten und ließen es bleiben. An Burmas erster Wahl überhaupt stimmten nur 6,9 Prozent der Wahlberechtigten ab.

In Indien waren die Briten früher zu Zugeständnissen bereit. 1919 hatte das Parlament in Westminster den Indern zugebilligt, sich mehr an den Regierungsgeschäften zu beteiligen, und ihnen einige Ministerien wie Landwirtschaft, Bildung und Gesundheit überlassen. «Burma ist nicht Indien. Seine Menschen gehören zu einer anderen Rasse in einem anderen Stadium der politischen Entwicklung und seine Probleme sind gänzlich anders ... Der Wunsch nach gewählten Institutionen hat sich in Burma noch nicht herausgebildet», befand ein Ausschuss des britischen Parlaments.[7] Später erhielten die Burmesen die gleichen Rechte wie die Inder – und sogar mehr: Frauen durften ebenso wählen wie Männer.

Der Legislativrat versuchte unter anderem, den Sündenpfuhl Rangun auszutrocknen. Der Rotlichtbezirk der Stadt war der größte in ganz Britisch-Indien, in den Puffs, Opiumhöhlen, Casinos und Kneipen ging es nach Sonnenuntergang hoch her, in den Bordellen schafften sogar deutsche und russische Prostituierte an. Britische und indische Soldaten sowie indische Arbeiter, aber auch die Einheimischen waren ihre Freier. Um Geschlechtskrankheiten zu bekämpfen, doch vor allem, um den Handel mit armen Bauernmädchen unter 14 Jahren zu unterbinden, verabschiedete der Legislativrat ein Gesetz «zur Unterdrückung von Bordellen», das unter anderem Zuhälterei und Frauenhandel verbot.[8] Vielen Burmesen reichte der Legislativrat nicht aus für Mitsprache und Teilhabe. Sie fühlten sich tagtäglich zu Menschen zweiter Klasse erniedrigt, etwa wenn ihnen die Europäer verwehrten, in den ihnen vorbehaltenen Eisenbahnabteilen zu reisen. Oder wenn sie die vornehmen Clubs, wie den Pegu-Klub am Ufer des Inya-Sees in Rangun, nicht betreten durften. Das war alles umso kränkender, als die Burmesen sich ihrer eigenen alten Kultur nur zu bewusst waren: Hatten sie nicht die wunderbare Shwedagon-Pagode zu einer Zeit errichtet, in der die Briten noch in Fellen durch die Wälder tobten?

Für Unruhe sorgte auch der Umgang der Briten mit den Frauen: Burma war für die Europäer damals das, was heute Thailand ist: ein heiteres Land mit freundlichen Menschen – der geeignete Ort, fünfe gerade sein zu lassen. Viele Entsandte aus Europa hielten sich einheimische Mätressen.

Bürger bangten um die traditionelle burmesische Kultur und den buddhistischen Glauben. Patriotismus und Nationalismus, vor allem der Wille, das Joch der Briten abzuschütteln, erfassten immer mehr Menschen. Beflügelt wurden sie durch die Niederlage der Russen gegen die Japaner im Krieg 1904/05. Das hieß: Asiaten waren keine Menschen zweiter Klasse, sie konnten die hochgerüsteten Europäer sogar militärisch schlagen.

Der Garuda-König

Die wirtschaftliche Krise Anfang der dreißiger Jahre erhitzte zusätzlich die Gemüter. Als Folge der Depression und mangelnder Nachfrage in Europa fielen die Reispreise in Burma, die Einnahmen der Bauern sanken damit in den Keller. Sie konnten ihre Schulden und Steuern nicht mehr bezahlen und verloren rund ein Fünftel ihrer Reisfelder im Irrawaddy-Delta an die Geldverleiher.

Bald rebellierten die Burmesen erneut. Bauern griffen Polizeiposten und von den Briten eingesetzte Dorfvorsteher an. «Burma den Burmesen» und «Engländer sind unsere Feinde» lauteten die Parolen von Saya San, einem belesenen Korbmacher, Zimmermann und Naturheiler, der Bücher über traditionelle Medizin schrieb. Er war Mitglied einer buddhistischen Jugendorganisation des GCBA. Saya San forderte, die Steuern der Bauern an ihre wirtschaftliche Lage anzupassen und ihnen zu erlauben, Holz und Beeren aus dem Wald für den eigenen Bedarf zu nutzen. Schließlich hatte der Mann genug: Er plante eine Rebellion.

Das tat er auf wunderliche Weise: Er rief sich zum Garuda-König aus – mit fünf Frauen, vier Ministern und vier sogenannten Garuda-Regimentern. Der Garuda – burmesisch Galon – ist im Hinduismus ein mythischer Vogel mit übernatürlichen Kräften. Den Untertanen versprach Saya San, die Autorität des Königs wiederherzustellen, den Buddhismus wiederzubeleben und die Engländer mitsamt den Indern davonzujagen. Tätowierungen und Amulette würden seine Kämpfer unverwundbar machen, versicherte er. Deshalb mussten sich seine Krieger das Bild eines Garudas auf den Unterarm stechen lassen.

Kein Wunder, dass die Rebellen, zudem noch schlecht ausgerüstet, in Scharen im Kugelhagel der Briten und Inder fielen. Die Kolonialherren brauchten dennoch zwei Jahre, die Rebellion niederzukämpfen. Sie sperrten die Bewohner ganzer Dörfer in Lager, wenigstens 3000 Rebellen starben, 9000 wurden interniert. Den Anführer Saya San hängten sie mit 127 Gefährten im Tharawaddy-Gefängnis, rund 100 Kilometer nördlich von Rangun. Umstritten unter Experten ist allerdings, ob sich die Menschen allein aus religiösen Motiven erhoben, weil sie an einen Propheten glaubten, oder weil es ihnen wirtschaftlich so schlecht ging, dass sie keinen anderen Ausweg mehr wussten.

Jedenfalls trug der Aufstand starke nationalistische Züge, er gilt als erste wirksame Revolte eines unterjochten südostasiatischen Landes gegen europäische Kolonialisten.[9] Saya San ist noch heute in Burma eine angesehene Persönlichkeit. Ebenso harsch wie mit ihm sprang die Kolonialmacht mit anderen Regimegegnern um. U Ottama, ein gelehrter Mönch, protestierte immer wieder gegen die Ausländer, die ihn immer wieder ins Gefängnis warfen. Mönche gingen auf die Straße und forderten, ihn freizulassen. Einige Demonstrationen endeten in

Straßenschlachten mit der Polizei. Der widerspenstige Mönch starb 1939 hinter Gittern.

Während über den Reisfeldern der Pulverdampf waberte, Dörfer brannten und das Blut unzähliger Menschen den Boden rot färbte, geriet in Rangun die Politik in Bewegung. Die Briten trennten Burma komplett von Indien ab, es wurde mithin ein eigener Kolonialstaat, mit einem 132-Sitze-Parlament und einem Oberhaus, dem Senat. Der britische Gouverneur stellte aber weiterhin die Regierung zusammen. Er behielt zudem das Recht, Gesetze abzulehnen. Jeder Burmese durfte allerdings wählen – vorausgesetzt, er hatte seine lokalen Steuern bezahlt. 1937 trat der sogenannte Government of Burma Act in Kraft.

Zahlreiche Parteien entstanden, etwa die «Partei der armen Leute» des Rechtsanwalts Ba Maw, eines Mannes, der in Cambridge studiert hatte und der seine eigene Kleidung entwarf. Ba Maw hatte den Rebellen Saya San vergeblich verteidigt. Nun wurde er erster Premierminister Burmas.

Der Autor Ko Ko Thett: «Als 1936 die Wahlen stattfanden, waren den Burmesen alle Eigenheiten einer Mehrparteienpolitik bekannt – von internen Querelen bis zu Koalitionen, von Treuebrüchen, Hin und Her, Aktionismus, Rufmord, Durchstechereien bis hin zum Boykott der Wahlen. Die Bevölkerung begann im Großen und Ganzen ihre Politiker so zu verachten, wie sie die britischen Kolonialisten hasste.»[10]

In dieser Atmosphäre trat ein junger Mann auf die politische Bühne, der das Schicksal seines Landes entscheidend mitbestimmen sollte: Aung San Suu Kyis Vater Aung San.

3. Aung San: Vom wirren Studenten zum Unabhängigkeitshelden

Herkunft und Ausbildung

Gegenüber der Shwedagon-Pagode erhebt sich ein rotes Monument, das aus der Ferne aussieht wie eine Stein gewordene Welle aus Blut. Auf der linken oberen Ecke prangt ein weißer Stern. Hier – im Mausoleum der Märtyrer – liegen die sterblichen Überreste von neun Politikern begraben. Der berühmteste ist zweifelsohne der Vater Aung San Suu Kyis: der Nationalheld Aung San.

Obwohl er nur 32 Jahre alt wurde, gilt er vielen burmesischen Politikern der Gegenwart als Vorbild. In zahlreichen Städten stehen Statuen, sein Konterfei ist allenthalben zu sehen. Parks, Stadien, Straßen tragen seinen Namen, staatliche Feiertage sind ihm gewidmet. Wie der Chinese Mao Zedong und der Inder Mahatma Gandhi hat der Burmese Aung San die Geschichte Asiens in der Mitte des vorigen Jahrhunderts entscheidend beeinflusst.

Ohne ihren Vater ist die Politikerin Aung San Suu Kyi nicht zu verstehen. Ohne ihn hätte sie sich nicht in die burmesische Politik eingeschaltet, und ohne ihn wäre sie wohl nicht so anerkannt und respektiert. Dabei war dieser keiner, dem wie seiner Tochter sofort die Sympathien zuflogen. Er war eher autoritär und zuweilen unflätig. Aung San wurde als jüngstes von sechs Kindern am 13. Februar 1915 in Natmauk geboren. Sein Vater hatte zwar das Anwaltsexamen in der Tasche, arbeitete aber auf dem Feld, half seiner Frau, einer Ladenbesitzerin, bei ihren Geschäften oder verlieh Geld.

Der kleine Junge Aung San war ein Problemfall – lange Zeit Bettnässer, kränklich, oft ungewaschen, störrisch, dick, nicht sehr sympathisch. Weil er ein guter Schüler war, durfte er 13-jährig mit einem Stipendium von einer buddhistischen Schule in eine weltliche Nationalschule wechseln. Auch die Oberschule schloss er mit der Bestnote «A» ab und schrieb sich 1932 an der Universität in Rangun zum Studium englischer Literatur, moderner Geschichte und Politikwissenschaften ein. Seinen Bachelor of Arts machte er in Literatur. Danach belegte er ein neues Fach, das er nicht abschloss: Jura.

Schon in der Schule war Aung San politisch engagiert, so schrieb er unter anderem für die Schulzeitung. In seiner Abneigung gegen die Herrschaft der Briten unterschied er sich kaum von vielen anderen jungen Leuten der damaligen Zeit. Der Grund für seinen Hass auf die Kolonialherren könnte unter anderem in der Familiengeschichte gelegen haben: Ein Onkel seiner Mutter, Bo Min Yaung, war als Widerstandskämpfer 1887 von den Briten enthauptet worden. Sein Kopf wurde zur Abschreckung vor einem Kloster in Natmauk aufgespießt.[1]

In Rangun erwies sich der junge Mann aus der Provinz zwar als kluger, ehrlicher und engagierter Kommilitone, doch für seine Mitstudenten war er oft schwer zu ertragen. «Niemand konnte sein Englisch verstehen», erinnerte sich Bo Let Ya, einer seiner Weggefährten, der später Vizepremierminister wurde. Auf einer Studentendiskussion über die Frage, ob Mönche sich politisch engagieren sollten, lieferte Aung San «eine so miserable Vorstellung ab», dass die Zuhörer ihn ausbuhten.[2] Er plädierte übrigens dafür, dass sich Mönche aus der Politik heraushalten sollten, wie seine Tochter berichtet.[3]

Sonst war Aung San, gelinde gesagt, ein seltsamer Typ. Sein Studentenzimmer, Raum 133 im Pegu-Gebäude, was so unaufgeräumt und schmutzig, dass «nur Ungeziefer es mit ihm teilen konnte», berichtete Bo Let Ya: «Bücher auf dem Tisch, auf dem Bett, auf dem Boden. Staub und Bücher bedeckten jeden Zentimeter. Sein Bett war immer ungemacht ..., schmutzige Handtücher und Kleidung baumelten von den Haken.»[4] Der Ordnungssinn Aung Sans sollte sich nach der Uni-Zeit nicht bessern: In einem anderen Quartier überließ er Gästen von auswärts seinen Raum, die allerdings gegen Mitternacht, von Ungeziefer vertrieben, entnervt auf den Korridor umzogen.

Im Umgang mit anderen zeigte sich Aung San schwierig, mal war er schweigsam, mal redselig, oft muffig und unhöflich. Seine Freunde mussten ihn zuweilen daran erinnern, die Kleidung zu wechseln, damit er nicht so rieche. Tischmanieren waren für ihn ein Fremdwort. Er sprach laut und näherte sich wild gestikulierend seinen Gesprächspartnern. Kommilitonen und Kollegen fanden ihn arrogant und rücksichtslos und zweifelten zuweilen an seinem Geisteszustand. Ins Büro kam er in dieser Zeit oft spät, ungekämmt, in Gedanken vertieft und unansprechbar. Beiträge seiner politischen Freunde konnte er rücksichtslos unterbrechen, Gegenredner übel abkanzeln. Einem Diskussionsteilnehmer drohte er einmal auf einer Versammlung Prügel an. Sogar zu seiner Mutter, die ihn einmal in Rangun besuchen kam, konnte er kalt und kurz angebunden sein. Einmal verließ er sie, ohne sich zu verabschieden.

Er rauchte die in grüne Tabakblätter gewickelten Cheeroots. Alkohol war für ihn tabu. Tabu war offenbar auch das andere Geschlecht, dem er, so weit bekannt, gleichgültig im besten und schlecht gelaunt im schlimmeren Fall begegnete.

Dein und Mein unterschied Aung San kaum: Er war zu anderen großzügig, nahm aber ebenso gern, auch mal ohne zu fragen. Bo Let Ya erinnert sich etwas bestürzt, dass sich Aung San zwanglos in seinem Kleiderschrank bediente, als er mehrere Tage bei ihm wohnte. Weil er nach dem Besuch in einer Pagode seine Latschen nicht wiederfand und sich nicht erinnern konnte, welche Farbe sie hatten, wollte er flugs in ein anderes Paar schlüpfen. Nur nach strengen Worten seines Freundes ließ er davon ab.

Nicht in einem sonderlich guten Licht schilderte ihn der damalige Premier und spätere Weggefährte Ba Maw. Aung San sei in politischen Angelegenheiten «ein Bündel von Obsessionen» gewesen, die völlig unerwartet entflammten.[5] Weil sie so intensiv waren, dauerten sie nicht sehr lange; eine nervöse Erschöpfung sollte schnell folgen und ihn fast in eine Starre oder in eine üble Laune verfallen lassen. Nicht gerade schmeichelhaft klang, was ein burmesischer Historiker über die Reaktion seiner Kollegen auf ihn notierte: Mit seiner «harschen, unpersönlichen, nüchternen Art» habe er sie das Fürchten gelehrt. «Sie verstanden ihn nie, keiner mochte ihn. Aber sie waren eingeschüchtert und hatten Angst, dass er sie nicht führen könnte ... Einer fragte sich, ob Hitler auch so wäre.»[6]

Die Stimme des Pfauen

Was machte den Mann trotz alledem so populär und so erfolgreich? Es waren wohl sein unbedingter Einsatz für eine gute Sache, seine Ehrlichkeit, die Fähigkeit zur Selbstkritik, die Klarheit und Klugheit seiner Gedanken, die ihn zum unverzichtbaren Mitstreiter werden ließen. «Aung San war ein politisches Wesen durch und durch, Politik war es, wofür er lebte», sagte der Schriftsteller Dagon Taya.[7]

Aung San, der junge Mann mit den hohen Wangenknochen, dem energischen Unterkiefer und dem wirren Haar, sammelte mit jedem Monat mehr Erfahrungen. Sein Englisch wurde dank eisernen Trainings in seiner Studentenbude besser. Er gewann sogar einen Preis in einem Übersetzungswettbewerb. Ab 1935 engagierte er sich mit nationalistischen Gleichgesinnten. Ihr Ziel war es, die nach ihrer Ansicht konformistische Studentenunion RUSU zu unterwandern, was ihnen auch gelang.

Aung San stieg in die Führung der Union auf und wurde Redakteur der Studentenzeitung «Oway» («Die Stimme des Pfauen») – und womöglich wäre er ein unbekannter Studentenführer geblieben, wenn er 1936 nicht einen kurzen Artikel mit dem Titel «Höllenhund auf der Flucht» veröffentlicht hätte. Der enthielt eine Attacke auf einen Universitätsbeamten und dessen Hang zu Studentinnen. Aung San musste vor der Disziplinarkommission der Hochschule erscheinen. In guter journalistischer Manier weigerte er sich, den Autor preiszugeben. Das Resultat: Aung San sollte für drei Jahre von der Universität fliegen.

Andere Studenten waren wegen angeblicher Verstöße gegen die Disziplin ebenfalls von der Universität verwiesen worden. Aung Sans Bestrafung war der Tropfen, der das Fass zum Überlaufen brachte. Die Hochschüler begannen zu streiken, obwohl die Abschlussexamen anstanden und viele damit ihre Zukunft riskierten. Aung San gelang es als geschicktem Organisator, den Streik auf Schulen und Universitäten des ganzen Landes auszuweiten. Als die Öffentlichkeit und einige ältere Politiker Partei für die Studenten ergriffen, gab die Universitätsleitung nach, warf den kritisierten Beamten hinaus, versprach Änderungen im umstrittenen Universitätsgesetz und ließ die gefeuerten Studenten wieder zu. Aber Aung San hatte ein ganzes Jahr verloren. Die Affäre machte ihn im ganzen Land bekannt, und die RUSU dehnte sich auf andere Städte aus. Er war ein Mann geworden, den man ernst nehmen musste. Die staatliche Kommission zur Reform des Universitätsgesetzes nahm Aung San als Mitglied auf. Nun war er nicht mehr nur der Chef des Studentenverbandes der Universität Rangun, sondern auch der Vorsitzende der «All Burma Students Union».

Die Thakins

Nachdem er im Oktober 1938, das Examen in der Tasche, der Universität den Rücken gekehrt hatte, trat Aung San der Dobhama Asi-ayone (Vereinigung Unser Burma) bei und wurde kurz darauf deren Generalsekretär. Die Organisation war die «einzige militante und stark nationalistische politische Partei zu dieser Zeit», sagte er später.[8] Die Parteimitglieder gaben sich den Titel «Thakin», was so viel wie «Herr» oder «Meister» hieß und eigentlich den Kolonialherren vorbehalten war. Aus diesem Grund wurde die Dobhama Asi-ayone «Thakin-Partei» genannt. Neben seiner Parteiarbeit schrieb Thakin Aung San für das Monatsmagazin «Dagon» Artikel über politische Theorie und Praxis.

In dieser Zeit erschütterten erneut Streiks und Demonstrationen das Land. Die Ölarbeiter in der Stadt Chauk hatten zuerst die Arbeit niedergelegt und sich entschlossen, zusammen mit anderen Streikenden und notleidenden Bauern auf Rangun zu marschieren. Mit dabei war die «Vereinigung Unser Burma», die die Proteste nicht nur organisierte und koordinierte, sondern die Streikenden auch mit Nahrung versorgte und ihnen in Rangun ein Dach über dem Kopf gewährte. Als die Polizei eine Demonstration in Rangun auflöste, starb ein Student, in Mandalay kamen zehn Laien und sieben Mönche ums Leben. Premierminister Ba Maw musste mit seiner Koalitionsregierung zurück-treten. Im Januar 1939 erklärte Aung Sans Partei offiziell, sie wolle die britische Regierung mit Gewalt stürzen.

Die Antwort ließ nur fünf Tage auf sich warten. Im Morgengrauen des 23. Januar rückte die Polizei in der Parteizentrale an der Shweda-gon-Pagode an, durchsuchte die Räume und verhaftete die meisten Funktionäre, darunter Aung San. Der Vorwurf der Briten lautete: «Verschwörung mit dem Ziel, die Regierung mit Gewalt zu stürzen». Nach 15 Tagen ließen sie ihn wieder laufen, ohne ihm den Prozess zu machen.

Die Dobama Asi-ayone spaltete sich in einen mehr linksorientierten Flügel, dem sich Aung San anschloss, und einen mehr auf Ausgleich bedachten Flügel auf. Nur kurz darauf verband dieser sich mit Ba Maws Partei der Armen Leute und dem All-Burmesischen Studentenverband zu einem Freiheitsblock, dessen Generalsekretär Aung San wurde. In der burmesischen Presse kam die neue Gruppierung gut an. Sie bringe die Einheit der Burmesen voran, lautete der Tenor der Kommentare. Immer mehr Menschen folgten dem Freiheitsblock, und Ba Maw sprach sogar von einer «Massenbewegung» und einer «umfassenden nationalen Bewegung und Kraft».[9]

«Die Ereignisse machten aus Aung San einen nationalen Führer», sagte sein Freund Bo Let Ya. «Der Streik, der Marsch der Arbeiter und Bauern, die Rassenunruhen, all das hauchte neuen Atem und neue Tiefe in seine Gedankenwelt.»[10] Aber was war Aung San? Ein Marxist, ein Demokrat? Hatte er überhaupt ein politisches Konzept für das künftige unabhängige Burma?

«Die Sterne vom Himmel holen»

«Er war offen für alle geistigen Einflüsse, die ihm revolutionär und mo-dern erschienen, insbesondere für den Sozialismus und Marxismus, aber eben auch für den Militarismus der nationalsozialistischen und faschistischen Bewegungen», sagt die Historikerin Susanne Prager.[11] Anders als später seine Tochter lehnte er die Philosophie des Inders

Mahatma Gandhi ab, der den gewaltlosen Widerstand befürwortete. Ihm stand der indische Unabhängigkeitskämpfer Subhas Chandra Bose näher, der zu den Waffen greifen wollte und sich sogar mit den deutschen Nazis gegen die Briten verbündete.

Aung San versuchte, die buddhistische Lehre mit marxistischen Ideen zu verknüpfen. Er wollte den Kapitalismus als Wurzel allen Übels zerstören und eine klassenlose, gerechte Gesellschaft schaffen, die einen Menschen mit außergewöhnlichen Fähigkeiten wählt, der nach moralischen Grundsätzen regiert und das Land zu Wohlstand führt. Das alles stellte seiner Meinung nach eine Etappe auf dem buddhistischen Erlösungsweg dar, der irgendwann ins Nirwana führen würde. Geschichte war für ihn im marxistischen Sinne keine Schicksalsfügung, sie war «machbar». Wer ausreichend fähig sei, könne «selbst Sterne vom Himmel holen».[12]

In dieses Weltbild passte, dass er und einige Gefährten bei einem Treffen am 15. August 1939 in einer Wohnung in der Ranguner Barr Street die Burmesische Kommunistische Partei gründeten, deren erster Generalsekretär Aung San wurde. Allerdings kam die KP damals über theoretische Diskussionen nicht hinaus, die Genossen trafen sich nur sporadisch. Aber immerhin: Aung San war nun Generalsekretär von drei Organisationen – der Vereinigung Unser Burma, des Freiheitsblocks und der KP. Und er kommandierte eine Studentenmiliz. In der burmesischen Öffentlichkeit galt er als Persönlichkeit, die ernst zu nehmen war.

Nach Ausbruch des Zweiten Weltkrieges am 1. September 1939 wurden Burmas Politiker vor die Wahl gestellt, mit den Briten solidarisch zu sein oder weiter für die Unabhängigkeit des Landes zu kämpfen. Für Aung San war die Antwort klar: Es konnte keine bessere Gelegenheit geben, um sich aus dem britischen Imperium herauszulösen. Wie konnte es sein, dass die Briten für Demokratie und Menschenrechte der Polen kämpften, aber gleichzeitig Burma und Indien unterdrückten? Wie konnte es sein, dass die Inder und Burmesen für die Kolonialisten in den Krieg ziehen sollten, ohne vorher gefragt zu werden? Diese Fragen stellten die Redner des Freiheitsblocks auf ihren Versammlungen und Demonstrationen immer wieder.

Ein Pakt mit dem Teufel

Einen Ausweg sah der damals 24-Jährige in einem landesweiten Widerstand gegen die Briten: Lokale und Teilstreiks der Industrie- und Agrararbeiter sollten zu einem General- und Pachtstreik führen, zu Massendemonstrationen und Volksaufmärschen, der Boykott britischer Waren zur breiten Verweigerung, Steuern zu zahlen. Guerilla-Aktionen sollten die Briten verunsichern.

Irgendwann, so sein Kalkül, würde dies die britische Verwaltung völlig lähmen, die indischen Truppenteile würden zu den Burmesen überlaufen – die Briten sich wie geschlagene Hunde davonschleichen.

Diese begannen nun jedoch, nach den burmesischen Oppositionellen zu fahnden und sie zu verhaften. Auf Aung San wurde eine Belohnung ausgesetzt, die so gering ausfiel, dass er beleidigt war. Jedenfalls musste er fortan im Keller eines Studentenheims übernachten. In dieser Zeit reifte der Plan heran, im Ausland um Hilfe zu suchen, um doch zu den Waffen greifen zu können. Aung San schwankte zwischen den chinesischen Kommunisten unter Mao Zedong und dem autoritären Japan, das bereits Teile von China besetzt hielt.

Die Japaner ihrerseits hatten Burma bereits im Blick. Sie wollten die sogenannte Burma Road, eine Straße durch Burma ins südliche China, blockieren und damit verhindern, dass mehr Waffen und Munition für die Chinesen heranrollten. Japanische Spione waren bereits in Rangun eingesickert: Zuhälter, Prostituierte, Friseure, Journalisten – sie alle lieferten Informationen, knüpften Kontakte. Und da war ein gewisser Oberst Keiji Suzuki, der als Zeitungskorrespondent und Mitarbeiter der Japanisch-Burmesischen Freundschaftsgesellschaft getarnt war. Ihnen gelang es, einige der Thakins und den Freiheitsblock zu kontaktieren.

Ba Maw, der frühere Premierminister unter den Briten, nutzte die Gelegenheit und bat um Geld und Gewehre sowie um militärische Ausbilder. Doch die Japaner wussten nicht so recht, mit wem sie es eigentlich zu tun hatten. Aung San schien der geeignete Kandidat zu sein, die Japaner in Japan selbst von der burmesischen Sache zu überzeugen.

Gleichzeitig war er im Ausland sicherer vor den Briten, die nach ihm fahndeten. Burma auf einem japanischen Schiff zu verlassen war zu gefährlich, die Briten kontrollierten die Dampfer des Kriegsgegners genau. Die Lösung lautete das chinesische Amoy, die heutige Hafenstadt Xiamen. Also schlüpften Aung San und sein Gefährte Hla Myaing eines Nachts in chinesische Kluft und ließen sich in einer Rikscha an den Pier fahren. Von dort wurden sie zu dem in Norwegen registrierten Frachter «Hai Lee» gebracht, auf dem sie als blinde Passagiere nach Amoy gelangten. Auf der Überfahrt wurde Aung San so seekrank, dass er das Bewusstsein verlor und sich der Freund ständig um ihn kümmern musste.

Es existieren unterschiedliche Berichte über Grund und Umstände der Reise, alle stammen von glaubwürdigen Quellen: Nach einer Version und auch nach eigener Aussage sollte Aung San nicht die Japaner kontaktieren, sondern die Nationalchinesen und sich auf den langen Weg nach Chongqing ins Landesinnere machen.

Über die Überfahrt gibt es ebenfalls unterschiedliche Versionen: Sie seien nicht als blinde Passagiere, sondern als Deckspassagiere gereist, sagte der Weggefährte Ba Than.[13] Für Aung Sans Gefährten, der das Ziel nicht kannte, war die Überfahrt schon deshalb nicht einfach, weil sein Kumpel wieder einmal schlechte Laune hatte und die meiste Zeit über schwieg. Wenn er ihn doch einmal ansprach, knurrte der: «Sei still!»[14]

«Das war alles so närrisch», sagte später der Chef der Burmesischen Kommunistischen Partei Ba Thein Tin. Aung San «sollte die chinesische Kommunisische Partei kontaktieren. Wir sagten ihm, er solle auf ein Schiff nach Schanghai, wo die Kommunisten stark waren und er sich leicht verstecken konnte. Aber stattdessen nahm er das erstbeste Schiff nach China, das er in Rangun finden konnte, und das war eines mit dem Ziel Amoy, das von den Japanern besetzt war ...»[15]

Aung San gab später zu, dass er die Aktion schlecht vorbereitet und eigentlich keine Ahnung hatte, worauf er sich einließ: «Mein Vorstoß nach Osten war in der Tat eine Reise ins Dunkel und durch jugendlichen Wagemut motiviert.» Aber er glaubte fest daran, dass die Zukunft der Unabhängigkeit seines Landes mit «Japan im Osten» verbunden war.[16]

Nach zwei Monaten illegalen Aufenthalts auf der Xiamen vorge-
lagerten Insel Gulangyu und ohne Kontakt zu den Japanern, Aung San
war an Ruhr erkrankt, schrieben die beiden einen Brief nach Hause
und baten um finanzielle Hilfe. Die Kameraden in Rangun alarmierten
die Japaner, die offensichtlich keine Ahnung von den Geschehnissen
hatten. Aung San, so erklärte es sich Ba Maw später, hatte wohl schlicht
vergessen, vor der Abreise das japanische Konsulat zu informieren.
Agenten der japanischen Militärpolizei gabelten sie schließlich auf und
schickten sie über Taipeh nach Yokohama und Tokio, wo sie am 12. November 1940 eintrafen und am Flughafen von Oberst Suzuki aus Rangun erwartet wurden. Es war der 12. November 1940, und es war bitter-
kalt. Die Burmesen hatten nur Sommersachen an.

Aung San und der japanische Geheimdienstmann Suzuki begannen
zu kooperieren, auch wenn sie dem jeweils anderen nicht über den Weg
trauten. Obwohl Aung San offen die Meinung vertrat, dass die Burmesen alle politischen Systeme gründlich studieren und sie an die burmesischen Bedürfnisse anpassen sollten, und er zudem die Planwirtschaft
Chinas positiv bewertete, stuften die Japaner ihn schließlich als «ehrlich und nicht machthungrig» ein – ein Mann, mit dem sie arbeiten
konnten.

Aung San verachtete die japanische Monarchie, auch wenn er sich
wie verlangt vor dem Kaiserpalast verbeugte. Warum verbündeten sich
er und seine politischen Weggefährten dann überhaupt mit den militaristischen Japanern, die 1937 im chinesischen Nanjing womöglich bis
zu 300 000 Menschen massakriert hatten? Aung San muss aus den
Zeitungen davon gewusst haben. Die Antwort liegt wohl in seinem
Charakter: Er war durch und durch pragmatisch, die Unabhängigkeit
seines Landes stand über allem. Zudem war er trotz aller Vorbehalte
von den Japanern fasziniert, von ihrem Patriotismus und vom hohen
Stellenwert, den das Militär in ihrer Gesellschaft genoss. Sein Adjutant
Maung Maung beschrieb es wohl am treffendsten: Stark beeinflusst
von japanischen Werten und japanischer Lebensweise, befand der «frühere enthusiastische Kommunist», dass in der ersten Phase eines nationalen Kampfes Theorien und Ideale nur störten. Dann zählten nur
«strengste Disziplin und der eiserne Wille der Anführer».[17]

Darüber hinaus war für die burmesischen Unabhängigkeitskämpfer die Kolonialmacht Großbritannien ebenso faschistisch wie Japan. Tokio aber galt damals vielen asiatischen Politikern als Kraft, die den ausländischen Imperialisten und Kolonialherren die Stirn zeigte. Und die Berichte vom Massaker tat Aung San als schiere Propaganda der Imperialisten ab.

In dem Entwurf über die politische Zukunft Burmas, um den ihn die Japaner baten, lehnte er die Monarchie ebenso ab wie eine Republik. Es sei ja möglich, dass in Burma eines Tages eine völlig neue Staatsform entstünde. Aber auch einen Einparteienstaat hielt er für nicht ausgeschlossen. Auf Strohpapier soll er Sätze gekritzelt haben wie: «Was wir wollen, ist eine starke staatliche Verwaltung wie in Deutschland und Italien. Es soll eine Nation, einen Staat, eine Partei, einen Führer geben. Was es nicht geben soll, ist eine parlamentarische Opposition, nicht diesen individualistischen Unsinn.»[18]

Es ist unklar, ob er das tatsächlich so aufgeschrieben hat. Denn diese Gedanken passen nicht zu seinen übrigen politischen Ansichten und Verhaltensweisen. Hatte er sich von der faschistischen Euphorie um ihn herum forttragen lassen, wie der amerikanisch-burmesische Autor Thant Myint-U vermutet?[19] Vielleicht wollte er seinen japanischen Geldgebern und Ausbildern auch nur gefallen. Die Militärdiktatoren, die 1962 in Burma die Macht ergriffen, nutzten jedenfalls diese Sätze, um mit dem Hinweis auf den berühmten Aung San ihre Einparteienherrschaft zu rechtfertigen. Später dienten sie ihnen dazu, seine Tochter mit ihren demokratischen Ideen in ein schlechtes Licht zu rücken.

Der Siegeszug der Japaner

Die Japaner versprachen den Burmesen 1941 zwar die Unabhängigkeit, schon bald jedoch wurde diesen klar, dass sie in Burma einmarschieren wollten. Aung San hoffte, seinen Geldgebern und Ausbildern eine Invasion ausreden zu können. Er und seine Freunde sollten sich täuschen. «Die Japaner brachen von Anfang an alle Versprechen, die sie uns gegeben hatten», schrieb Aung San.[20] Doch zunächst wurde ihre

Hilfe angenommen. Tokio bot an, die Burmesen militärisch auszubilden. Aung San sollte Gleichgesinnte um sich sammeln, die auf der von den Japanern besetzten chinesischen Tropeninsel Hainan in die Kunst des Krieges eingeführt werden sollten.

Verkleidet als chinesischer Seemann, zur Tarnung mit Zahnattrappen im Mund, rekrutierte Aung San in Rangun seiner Ansicht nach geeignete junge Männer. Schließlich machten sich insgesamt 28 Burmesen auf den Weg, zwei stießen aus Tokio dazu. Sie wurden die legendären «30 Kameraden», die in die Geschichte Burmas eingehen sollten – der Kern der «Burmesischen Unabhängigkeitsarmee». Aung San kam in die Gruppe für Stabsaufgaben und wurde nach der Ausbildung Stabsoffizier im Rang eines Generalmajors.

Das Lager, das unter dem Namen «San'a Agricultural Training Institute» getarnt worden war, wurde am 5. Oktober 1941 aufgelöst, Aung San flog nach Bangkok, um die ersten Rekruten der neuen Armee anzuheuern. Er fand sie unter burmesischen Siedlern in Thailand: rund 200 Männer, die am 31. Dezember 1941 in Bangkok in voller Uniform vor Suzuki paradierten. Die Befreiung Burmas von langer Kolonialherrschaft konnte beginnen.

Inzwischen hatten die Japaner beschlossen, ihre «Neue Ordnung» ganz Asien überzustülpen und die westlichen Imperialisten davonzujagen. Am 7. Dezember 1941 bombardierten sie den amerikanischen Hafen Pearl Harbor auf Hawaii und versenkten zahlreiche Schiffe der US-Pazifikflotte. Auch in Burma ratterten Maschinengewehre, explodierten Granaten, fielen Bomben. Am 23. Dezember kam Rangun unter Beschuss.

Drei Viertel der rund 400 000 Bürger Ranguns flohen – die Burmesen suchten auf dem Land Schutz, die indischstämmige Bevölkerung begann einen Langen Marsch nach Westen, auf dem Zehntausende an Erschöpfung und Hunger starben.

Die Briten, unterstützt von nationalchinesischen Truppen Chiang Kai-sheks, machten sich ebenfalls davon und hinterließen verbrannte Erde: Sie sprengten Brücken, Straßen, Kaianlagen, Ölraffinierien und versenkten zahlreiche Flussdampfer. Im Mai 1942, nur ein paar Wochen nach dem ersten Angriff der Japaner, gaben sie Burma auf. Über

23 000 Briten und Inder waren gefallen, bei den Chinesen sollen sogar über 100 000 Soldaten nicht überlebt haben. Rund 40 000 burmesische Zivilisten starben im Bomben- und Kugelhagel.

Die Burmesische Unabhängigkeitsarmee (BIA) mit Aung San als Stabschef war den japanischen Truppen im Januar 1942 gefolgt. Aufgabe Aung Sans und seiner Männer war es vor allem, die Burmesen auf die japanische Seite zu ziehen, in den besetzten Gebieten wieder Recht und Ordnung herzustellen und eine Guerillatruppe zusammenzustellen. Innerhalb kurzer Zeit schlossen sich der BIA nahezu 10 000 Mann an. Sie kamen auf Elefanten und Ochsenkarren heran, darunter waren raue Burschen, die es mit Gesetz und Disziplin nicht so genau nahmen. Etliche von ihnen gehörten kriminellen Banden an. In Teilen der BIA ging es drunter und drüber, Soldaten terrorisierten die eigene Bevölkerung, plünderten, vergewaltigten und errichteten kleine Fürstentümer.

Eine dunkle Episode in der Geschichte dieser jungen Armee ereignete sich im Gebiet der teilweise christlichen Karen, der drittgrößten ethnischen Gruppe im heutigen Myanmar. Sie ist vor allem im Osten des Irrawaddy-Deltas an der Grenze zu Thailand zu Hause. Die Karen, die sich stets von den Burmesen unterdrückt und verfolgt fühlten, hatten sich mit den Briten verbündet, über 1000 Soldaten kämpften auf der Seite der Kolonialmacht.

Als Japaner und BIA immer weiter vordrangen, gerieten sie mit heimkehrenden Karen-Soldaten aus den Reihen der britischen Armee aneinander. Denn die weigerten sich, der BIA Waffen und Munition zu übergeben. Der Streit endete in einem Blutbad. Einen «Völkermord, der dem Hitlers ähnelte», wirft die heutige Karen National Union, die politische Vertretung der Karen, den Burmesen auf ihrer Webseite vor.[21]

Wieweit Aung San als Stabschef der Truppe Verantwortung dafür trug, dass seine Männer Dörfer abfackelten, Kinder töteten und Gefangene folterten, ist nicht klar. Die burmesischen Offiziere hatten zu diesem Zeitpunkt in ihrer kleinen Armee nicht viel zu sagen, versicherten sie später. Ba Maw schob die Schuld weitgehend den Japanern zu, aber auch dem Rassismus, der unter den burmesischen Soldaten gärte.

Tochter Aung San Suu Kyi gab die Verantwortung «unverantwort-

lichen Elementen in den Reihen der burmesischen Unabgängigkeitsar-
mee». Der Konflikt, sagt sie, habe ihrem Vater «große Sorgen gemacht».[22]
Dieser suchte die Fehler nicht bei sich, sondern bei Personen, die nicht
wirklich zur Armee gehörten.

Obwohl seine Soldaten Angst und Schrecken verbreiteten, sahen viele
Burmesen in Aung San einen Heilsbringer, den Nachfolger mythischer
Prinzen, der Burma in eine neue Zeit führen würde. Seine Armee galt
unter den einfachen Landleuten als unverwundbar, so wie ein paar Jahre
vorher die tätowierten Rebellen Saya Sans. Aung San selbst hatte zu dem
Mythos beigetragen, indem er eine Verbindung seiner Vorfahren bis
zum Königreich von Pagan knüpfte.[23]

Er präsentierte sich als selbstlosen Kämpfer, der nicht aus Eigen-
nutz, sondern zum Wohle des Volkes handelte, als einen, dem es nicht
auf Titel und Ämter ankam, sondern auf Ehrlichkeit und persönliche
Integrität. Aung San wurde ein Nationalheld, ein «Generalissimo», obwohl er als Armeechef selbst kaum aktiv kämpfte: Die Japaner versuchten, die schlecht ausgerüstete BIA aus den Gefechten mit den Briten
herauszuhalten. Meist stand er am Kartentisch und lenkte den Vormarsch seiner Truppe.

«Nun werden wir wie Hunde behandelt»

Doch es drängte ihn stets an die Front. Er war ein Mann der einfachen
Soldaten, und wenn er mit einem alten Ford Sedan durch die Gegend
kurvte und der Wagen zusammenbrach, marschierte er mit der Truppe.
Er schlief auf dem Fußboden, auf sein Äußeres legte er nach wie vor
keinen Wert. Ein amerikanischer Fernstecher, ein US-Helm aus Press-
pappe und ein japanisches Schwert – das war seine Ausrüstung. Schicke
Uniformen mit Orden und Sternchen auf den Schulterklappen waren
seine Sache nicht. Stattdessen trug er ständig das gleiche grüne japanische Buschhemd und meist einen burmesischen Longyi.

Er nahm, berichtete sein Adjutant Maung Maung, sich selbst nicht
allzu wichtig, empfand die Rolle als Offizier als eher langweilig. Doch
habe er sich als «wundervoller Feldkommandeur» bewährt. Als seine

Gruppe auf eine Einheit der Britisch-Indischen Infanterie stieß, «wusste er, wann es Zeit war vorzustoßen und wann es besser war, sich ruhig zu verhalten».[24] Sein Stil war es, Untergebenen scharfe Fragen zu stellen und knappe Befehle zu schnarren.

Die Japaner hatten Aung San und seinen Mitstreitern die Unabhängigkeit versprochen, sobald die Briten vertrieben waren. Doch als sie mit den Burmesen um Aung San in ihrem Schlepptau in Rangun einzogen, dachten sie nicht daran, die Zusage einzuhalten. Die Antipathien wuchsen. Japanische Soldaten machten es sich zur Gewohnheit, ihre Gesprächspartner zu ohrfeigen, wenn ihnen etwas nicht passte. Hinzu kamen Berichte, nach denen die berüchtigte japanische Militärpolizei «Kempeitai» burmesische Gefangene, darunter auch höhere Offiziere, folterte. Sie übergoss sie mit kochend heißem Wasser, hängte sie an den Füßen auf und presste Nadeln unter ihre Fingernägeln. Frauen wurden nicht selten vergewaltigt, obwohl das Militär dafür die Todesstrafe androhte. Prügeleien zwischen burmesischen und japanischen Soldaten häuften sich. Im Oktober 1942 verteilten jüngere Offiziere antijapanische Flugblätter und planten, die Waffen gegen die Japaner zu richten. Sie wurden aber von Aung San zurückgepfiffen, der eine Revolte für zu früh und deshalb für aussichtslos hielt.

Aung San hatte ein schlechtes Gewissen, weil er mit dafür verantwortlich war, dass die Japaner die Briten als Herren des Landes abgelöst hatten.[25] Im selben Jahr formten die Japaner die BIA in die Burma Verteidigungs-Armee um (BDA) und unterstellten sie ihrem Kommando. Auch dies war ein deutlicher Hinweis, dass sie von einem unabhängigen Burma nichts hielten. Aung San stimmte zum Entsetzen seiner Kameraden zu, denn er sah wohl die Vorteile: Die Japaner ermöglichten ihm den Aufbau einer modernen schlagkräftigen Armee, der «Tatmadaw», wie sie auf Burmesisch heißt. Allerdings fehlte es ihm an Rekruten, da viele Burmesen nicht in einer japanischen Armee dienen wollten.

Im März 1943 luden die Japaner ihn und andere hohe Regierungsmitglieder nach Tokio ein. Dort bekamen sie vom Kaiser persönlich hohe Orden verliehen, Aung San den «Orden der Aufgehenden Sonne

3. Klasse». Nach vielen Reden und Banketten kehrten die Burmesen nach Hause zurück, in ihren Händen lag ein vertraulicher Brief der japanischen Militärs mit einer wichtigen Zusicherung: Am 1. August 1943 sollte Burma unabhängig werden.

Im Sommer 1943 machten die Japaner ihre Zusicherung vom März wahr. Aung San wurde Kriegsminister, U Nu Außenminister, Oberst Ne Win Oberkommandierender der Armee, Ba Maw, der frühere Premierminister unter den Briten, wieder Regierungschef. Mehr als eine Regierung am Gängelband des militaristischen Japan war sie jedoch nicht. Kaum ein Staat in der Welt erkannte sie an, die Ausnahme bildeten das faschistische Italien und die Nazis in Berlin. Die burmesische Armee schwoll derweil an, immer mehr Offiziere besuchten die japanische Militärakademie. Und sie wechselte wieder ihren Namen: Burma National-Armee (BNA).

Aung San schien zunächst zufrieden mit der Unabhängigkeit. Sie sei ein wichtiger Schritt zu einer moralisch gefestigten burmesischen Gesellschaft innerhalb der asiatischen Staatengemeinschaft, deren Tugenden denen des Westens seiner Meinung nach weit überlegen waren. Doch abgesehen davon, dass er ein Befehlsempfänger der Japaner blieb, traute er ihnen auch nicht mehr. Aung San und seine Getreuen entschlossen sich, ihre Verbündeten aus dem Land zu jagen.

Stärker und stärker drängten die Kommunisten und junge Offiziere, gegen die Japaner loszuschlagen. Aung San hielt sie hin. Erst müssten die Anführer des Aufstandes besser ausgebildet sein, argumentierte er, Nachschub, Transport und Kommunikation sichergestellt sein. Gleichzeitig machte er klar, dass er das Kommando übernehmen würde, wenn es so weit wäre. Schließlich legte er ein Datum fest: 22. Juli 1944.

Es sollten allerdings über sieben Monate verstreichen, bis es wirklich losging. Die Antipathien gegen die Japaner wuchsen, in einem Armeequartier erklärte Aung San: «Ich ging nach Japan, um meine Leute zu retten, die wie Ochsen unter den Briten zu kämpfen hatten. Aber nun werden wir wie Hunde behandelt. Wir sind weit entfernt von der Hoffnung, das Stadium des Menschen zu erreichen, und um auch nur das Ochsenstadium wiederzuerlangen, müssen wir mehr kämpfen.»[26]

Zunächst suchte er heimlich Verbündete – unter anderem bei den Kommunisten und den Karen. Die «Burma Revolutionäre Partei», die er selbst mitgegründet hatte, machte ihn und seine «faschistischen Freunde» für die Invasion der Japaner verantwortlich. Nach langen Gesprächen mit Aung San erklärte sie sich jedoch bereit, mitzumachen und die Propaganda gegen ihn einzustellen. Auch die Karen konnte Aung San überzeugen, sich dem Widerstand anzuschließen, obwohl seine Leute so viel Unheil angerichtet hatten. Auf einem Geheimtreffen in Rangun entschuldigte er sich für die Morde seiner Männer. Die Unterhändler der Karen fanden Aung San vertrauenswürdig, überzeugend und verbindlich. Er gestand ihnen ein eigenes Bataillon zu, in dem kein einziger Burmane dienen sollte.

Um alle Kräfte zu vereinen, schlug er vor, eine «Antifaschistische Organisation» zu gründen. Im August 1944 wurde aus der «Antifaschistischen Organisation» die «Antifaschistische Freiheitsliga des Volkes» (AFPFL), eine Partei, die für viele Jahre eine wichtige Rolle in der Politik Burmas spielen sollte. In ihr waren neben der Armee zahlreiche Gruppen vertreten: Buddhisten, Sozialisten, Kommunisten, Gewerkschaften, Frauen- und Jugendvereine.

Während die Japaner keinen Verdacht schöpften, machte Aung San aus seinem Herzen keine Mördergrube. Er befahl seinen Offizieren, sich nicht mehr nach japanischer Tradition die Schädel zu rasieren. Im August 1944, auf einer Feier zum ersten Jahrestag der sogenannten Unabhängigkeit, schrieb er den Japanern ins Stammbuch: «Lassen Sie es mich deutlich sagen: Die Einzigen, die die Unabhängigkeit genießen können, bin ich, sind meine Minister, sind unsere Frauen, Angestellten und jene, die sich von uns Vorteile versprechen ... Wenn Freiheit nur für eine ausgewählte Gruppe von Leuten da ist, dann ist das keine Freiheit.»[27] Tokio war über die offenen Worte nicht gerade erfreut, aber auch nicht sonderlich beunruhigt.

Aung San wechselt die Fronten

In Mandalay feuerten am 8. März 1945 Soldaten der Burma National-Armee zum ersten Mal auf japanische Soldaten. Dann fädelte Aung San ein großes Täuschungsmanöver ein. Am 17. März marschierten er und seine Soldaten nach einer Parade in Rangun an die Front in den Norden, wo die Briten wieder angriffen. Doch sie richteten ihre Waffen nicht gegen die Europäer, sondern gegen die Japaner. Es war ihnen zuvor gelungen, Kontakt zu den Briten aufzunehmen, die seit Dezember 1944 langsam in das Innere von Burma vordrangen.

Die Briten waren untereinander zerstritten, ob sie den burmesischen Widerstandskämpfern um Aung San trauen und sie mit Waffen versorgen sollten. Vor allem die zivilen Beamten sprachen sich gegen eine Kooperation aus. Aung San war in ihren Augen ein Verräter und Kriegsverbrecher, der schleunigst vor ein Militärgericht gehörte.

Doch die Befürworter, darunter der Oberbefehlshaber der Truppen in Südostasien, Lord Louis Mountbatten, behielten die Oberhand. Je mehr es schlagkräftige Gegner der Japaner gab, desto besser, lautete die Philosophie des Admirals. Allerdings war er bereit zu einem Kompromiss: Es sollte keine Amnestie für die burmesischen Unabhängigkeitskämpfer geben. Zudem sollte nach einem Sieg der Briten Burma wieder britische Kolonie werden.

Der Admiral wollte Aung San zum Nationalhelden aufbauen und so die Burmesen auf seine Seite ziehen. Für ihn zählten allein militärische Argumente, eine zweite Front gegen gut 10 000 Soldaten unter einem Rebellen Aung San wäre seiner Ansicht nach verheerend.

Einen Monat später wollte General William Slim, der den Vormarsch der Briten befehligte, mit Aung San sprechen. Über Agenten sicherte er ihm zu, «unbeschadet» wieder zu seiner Truppe zurückkehren zu können. Aung San zögerte bis Mitte Mai, doch dann bat er selbst um ein Gespräch. Weil er nicht durch die Kampflinien kam, schickte Slim ihm ein Flugzeug, das ihn ins britische Hauptquartier in Meiktila in Zentralburma brachte.

Aung San erschien in der japanischen Uniform eines Generalmajors.

Slim beschrieb ihn so: «Er war ein kleiner, gut gebauter, lebhafter Mann ... ordentlich und soldatisch in der Erscheinung, mit regelmäßigen burmesischen Zügen in einem Gesicht, das wie eine reglose Maske sein, sich aber auch von Intelligenz und Humor erhellen konnte.»[28] Aung San trat dem Briten selbstbewusst entgegen. Er stellte sich als Repräsentant der «Provisorischen Regierung Burmas» vor. Zudem verlangte er, als «Kommandeur der Alliierten» und nicht als «untergebener Kommandeur» behandelt zu werden. Slim war zwar beeindruckt von seiner Selbstsicherheit, lehnte aber rundweg ab. Nach einem Hin und Her diskutierten die beiden schließlich die militärische Lage. Slim erklärte sich bereit, Aung Sans Hilfe anzunehmen, aber «unter britischem Kommando», also seinem eigenen. Der Burmese willigte ein, bestand jedoch darauf, dass er bei wichtigen Entscheidungen gefragt werde.

Zu diesem Zeitpunkt hatten die Briten, genauer die 26. Indische Infanteriedivision, Rangun wieder eingenommen. «Überall wurde geraubt und gebrandschatzt», beschrieb der Journalist U Tun Pe die Lage nach dem Abzug der Japaner. Die Ranguner fielen über versprengte japanische Soldaten her, sogar vermutlich Unschuldige wurden als «japanische Spione» erschossen.[29] Am 15. Juni paradierten in der Stadt britische, australische und chinesische Truppen, um den Sieg zu feiern. Auch eine burmesische Einheit marschierte an Admiral Mountbatten vorbei. Aung San musste auf der Zuschauertribüne sitzen. Es dauerte allerdings bis zum 28. August 1945, bis der japanische General Kimura endgültig kapitulierte.

Der Held und die Liebe

Drei Jahre zuvor hatte Aung San seine spätere Frau Khin Kyi kennengelernt – im Rangoon General Hospital, einem großen viktorianischen Gebäudekomplex. Er war mit anderen Kameraden wegen akuter Erschöpfung und Malaria-Anfällen eingeliefert worden – und wie immer ein schwieriger Zeitgenosse.

Die jüngeren Schwestern wagten sich nicht an diesen mittlerweile berühmten und seltsamen Gesellen heran. Schließlich nahm ihn Oberschwester Khin Kyi unter ihre Fittiche. Bald wollte der Patient nur noch von ihr Essen und Medikamente annehmen, sie musste dabei sein, wenn er seine Nudelsuppe schlürfte. Wenige Wochen später, am 6. September 1942, heirateten sie. Danach wirkte Aung San «besser ernährt, und er wurde menschlicher», berichtete der Politiker und Autor Maung Maung.[30]

Als die Japaner abzogen, hinterließen sie ein Land, das zum Schutthaufen verkommen war. Minen, Fabriken, Straßen, Brücken und Reisfelder waren zerstört und verwüstet, von einst 1200 Eisenbahnwaggons nur zwölf übrig geblieben. In Rangun lagen der Hafen und der Bahnhof in Trümmern. Die Hälfte aller Geschäftshäuser und Verwaltungsgebäude waren Ruinen, ein Drittel der Wohnhäuser rauchende Holzbalken. 80 Prozent der Stadt mussten wieder aufgebaut werden, sie wurde zunächst eine Metropole der Matten und Strohdächer. Andere Städte waren buchstäblich dem Erdboden gleichgemacht. In Mandalay standen vom Königspalast nur noch die roten Mauern. Wer von der Bevölkerung nicht hungerte, verlor zumindest seine Ersparnisse: Die Briten erklärten nämlich von einem Tag auf den anderen die japanische Währung für ungültig.

Nach der Siegesparade traf sich Aung San mit seinem Fürsprecher Mountbatten in Kandy auf Ceylon, dem heutigen Sri Lanka. Der erläuterte ihm ein sogenanntes Weißbuch, in dem die britische Regierung die Zukunft Burmas skizzierte. Ausgedacht hatte es zu großen Teilen der letzte Gouverneur Sir Reginald Dorman-Smith, der vor dem Krieg den Haftbefehl gegen Aung San ausgeschrieben hatte und nun ungeduldig im indischen Himalajastädtchen Simla darauf wartete, wieder seinen Job in Rangun antreten zu können.

Dorman-Smith war ein Mann von gestern, einer, der den «Kopf in den Wolken hatte», wie ihn ein Kollege beschrieb. Seiner Ansicht nach sollte in Burma fast alles wieder so werden wie vor dem Krieg – eine Kolonialregierung, an der die Einheimischen nur in bestimmten Fragen mitreden durften. Irgendwann in weiter Zukunft sollte Burma unabhängig werden – als ein sogenannter Dominion-Staat unter der britischen Krone, wie es einst Australien und Kanada gewesen waren und Indien, Pakistan und Ceylon werden sollten.

Die Reaktion der Burmesen war deutlich: Sie wollten keine Kompromisse mehr, sie wollten die in Leinenanzüge oder in kurze Hosen gekleideten Politiker und Geschäftsleute nicht mehr, die rotgesichtig unter den Ventilatoren der Klubs von Rangun und Mandalay das Eis in ihren Whiskygläsern klingen ließen und den Burmesen erklärten, wie unreif sie seien, ein Land zu führen. Sie wollten endlich unabhängig werden. Aung San begann damit, Dorman-Smith, den er als Handlanger der britischen Kapitalisten und «Faschisten» beschimpfte, vor sich herzutreiben. So forderte er für die AFPFL sieben der elf Sitze in dem von Dorman-Smith vorgeschlagenen Gouverneursbeirat sowie das Innenministerium. London aber lehnte dies kühl ab.

Immerhin gestanden die Briten den Burmesen eine eigene Armee zu. Die eine Hälfte, rund 5200 Mann, sollte aus den Kämpfern um Aung San bestehen, japanisch gedrillt und politisch links und antikolonial ausgerichtet. In der anderen Hälfte sollten Burmesen dienen, die früher mit den Briten gekämpft hatten, sowie Soldaten der Minderheiten wie der Karen. Wer nicht Englisch sprach, durfte allenfalls Leutnant werden. Mountbatten bot Aung San den Posten des Stellvertretenden Generalinspekteurs im Rang eines Generals an. Vorsichtshalber erinnerte er den Burmesen in einem Brief daran, dass er als Offizier von Teilstreitkräften der Krone auf keinen Fall politisch aktiv werden dürfe.

Aung San entschied sich für eine politische Karriere und schenkte Mountbatten zum Abschied sein japanisches Samurai-Schwert. Ganz von militärischen Dingen verabschiedete er sich jedoch nicht. Im Gegenteil: Er gründete eine Privatarmee, die «People's Volunteer Organisation» (PVO), die mit über zehntausend Mann faktisch der militärische Arm der AFPFL wurde – und indirekt eine unverhohlene Drohung an die Briten war: Wir hören nicht auf, für unsere Unabhängigkeit zu kämpfen.

Im Januar 1946 wählten ihn die Delegierten der AFPFL zu ihrem Präsidenten. Aung San, nun einer der populärsten Politiker in Burma, organisierte Massenversammlungen, zu denen Tausende von Menschen pilgerten und auf denen er in seiner zerknitterten Khakiuniform den Briten unter anderem vorwarf, ihre Bemühungen, das Land wieder wirtschaftlich aufzurichten, dienten nur den Profiten der City of London. Wie stellte sich Aung San ein unabhängiges Burma vor, wie sollte es seiner Ansicht nach regiert werden? Wollte er wirklich einen autoritären Staat, wie er den Japanern versichert hatte? Seine Ansichten waren, wie aus seinen oft endlosen Reden herauszukristallisieren ist, eine Mischung aus Marxismus, Sozialismus und Demokratie, angereichert mit einem starken Schuss Nationalismus.

Zunächst sollte nach seinen Vorstellungen von einer verfassunggebenden Versammlung ein Grundgesetz verabschiedet werden. Fest stand für ihn, dass Burma eine Republik werden musste. Aung San wollte eine wahre Demokratie mit gleichen Chancen für jeden, unabhängig von Klasse, Rasse, Religion oder Geschlecht. Die Macht müsse vom Volk ausgehen, die Rechte von Minderheiten müssten gesichert werden.

Er verachtete den Kapitalismus, der seiner Auffassung nach die Wurzel allen Übels, die Quelle des Faschismus war. Alle wichtigen Industrien und Produktionsmittel wie Wälder, Minen, Ölquellen, Strom, Eisenbahnen, Fluglinien, Post, Telegrafen und Telefone müssten deshalb «nationalisiert» werden, Arbeiter «bindende Rechte» erhalten, über ihre Arbeits- und Lebensbedingungen zu bestimmen, die Bauern nicht unter die Knute von Landbesitzern fallen. Genossenschaften sollten die Eigentümer der Fabriken werden, kapitalistische Firmen erlaubt sein, aber auf keinen Fall «den Massen schaden» dürfen. Der Staat müsse bei Interessenkonflikten im Zweifel immer auf der Seite der Schwächeren sein.

Später schlug er den Mitgliedern einer verfassunggebenden Versammlung vor, unter anderem folgende Punkte aufzunehmen: Die Verfassung solle allen Menschen der burmesischen Union «soziale, ökonomische und politische Rechte, die Gleichheit des Standes, der Chancen und vor dem Gesetz die Freiheit des Denkens, der Rede, des Glaubens, des Gebetes garantieren und absichern».[31]

Tod am Torpfosten

Doch so weit war es noch nicht. Der Machtkampf zwischen ihm und Gouverneur Dorman-Smith tobte weiter. Dabei kam dem Briten ein Mordvorwurf gegen seinen Kontrahenten gelegen: Aung San wurde beschuldigt, 1942 eigenhändig einen Dorfchef mit dem Schwert exekutiert zu haben, der wegen probritischer Aktivitäten und Korruption verurteilt worden war. Für den britischen Gouverneur war dies die Gelegenheit, Aung San ein für alle Mal loszuwerden. Allerdings fürchteten viele, dass, wenn Aung San verhaftet würde, die Burmesen in der neuen Armee meutern würden, gar eine Rebellion im ganzen Land ausbrechen könnte. Es stünden zu wenige britische Truppen vor Ort, um eine Revolte zu ersticken

Aung San stritt die Tat nicht ab. Ein Urteil musste vollstreckt werden, erklärte er, zumal der Dorfvorsteher die Strafe verdient hätte. Er gab indes zu, dass sein Vorgehen nicht auf einem normalen, sondern auf einem Schnellverfahren beruhte, das «in diese Zeiten passte».[32] Aung Sans Angelegenheit verlief schließlich im Sande. Die Witwe des Dorfvorstehers, der am Pfosten eines Fußballtores starb, reichte beim Magistrat keine formale Anklage ein, und die Briten stellten das Verfahren ein. Noch heute kursieren in Yangon Bilder von Aung San, ein Schwert über dem Kopf schwingend.

Dorman-Smith, der vehement dafür plädiert hatte, Aung San hinter Gitter zu bringen, machte eine Kehrtwende und bot ihm einen Platz im Gouverneursbeirat an, was der Burmese jedoch ablehnte. Als er daraufhin Aung Sans Miliz PVO verbieten wollte und es im Mai 1946 deshalb zu Protesten mit drei Toten kam, hatte London genug vom überforderten und schwer an Amöbenruhr erkrankten Dorman-Smith und beorderte ihn nach Hause zurück.

Nun bekam Aung San sogar Rückenwind aus London. Ihm gelang es, einige Londoner Parlamentsabgeordnete auf seine Seite zu ziehen, was nicht einfach gewesen sein dürfte. Immerhin war er in den Augen vieler ein Mann, der an der Seite einer faschistischen Armee gegen die Briten gekämpft hatte, dann zu den Siegern übergelaufen und vermut-

lich auch der kaltblütige Killer eines britischen Sympathisanten war. So
ähnlich dachte etwa Winston Churchill, der Aung San noch nach
dessen Tod vorwarf, eine «Quisling-Armee» befehligt zu haben, dessen
«Hände mit dem Blut von Engländern und loyaler Burmesen rot ge-
färbt» seien.[33] Doch vor allem Parlamentarier der Labour-Partei sahen nach einer
Inspektionsreise in Burma in Aung San einen ernst zu nehmenden
Patrioten. Churchill war zu dem Zeitpunkt in der Opposition, an der
Spitze der britischen Regierung stand der linke Clement Attlee, der davon überzeugt war, dass Großbritanniens Kolonialepoche zu Ende war.

Als der neue Gouverneur, Sir Hubert Rance, in Rangun eintraf, war
die Atmosphäre aufgeheizt: Die Polizei streikte, die Angestellten des
öffentlichen Dienstes, die Postler, Eisenbahner und Lehrer schlossen
sich den Ordnungshütern an. Die AFPFL unterstützte den Ausstand.
Rance konferierte mit Aung San und sah nur eine Möglichkeit, die
Lage zu entschärfen: Er formte den Gouverneursbeirat um und gestand
der AFPFL sechs Sitze zu, Aung San wurde verantwortlich für die Ver-
teidigungs- und Außenpolitik.

Aung San und seine Leute hörten jedoch nicht auf, die Unabhäng-
keit zu fordern, und die Briten hatten ein Problem: Burma war für sie
nur ein Nebenkriegsschauplatz. Der Kalte Krieg hatte begonnen, die
Krise in Palästina schwelte, Indien stand kurz vor der Unabhängigkeit – es gab Wichtigeres auf der Welt als dieses exotische und zerstörte
Land im Fernen Osten, in dem Männer in Röcken revoltierten. Tatsächlich bedrohten Banditen und Milizen täglich die Bevölkerung, die
Boote auf dem Irrawaddy blieben am Kai, weil die Kapitäne Überfälle
befürchteten; Ranguns Straßen waren so unsicher, dass westafrika-
nische Truppen herbeigeholt wurden, um die Ordnung wiederherzustellen. Neue Streiks drohten, und Gouverneur Rance warnte seine
Vorgesetzten sogar vor einer Revolution, denn Aung San hatte einen
Kampf «außerhalb des Gesetzes» angedroht.

Schließlich fügte sich die Londoner Regierung ins Unvermeidliche.
Premierminister Attlee befand, die Zeit sei reif, dass die Burmesen
über ihre eigene Zukunft entscheiden sollten. Aung San flog im Januar
1947 mit einer Delegation nach London, um über die Zukunft seines

Landes zu verhandeln. Gut vorbereitet war er nicht: Er trug nur einen Longyi und eine alte Uniform. Während eines Zwischenstopps in New Delhi ließ ihm sein Freund Jawaharlal Nehru, Vizepräsident Indiens, schnell zwei Uniformen schneidern. Er schenkte ihm zudem einen britischen Armeemantel.

Verhandlungen in 10 Downing Street

Bei den Verhandlungen mit Premierminister Attlee gestanden die Briten den Burmesen die Kontrolle über die Gebiete der ethnischen Minderheiten zu. Doch Aung San bekam nicht, was er wirklich wollte: die sofortige Unabhängigkeit. Dafür musste er eine letzte Demütigung hinnehmen. Es sollte eine Übergangsregierung geben, bis das britische Parlament die neue burmesische Verfassung genehmigte. Aung San schluckte diese Kröte, die Entscheidung Westminsters sei nur eine Formsache, erklärte er. Die Burmesen sollten schon im April eine verfassunggebende Versammlung wählen dürfen, ein Teil dieser Versammlung sollte als burmesisches Parlament dienen. Die ethnischen Minderheiten sollten an der Arbeit an einer neuen Verfassung beteiligt werden.

Draußen schneite es, als Aung San und Attlee am 27. Januar an einem langen Konferenztisch in der 10 Downing Street das Abkommen unterzeichneten und damit Geschichte machten. Zwei Tage später gab Aung San im Dorchester Hotel für Diplomaten und Parlamentarier einen Empfang. Es erschien ein zufriedener und selbstbewusster junger Mann, der nun mit «Seine Exzellenz» angesprochen wurde. Attlee charakterisierte den damals 31-Jährigen später als «Staatsmann mit bemerkenswerter Fähigkeit und Weisheit».[34]

Ganz reibungslos ging die Sache dennoch nicht vonstatten: Zwei seiner Delegationsmitglieder weigerten sich, das Abkommen zu unterzeichnen. Das, was sie gewonnen hätten, sei nur eine Scheinunabhängigkeit, erklärten sie. Einer von ihnen war der frühere Premierminister U Saw, der schon bald keine gute Rolle in der Geschichte Aung Sans spielen sollte. Aber auch die Kommunisten und andere Parteien, unter

Unabhängigkeitskämpfer Aung San in London (1947): «Ein Staatsmann mit bemerkenswerter Fähigkeit und Weisheit»

anderem die des früheren Premierministers Ba Maw, hatten Einwände gegen den Vertrag.

Da in London über das Schicksal der ethnischen Minderheiten verhandelt worden war, musste Aung San auch sie mit ins Boot nehmen. In der kleinen Stadt Panglong im Nordosten versuchte Aung San das Vertrauen der Shan, der Kachin und der Chin zu gewinnen. Die Karen, die am stärksten mit der britischen Kolonialmacht sympathisiert hatten, nahmen nur als Beobachter teil. Die anderen erklärten sich bereit, die Zentralregierung anzuerkennen, wenn sie dafür ein großes Maß an Autonomie und die «Rechte und Privilegien, die in demokratischen Ländern als grundlegend angesehen werden»,[35] bekämen.

Am 12. Februar 1947 wurde der Vertrag von Panglong unterzeichnet. Zum ersten Mal hatten verschiedene Volksgruppen gleichberechtigt miteinander verhandelt. Seither feiern die Burmesen jedes Jahr an diesem Datum den «Unionstag». Die Shan hatten sich allerdings die Option versprechen lassen, den Staat Burma nach zehn Jahren wieder verlassen zu können. Das Dokument hatte einen weiteren Haken: Wie die Karen boykottierten auch die Mon die Panglong-Verhandlungen. Sie wollten die völlige Unabhängigkeit von den Burmesen.

Wenige Wochen darauf, am 9. April, wählten die Burmesen ihre verfassunggebende Versammlung. Aung San tourte durch das Land, redete endlos über den Sinn von Statistiken, über die Weisheit Lenins, über die nationale Einheit. Er war der Mann der Stunde. Stets umringten ihn Anhänger. Der AFPFL gelang ein Erdrutschsieg, nur die Kommunisten bekamen noch ein paar Stimmen ab. Am 9. Juni trat die Versammlung nach einer feierlichen Zeremonie im Ranguner Sekretariat, einem großen Verwaltungskomplex in der Stadtmitte, zusammen. Vor dem Gebäude wehte die Fahne des Widerstands: rot mit einem weißen Stern. Aung San verneigte sich vor ihr. Es ging ein leichter Regen auf Rangun nieder, durch den ab und an die Sonne blinzelte.

Sandalen im Blut

Zehn Tage später wurde das Gebäude Schauplatz einer Tragödie, die Burmas jüngere Geschichte entscheidend beeinflusste. Am Sonnabend, dem 19. Juli, stieg Aung San gegen 9:30 Uhr in seinen englischen schwarzen Wolseley, den er, seitdem er zum Vizechef des Gouverneursbeirates ernannt worden war, zur Verfügung hatte, und ließ sich von seinem Chauffeur U Kyaw Sein zum Sekretariat fahren. Pünktlich um zehn eröffnete er die Sitzung. Das Thema war heikel: Eine Woche zuvor waren 200 leichte Bren-Maschinengewehre aus einem britischen Waffendepot gestohlen worden.

Es war keine halbe Stunde der Sitzung im Sekretariat vergangen, als ein Jeep mit fünf Männern in grünen Uniformen mit den Ärmelabzeichen der 12. Armee vor der Tür des Westflügels stoppte. Die Wachen ließen sie ohne Kontrolle durch, da Uniformen damals zum Straßenbild Ranguns gehörten und im Sekretariat viele Militärs arbeiteten. Die fünf rannten die Treppe hinauf, schlugen eine Wache nieder, rissen die Tür zum Konferenzraum auf und riefen: «Hier wird nicht abgehauen.» Dann eröffneten sie das Feuer, erst auf Aung San am Ende des langen Tisches, dann auf die eine Seite des Tisches, danach auf die andere. Holz splitterte, es roch nach Pulver. Fünf der zehn Männer im Raum waren sofort tot, zwei starben im Krankenhaus, drei überlebten.[36] Der Boden war übersät von Patronenhülsen, Sandalen schwammen im Blut. Vier der fünf Waffen waren, wie sich später herausstellte, Bren-Maschinengewehre. Aung San war 32 Jahre alt, als er starb.

Aung Sans Frau Khin Kyi eilte sofort ins Hospital. Sie nahm den Kopf ihres Mannes auf ihren Schoß und saß so für längere Zeit. Sie weinte nicht, wischte das Blut weg und nahm den Leichnam schließlich mit nach Hause in die Tower Lane.[37]

Der Verdacht fiel schnell auf U Saw, den Chef der Myochit-Partei («Die Patrioten»), der vor Ausbruch des Zweiten Weltkriegs Premierminister gewesen war. Wegen seiner Kontakte mit Japan internierten die Briten den Juristen während des Zweiten Weltkriegs in Uganda. Als er mit einer deutschen Geliebten in seine Heimat zurückkehrte, musste er feststellen, dass jene jungen Leute, die noch Studenten gewesen waren, als er sich beim damaligen britischen Premier Winston Churchill für ein unabhängiges Burma eingesetzt hatte, nun das Sagen hatten.

U Saw hegte einen tiefen Groll gegen Aung San, sah er sich doch selbst als den richtigen Mann für die Aufgabe, Burma nach der Unabhängigkeit in die Zukunft zu führen. Politikerkollegen beschrieben ihn als «zornigen Mann». Premier Attlee hatte ihn als «lächelnden Gauner» erlebt. Als 1946 Attentäter von einem Jeep aus auf sein Auto schossen, verlor U Saw durch Glassplitter ein Augenlicht. Die Täter hätten die Uniform von Aung Sans Miliz PVO getragen, behauptete er später.

Die Wahlen zur verfassunggebenden Versammlung hielt U Saw für eine Farce, weil Aung Sans Miliz mit unfairen Methoden Gegenkandidaten der AFPFL aus dem Rennen gedrängt habe. Als die Schüsse an jenem verhängnisvollen Sonnabendmorgen im Sekretariat fielen, saß U Saw in seinem Haus in der Aby-Straße 4 am Inya-See. Zur gleichen

Zeit scheiterte ein Attentat auf U Nu, den späteren Premier. Er war nicht zu Hause, als die Täter ihre Gewehre durchluden.

Die Spur führte direkt zu U Saw, da der Tat-Jeep vor und nach den Schüssen in der Nähe seines Hauses gesehen worden war. Die Polizei hatte die Villa schon vorher beobachtet, weil ihr das Verhalten U Saws verdächtig vorgekommen war. Als die Fahnder eintrafen, saß der in einem Sessel und trank Whisky. Die britischen Kriminalbeamten fanden weitere Beweise, im See in der Nähe des Grundstücks lagen zudem Waffen. Am Nachmittag hockten U Saw und seine Killertruppe im Gefängnis. Alle Täter gehörten U Saws Privatarmee «Garuda Freiwilligenkorps» an. Hinter Gittern versuchte er erst, den Gefängnischef zu bestechen, ihn fliehen zu lassen. Dann erwog er, sich umzubringen.

Im Prozess, der drei Monate dauerte, ließ sich U Saw von einem Londoner Spitzenanwalt verteidigen, der auf der Unschuld seines Mandanten beharrte: Die Verschwörer hätten sein Auto und sein Haus, das immer offen für Gäste gewesen sei, nur für ihre eigenen Zwecke benutzt, sein Mandant habe von den Machenschaften keine Ahnung gehabt.[38] Das Gericht glaubte ihm nicht und verurteilte alle sechs zum Tode durch Erhängen. U Saw starb am 8. Mai 1948 am Strang.

War alles wirklich so einfach? Sofort schwirrten Verschwörungstheorien durch Rangun. War U Saw womöglich nur ein Teil einer sorgfältig geplanten Verschwörung, hinter der konservative Briten um den erfolglosen Gouverneur Dorman-Smith die Fäden zogen? Nicht alle Hintergründe der Tat sind bis heute aufgeklärt, nicht alle Akten freigegeben. Fest steht aber, dass zwei britische Offiziere, Captain David Vivian und Major Henry Young, hinter dem Diebstahl von Waffen und Munition steckten, die bei U Saw gefunden worden waren. Der britische Journalist Fergal Keane präsentierte 1997 in einer BBC-Dokumentation Indizien aus bis dahin geheimen Unterlagen, wonach die Hintermänner des Attentats in den verrauchten Klubzimmern Londons saßen. Dorman-Smith, der sich für U Saw eingesetzt hatte, um ihn vor dem Strang zu retten, habe mit der Ermordung Aung Sans Burma destabilisieren wollen, um dem burmesischen Freund die Chance zu eröffnen, die Macht zu ergreifen und endlich seinen Erzfeind loszuwerden.[39]

Möglich ist auch, dass konservative Kreise die Ankündigung Aung

Sans verschreckt hatte, wichtige Industrien zu verstaatlichen, und die nun um ihre Profite bangten. Also musste der Burmese beseitigt werden. Die Spur führte unter anderem zu einem gewissen John Stewart Bingley als möglichem Hintermann, der damals Chef des British Council in Rangun war und dem U Saw aus der Haft zwei Briefe schrieb. Ihn durfte die burmesische Polizei allerdings nicht verhaften, weil er diplomatische Immunität besaß.

Überstürzt reiste er ab, noch vor dem Strand-Hotel versuchte ihn ein hoher Polizeioffizier aufzuhalten und ihn mit Beweismaterial zu konfrontieren. «Es war ihre Verschwörung», sagte der burmesische Kommunist Kyaw Zaw und meinte damit die Briten. «Sie konnten leichter mit Burma umgehen, wenn sie General Aung San beseitigten.»[40]

Fest steht: Aung Sans Tod war ein tiefer Einschnitt für die Geschichte Burmas. Seine Tochter Aung San Suu Kyi ist überzeugt: «Wenn mein Vater weitergelebt hätte, hätte die Demokratie funktioniert, sie hätte Bestand gehabt. Als wir ihn verloren, verloren wir auch die Chance, ein glückliches demokratisches Burma zu errichten.»[41]

Aber immer, fügte sie optimistisch hinzu, tue sich eine zweite Chance auf.

4. Ein Leben in Oxford, New York und im Himalaja 1964–1988

Die unschuldige Suu Burmese

Es war das London des Pop, das Swinging London, in das die junge Burmesin 1964 geriet. Das war etwas anderes als New Delhi und auch als ihre Heimatstadt, die zwei Jahre nach dem Militärcoup von Ne Win in einen alptraumhaften Schlaf versank. Jeans waren in Rangun verboten, junge Männer mussten kurze Haare tragen. London hingegen war eine frische und aufregende Metropole. In der Carnaby Street kaufte die Jugend die kürzesten Röcke und die längsten Stiefel der Welt. Die Jungen ließen sich eine Mähne wachsen und zwängten sich in Röhrenhosen, die Mädchen schlüpften in Kleider aus Plastik.

Die BBC strahlte zum ersten Mal die «Top of the Pops» aus, die Beatles sangen «I feel fine» und die Rolling Stones «Time is on my side». Die Antibabypille revolutionierte das Sexleben, und die Eliteuniversität in Oxford überlegte, ob sie die Hürden für Studienanfänger nicht senken müsse, um auch weniger begüterten Jugendlichen aus staatlichen Schulen die Aufnahme zu ermöglichen.

Aung San Suu Kyi landete im September in London. Erst einmal kam sie in der alten Villa des Ehepaares Gore-Booth in 29 The Vale im vornehmen Bezirk Chelsea unter. Schon bald aber fuhr sie mit dem Bus nach Oxford und zog ins St. Hugh's College in der St. Margret's Road im Stadtteil Summertown, das nur Studentinnen aufnahm. Der Schwung der jungen Leute in England steckte die konservativ erzogene Aung San Suu Kyi an – jedenfalls ein wenig. Sie ließ sich eine Ponyfrisur schneiden und schlüpfte ab und an in weiße Jeans, was in damaligen Zeiten für

Studentinnen revolutionär war. Zum Unterricht erschien sie allerdings meist traditionell: im Longyi und im Aingyi, einer burmesischen Bluse. Einen Minirock zu tragen war für sie wohl so unmöglich, wie es für eine Nonne gewesen wäre, sich in einem Bikini blicken zu lassen.

«Ich muss zugeben, dass ich sie zunächst nur ansprach, weil sie so schön und exotisch war», schrieb ihre Studienkollegin Ann Pasternak Slater später. «Sie hatte alles, was ich nicht hatte ... Suus enger, adretter Longyi und ihre aufrechte Haltung, ihre festen moralischen Überzeugungen und geerbten guten Umgangsformen standen im scharfen Gegensatz zu den schmuddeligen Kleidern und dem nachlässigen Benehmen, dem vagen Liberalismus und der fragwürdigen Sexualmoral meiner englischen Zeitgenossen.» Um Suu von den englischen Sues (der Kurzform für Susan) zu unterscheiden, nannte sie ihre Kommilitonin «Suu Burmese».[1]

Auf Suu Burmese wirkte die neue Umgebung im St. Hugh's College mit den dunkelbraunen Türen und trostlosen Waschräumen, in denen die Studentinnen ihre Tüchlein wuschen und sich vor dem Zubettgehen Kakao kochten, nicht gerade anheimelnd. Nach einer Weile bekam sie ein Zimmer im Hauptgebäude im ersten Stock. Auch in Oxford waren die Regeln streng: Um 22 Uhr mussten die jungen Frauen zu Hause sein, mit Sondererlaubnis durften sie bis spätestens Mitternacht ausbleiben. Der Besuch von Jungen war nicht erlaubt. «Ein Schwarm nervöser heranwachsender Jungfrauen und einige sexuell befreite Kennerinnen prägten die Atmosphäre, die stickig und stachelig wie ein heißes Eisenbahnabteil war», schrieb Pasternak Slater später.[2]

Aung San Suu Kyi fiel auf in dieser Umgebung. Sie war die einzige Burmesin in ganz Oxford. Naiv und wirklich unschuldig sei sie gewesen, erinnerte sich Pasternak Slater. Mit ihrer Persönlichkeit verband Pasternak Slater «Sauberkeit, Zielstrebigkeit, Neugier und eine leidenschaftliche Reinheit».[3] Aung San Suu Kyi brachte ihr bei, auf elegante Weise Reis mit Fingern zu essen und sich so aufrecht auf den Boden zu setzen, dass die Knöchel unter dem Longyi verschwanden.

Nach Aussage ihrer Bekannten Suzanne Hoelgaard wirkte sie wie «eine aus einem Märchen entsprungene orientalische Prinzessin».[4] Viele Studenten waren von ihr hingerissen, auch wenn sie damals noch ein wenig pummelig war. Sie habe wohl einigen die Köpfe verdreht, gestand sie später. Während zahlreiche ihrer Kommilitoninnen damit begannen, mit ihren Freunden ins Bett zu gehen, oder zumindest die Möglichkeit debattierten, war Aung San Suu Kyi, so schien es, Lichtjahre entfernt von einer solchen Erfahrung. Als eine junge Frau sie fragte: «Aber willst du nicht mal mit jemanden schlafen?», antwortete sie entrüstet: «Aber nein! Ich gehe mit niemanden ins Bett außer mit meinem Ehemann. Und jetzt? Jetzt gehe ich schlafen und umarme mein Kissen.»⁵

Ihre Philosophiedozentin und Tutorin Mary Warnock hatte ebenfalls den Eindruck, dass sie völlig ungerührt war von den sexuellen Sehnsüchten ihrer Freunde, in gewisser Weise naiv, aber mit beiden Beinen auf dem Boden bei allem, was sie tat.⁶

Gleichwohl war sie in ihrer Zeit in Oxford mit Männern befreundet: Da war der Inder Shankar Acharya, der zur gleichen Zeit PPE studierte und der berichtete, dass sich Aung San Suu Kyi in Begleitung von Indern wohler fühlte als von Briten, weil sie ihr kulturell näherstanden.⁷ Und da war der Pakistaner Tariq Hyder vom Queen's College, ein zukünftiger Diplomat, der für sie wohl mehr bedeutete als die anderen jungen Männer, den Kommilitonen freilich für ziemlich arrogant hielten. Auch ein burmesischer Mann trat in ihr Leben, den sie in Rangun kennengelernt hatte und den sie wohl heiraten wollte. Daraus wurde nichts, vermutlich weil ihr Herzenskandidat ein Wendehals war und mit Diktator Ne Win sympathisierte.

Wie Aung San Suu Kyis Kommilitoninnen und Freundinnen beschrieb auch die Professorin Warnock ihre Studentin als beeindruckende Persönlichkeit: als hochintelligent, wortgewandt und doch ruhig und ungeheuer höflich. Dabei konnte sie durchaus originell sein: Als Warnock mit ihr und ihrer zweiten Tutorin Theo Cooper die These des englischen Philosophen John Locke (1632–1704) durchsprach, verschiedene Personen könnten in verschiedenen Zeiten dieselben Menschen gewesen sein, behauptete Aung San Suu Kyi: «Also, ich bin meine Großmutter.» Auf die Frage Warnocks und Coopers, woher sie das denn wissen wolle, lächelte sie nur verschmitzt und bekräftigte: «Ich bin meine Großmutter.»

Trotz dieser leichten Momente mochte Aung San Suu Kyi ihr Studium eigentlich nicht. Ihr Herz hing nicht an Politik und Philosophie, sondern an der burmesischen Literatur. Deshalb versuchte sie das Fach zu wechseln und Literatur zu studieren. Als die Univerwaltung dies ablehnte, versuchte sie es mit einem praktischen Fach: Forstwirtschaft. Wieder gab es rotes Licht von oben. So blieb sie bei PPE. Von den anderen Studentinnen wollte sie sich nicht groß unterscheiden, sie wollte mitreden. Wie war das, wenn man nach der Sperrstunde nach einem Rendezvous zu spät ins College kam? Also ließ sie sich von einem indischen Studenten zum Essen ausführen und zurück über die bröckelnde graue Unimauer helfen. Und wie schmeckte Alkohol? Zum Ende ihres Studiums kaufte sie sich wohl eine winzige Flasche Sherry oder Wein, zog sich, sicher ist sicher, mit zwei indischen Kommilitoninnen auf die Toilette der Bodleian-Bibliothek zurück und nippte dort, zwischen Waschbecken und Kabinen, an der Flasche – und rührte seither keinen Alkohol mehr an.[8] In diesem ehrwürdigen jahrhundertealten Gebäude im Zentrum Oxfords mit seinen unbezahlbaren Folianten so etwas zu tun war ungefähr so frech, wie im Berliner Schloss Charlottenburg einen Joint zu rauchen.

Hartnäckig brachte sie sich bei, ein sogenanntes Moulton-Rad, ein damals populäres Fahrrad mit kleinen Rädern, zu fahren und einen für Oxford typischen Stocherkahn auf dem schmalen Cherwell-Fluss zu beherrschen. Sie verließ das Haus im Morgennebel, überquerte die Banbury Road und lief zum nahen Bootshaus. In der Abenddämmerung kehrte sie zurück – triumphierend: Sie hatte es geschafft, das kipplige Boot von der Stelle zu bringen, ohne ins Wasser zu fallen. Ihr indischer Freund Shankar Acharya hatte ihr gezeigt, wie es ging.

Die meisten ihrer Freunde in Oxford waren Inderinnen und Afrikanerinnen. Wie die Frauen und Mädchen zu Hause schminkte sie sich auch in England mit geriebenem Sandelholz, den Pferdeschwanz schmückte sie schon damals jeden Tag mit einer Blüte. Manchmal steckten sich die Freundinnen eine Wiesenblume ins Ohrloch.

In den Semesterferien flog Aung San Suu Kyi zurück nach New Delhi zu ihrer Mutter oder nach Rangun. Zuweilen blieb sie in der Region. Einmal ging es in die Nähe von Nürnberg auf einen Bauernhof, um eine Freundin zu besuchen. «Damals», erinnerte sie sich später, «waren die deutschen Bauernhöfe wohl nicht das, was sie heute sind.»[9] Im Klartext: Sie musste nachts mit einer Taschenlampe über den Hof stolpern, um auf die Toilette zu gehen.

Leben in einer algerischen Baubrigade

Wichtiger für ihren politischen Werdegang war ihr Aufenthalt in Algerien, wohin sie mit einem Koffer voller Bücher reiste. Dort erlebte sie dramatischen politischen Alltag, nicht aus Literatur und Erzählungen von Diplomaten bei Häppchen auf Botschaftsempfängen, sondern in der Realität. Im Sommer 1965 besuchte sie die Freundin ihrer Eltern, Ma Than E, die vor vielen Jahren für ihren Vater im Londoner Dorchester-Hotel gesungen und für sie eine Puppe gekauft hatte. Nach ihrer Heirat mit einem österreichischen Filmemacher arbeitete Ma Than E für die UNO. In Algier sollte sie ein Informationszentrum der Vereinten Nationen aufbauen. Der Aufenthalt wurde für Aung San Suu Kyi ein spannendes Erlebnis. Wie ihre Landsleute hatten die Algerier nach langen schweren Kämpfen gegen eine Kolonialmacht (Frankreich) die Unabhängigkeit errungen. Präsident Ahmed Ben Bella war kurz vor ihrer Ankunft ohne Blutvergießen aus dem Amt geputscht worden.

In Algier lernten Ma Than E und Aung San Suu Kyi Mitarbeiter einer Hilfsorganisation kennen, die sich um Witwen und Waisen der Freiheitskämpfer kümmerte und für sie neue Wohnhäuser errichtete. Die junge Burmesin schloss sich für mehrere Wochen einer Gruppe Jugendlicher aus Europa und Nordafrika an, die bei dem Bauprojekt halfen. Der Chef war ein Russe. Kost und Logis waren frei, bezahlt wurden die Freiwilligen nicht. Von ihren algerischen Freunden wurden sie zu einer Hochzeit in die Berge der Kabylei mitgenommen und besichtigten Ruinen einer römischen Stadt. Mit Ma Than E, «meiner Nottante», wie Aung San Suu Kyi sie liebevoll nannte, fuhr sie an den Rand der Sahara, mit anderen Bekannten ging es danach für ein paar Tage nach Marokko und nach Südspanien.[10]

Zurück in Oxford, bereitete sie sich auf das Examen vor. Oft saß sie auf dem fein geschnittenen Rasen oder in der Bibliothek am Fenster und las oder träumte. Nebenher kümmerte sie sich um eine deutsche Malerin: Mrs Erna Plachte war eine ältere Dame, die, wie sich Ann Pasternak Slater erinnerte, etwas «unausrottbar Kindisches» ausstrahlte und mit der Zeit immer schwieriger und seniler wurde. Aber Aung San Suu Kyi umsorgte sie über zwei Jahrzehnte hinweg und ging sogar zu den anstrengenden Teenachmittagen.[11] Jahre später war sie auch für Pasternak Slaters Mutter Lydia da, die in der Nachbarschaft wohnte. Einmal gabelte sie die verwirrte Frau auf, als sie durch die Straßen Oxfords irrte. Pasternak Slater: «Ich werde nicht die ernste Sanftmut vergessen, mit der sie zu ihr sprach, die tiefe Sorge, mit der sie sich zu mir wandte, als sie ging.»

Eine Drei mit Folgen

1967 bestand Aung San Suu Kyi ihr Examen und durfte nun den Titel Bachelor of Arts führen. Das Ergebnis war nicht berauschend: «Third grade» stand auf ihrem Zeugnis, also eine magere Drei.[12] Die Prüfung dauerte vom 1. bis zum 7. Juni. Die Kandidaten bekamen pro Fach (zum Beispiel Formale Logik, Theorie und Arbeit politischer Institutionen, öffentliche Finanzen oder internationale Beziehungen) jeweils zwölf bis 13 Fragen vorgelegt, aus denen sie sich vier aussuchen durften. Insgesamt mussten sie über 100 Probleme lösen. Es ist nicht klar, welche Fragen Aung San Suu Kyi wählte und wie ihre Antworten lauteten: Die Universität hat sie nicht aufbewahrt.

Nach der Prüfung zog sie zurück in das Haus der Gore-Booths nach Chelsea, wo sie eine kleine Wohnung unter dem Dach bewohnte. Sie ließ sich nicht bedienen, sondern half ganz selbstverständlich mit. Von ihrer Mutter war sie in Hauswirtschaft geschult worden, und sie imponierte ihren Gastgebern, wenn sie sich asiatisch höflich stets leicht vor Ältereren verneigte.[13] Einiges Geld verdiente Aung San Suu Kyi als Babysitter, zudem half sie dem Historiker und Burma-Spezialisten Hugh Tinker bei der Arbeit. Die Frage, die sie sich stellte, lautete: «Was nun?»

Derweil bewegte sich ihr Bruder Aung San Oo zielstrebiger durch das Leben. Er hatte zur gleichen Zeit im renommierten Imperial Col-

lege von London Elektrotechnik studiert, wurde Ingenieur und entschied sich für eine Karriere in den USA; schon bald nahm er die
amerikanische Staatsbürgerschaft an. Ihre Mutter hatte zu diesem
Zeitpunkt den Posten als Botschafterin in Indien aufgegeben. Als ihr
früherer Chef, Ne Win, im Frühjahr 1967 wieder einmal nach London
kam und im Buckingham Palace mit Königin Elizabeth II. am Tee
nippte, lud er Aung San Suu Kyi und Aung San Oo zu einem Empfang
ein. Suu Kyi lehnte mit der Begründung ab, sie müsse sich auf ihre
Uniprüfung vorbereiten.

Eines Tages brachte Christopher Gore-Booth, einer der Zwillings-
söhne des Ehepaars, einen Freund von der Durham-Universität mit
nach Hause. Es war ein leicht zerknitterter Geschichtsstudent mit wir-
rem Haar und dichten Augenbrauen. Aung San Suu Kyi war zufällig
anwesend, und Michael Vaillancourt Aris verliebte sich sofort in das
noch fast kindlich aussehende Mädchen mit den großen dunklen
Augen. Ob es die Gefühle gleich erwiderte, ist nicht klar. Aung San Suu
Kyi war wohl gerade dabei, ihre Flirts mit dem Pakistaner und dem
Burmesen zu verwinden.

Aris war in Havanna auf Kuba geboren und nicht, wie seine Angebe-
tete, auf diplomatischem Parkett zu Hause. Doch er kannte sich gut aus
in ihrer Religion, dem Buddhismus. Neben seinem Studium der modernen Geschichte vertiefte er sich mehr und mehr in Historie und
Gegenwart Tibets und lernte die Sprache auf alten Schriftrollen zu ent-
ziffern. «Er war nicht gerade das, was man gut aussehend nennt», sagte
Aung San Suu Kyis spätere japanische Freundin Noriko Ohtsu. «Mit
seinem ungekämmten Haar und seiner Größe sah er aus wie ein Riese,
der gerade vom Himalaja herabgestiegen war.» Aber er schien eine
Freundlichkeit auszustrahlen, die Menschen sich in seiner Gegenwart
wohlfühlen ließ.[14]

Die Beziehung der beiden begann ungewöhnlich: Sie gingen sich
aus dem Weg. Denn Michael Aris bekam eine Stelle als Lehrer im König-
haus von Bhutan – einem kleinen, abgeschlossenen buddhistischen
Himalaja-Staat zwischen China und Indien. Da Tibet seit 1951 von den
Chinesen besetzt und für Ausländer weitgehend gesperrt war, bedeutete
Bhutan für Aris die einzigartige Chance, die Menschen, ihre Sprache

und ihren Glauben auf dem Dach der Welt zu erforschen und sich als Tibetologe zu beweisen. Er setzte sich ins Flugzeug und flog am Mount Everest vorbei in das einzige Land der Welt, in dem sich die Menschen ab 1979 an dem Prinzip des «Bruttonationalglücks» orientieren sollten – als Alternative zum Bruttoinlandsprodukt.

Von der Universität zur UNO

Seine neue Liebe machte sich in die entgegengesetzte Richtung auf – nach Westen, genauer: nach New York. Auf die Idee war Aung San Suu Kyis Vertraute Ma Than E gekommen, die inzwischen in der UNO-Zentrale am East River arbeitete. An der New York University reservierte ein befreundeter Professor für internationale Politik einen Studienplatz. Doch Suu Burmese hielt nur ein paar Tage durch. Von der Wohnung Ma Than Es in der Nähe der UNO zur Universität am Washington Square sei es eine lange Busfahrt gewesen, erinnerte sich ihre Gastgeberin, angeblich zu lang für die Studentin, der in Bussen oft schwindlig wurde und die sich im Washington Square Park fürchtete.[15]

Das klingt nicht sehr glaubwürdig, bewältigten doch Tausende Studenten jeden Tag längere Anfahrtszeiten. Vom UNO-Hauptquartier bis zum Washington Square Park brauchte ein Bus damals allenfalls eine halbe Stunde. Zudem fuhr in der Nähe eine U-Bahn. Wahrscheinlicher ist es, dass Aung San Suu Kyi keine Lust hatte zu studieren, weil sie nicht genau wusste, was sie eigentlich wollte.

Sie entschloss sich, zunächst etwas Praktisches zu versuchen, und bewarb sich bei der UNO. Zu diesem Zeitpunkt arbeitete nicht nur Ma Than E in der Weltorganisation, sondern auch ein anderer Freund der Familie: UNO-Generalsekretär U Thant, ein ehemaliger Oberschuldirektor und der erste Asiate auf diesem Posten. Als Jugendliche hatten sich U Thant und Aung San Suu Kyis Vater 1935 darüber gestritten, ob Studenten Uniformen tragen sollten. Aung San war dafür, weil seiner Meinung nach Uniformen Einheit und Solidarität förderten, U Thant dagegen: Er fürchtete um die Individualität der jungen Leute.

Aung San Suu Kyi bekam eine Stelle als Hilfskraft im Beratenden

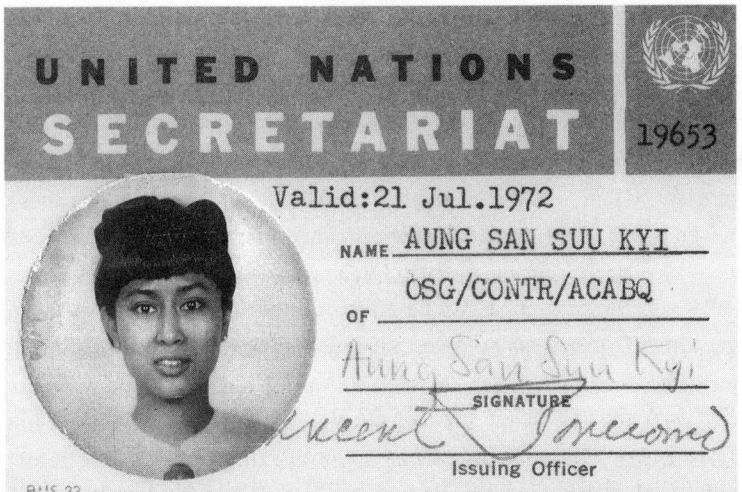

Aung San Suu Kyis New Yorker UN-Ausweis: Zu Hause bei denen ganz unten und bei denen ganz oben

Ausschuss für Verwaltungs- und Haushaltsfragen, einer kleinen Abteilung, in der Finanzfachleute die Ausgaben der UNO und ihrer vielen Organisationen überwachen. Ihr blau-weißer Dienstausweis Nr. 19653 war bis zum 21. Juli 1972 gültig. Nach Dienstschluss und an vielen Wochenenden tat sie Gutes: Sie half im Bellevue Hospital an der First Avenue aus, einem Krankenhaus, das sich um die Ärmsten, aus der Bahn Geworfenen und psychisch Angeschlagenen kümmerte. Sie las Patienten vor, leistete Wartenden Gesellschaft, tröstete.

Sie bewegte sich nicht nur unter denen, die ganz unten angelangt waren. Auch bei denen ganz oben war sie zu Hause. U Thant lud sie sonntags in sein Haus in Riverdale ein, das einen schönen Blick über den Hudson River hatte. Zum Lunch ließ er burmesische Gerichte servieren.[16] Der burmesische Botschafter bei den Vereinten Nationen, U Soe Tin, bat ebenfalls öfter um ihre Anwesenheit. Laut Ma Than E war er halbwegs liberal und unterteilte die Menschen nicht in Anhänger und Gegner des Regimes Ne Wins.

Eines Sonntags wurde die Lage für Aung San Suu Kyi unangenehm. Es waren zahlreiche Burmesen zur jährlichen UNO-Vollversammlung angereist. U Soe Tins Gattin servierte Fruchtsaft und Chips, Aung San Suu Kyi sollte am Ende des Raumes Platz nehmen. «Ich begriff, dass diese Gesellschaft über Suu urteilen wollte», erinnerte sich ihre Freundin. Und tatsächlich warf ihr der Chef der Delegation, ein Oberst Lwin, vor, noch immer ihren Diplomatenpass zu benutzen, der sie so beschrieb: «Haar: schwarz; Augen: schwarz; Größe: 5 feet 4 inches» (1,63 m). Da ihre Mutter nicht mehr im diplomatischen Dienst sei, hätte sie diesen zurückgeben müssen. Sie müsse doch wissen, dass es illegal sei, einen Diplomatenpass zu benutzen, ohne Diplomat oder Angehöriger eines Diplomaten zu sein. Sie solle das schleunigst in Ordnung bringen.

Alle Augen richteten sich auf die Beschuldigte. Die blieb, wie Ma Than E berichtete, erstaunlich ruhig und anwortete «mit großer Würde und in sehr leisen Tönen», dass sie bei der Botschaft in London schon vor Monaten einen neuen Reisepass beantragt, aber bislang keine Antwort erhalten habe. Sie warte nun auf das Dokument. Im Übrigen müsse man ja irgendeinen Pass besitzen, wenn man im Ausland leben und arbeiten wolle. Das würden die anwesenden «Onkel» doch sicher verstehen? Der burmesische Botschafter in London stand auf und bestätigte die Aussage Aung San Suu Kyis: Ihr Antrag sei vor langer Zeit nach Rangun gesandt worden, dort sei nichts geschehen. Jeder im Raum wusste, dass die Verwaltung unter Ne Win in Bürokratie und Korruption erstickte. Daraufhin gaben die Herren Botschafter Aung San Suu Kyi recht. Unter diesen Umständen habe sie das Richtige getan. Oberst Lwin blieb nur der Rückzug. Er werde sich um die Angelegenheit kümmern, brummte er. Dann schritt die Gesellschaft zum Essen.

Warum Aung San Suu Kyi angriffen wurde, blieb unklar. Womöglich hatten die Delegierten den Auftrag von Ne Win, die junge Dame, die in London seine Einladung ausgeschlagen hatte, zurechtzustutzen. Eine zweite Möglichkeit war, dass er sich indirekt an ihrer Mutter rächen wollte, die mit dem Rückzug aus New Delhi ihre Antipathie gegenüber ihm und seiner Regierung demonstriert hatte. Vielleicht wollte er aber auch UNO-Generalsekretär U Thant, den er nicht leiden konnte, über seine Mitarbeiterin eins auswischen.

Die Liebe und 187 Briefe

Obwohl Aung San Suu Kyi bewiesen hatte, dass sie eine geschickte und schlagfertige Diplomatin war, entschied sie sich nach drei Jahren, dem East River den Rücken zu kehren. Ihr waren wohl Ehemann und Kinder wichtiger als eine Karriere bei der UN, berichtet Ma Than E. Im Sommer 1970 war Michael Aris nach New York gekommen, die beiden hatten sich verlobt. Nun war Aung San Suu Kyi an der Reihe, ihn in der bhutanesischen Hauptstadt Thimphu zu besuchen, einem winzigen Himalaya-Städtchen, in dem es keine einzige Ampel gab. «Er hat mich nicht so einfach einfangen können», sagte sie einmal. «Das hat eine Weile gedauert, ich bin mir nicht ganz sicher.» Und was war letztendlich ausschlaggebend, dass sie sich für Aris entschied? «Ich denke, es war wohl seine Hartnäckigkeit, die ihn so weit brachte.»[17]

Am 1. Januar 1972 ließen sich Aung San Suu Kyi und Michael Aris im Rathaus von Chelsea trauen. Sie trug ein langes weißes Kleid und Blumen im Haar, er einen dunklen Anzug mit Weste, eine Nelke im Knopfloch. Im Salon der Gore-Booths feierten sie mit einem tibetischen Geistlichen eine kleine buddhistische Hochzeitszeremonie, bei der das Paar Kerzen und Räucherstäbchen anzündete und Reiskügelchen aß. John Christopher, späterer Diplomat und Studienfreund Suu Kyis, wickelte nach buddhistischem Brauch um die beiden einen weißen heiligen Faden, damit das Paar auf ewig zusammenbliebe.[18]

Dann gab es einen Empfang im Hyde Park Hotel. Zwei wichtige Menschen waren nicht anwesend: Aung San Suu Kyis Mutter Khin Kyi und ihr Bruder Aung San Oo. Zu diesem verband sie seit der Kindheit kein sonderlich herzliches Verhältnis, auch wenn sich die beiden öfter trafen. Unklar ist, ob Khin Kyi nicht anreiste, weil sie mit der Wahl ihrer Tochter nicht einverstanden war. Die Tochter des Nationalhelden sollte nach ihrer Ansicht einen Burmesen heiraten. Aung San Suu Kyi selbst war unsicher, die richtige Entscheidung getroffen zu haben. Michael Aris schrieb später, dass sie sich oft Sorgen machte, ihre Familie und ihre Landsleute könnten ihre Ehe falsch interpretieren und sie als schwindende Hingabe an sie sehen.[19]

Aung San Suu Kyi mit ihrem Mann Michael Aris auf ihrer Hochzeit in London (1972): «Wenn wir uns mit aller Kraft lieben ...»

U Chit Myaung, der burmesische Botschafter in London, war eben-falls nicht zum Empfang gekommen: Sein Chef Ne Win und dessen Generäle verabscheuten Ehen mit Ausländern, die sie pauschal ver-dächtigten, Burmas einzigartigen Weg zum Sozialismus sabotieren zu wollen. Später sagte er, dass er, hätte er teilgenommen, noch am selben Tag gefeuert worden wäre.[20] Und obwohl es zu diesem Zeitpunkt keine Anhaltspunkte dafür gab, sahen die Machthaber in Burma in Aung San Suu Kyi eine mögliche Gefahr für ihre Macht.

Zwischen dem Besuch in Bhutan und der Hochzeit hatte Aung San Suu Kyi ihrem Verlobten 187 Briefe geschrieben und ihm ein wichtiges Eheversprechen abgenommen: «Ich bitte nur um eine Sache. Sollten meine Landsleute mich brauchen, wirst Du mich dabei unterstützen, meine Pflicht für sie zu tun. Würde es Dir sehr viel ausmachen, wenn eine solche Situation jemals entstünde? Wie wahrscheinlich das ist, weiß ich nicht, aber die Möglichkeit existiert.» Diese Bitte verband sie mit einer Liebeserklärung: «Manchmal nimmt mich die Furcht gefangen, dass Umstände und nationale Erwägungen uns auseinanderreißen könnten, gerade wenn wir so glücklich miteinander sind. Aber solche Ängste sind so sinnlos und so belanglos: Wenn wir uns mit aller Kraft lieben und ehren, solange wir es können, dann bin ich mir sicher, dass Liebe und Leidenschaft am Ende triumphieren werden.»[21]

Diese Zeilen machten mehr als deutlich, dass sich Aung San Suu Kyi, was immer sie tat, nicht als normale Burmesin sah, sondern vor allem als Tochter des Nationalhelden Aung San. Das war ihrer Ansicht nach eine große Ehre, aber auch eine große Last, denn sie verband damit eine enorme Pflicht.

Puppy und Mini Moke

16 Jahre später sollte es so weit sein, dass die beiden auseinandergerissen wurden. Zunächst jedoch wurde Aung San Suu Kyi Ehefrau, Mutter und Hausfrau. Kurz nach der Hochzeit fuhren sie nach Bhutan zurück, wo Michael seine Studien fortsetzte und weiter im Palast unterrichtete. Sie fand ebenfalls einen Job: Sie informierte Beamte des Außenministeriums über die Funktionsweise der UNO und unterrichtete Leibwächter des Königs in Englisch. Nebenher versuchte, sie das schwer verdauliche bhutanesische Essen zu vertragen und auf den holprigen Straßen Thimphus in ihrem Mini Moke, einer Mischung aus Kleinwagen, Cabrio und Jeep, fahren zu lernen – vergeblich.

Als sie merkte, dass sie schwanger war, entschied sich das Paar, nach England zurückzukehren. Mit im Gepäck: der Terrier Puppy, das Geschenk eines bhutanesischen Ministers. Sie kauften eine kleine Wohnung in der Ifield Road im Londoner Stadtteil Chelsea, und am 12. April 1973 wurde Alexander Aris Myint San Aung im Queen Charlotte Hospital geboren.[22]

Kaum hatte Alexander das Licht der Welt erblickt, saß die junge Familie wieder im Flugzeug. Diesmal ging es nach Nepal, wo Michael einen Forschungsauftrag hatte. Wenn Aris auf Expedition in abgelegene Dörfer und Klöster war, unterrichtete seine Frau in Kathmandu, der Hauptstadt Nepals, im Nonnenkloster Dharmakirti Vihar in einem Studienzirkel Englisch. Später brachte Aung San Suu Kyi der Äbtissin Bhikkhuni Dhammawati eine Kopie des Buches über Buddhas 500 Wiedergeburten. Über sechs Jahre hinweg erzählte die Geistliche diese Geschichten. Als sie damit durch war, wurde eine ein Meter fünfzig große Buddha-Statue im Vasundhara-Tempel errichtet.[23]

Von Nepal aus machte das Paar einen Abstecher nach Burma, wo Aung San Suu Kyi ihrer Mutter Ehemann und Enkelkind vorstellte. Bei einem weiteren Besuch in Rangun klingelte in der Villa in der University Avenue 54 das Telefon. Am anderen Ende meldete sich ein Offizier des Militärregimes. Höflich bat er Aung San Suu Kyi, persönlich vorzusprechen. Ob sie die Absicht habe, sich an Aktivitäten gegen die Regierung zu beteiligen, wollten die Uniformierten wissen. Solange sie im Ausland lebe, werde sie sich nicht in die Angelegenheiten Burmas einmischen, antwortete sie. Ihren burmesischen Pass hatte sie nach der Hochzeit behalten. Auf die Idee, die britische Staatsbürgerschaft anzunehmen, kam sie nicht, verstand sie sich doch stets als Burmesin, auch wenn sie lange in England leben sollte.

Nach rund einem Jahr kehrte die Familie Nepal den Rücken und begann, sich wieder in Großbritannien einzurichten. Für drei Menschen und einen Hund war die Wohnung in der Ifield Road zu klein – unmöglich für Michael, seine Doktorarbeit über die Geschichte Bhutans zu schreiben. Zunächst zog die Familie nach Grantown-on-Spey im Hochland von Schottland in das große Haus von Michaels Vater und Stiefmutter. Dort blieben sie für einige Monate, bevor es nach Oxford ging. Das St. John's College hatte den jungen Wissenschaftler aufgenommen, die angesehene Londoner School of Oriental and African Studies (SOAS) ihm ein Forschungsstipendium gewährt, das die junge Familie ernähren konnte.

Zunächst bewohnten sie ein hübsches, aber unpraktisches Häuschen im Norden von Oxford.[24] Das Domizil war ungünstig geschnit-

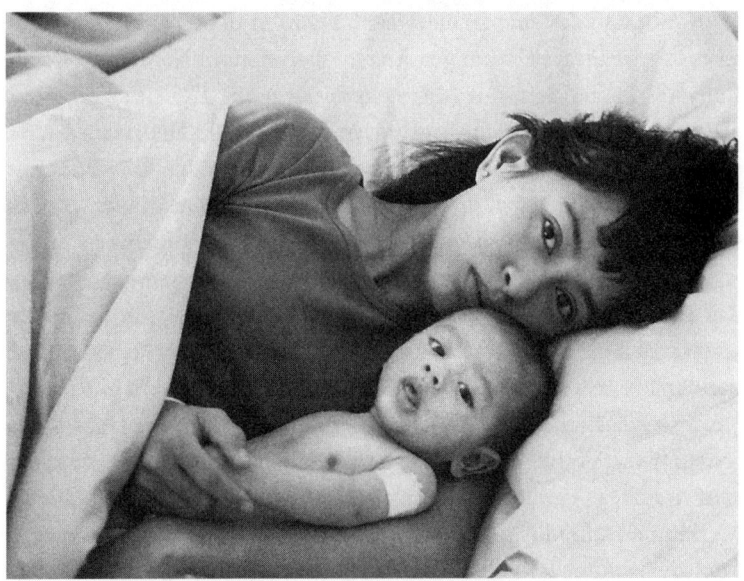

Aung San Suu Kyi mit Sohn Alexander (1973): Ein Leben als Hausfrau und Mutter

ten: ein großes Wohnzimmer, eine winzige Küche, ein Schlafzimmer und eine kleine Kammer, die als Kinder- oder Gästezimmer diente. Den oberen Teil vermieteten sie. Es gehörte zum Lebensprinzip Aung San Suu Kyis, Gäste, vor allem Verwandte und Freunde aus Burma, zu beherbergen – so lange diese wollten.

Ein Leben als Hausfrau und Mutter

Sie begann, sich im Leben einer Hausfrau und Mutter zurechtzufinden. Zum Einkaufen musste sie radeln, beladen mit schweren Plastiktüten, die mit billigem Obst und Gemüse gefüllt waren. Einen Führerschein hatte sie nicht, da sie durch die Prüfung gefallen war. Zu Hause kochte sie japanische Fischgerichte. Sie nähte Vorhänge und elegante, aber billige Kleidung für sich selbst. Im Wohnzimmer hingen dunkle bhutanesische Teppiche an den Wänden, daneben bunte tibetische Thangkas – buddhistische Rollbilder mit religiösen Szenen.

1977 bekam das Paar einen zweiten Sohn: Kim. Der Name erinnerte an die Figur im gleichnamigen Roman des Literatur-Nobelpreisträgers Rudyard Kipling. Sein Kim, Sohn eines irischen Soldaten und einer irischen Mutter, schlägt sich als bettelarmes Waisenkind in Indien durch, schließt sich einem tibetischen Lama an, wird schließlich Geheimagent der Briten und führt ein Leben zwischen zwei Kulturen. Der burmesische Name für Kim Aris lautet Htein Lin. Aung San Suu Kyi war tief getroffen, enttäuscht und verzweifelt, als sie merkte, dass sie das Baby nicht stillen konnte. Hartnäckig versuchte sie es immer wieder. Und sie massierte den kleinen Jungen auf einem Handtuch auf dem Boden geduldig mit Öl ein.

Mit zwei Kindern musste die Familie noch mehr auf das Geld achten – die Tochter eines asiatischen Nationalhelden lebte ein ganz gewöhnliches Hausfrauen- und Mutterdasein zwischen Windeln, Markt und Herd. Sie bügelte alles, was ihr in die Quere kam, inklusive Michaels Socken. Wie andere Hausfrauen war Aung San Suu Kyi ständig auf der Jagd nach Schnäppchen, etwa nach billigen Stoffen, aus denen sie Longyis nähte. Möbel für das Kinderzimmer kaufte sie in einem schäbigen Laden.

Gegenüber ihrer neuen japanischen Freundin Noriko Ohtsu klagte sie zuweilen: «Noriko, wir sind bei unseren letzten zehn Pfund angelangt. Was soll ich nur tun?»[25] Enge Verhältnisse, wenig Geld, ständige Gäste, die Mühen einer Doktorarbeit und für sich selbst eine ungewisse Zukunft – Pasternak Slater, die mit ihrer Familie in der Nachbarschaft wohnte, entdeckte im Aris-Haushalt «versteckt zwischen den gestapelten Töpfen und Pfannen in der Küche Sorgen, Krampf und Anspannung».[26]

In dieser Atmosphäre führte Aung San Suu Kyi ein strenges Regiment. Sie hatte, wie sie selbst später zugab, einen Ordnungsfimmel. Jedes Buch und jede Zeitschrift gehörte an den richtigen Platz. Die indische Wissenschaftlerin Nalini Jain erzählte, dass die Kinder essen mussten, was auf den Tisch kam, und Tamtam nicht geduldet wurde. Alexander und Kim hätten sogar Schlangen ohne Widerspruch verspeist, wenn ihre Mutter sie aufgetischt hätte, berichtete Michael Aris. Fernsehen war für die Kinder tabu – es gab gar keinen TV-Apparat im

Aung San Suu Kyi mit den Söhnen Alexander und Kim (1979): Tamtam wurde nicht geduldet.

Aris-Haushalt.[27] Wenn Aung San Suu Kyi Kindergeburtstage veranstaltete, achtete sie genau darauf, dass keines der Kinder bei den Spielen schummelte. Pasternak Slater: «Die Regeln wurden unerbittlich durchgesetzt, und meine erstaunten Kinder, die nur ein wenig geschummelt hatten, standen plötzlich ohne Preis da.»[28]

Sie konnte, so ihre Bekannte Suzanne Hoelgaard, sehr hart und resolut sein, fast rücksichtslos. Wann immer sie ein Ziel ins Auge gefasst hatte, verfolgte sie es bis zum Ende. Ihrem Mann Michael verbot sie, zu Hause zu rauchen. Damit war sie der Zeit weit voraus: Damals war das Rauchen nicht so verpönt wie heute. Es störte sie auch, dass er, zu Gast bei Freunden, stets das Essen lobte, selbst wenn es nicht schmeckte. Das sei halt seine Art, Dankbarkeit auszudrücken, rechtfertigte er sich. Sie hingegen weigerte sich zu lügen.

Wer Chef im Hause war, beweist eine kleine Anekdote, die sie in ihrer Rede vor dem britischen Parlament 2012 erzählte: Eines Tages klopfte ein Wahlkämpfer an die Tür, und bevor er sein Programm dar-

Aung San Suu Kyi mit Ehemann Michael Aris (1985):
«Meine Frau entscheidet, wen ich wähle.»

legen konnte, sagte ihr Mann: «Es hat keinen Zweck zu versuchen, mich zu überzeugen. Meine Frau entscheidet, wen ich wähle. Sie ist gerade nicht da. Kommen Sie doch ein anderes Mal wieder.» Der Mann versuchte es tatsächlich erneut – «vor allem, vermute ich, weil er sehen wollte, wie die Frau aussah, die für ihren Mann entschied, wen er wählen sollte».[29]

Er muss überrascht gewesen sein, denn Aung San Suu Kyi sah damals noch aus wie ein Teenager. Dem Äußeren nach hätte ihr Mann ihr Vater sein können. Sie störte sich daran, dass der frischgebackene Doktor nicht energisch genug seine Karriere als Wissenschaftler verfolgte. Aung San Suu Kyi hatte das Gefühl, sie müsste ihren Michael ständig anschieben, und sie beneidete ihre Freundin Ann, deren Mann umtriebiger war.[30] Dabei war es für sie nicht wichtig, ob jemand arm oder reich war, Wissenschaftler oder Straßenkehrer. Ob sie jemandem ihre Zuneigung schenkte oder ob er Zurückhaltung zu spüren bekam, hing davon ab, ob er ihren festen moralischen Ansprüchen genügte, berichtete Pasternak Slater: «Sie war nicht in der Lage, moralische Mängel zu übergehen.»[31]

«Let's visit Burma»

Anfang der achtziger Jahre wurde der Alltag für die Familie leichter. Nachdem Michael den letzten Punkt hinter seine Doktorarbeit gesetzt hatte, bekam er ein großzügigeres Forschungsstipendium.[32] Die Famile kaufte ein größeres Reihenhaus in Park Town Nr. 15, das gegenüber einem winzigen Park lag, zu dem nur Anwohner Zugang hatten. Es war renovierungsbedürftig und, wie viele englische Stadthäuser, schmal und eng. Sohn Alexander radelte in die nahe «Dragon-School» am Chervell-Fluss, Sohn Kim schoss mit seinem Skateboard zur Vorschule.

Ihre Mutter wurde derweil ungeduldig: Das Schicksal einer Hausfrau in einer englischen Kleinstadt erfüllte sie nicht mehr. Sie wollte etwas Neues beginnen. Zunächst jedoch wandte sie sich Bekanntem zu: Sie hatte vor, sich erneut im St. Hugh's College einzuschreiben, um ihr neues Lieblingsfach zu studieren: Englisch. Der Versuch scheiterte, obwohl sie zwei kluge Essays über William Shakespeares «Othello» einreichte. Das Dreier-Examen in PPE qualifiziere sie nicht für ein weiteres Studium, hieß es.

Fast dreißig Jahre später hängt in der Eingangshalle des St. Hugh's College ein Porträt von Aung San Suu Kyi. «Es stammt von einem chinesischen Künstler», sagt Rektorin Dame Elish Angiolini, eine der führenden Juristinnen Großbritanniens. «Der hat auch Mao Zedong gemalt.» Stolz zeigt sie in der Mordan Hall im ersten Stock ein weiteres Gemälde von einer ernsten, gealterten Aung San Suu Kyi. «Da ist deutlich ihr innerer Aufruhr zu erkennen», sagt Angiolini.

Aung San Suu Kyi in Oxford (1985): Zwischen den ge-
stapelten Töpfen und Pfannen in der Küche Sorgen,
Krampf und Anspannung

Statt zu studieren, organisierte die Burmesin in der Bodleian-Bibliothek von Oxford die Abteilung für burmesische Literatur. Sie half zudem ihrem Mann, einen Essayband für einen verstorbenen Tibet-Wis-
senschaftler zusammenzustellen, und versuchte, sich selbst Japanisch
und Tibetisch beizubringen. Sie schrieb eine kurze, sehr wohlwollende
Biographie über ihren Vater, die für Oberschüler gedacht war und verfasste drei Reiseführer, die vor allem Jugendliche lesen sollten: «Let's
Visit Burma», «Let's Visit Bhutan» und «Let's Visit Nepal».

Die Ironie der Geschichte: Nur Nepal war damals für Touristen
offen, Bhutan und Burma schotteten sich weitgehend nach außen ab.

Alle drei Länder wurden autoritär regiert, besonders kritisch fielen die Büchlein jedoch nicht aus. «Burma wurde unter der Militärregierung ein sozialistisches Land, geführt von der Sozialistischen Programmpartei Burmas (BSPP). Keine andere Partei ist erlaubt. Das und andere Maßnahmen, die die politischen Freiheiten des Volkes beschneiden, sind darauf gerichtet, eine stabile Regierung und ein vereintes Land zu schaffen. Aber Einheit kann nur mit der zustimmenden Kooperation des Volkes erreicht werden», schrieb sie über ihre Heimat.

Genauso erfolglos wie ihr Versuch, einen neuen BA-Kurs am St. Hugh's College zu belegen, war der Antrag, an der School of Oriental and African Studies in London (SOAS) eine Doktorarbeit über ihren Vater zu schreiben. Auch dieses Mal stand ihre Examensnote im Weg. Schließlich gelang es ihr doch noch, in eine wissenschaftliche Karriere einzusteigen: Nicht burmesische Politik, sondern burmesische Literatur sollte es sein. Sie bestand die Eingangsprüfungen an der SOAS, nach wenigen Jahren hätte sie Dr. Aung San Suu Kyi heißen können. Damals war sie Anfang 40.

Kyoto: Glocken in samtener Nacht

Zunächst jedoch ergab sich die Gelegenheit, an einem Austauschprogramm mit der Universität Kyoto teilzunehmen, genauer: am Zentrum für Südostasiatische Studien. Für Aung San Suu Kyi war das die große Chance, vor Ort mehr über ihren Vater zu erfahren, der ja eine japanische Geschichte hatte. Was dachten die Japaner damals über ihn, was über die 30 Kameraden? Gab es geheime Akten über Oberst Suzuki, den Betreuer und Aufpasser Aung Sans, über den Verrat der Burmesen am Ende des Krieges? Was hatten alte japanische Soldaten zu sagen, die in Burma gekämpft hatten und vielleicht sogar Aung San begegnet waren?

Zur gleichen Zeit hatte Michael Aris einen attraktiven Forschungsauftrag für zwei Jahre an der Universität im indischen Simla an Land gezogen. Das Ehepaar beschloss, für kurze Zeit getrennte Wege zu gehen. Den achtjährigen Kim nahm Aung San Suu Kyi mit nach Japan.

Sie schickte ihn nicht in die Internationale Schule, sondern in eine japanische. Er dürfte sich nicht sehr wohlgefühlt haben, denn er sprach kein Wort Japanisch, und die einheimischen Mitschüler ließen keine Gelegenheit aus, ihn zu hänseln. Sein älterer Bruder Alexander besuchte damals nach englischem Brauch eine Internatsschule, in den Ferien fuhr er zu seinem Vater nach Simla. Seine Mutter debattierte jeden Tag mit ihrem Zimmernachbarn Michael Aung-Thwin, einem burmesischen Historiker, den Oppositionelle als politischen Opportunisten bezeichneten. Offenkundig genervt von ihr, bezeichnete der Wissenschaftler sie später als streitsüchtig. Zudem habe sie ständig über ihren Vater geredet.[33]

Aung San Suu Kyi freundete sich mit ihrer Japanischlehrerin Michiko Terai an und traf sich mit ihrer alten Freundin Noriko Ohtsu und ihrem Mann Sadayoshi aus Oxford. Den Silvesterabend auf das Jahr 1986 verbrachte ihre Familie in dem Haus der japanischen Freunde oberhalb des Biwa-Sees. Sie aßen leicht verbrannte Reiskuchen, die Sadayoshi im Ofen vergessen hatte und die in Japan zum Neuen Jahr serviert werden. Um Mitternacht besuchten sie den lokalen Tempel und schlugen die Glocken in dieser «samtenen Nacht», erinnert sich Aung San Suu Kyi.[34]

Einen Tag darauf fuhren sie zu einem in der Nähe Kyotos gelegenen burmesischen Tempel. Dort betete sie inbrünstig vor einer Buddhafigur. Ihrer Freundin wurde klar, wie stark sich Aung San Suu Kyi trotz ihrer Weltgewandtheit und ihrer Erfahrungen in Indien, England, Algerien, den USA, in Nepal und Bhutan als Burmesin fühlte: «Sie offenbarte plötzlich ihr burmesisches Innerstes.» Etwas später schlug Noriko ihr vor, nach Burma zurückzukehren, weil das Land sie brauche. Die sonst so schlagfertige Aung San Suu Kyi schwieg eine Weile und antwortete schließlich: «Noriko, du hast recht.»[35]

Im Sommer verließ sie Japan und flog mit Kim nach Rangun zu ihrer Mutter. Dann ging es wieder nach Indien, nach Simla zu Michael. Der hatte ihr an seiner Universität ein Stipendium für ein Jahr besorgt. Sie verfasste dort zwei Essays: «Literatur und Nationalismus in Burma» sowie «Intellektuelles Leben in Burma unter dem Kolonialismus».[36] Wie die Recherchen in Japan über ihren Vater ausgingen,

ist nicht bekannt. Bis heute hat sie keine ausführliche Biografie veröffentlicht.

Zurück in London, schrieb sie weiter an ihrer Doktorarbeit über
burmesische Literatur, das normale englische Alltagsleben umfing sie
wieder. Sie war optimistisch, mit ihrer Arbeit schnell fertig werden zu
können, und bewarb sich auf eine Stelle an der Universität Michigan.
Ihr Freund Peter Carey, ein Historiker und Asienspezialist in Oxford,
erklärte sich bereit, ihr Fürsprecher zu sein. In einem Brief an Carey
klagte sie, dass die Jahre als Vollzeitmutter zwar bereichernd gewesen
seien, sie sich aber gegenüber denen, die keine Lücken in ihrem Berufsleben aufwiesen, im Nachteil sehe.

In dieser Zeit kam ihre Mutter Khin Kyi zu Besuch. Sie musste sich
in London an den Augen operieren lassen und blieb mehrere Wochen.

Ein Jahr zuvor hatte das Ehepaar seine Söhne Alexander und Kim für
einige Tage in Rangun in ein Kloster gesteckt – eine Erfahrung, die alle
burmesischen Jungen machen sollen, wenn sie keine Christen, Muslime oder Hindus sind. Es ist eine Art Aufnahmeritual in die Gemeinschaft der Gläubigen. Mit kahlgeschorenen Köpfen beschreiten die
Jungen symbolisch den Weg, den Buddha ging, als er jung war. Das
Motto lautet: «Bevor du ein Mann wirst, musst du ein Mönch sein.»

An einem ruhigen Leseabend Ende März 1988, die beiden Jungen
waren schon im Bett, klingelte das Telefon. Aung San Suu Kyi nahm
den Hörer ab und vernahm von einer Tante in Rangun die Nachricht,
dass ihre Mutter einen schweren Schlaganfall gehabt hatte. Sie legte
auf und fing an zu packen.

Ihr Mann saß im Sessel und hatte eine Vorahnung, dass ihr Leben
nicht mehr das gleiche sein würde wie bisher.[37]

Er sollte recht behalten.

5. Rückkehr in die Heimat
1988–1991

Ein Diktator auf dem Weg zum Sozialismus

Als Aung San Suu Kyi in Rangun eintraf, kämpfte ihre Mutter im Rangoon General Hospital um ihr Leben. Es war dasselbe Krankenhaus, in dem Khin Kyi einst als Oberschwester ihren Mann Aung San kennengelernt hatte. Der Schlaganfall hatte sie teilweise gelähmt. Die Tochter aus Oxford richtete sich im Krankenhaus ein. In Burma, wie in vielen Ländern Asiens, ist es nicht ungewöhnlich, wenn Verwandte und nicht Schwestern oder Pfleger die Patienten betreuen. Die Krankenhäuser kümmern sich nur um die medizinische Versorgung. Essen besorgen, füttern, das Zimmer säubern, den Patienten waschen und zur Toilette bringen, ja sogar Verbandszeug und Medikamente kaufen – für all das müssen Familienangehörige, Freunde oder bezahlte Helfer sorgen.

Zu diesem Zeitpunkt brodelte es im Land: Die Menschen litten unter der Militärregierung und ihrem «Burmesischen Weg zum Sozialismus», das Land war wirtschaftlich zum Stillstand gekommen. Verantwortlich dafür war unter anderem General Ne Win, einer der 30 Kameraden, die einst zusammen mit Aung San auf der chinesischen Insel Hainan ausgebildet worden waren. Um zu erklären, wie es dazu kam, muss ein kurzer Blick auf die vier Jahrzehnte nach dem Tod Aung Sans geworfen werden.

Die Briten hielten ihr Versprechen und verließen Burma am 4. Januar 1948. Die Sonne war noch nicht aufgegangen, als über dem Hafen von Rangun die schottische Weise «Auld Lang Syne» («Nehmt Abschied, Brüder») ertönte, Soldaten den Union Jack einholten und die Fahne der

Union von Burma hissten. Gouverneur Sir Hubert Rance rollte mit seiner Familie in einem Rolls-Royce heran und kletterte über eine schmale Planke auf die HMS «Birmingham», die wenig später mit der letzten Kompanie des leichten Infanterieregiments aus Yorkshire an Bord davondampfte. Um vier Uhr 20 morgens – diese Unzeit hatten Sternendeuter als den richtigen Moment gewählt – wurde das Land unabhängig.

Der Chef der Sozialisten, U Nu, ein gutaussehender, charmanter, geselliger Mann und tiefgläubiger Buddhist, wurde der neue Premierminister. Eine Verfassung war verabschiedet worden, ein Mitglied der Shan-Minderheit Präsident geworden. Burma entschloss sich, nicht dem britischen Commonwealth beizutreten – das dunkle Kapitel der Kolonialzeit sollte ein für alle Mal zugeschlagen werden.

Das Land der Pagoden strotzte vor Waffen und gut ausgebildeten, ehrgeizigen Kämpfern – meist mit einem ernsten Anliegen: Die Kommunisten wollten eine Volksrepublik nach chinesischem oder russischem Vorbild, die ethnische Minderheiten einen von Burma unabhängigen Staat, andere wussten nicht so genau, wohin die Reise gehen sollte, und mischten mal bei jenen, mal bei denen mit. Nur eines war klar: Alle wollten eine bessere Zukunft für Burma, selbst wenn der Weg dorthin mit viel Blut getränkt sein sollte.

Zuerst marschierten die Kommunisten auf Rangun vor, dann meuterten Teile der burmesischen Armee und liefen zu ihnen über. Die Militärpolizei machte sich selbständig, nicht ohne vorher staatliche Kassen geplündert zu haben. Die linke PVO, die nunmehr herrenlose Privatarmee Aung Sans, sagte sich ebenfalls von der Regierung los. U Nu versuchte alles, die Akteure mit ihren vielen Fraktionen und Flügeln zu beruhigen, versprach eine marxistische Regierung – vergebens. Schließlich gelang es der Armee mit ihren schlagkräftigen Karen-Einheiten, die Kommunisten zurückzudrängen.

Aber auch die ethnischen Minderheiten wollten die Chance nutzen, sich vom burmesischen Staat loszusagen. Karen-Truppen gelang es sogar, bis in den Bezirk Insein im Norden Ranguns vorzudringen. Als Landsleute von ihnen in der regulären Armee desertierten, fehlte nur wenig zum Sturz der Regierung. Doch da die Karen keinen genauen

Plan hatten, konnte der Kommandeur der Regierungstruppen, Generalmajor Ne Win, sie mit Hilfe von britischen Jagdflugzeugen der Marke Spitfire zurückdrängen. Kurz darauf begannen die Regierungsangestellten zu streiken: Der Krieg kostete Geld, und ihr Gehalt war gekürzt worden. Gleichzeitig begehrten die Studenten auf. In dem Durcheinander fiel Mandalay in die Hände der Karen und Kommunisten, was wiederum Briten und Amerikaner nicht hinnehmen wollten. Diese waren beseelt davon, den weltweiten Vormarsch der Kommunisten, koste es, was es wolle, zu stoppen, und unterstützten deshalb die Regierungsarmee mit Waffen, Transportflugzeugen, Piloten – und einer Menge Geld.

Schließlich gelang es Premier U Nu, das Land zumindest eine Zeitlang in ruhigere Fahrwasser zu lenken. Das Parlament funktionierte, Schulen und Universitäten blühten auf, die Felder wurden neu verteilt. Die Presse war relativ frei, die Zivilgesellschaft lebhaft. Doch Ende der fünfziger Jahre brach die AFPFL auseinander, die alten Kampfgenossen Aung Sans kamen nicht mehr miteinander aus. Kommunistische Revolten häuften sich, und die ethnischen Minderheiten meldeten erneut ihre Ansprüche auf eigene Staaten an. Durch Ranguns Straßen, Büros und Cafés schwirrten Putschgerüchte, Panzerwagen röhrten durch die Stadt. 1958 übergab U Nu die Regierung dem Militär unter Ne Win. Dieser vermochte innerhalb kurzer Zeit die Lage wieder zu stabilisieren. Die Ranguner zum Beispiel räumten am Wochenende Tonnen von Müll von den Straßen, Vertriebene bekamen neue Wohnungen in den Außenbezirken zugewiesen, und Gangster und Schieber landeten hinter Gittern.

1960 schrieb Ne Win Wahlen aus, die U Nu erneut gewann. Als dieser den Shan, die ein verfassungsmäßiges Recht hatten, die Union zu verlassen, mehr Zugeständnisse machen wollte, war das demokratische Intermezzo zu Ende. Die Militärs sahen die Einheit der Nation in Gefahr.

Der Putsch der Militärs

Am Morgen des 2. März 1962 rollten Panzer und Militär-LKWs durch die Straßen, und Ne Win erklärte im Radio, die Armee habe «wegen der sich ständig verschlechternden Situation» die Macht im Lande übernommen. Der General hatte die vorangegangenen Jahre dazu genutzt, eine schlagkräftige, moderne Armee aufzubauen und zugleich die Truppe in der Wirtschaft zu etablieren. Mittlerweile gehörten ihr Unternehmen, Geschäfte, Läden. Als Träger der Übergangsregierung zwischen 1958 und 1960 hatten die Offiziere zudem gelernt, wie man Behörden verwaltete.

Soldaten lösten das Parlament auf, und U Nu sowie fünf seiner Minister und der Oberste Richter wurden festgenommen. Militärtribunale ersetzten die zivilen Gerichte. Politisch nicht genehme Experten in der Verwaltung wurden gefeuert, Ausländer mussten das Land verlassen. Private Unternehmen und Banken wurden verstaatlicht. Nachtklubs, Schönheitswettbewerbe und Pferderennen (obwohl Ne Win selbst gerne auf Pferde setzte) wurden ebenso verboten wie westliche Tänze: Rangun hörte auf zu rocken.

Um zu zeigen, wer Herr im Hause war, sprengten die Militärs das Gebäude der Studenten-Union in die Luft. Ne Win nannte all das «Den Burmesischen Weg zum Sozialismus». Die Welt reagierte gelassen – Militärregierungen in Asien waren damals nichts Ungewöhnliches. Außerdem war Ne Win wenigstens kein Kommunist, der mit Moskau oder Peking verbandelt war. US-Präsident Lyndon B. Johnson empfing den «Vorsitzenden des Revolutionsrates der Union von Burma» im September 1966 als Staatsgast und gab im Weißen Haus ein Essen für ihn. Auch in Deutschland war Ne Win ein gern gesehener Gast, er schaute öfter vorbei – bei Freunden und bei Ärzten. Derweil isolierte und ruinierte er sein Land.

Die Einstellung der Junta zu Aung San veränderte sich. Spätestens als seine Tochter auf den Plan trat, wurde sein Name seltener und seltener erwähnt, das Museum in der Bogyoke Aung San Museum Street blieb meist das ganze Jahr über geschlossen. Die Machthaber wollten damit verhindern, dass die Untertanen ständig an Aung San Suu Kyi erinnert wurden. Ne Win war ein Deckname («Strahlende Sonne»), in Wirklichkeit hieß er Shu Maung. Der gescheiterte Medizinstudent und ehemalige Postangestellte war einst Kommunist und offenkundig ein guter Soldat gewesen. Zeitzeugen beschrieben ihn als zutiefst abergläubisch, paranoid und fremdenfeindlich. Gleichzeitig war er ein Partygänger und Schürzenjäger, der sich wie später der libysche Diktator Muammar al-Gaddafi zuweilen mit einer weiblichen Leibgarde in beigen Uniformen umgab.[1] Ne Win führte einen brutalen Krieg gegen die ethnischen Minderheiten und gegen kommunistische Rebellen. Unter seinem Regime entwickelte sich Burma zu einem bedeutenden Opiumproduzenten. Nachdem er 1962 einen «Revolutionsrat» aus Generälen an die Spitze des Landes gesetzt hatte, zählte zu seinen ersten Aktionen der Rauswurf der indischstämmigen Bevölkerung, immerhin rund 400 000 Menschen. Burma sollte den Burmesen allein gehören – und wer sich dazuzählen durfte, bestimmte das neue Regime. Die Sache hatte nur einen Haken: Inder machten einen großen Teil der Händler und Geschäftsleute, der Ärzte, Journalisten und Lehrer aus. Hunderttausende mussten sich auf den Weg in eine Heimat machen, die viele von ihnen noch nie gesehen hatten und deren Sprache sie nicht sprachen. Sie hinterließen eine riesige Lücke, die nicht gefüllt werden konnte.

Singapurs Regierungschef Lee Kuan Yew, im Mai 1965 zu Gast bei Ne Win in Rangun, erinnerte sich an ein Gespräch mit dem indischen Kellner des Strand-Hotels, der ihm das Frühstück servierte. Er war ein ergrauender Mann Ende 50: «Sir, das ist mein letzter Tag, morgen werde ich nicht mehr hier sein», sagte er, als er Toast, Tee und Rührei brachte. Warum er denn gehen wolle, fragte Lee. «Ich muss», antwortete der Kellner. «Ich wurde hier geboren und habe mein ganzes Leben hier verbracht, aber die Regierung will, dass alle Inder das Land verlassen. Ich darf nur eine kleine Summe Geldes und meine persönlichen Siebensachen mitnehmen.» Tatsächlich war er am nächsten Tag verschwunden.[2]

Auch die chinesischstämmige Bevölkerung kehrte dem Land den Rücken. Während Mao Zedong in China die Kulturrevolution losschlug (1966–1976), hatten burmesische Chinesen damit begonnen, das Mao-

Büchlein zu schwenken und sich Mao-Anstecker ans Hemd zu heften. Es kam zum Pogrom, bei dem ein burmesischer Mob zahlreiche chinesische Mitbürger tötete, Tausende flohen nach China.

Der Revolutionsrat verstaatlichte Industrie und Landwirtschaft, fand das Parlament ebenso überflüssig wie die Pressefreiheit. Er begann damit, in die Klöster hineinzuregieren, um die buddhistische Glaubensgemeinschaft («Sangha») unter seine politische Kontrolle zu bekommen. Zudem rief man eine neue Partei ins Leben, die «Partei des Burmesischen Weges zum Sozialismus» (BWSP), die später in «Sozialistische Programmpartei Burma» (BSPP) umbenannt wurde und vor allem aus Militärs und Exmilitärs bestand.

1964 erfuhren die anderen politischen Gruppierungen, dass sie nicht mehr benötigt wurden; zu diesem Zeitpunkt saßen viele ihrer Mitglieder schon im Gefängnis. Für das Glück des Landes sei fortan allein die BSPP zuständig, hieß es. Ihre Ideologie war eine Mischung aus Marxismus, Mystik und Buddhismus und nannte sich «Das System der Wechselwirkung zwischen Mensch und seiner Umwelt». Immerhin formulierte sie ein hehres Ziel: eine Gesellschaft ohne Ausbeutung.[3] Sehr sicher kann sich Ne Win auf dem Weg zu seinem Sondersozialismus indes nicht gefühlt haben. Allenthalben witterte er Feinde. So schirmten Soldaten und Panzer sein Haus ab. Und wenn er Golf spielte, setzte er einen Stahlhelm auf, den er nur beim Abschlag abnahm. Schussbereite Uniformierte umringten ihn und seine Mitspieler, die Gewehre nach außen gerichtet.

Bald war die Wirtschaft ein einziges Durcheinander. Burma verlor seine Stellung als weltgrößter Reisexporteur. Lebensmittel, Stoffe, Seife gab es in sogenannten Volksläden nur auf Rationskarten, ein Drittel der Irrawaddy-Flotte lag vor Anker, weil es an Ersatzteilen fehlte.[4] Während andere asiatische Städte wie Singapur oder Bangkok boomten, versank Rangun in einem Dornröschenschlaf. In seinen Straßen rumpelten uralte Vehikel durch Schlaglöcher, Fußgänger riskierten, auf vom Regen unterspülten Bürgersteigen einzubrechen. Das sollte sich übrigens bis 2014 nicht ändern.

Ne Win selbst hingegen führte ein mondänes Leben zwischen der Pferderennbahn in Ascot, seiner Villa in London, den Luxusgeschäften in Genf, den diskreten Banken in Zürich, dem Haus des deutschen Waffenschmieds Fritz Werner in Geisenheim und der Praxis des Wiener Psychotherapeuten Dr. Hans Hoff. Er heiratete sechsmal, darunter zweimal dieselbe Frau, eine Universitätsprofessorin.

Eine Leiche wird gekidnappt

Immer wieder erschreckte er seine Untertanen mit irrationalen Befehlen. Schon kurz nach seiner Machtübernahme verbot er zum Beispiel Schülern und Studenten, Englisch zu lernen, war dies doch die schreckliche Sprache der Kolonialisten. Erst als eine seiner Töchter im Ausland wegen ihrer schlechten Englischkenntnisse durch eine Universitätsprüfung fiel, durften Lehrer und Schüler wieder die Lehrbücher hervorholen.

Eine weitere negative Eigenschaft waren seine gewalttätigen Launen, die die Bevölkerung in ständige Furcht versetzten. Die britische Autorin und Diplomatentochter Harriet O'Brien erfuhr dies am eigenen Leib.[5] Zu Weihnachten 1975 veranstaltete das Inya-Lake-Hotel, eine von Russen im sozialistischen Prunkstil gebaute Staatsherberge am idyllischen Inya-See, eine Feier. Es war die erste öffentliche Veranstaltung seit Langem. Eine Liveband spielte auf, Diplomaten und Geschäftsleute sowie die Kinder von Armeeoffizieren tanzten unter dem Sternenhimmel – bis plötzlich Uniformierte mit Gewehren die Tanzfläche umringten. Ein Mann sprang auf die Bühne, der sich aufführte wie ein Berserker. Es war kein Geringerer als Präsident Ne Win, der herumbrüllte, mit den Schlägeln die Trommel zertrümmerte, einer Ausländerin das Kleid zerriss, sie grob auf ihren Sitz zurückschubste. An einem anderen Tisch fuchtelte ein Soldat mit einer zerschlagenen Bierflasche herum und bedeutete den Gästen auf diese Weise, es sei Zeit zu gehen.

Der Grund für diesen furiosen Auftritt war lange Zeit Stadtgespräch in Rangun: Ne Win habe sich durch die laute Musik gestört gefühlt, denn seine Villa lag in der Nähe des Hotels, hieß es. Nach einer anderen Version habe er sich mit seiner Tochter gestritten, die er unter den Gästen der Weihnachtsfeier vermutete. Westliche Musik wurde jedenfalls von da an verboten.

1974 löste sich der Revolutionsrat auf, die BSPP wurde alleinige Regierungspartei. Es gab eine neue Verfassung, aus der Union Burma wurde die Sozialistische Republik der Union Burma. Die Militärs in der Führung zogen ihre Uniformen aus, um in Zivil wieder zu erscheinen. Aus dem General und Vorsitzenden des Revolutionsrats Ne Win wurde Präsident Ne Win. Seiner Macht schadete das nicht. Auch die zivile Regierung bekam die Wirtschaft nicht in den Griff, die Lebensmittelpreise kletterten unablässig nach oben, und die Arbeiter begannen zu streiken. Dann brach die Cholera aus, und Überschwemmungen trieben die Burmesen weiter in Not und Elend.

Aung San Suu Kyi war zu diesem Zeitpunkt bereits zwei Jahre in Oxford verheiratet. Im November 1974 starb ihr freundlicher Gastgeber in New York, der ehemalige UNO-Generalsekretär U Thant, an Krebs. Er wurde 65 Jahre alt. Im Laderaum einer Pan-Am-Maschine wurde der Sarg zunächst nach Bangkok gebracht, ein gechartertes Propellerflugzeug transportierte ihn weiter nach Rangun. Und Ne Win machte einen fatalen Fehler. Er hatte den UNO-Mann als Repräsentanten des Regimes gehasst, das er 1962 gestürzt hatte. Zu unterschiedlich waren der bedächtige Schullehrer und Diplomat U Thant und der kampferprobte Haudegen und Expostler Ne Win, der gewohnt war, dass jeder Gewehr bei Fuß stand.

Nach dem Ende der Amtszeit als UNO-Generalsekretär war U Thant in New York geblieben und hatte immer wieder damit zu kämpfen, seinen burmesischen Pass zu erneuern. Er verkörperte für viele Bürger das Symbol eines ehrlichen, demokratischen Politikers, der dem Land zu internationalem Ansehen verholfen hatte. Ne Win wusste dies nicht, oder er wollte es nicht wissen. Jedenfalls schickte er keine offizielle Delegation zum Mingaladon-Flughafen, nicht mal für ein Auto sorgte er, das den Sarg mit dem Leichnam U Thants in die Stadt hätte bringen können. Stattdessen mussten ihn Träger in einen leicht zerbeulten VW-Bus des Roten Kreuzes hieven. Nur der stellvertretende Erziehungsminister U Aung Tin war erschienen, er hatte zuvor im Kabinett vorgeschlagen, den Todestag U Thants zum nationalen Feiertag zu erklären – und war sofort gefeuert worden.

Auf der alten Pferderennbahn durften die Bürger von U Thant Abschied nehmen. Das Gras war für die Zeremonie nicht geschnitten worden. Am nächsten Tag warf die Regierung der Familie vor, den Sarg ohne Genehmigung ins Land gebracht zu haben, und drohte rechtliche Konsequenzen an. Das war der Tropfen, der das Fass zum Überlaufen brachte. Die Studenten hatten genug von dem unwürdigen Schauspiel. Nach den buddhistischen Bestattungsriten stoppten sie den Trauerzug zum Friedhof und kidnappten den Sarg. Auf der Ladefläche eines Lastwagens transportierten sie ihn zur Universität und bahrten ihn in der Versammlungshalle auf. Tags darauf verlangten die Hochschüler in einem Brief von der Regierung ein angemessenes Staatsbegräbnis für U Thant und ein Mausoleum genau an jenem Platz, auf dem das von den Militärs gesprengte Gebäude der Studentenvertretung gestanden hatte.

Wenige Stunden später bot die Regierung einen Kompromiss an: Staatsbegräbnis nein, Mausoleum ja, aber nicht in der Universität, sondern am Fuße der Shwedagon-Pagode. Nach langen Diskussionen willigten die Studenten, auch auf die dringenden Bitten der trauernden Familie hin, ein. Alles schien auf dem Weg zur Shwedagon-Pagode gut zu gehen, Tausende säumten die Straßen, um von U Thant Abschied zu nehmen. Doch eine Gruppe radikaler Studenten stahl den Sarg zum zweiten Mal und brachte ihn wieder zurück zum Unigelände.

Nun reichte es dem Militär. Am 11. Dezember 1974 stürmten rund 1000 Soldaten die Universität und eroberten den Sarg zurück. Unklar ist, wie viele Studenten ums Leben kamen. In der ganzen Stadt brachen Unruhen aus, denen sich sogar Mönche anschlossen. Gebäude und Märkte wurden zertrümmert. Das Militär schoss scharf und tötete mindestens neun Menschen, die Krankenhäuser füllten sich mit Verwundeten. Über 4000 Protestler wurden festgenommen und in Sondertribunalen abgeurteilt. Ne Win verhängte das Kriegsrecht und ließ die Universitäten fünf Monate lang schließen.

Heute weist kein Schild auf das Mausoleum U Thants unweit der Shwedagon-Pagode hin. Junge Passanten, nach dem Gebäude befragt, lächeln verlegen und schütteln den Kopf, sie wissen nur, dass dort eine berühmte Persönlichkeit begraben liegt. In einer Ecke der Halle hän-

Aung San Suu Kyi während eines Urlaubs in Kaschmir (1976): Nicht in der Lage, moralische Mängel zu übergehen

gen ein Schild mit dem Lebenslauf U Thants und auch sein Bild. Neben der letzten Ruhestätte des ehemaligen UNO-Generalsekretärs liegt übrigens eine weitere wichtige Persönlichkeit der jüngeren Geschichte Burmas in einem schmalen weißen Mausoleum begraben – Aung San Suu Kyis Mutter Khin Kyi.

Es blieb unruhig in Burma – außer- und innerhalb der Regierungspartei. Schon im Jahr nach U Thants Tod zogen die Studenten wieder auf die Straße. Sie forderten ein Ende des Regimes, niedrigere Preise und mehr Arbeitsplätze. Wieder schloss Ne Win die Universitäten für einige Monate. Die Militärs warfen sich gegenseitig Korruption und Misswirtschaft vor, offenbar versuchten liberale Offiziere 1976, Ne Win und seine Clique zu beseitigen. Außenpolitisch geriet das Land immer mehr ins Abseits, Ende 1977 war es Ne Win gewesen, der als erster Staatsmann das mörderische Regime Pol Pots in Kambodscha mit einem Besuch aufwertete. 1981 trat er als Präsident zurück, der Oberkommandeur der Armee, San Yu, wurde sein Nachfolger. Doch der «Alte Mann», wie ihn die Bürger nannten, behielt die Zügel fest in der Hand.

Das Massaker an der Weißen Brücke

Den Burmesen ging es schlecht, der Schuldenberg des Landes wuchs und wuchs, die Exporte sackten ab, der Schwarzmarkt blühte. Es mangelte an Ersatzteilen und an Treibstoff, sodass es schwer war, Reis im ganzen Land zu verteilen. 1985 zog die Regierung ohne Vorankündigung die 100-Kyat-Note aus dem Verkehr und führte eine 75-Kyat-Note ein, Ne Win feierte in diesem Jahr nämlich seinen 75. Geburtstag. Zwei Jahre später erklärte die Junta die 25- und 35-Kyat-Noten für ungültig. Damit wollte sie eigentlich Schwarzhändler treffen, vernichtete aber die Ersparnisse von Millionen Menschen. Dafür kamen 45- und 90-Kyat-Noten in den Umlauf. Die Neun war Ne Wins Glückszahl, jetzt musste es endlich mit Burmas Wirtschaft wieder bergauf gehen! Doch die Bürger trauten den Scheinen nicht. Sie bezahlten nun lieber mit Reis und begannen ihn zu horten, Folge: Die Preise stiegen weiter in die Höhe.

1987 stufte die UNO Burma als eines der «am wenigsten entwickelten Länder» (LLDC) ein. «Ne Win wirtschaftete die einst wohlhabende Nation zu einer der ärmsten Nationen der Welt herunter, verschärfte ethnische und politische Differenzen, indem er einen totalen Krieg gegen Minderheiten und Dissidenten führte, und nahm Generationen von Burmesen die Hoffnung, indem er das Bildungssystem ausweidete», sagte der ehemalige Studentenführer und heutige Publizist Aung Zaw.[6]

Der Anfang vom Ende des Regimes war, wie so oft in der Weltgeschichte, eine Kleinigkeit, ein winziger Funke, der einen Großbrand auslöste – ein Streit in der Sanda-Win-Teestube im Norden Ranguns: Studenten des nahen Instituts für Technologie gerieten mit anderen Gästen aneinander, weil sie sich nicht über die Musik einigen konnten. Einer, der Sohn eines hohen Funktionärs, schlug einem Hochschüler den Stuhl über den Kopf. Die Polizei ließ ihn am nächsten Tag jedoch wieder laufen. Daraufhin gingen die Studenten auf die Straße, Polizisten und Soldaten schossen scharf, einige junge Leute starben, das erste Opfer war ein Student namens Phone Maw. Es war der 13. März 1988.

Unruhen in Rangun 1988: Die Soldaten schossen unablässig in die Menge, dort wo sie am dichtesten war.

Drei Tage später marschierte ein Demonstrationszug über die Prome-Straße, die heutige Pyay-Straße, am Damm des Inya-Sees entlang. An der Bushaltestelle «Weiße Brücke» hatte die berüchtigte «Lon Htein»-Bereitschaftspolizei Stacheldraht ausgerollt, hinter dem mit Stöcken und Gewehren bewaffnete Polizisten und Soldaten standen. Es dauerte nicht lange, und das Regime zeigte sein wahres Gesicht: Uniformierte erschlugen rund 100 Demonstranten. Augenzeugen berichteten, dass einige im See ertränkt und junge Frauen auf dem Weg ins Gefängnis vergewaltigt wurden. Seitdem nennen Studenten die «Weiße Brücke» wegen des vielen Blutes «Rote Brücke».

«Revolution lag in der Luft, und jeder suchte eine Gelegenheit, gegen das Regime aufzustehen», sagte der Journalist Aung Zaw.[7] Doch viele Studenten – wie auch er selbst – landeten hinter Gittern im Insein-Gefängnis. Dort beobachtete er, wie Soldaten und Gefängniswärter mit Knüppeln auf eine Reihe von indischen Studenten eindroschen und einige von ihnen erschlugen. Am nächsten Tag erstickten 42 Studenten und Demonstranten in einem der vielen blauen Polizei-LKWs, die Gefangene hin und her transportierten; vermutlich fuhr er absichtlich lange in der Hitze herum.

Das Blutbad am See ging selbst einigen Militärs zu weit. Der frühere Brigadegeneral Aung Gyi, vorher Nr. 2 im Revolutionsrat und enger Vertrauter Ne Wins, hatte schon zuvor einen Alarmbrief geschrieben, in dem er von einem «Burma am Bettelstab» sprach und wirtschaftliche Reformen forderte. Sein Land sei nicht besser als ein «kranker streunender Hund», ergänzte er in einem Interview.[8] Er verfasste weitere Alarmbriefe. Die Schreiben des damals 69-Jährigen beflügelten die Regimegegner, die trotz Todesgefahr immer wieder auf die Straße gingen. Kopien wurden in den Straßen Ranguns für 40 Kyat (rund zehn D-Mark) gehandelt, was damals dem Wochengehalt eines Beamten entsprach.[9]

In dieser Zeit der Gewalt, Wut und Trauer pflegte Aung San Suu Kyi ihre Mutter im Krankenhaus. Als die Unruhen ausgebrochen waren, hatte sie in Oxford noch ein friedliches Dasein geführt. Nun sah sie die toten und verletzten Demonstranten in der Notaufnahme und auf den Fluren mit eigenen Augen. Mitte Juni kam es ganz in der Nähe des Rangoon General Hospital zu Straßenschlachten. Sie selbst demonstrierte nicht mit, sie konzentrierte sich ganz auf die Patientin.

Am 22. Juni 1988 verhängte die Regierung ein Ausgangsverbot von 18 Uhr abends bis sechs Uhr morgens. Ein Nudelverkäufer und seine Tochter, die verspätet ihren Karren nach Hause schoben, starben im Kugelhagel. Ende Juni entschloss sich Aung San Suu Kyi, ihre Mutter nach Hause in die University Avenue 54 zu nehmen, denn es gab kaum Hoffnung, dass Khin Kyi überleben würde. Sie sollte in ihren letzten Tagen ihren schönen Garten genießen können. Am 8. Juli verließ die alte Dame mit ihrer Tochter das Hospital, zu Hause warteten ihr Schwiegersohn und ihre beiden Enkel, die in der Ferienzeit nach Rangun geflogen waren. Nach Meinung ihrer Söhne sah Aung San Suu Kyi sehr erschöpft aus. So angestrengt sei sie gewesen, weil sie noch versucht hatte, das Haus für die Rückkehr Khin Kyis herzurichten.

Am Abend des 23. Juli schalteten Aung San Suu Kyi und ihr Mann die TV-Nachrichten des Staatsfernsehens ein. Ne Win gab auf einem außerordentlichen Kongress der BSPP zu, dass seine Art von Armee-Sozialismus in Burma gescheitert war, und er trat als Parteichef zurück. Er übernahm die Verantwortung für die vielen Toten auf der

Straße und schlug ein nationales Referendum vor, bei dem das Volk entscheiden solle, ob es fortan in einem Ein- oder in einem Mehrparteiensystem leben wolle. Dies verband der 78-Jährige mit einer klaren Drohung. Bei künftigen Unruhen werde die Armee keine Nachsicht üben, sondern auf die Demonstranten schießen. Zum Nachfolger Ne Wins wählte der Kongress den Kommandeur der Bereitschaftspolizei, Sein Lwin, den «Schlächter von Rangun», wie ihn die Studenten nannten. Der Vorschlag des alten Diktators, das Volk abstimmen zu lassen, fiel bei den Delegierten durch.

Die Stunde der Dame aus Oxford

Aung San Suu Kyi, zu Hause in der University Avenue, war elektrisiert. Am Horizont war zumindest eine kleine Hoffnung aufgetaucht, dass die Burmesen ihr Schicksal in die eigenen Hände nehmen könnten. Michael Aris: «Ich denke, es war dieser Moment mehr als andere, dass Suu sich entschloss, einen Schritt voranzugehen.»[10] Schon bei ihren früheren Besuchen in Rangun hatten alte Kampfgefährten Aung Sans sie aufgefordert, in die Fußstapfen ihres Vaters zu treten. Andere Burmesen hofften auf ihren älteren Bruder Aung San Oo, den sie, weil er ein Mann war, für den eigentlichen Nachfolger von Aung San hielten. Der allerdings meldete sich nicht aus Amerika: Er hatte keinen Ehrgeiz, die Zukunft Burmas mitzugestalten.

Zunächst funktionierte Aung San Suu Kyi das Arbeitszimmer im Erdgeschoss in ein Krankenzimmer um, das Esszimmer wurde das Büro, der runde Esstisch ihr Schreibtisch. Und sie teilte ihrem Mann mit, dass der Augenblick gekommen sei, nicht mehr nur als Beobachterin am Rande des Geschehens zu stehen. Offenbar hatte sie vor allem vor, zwischen Regierung und Demonstranten zu vermitteln. Am 8. August 1988 jedoch floss erneut Blut auf den Straßen Ranguns. Die Studenten hatten an diesem Tag zu einem Generalstreik aufgerufen, das Datum war nicht zufällig ausgewählt. In vielen Ländern Asiens gilt die «8» als Glückszahl. Morgens 8 Minuten nach 8 Uhr legten die Hafen-

arbeiter ihre Arbeit nieder. Alte und Junge, Professoren und Betelnuss-
verkäufer, Männer und Frauen, Schüler in ihren Uniformen und Kinder – Hunderttausende von Demonstranten zogen durch die Stadt.
«Wir wollen volle Demokratie. Das ist es, was wir wollen», riefen sie.
Einige trugen das Bild von Aung San vor sich her, andere das alte burmesische Symbol des kämpfenden Pfauen. Mönche drehten ihre Sam-
meltöpfe um. Sie wollten damit zeigen, dass sie keine Spenden mehr
von Militärs annehmen würden.[11]

Auf dem Hof des Rathauses gegenüber dem Unabhängigkeits-Denk-
mal warteten Armeelastwagen und gepanzerte Mannschaftstranspor-
ter. Gegen 17:30 Uhr erschien der Befehlshaber des Kommandos Rangun, Brigadegeneral Myo Nyunt, vor dem Rathaus und forderte die
Menge per Lautsprecher auf auseinanderzugehen. Sechs Stunden später röhrten Militär-LKWs und Schützenpanzer durch die Straßen, die
Soldaten eröffneten das Feuer. Die Menschen stoben auseinander und
suchten hinter Bäumen, in Gassen und Hauseingängen Deckung, Ver-
wundete und Tote lagen auf dem Asphalt, der sich von ihrem Blut dunkel färbte. Schreie gellten durch die Nacht, während die Soldaten ab-
drückten, oft die Gewehre auf «automatisch» gestellt. «Sie schossen
unablässig genau in die Menge, wo sie am dichtesten war. Wir rannten
um unser Leben», berichtete der Medizinstudent Ko Lin.[12]

Das Massaker dauerte bis in den nächsten Tag hinein. Die Ärztin
Dr. Khin Saw Win: «Als ich am Morgen des 9. August zum ‹Rangoon
General Hospital› kam, wurden uns über den ganzen Tag bis in die
Nacht Hunderte von verletzten Menschen und Leichen gebracht. ... Wir
mussten mit zahlreichen Problemen im Krankenhaus fertig werden.
Eines der Hauptprobleme war der Mangel an Blutreserven und an
grundlegender medizinischer Ausrüstung. Da standen wir vor einer
ganzen Reihe von Patienten mit Schusswunden, die heftig bluteten ...
Wir hatten kein Blut mehr in der Blutbank und keine Pflaster und kein
Verbandszeug zum Verbinden. Wir konnten sie nicht retten.»[13] Deshalb
gingen Ärzte und Schwestern am 10. August selbst auf die Straße. Laut
Khin Saw Win wurden auch sie beschossen. Darüber hinaus war sogar
das Krankenhaus das Ziel von Angriffen, wobei es Tote gab und sechs
Krankenschwestern verletzt wurden. Gleichzeitig durchkämmten Agen-

ten des Militärischen Geheimdienstes die überfüllten Flure nach Anführern des Aufstandes. Wenn es noch eines Beweises für die Brutalität der Armee bedurft
hätte – hier war er. Der Angriff auf das Krankenhaus stieß selbst politische Sympathisanten der BSPP ab. Noch dazu hatten sich die Verant-
wortlichen Stunden zuvor in der Villa von Ne Win in der Ady Road
(heute May Kha Road) versammelt und ungerührt Scrabble gespielt.
Die Soldaten seien aus dem Dschungel in die Stadt verlegt worden und
hätten geglaubt, sie hätten Kommunisten vor sich, sagte Aung Gyi, der
Exmilitär und mahnende Briefautor. Zudem hätten sie Schnaps bekommen, um ihre Sinne auszuschalten.[14]

In Sagaing, einer Pagodenstadt am Irrawaddy-Fluss in Zentralburma,
floss ebenfalls Blut. Die Krematorien arbeiteten auf Hochtouren, schwarzer Rauch hing in der Luft. Fünf Tage lang dauerten die Schießereien an.
Dann trat Sein Lwin, der Schlächter von Rangun, nach nur 17 Tagen
Amtszeit als Präsident Burmas zurück. Dem ungehobelten Soldaten
folgte ein Intellektueller: der 63-jährige Jurist und Autor Maung Maung,
der Ne Win tief bewunderte. Die Bürger nannten ihn die «Marionette».
Auch er sollte nicht lange auf seinem Posten bleiben.

Aung San Suu Kyi wusste in diesen blutigen Tagen noch nicht, welche
Rolle genau sie spielen wollte. Sie traf sich mit Maung Maung, bevor er
Präsident wurde. Er riet ihr, sich von «Dissidenten fernzuhalten». Das
kam bei ihr nicht gut an, wie er sich erinnerte.[15]

Bei dem Treffen waren ihr Mann und die beiden Söhne dabei. Michael Aris schaltete sich nicht in das Gespräch ein, mahnte aber nach
einer Weile, sie müssten nach Hause gehen, um nach ihrer Mutter zu
schauen. «Oh, ich habe noch mehr wichtige Angelegenheiten mit
Onkel zu besprechen», erwiderte seine Frau, und Michael Aris fügte
sich.

Die Villa am Inya-See war ab Mitte August nicht nur Krankenstation
für die Mutter, sondern auch Zentrum politischer Aktivitäten. Aung
San Suu Kyi wurde immer mehr Teil der Demokratiebewegung. Studenten wie alte Gefährten ihres Vaters aus der Armee, Journalisten,
Schriftsteller, Schauspieler sprachen vor. Einige wussten aus der Zeitung, dass Aung San Suu Kyi in der Stadt war, weil sie am 19. Juli, dem

Märtyrertag, am Grab ihres Vaters einen Kranz niedergelegt hatte. Viele Besucher waren sich nicht sicher, ob sie überhaupt Burmesisch sprach. Einer, mit dem sich Aung San Suu Kyi traf, war Ohn Myint, ein alter Bekannter ihres Vaters. Er übermittelte ihre Bitte an Ne Win, sich mit ihr zu treffen. Ne Win lehnte ab.

«Wir brauchen einen Anführer»

Am 16. August war bei ihr auch der Geschichtstutor an der Universität Rangun, Nyo Ohn Myint, zu Gast. 26 Jahre später, im Februar 2014, sitzt er in einem Konferenzzimmer des Myanmar Peace Centre, einer Institution, die Verhandlungen zwischen der Regierung und den ethnischen Minderheiten auf den Weg bringen soll. Er ist nach vielen Jahren Exil in Thailand und den USA in seine Heimat zurückgekehrt. Nyo Ohn Myint trägt ein weißes Hemd, blaue ausgebeulte Hosen. Seine nackten Füße stecken in braunen Schuhen.

«Die Studenten und wir jungen Lehrer waren damals alle linksgerichtet», erinnert er sich an die Zeit der Proteste von 1988. Er selbst sei ein «kleiner Militanter» gewesen, der einzig und allein einen bewaffneten Aufstand für effektiv hielt, um in Burma etwas zu ändern. Schließlich «waren wir 26 Jahre lang nicht wie Menschen behandelt worden. Die Menschen haben damals unter dem falschen System gelitten», sagt er. «Durch die Währungsreform hat die Regierung uns das Geld genommen.» Der Verantwortliche dafür, Ne Win, habe damals Zeitung gelesen, Golf gespielt, Dämme eingeweiht, aber nicht gewusst, wie es wirklich um das Land stand. «Er war ein emotionaler Typ, der seine Gefühle nicht im Griff hatte.»

Gemeinsam mit Freunden hatte Nyo Ohn Myint heimlich eine Lehrergewerkschaft gegründet, die ihm den Auftrag gab, mit Aung San Suu Kyi Kontakt aufzunehmen. Er und seine Gruppe waren damals überzeugt, dass sie als Tochter des Nationalhelden der richtige Anführer für die Bewegung sei. Als er Aung San Suu Kyi in der University Avenue zum ersten Mal traf, wirkte sie auf ihn klug, talentiert und sehr mutig. Doch sie zögerte, wollte sich nicht an die Spitze der Bewegung stellen, und sie lehnte es ab, sich mit den Studenten treffen. Sie sei nicht daran interessiert, sich in die Politik einzumischen.[16] Er ärgerte sich, dass er seine Zeit verschwendet hatte. Doch zwei Tage später rief sie ihn an und sagte: «Let's do it!» Fortan arbeitete Nyo Ohn Myint als ihr Pressesprecher. «Wir hatten keinen Tag frei. Ich habe Aung San Suu Kyi jeden Morgen über die Lage und die Presse informiert. Sie hat zugehört. Sie hatte keine Ahnung von burmesischer Politik.»

Aung San Suu Kyi war bereits, einen Tag bevor sie Nyo Ohn Myint kennengelernt und ihm erst mal einen Korb gegeben hatte, aktiv geworden: Gemeinsam mit einem Bekannten schrieb sie eine Petition an den Staatsrat. Darin schlug sie vor, ein «Komitee für die Konsultation des Volkes» zu gründen, das außerhalb der Regierungspartei BSPP die Wünsche und Sorgen der Bürger bündeln und zwischen Regierung und Studenten vermitteln sollte. Diesen Plan hatte sie unter anderem mit dem späteren Präsidenten Maung Maung besprochen, der die Idee vernünftig fand. U Nu, der frühere Premierminister, unterstützte die Initiative ebenfalls. Eine Antwort allerdings erhielt sie nicht.

Endgültig überschritt Aung San Suu Kyi die Schwelle in die Welt der Politik, als sie am 24. August ins Rangoon General Hospital fuhr, um der Toten zu gedenken, die dort 14 Tage zuvor erschossen worden waren. Sie traf auf einige Freunde, die sie dazu überredeten, ein paar Worte zu den Versammelten zu sprechen. Darunter waren der Schriftsteller Maung Thaw Ka und die populäre Schauspielerin Khin Thida Htun. Beide kletterten mit auf die provisorische Holzplattform, als Aung San Suu Kyi ein Mikrofon ergriff. Es war eine kurze Ansprache. Burma solle das politische System erhalten, das die Menschen wollten, und kein anderes, erklärte sie. Und sie rief dazu auf, nur friedlich zu demonstrieren. Dann kündigte sie an, zwei Tage später vor der Shwedagon-Pagode eine größere Rede zu halten.

Am 26. August machten sich Tausende von Menschen auf den Weg zu dem golden glitzernden Wahrzeichen ihrer Stadt. Viele waren neugierig auf die Tochter des Unabhängigkeitshelden, die niemand kannte. Hätte allerdings ihr Bruder Aung San Oo gesprochen, wären wohl genauso viele Zuschauer zur Pagode gepilgert. Michael Aris und die beiden Kinder Alexander und Kim begleiteten Aung San Suu Kyi, und

Aung San Suu Kyi während ihrer Rede vor der Shwedagon-Pagode (1988): «Als Tochter meines Vaters kann ich nicht gleichgültig bleiben.»

zumindest ihrem Mann muss spätestens in diesem Augenblick klar geworden sein, dass er fortan mit einer Politikerin verheiratet war. Aber damals, als er seine Söhne durch die dichte Menge schob, konnte er noch nicht wissen, wie sehr sich sein eigenes Leben verändern würde.

Unklar ist, wie viele Menschen an diesem heißen Morgen im August zur Shwedagon-Pagode zogen. Schätzungen reichen bis zu einer Million. Aung San Suu Kyi sprach frei, vor sich hielt sie einen Aktendeckel mit der Rede, die sie vorbereitet hatte. Der Kern ihrer Ansprache bestand in der Feststellung, dass Burma ein demokratisches Mehrparteiensystem brauche. Das sei vor allem mit Einheit und Disziplin zu erlangen – und nur mit friedlichen Mitteln. Das von Ne Win vorgeschlagene Referendum verwarf sie in Bausch und Bogen: «Wir wollen keine Volksabstimmung.» Stattdessen sollte es so schnell wie möglich freie und faire Wahlen geben. Warum ein Referendum über etwas, was ohnehin klar war?

Doch zunächst musste sich Aung San Suu Kyi ihren Landsleuten vorstellen: «Es ist wahr, dass ich im Ausland gelebt habe. Es ist wahr, dass ich mit einem Ausländer verheiratet bin.» Dies aber habe nichts zu tun mit ihrer Liebe und Hingabe für ihr Land.[17] Sie versuchte zudem, den Vorwurf aus dem Weg zu räumen, sie habe keine Ahnung von burmesischer Politik. «Die Wahrheit ist: Ich weiß zu viel. Meine Familie weiß am besten, wie kompliziert und heikel burmesische Politik sein kann ...» Bewusst stellte sie sich in die Tradition von Aung San: «Als Tochter meines Vaters kann ich nicht gleichgültig gegenüber dem Geschehen bleiben. Diese nationale Krise kann in der Tat als der zweite Kampf für die nationale Unabhängigkeit bezeichnet werden.»

Mehrere Male kam sie auf ihren Vater zu sprechen und setzte sich deutlich von vielen ab, die nach dem Massaker die Armee zutiefst verachteten. «Ich empfinde eine starke Bindung an die Armee. Sie wurde nicht nur von meinem Vater aufgebaut, Soldaten haben sich auch um mich gekümmert, als ich ein Kind war.» Und sie verlangte von der Menge schier Unmögliches. Sie appellierte nämlich an die Menschen zu vergessen, was bereits passiert war, und ihre Sympathien zur Armee nicht zu verlieren.

Indem sie sich weigerte, die Tatmadaw, wie die Streitkräfte auf burmesisch heißen, zu verdammen, versuchte sie, die Soldaten und Offiziere – oder zumindest Teile davon – auf ihre Seite zu ziehen. Die Reaktionen waren überwältigend. Im Publikum breitete sich Hoffnung auf bessere Zeiten aus. «In diesem Augenblick wurde uns klar, dass diese kleine Frau schon bald ein Pfahl im Fleische des mächtigen Militärs werden würde, weil sie Integrität besaß, Standfestigkeit und die Fähigkeit, die Loyalität der Menschen zu erringen», berichtete der damalige Student und heutige Journalist Aung Zaw. «Sie verließ die Shwedagon-Pagode als Führerin einer neu belebten Oppositionsbewegung.»[18]

Thet Zin, 1988 Student der burmesischen Literatur und Sprache und heute Verleger einer kleinen Monatszeitschrift, hörte ihre Rede – und war tief beeindruckt: «Ich habe gedacht: Wir haben eine neue Führungspersönlichkeit.»[19] Und Dr. Khin Zaw Win, studierter Zahnarzt und späterer Menschenrechtsaktivist, wurde vom Geist der Proteste und von Aung San Suu Kyis Ansprache angesteckt: «Von da an unterstützte ich sie. Ich sagte mir: Die Zeit ist reif.»[20]

Die Rede veränderte nicht nur das Leben vieler Burmesen, sondern auch ihr eigenes und das ihrer Familie. Sie stand am Anfang einer langen Reise, deren Etappen enttäuschte Hoffnungen, Isolation und große persönliche Opfer bringen sollten. Nach ihrem Auftritt an der Shwedagon-Pagode hörten die Proteste nicht auf, die Regierung schien gelähmt. Sie hatte das Kriegsrecht bereits am 24. August aufgehoben, um die Menschen zu besänftigen, und politische Gefangene auf freien Fuß gesetzt; neue Zeitungen (etwa: «Light of Dawn» – Das Licht der Morgendämmerung) mit teilweise gellenden Überschriften erschienen an den Kiosken.

Furcht vor Anarchie und Chaos und die Gründung einer Partei

Aus der BSPP traten massenweise Mitglieder aus. U Nu, der 81-jährige frühere Premierminister, gründete eine neue Partei: die Liga für Demokratie und Frieden. Fast jeder Arbeiter oder Angestellte streikte, die Eisenbahner weigerten sich, für die Diktatoren Waggons zu rangieren, die Meteorologen sagten für Regierungsinstitutionen nicht mehr das Wetter voraus. In Mandalay organisierten junge Mönche die Müllabfuhr und die Wasserversorgung; einige der Männer in den roten Roben sollen sogar den Verkehr geregelt haben.[21]

Gleichzeitig wuchs die Furcht vor Anarchie und Chaos. Im Insein-Gefängnis im Norden von Rangun brach nach einer Gefangenenrevolte ein Feuer aus. Wachen stoppten die Flüchtenden mit Gewehrfeuer, nach unbestätigten Berichten soll es 1000 Tote gegeben haben. Andere Gefängnisse entließen ihre Häftlinge, darunter auch Schwerverbrecher. Offenbar wollte die Regierung damit Unruhe unter der Bevölkerung schüren. Plünderer raubten Geschäfte aus, auf den Straßen wurden vermeintliche Spitzel des Regimes ohne großes Federlesen gelyncht. Immer mehr Berufsgruppen schlossen sich den Demonstranten an. Piloten und Polizisten, Stewardessen und sogar Soldaten waren nun dabei – das Regierungsradio erklärte, warum: Sie alle seien «wegen Trunkenheit und Malaria geisteskrank» geworden.

Aung San Suu Kyi trat in diesen Tagen häufiger ins Rampenlicht. In einem Interview mit der britischen «Times» forderte sie eine Interimsregierung, die Wahlen organisieren könnte. Noch schloss sie eine Karriere als Politikerin für sich aus: «Ein Leben in der Politik finde ich nicht anziehend.»[22] Sie sei wegen des Namens ihres Vaters und ihres Desinteresses an irgendeiner Position lediglich eine Art integrative Kraft. Als der betagte U Nu am 9. September sich jedoch plötzlich selbst zum eigentlich legitimen Premierminister erklärte und ein Gegenkabinett zur Regierung vorstellte, bewies sie, dass sie austeilen konnte. Auf einer Pressekonferenz in der University Avenue sagte sie: «Ich bin erstaunt zu hören, dass eine ‹Parallelregierung›, geführt vom früheren Premierminister U Nu, geschaffen wurde; die Zukunft des Volkes wird aber von der Masse des Volkes entschieden.»[23]

Die BSPP rief ihre Mitglieder erneut zu einem Außerordentlichen Kongress zusammen. Vom Referendum, das Ne Win vorgeschlagen hatte, war nicht mehr die Rede. Die Führungsclique erklärte sich jedoch einverstanden, freie, faire und allgemeine Wahlen zu veranstalten, doch mittlerweile traute der BSPP niemand mehr. Aung San Suu Kyi wiederholte ihre Forderung nach einer Interimsregierung.

Derweil gerieten immer wieder Soldaten und Zivilisten aneinander. Die Demonstranten wurden gewalttätiger, mit Katapulten, sogenannten Jingalees, schossen sie Nägel und angespitzte Fahrradspeichen auf die Uniformierten. Sogar Polizeiwachen wurden überfallen. Die Menge wurde ungeduldig, weil eine Übergangsregierung nicht in Sicht war. Aufmerksame Beobachter bemerkten, dass die Armee Lastwagen und Soldaten im Zentrum der Stadt stationierte. Auch anderswo im Lande rollten Truppentransporte über die Straßen.

Aung San Suu Kyi schickte Alexander und Kim nach Hause, sie mussten wieder in England zur Schule. Gerüchte schwirrten durch die Gegend, dass sie selbst bald das Feld räumen würde. Nyo Ohn Myint, der Historiker, erinnerte sie an ihr Versprechen zu bleiben, worauf sie «sehr, sehr wütend» wurde und versicherte, sie habe versprochen zu bleiben und werde es auch tun.[24]

Am 18. September marschierten rund 300 000 Menschen durch Rangun, viele versammelten sich in der Nähe der US-Botschaft. Um

16 Uhr unterbrach der staatliche Radiosender sein Programm: Die Verteidigungskräfte hätten mit Wirkung vom selben Tag alle Macht im Staat übernommen, um die sich verschlechternde Situation überall im Lande zu stoppen. Ein «Staatsrat für die Wiederherstellung von Recht und Ordnung» (SLORC) sei gegründet worden, an der Spitze stehe Generalmajor Saw Maung. Im SLORC saßen zwei Männer, von denen die Burmesen in den kommenden Jahren noch viel hören würden: Generalleutnant Than Shwe und der Chef des Militärischen Geheimdienstes, Khin Nyunt. Es hieß zwar, dass der SLORC alsbald demokratische Wahlen zulassen werde, zunächst allerdings wurden alle Demonstrationen, Versammlungen, Reden und Gesänge verboten sowie ein Ausgehverbot ab 20 Uhr verhängt.

Dunkle Wolken zogen über die Stadt, leichter Regen setzte ein, Bulldozer beseitigten die Barrikaden. Soldaten umzingelten die Versammlungshalle der Universität und forderten die Studenten auf herauszukommen – was keiner tat. Gegen 23 Uhr schlüpften alle durch eine Hintertür; dieses Mal starben keine Menschen. In der Innenstadt sah es anders aus. Die Uniformierten schossen wie schon am 8. August in die Menge oder durchsiebten Häuserfronten mit ihren Kugeln. Jetzt geschah es kaltblütig, systematisch und effizient. Maschinengewehrnester auf den Dächern nahmen die Demonstranten unter Feuer.

So erlebte der Diplomat Marshall Adair vor der US-Botschaft diesen Tag: «Die City war viel ruhiger, weil die Menschen Angst hatten. Aber eine Gruppe versammelte sich vor der US-Botschaft. ... Die Truppen fuhren am Ende der Straße auf ... das Militär errichtete links eine Barrikade und forderte jeden auf zu gehen. Die Menge blieb, und die Soldaten begannen zu schießen. Sie schossen auf jeden, der keine Deckung fand, und es gab kaum Deckung. Später, als Ambulanzen kamen, um zu helfen, ließen sie die Rettungswagen nicht durch. Ich weiß nicht, wie viele Menschen vor der Botschaft starben. Ich denke, es waren weniger als 100, aber sicher bin ich mir da nicht ... Ich schaute mir das kurz an, und was ich sah, war kein schöner Anblick.»[25]

Auch Thet Zin, der damals eine Studentenpartei führte, war unter den Demonstranten vor der US-Botschaft. «Wir sind in die Hauseingänge geflüchtet, und dann habe ich mich aus dem Staub gemacht», erinnert er sich. Erwischt wurde er trotzdem, er musste für einige Monate hinter Gitter. Andere hatten weniger Glück, sogar auf Schulkinder schossen die Soldaten. «Als ich durch die schmutzigen Stationen des Rangoon General Hospitals ging, sah ich Opfer mit zerfetzten Gliedern, Brustwunden und Beinen in blutigen Verbänden. In der Notaufnahme krümmten sich Schussopfer auf rostigen Tragen, das Blut tropfte auf den schmuddeligen Boden», berichtete die «Newsweek»-Reporterin Melinda Liu.[26] Rund 1000 Tote waren nach diesem Gemetzel zu beklagen. «Denken die denn, dass man Menschen an ihre Arbeit zurückschießen kann?», fauchte Aung San Suu Kyi wenige Tage später. «Wir haben einen Punkt erreicht, an dem es kein Zurück mehr gibt.»[27]

Sie selbst hatte sich Mitte August einmal unter die Menge gemischt – in einer brandgefährlichen Situation, wie sich der heutige Vizevorsitzende der NLD, Tin Oo, erinnert. Eine aufgebrachte Menge war auf Geheimdienstbeamte im Büro der Zentralen Handelsgesellschaft losgegangen und hätte sie wohl gelyncht, wenn es ihm nicht gelungen wäre, die Lage zu entschärfen.

Doch die Situation drohte außer Kontrolle zu geraten. Tin Oo eilte zu Aung San Suu Kyi in die University Avenue, um sie zu informieren. Gegen seinen Rat begleitete sie ihn zurück zur Handelsgesellschaft: «Als wir vor Ort eintrafen, hatte die Menge das Gebäude der Handelsgesellschaft bereits in Brand gesetzt. Es kam zu Plünderungen. Fahrzeuge wurden demoliert. Die Menge war rasend, und nach kurzer Zeit waren wir von allen Seiten eingeschlossen, sodass wir uns in keiner Richtung mehr fortbewegen konnten. Mir war klar, dass wir uns in höchster Gefahr befanden.» Als die Menschen erfuhren, dass Aung San Suu Kyi da war, beruhigten sie sich. Tin Oo: «An diesem Tag habe ich etwas von ihr gelernt. Es ist wesentlich besser, einer Gefahr entgegenzutreten, als vor ihr davonzulaufen.»[28]

Aung San Suu Kyi verfasste Protestbriefe an die in Rangun lebenden Botschafter und an Amnesty International. Sie wollte versuchen, die internationale Gemeinschaft zu alarmieren und gegen die Junta in Stellung zu bringen. Denn nur wenigen ausländischen Journalisten war es gelungen, nach Burma einzureisen und Augenzeugen der Massaker zu werden: «Unbewaffnete Demonstranten, darunter Schulkinder, buddhistische Mönche sind in großer Zahl durch die Streitkräfte ermordet worden», schrieb sie an die Menschenrechtsorganisation. Im zweiten Brief berichtete sie von willkürlich festgenommenen Menschen, die in den Kämpfen gegen ethnische Minderheiten von der Armee als Träger oder gar als lebendige Minensuchgeräte missbraucht würden.[29]

In Rangun durchsuchten Agenten des Militärischen Geheimdienstes derweil Wohnungen nach den Anführern der Demonstrationen und verhafteten Hunderte, wenn nicht gar Tausende junger Menschen. Wer konnte, versteckte sich in Klöstern oder floh an die Grenze nach Thailand, um dort mit Soldaten der ethnischen Minderheiten gegen die Militärjunta zu kämpfen.

Während die Junta die Faust um Burma schloss, erlaubte sie weiterhin Parteigründungen. So entstanden zum Beispiel die «Liga für Demokratie und Frieden» und eine «Demokratische Partei». Die Kommunisten gründeten die «Einheits- und Entwicklungspartei», und ein paar alte Thakin-Kollegen von Aung San bildeten eine «Demokratische Front für den Wiederaufbau» und eine «Demokratische Volkspartei». Über 200 Organisationen ließen sich registrieren, einige hatten allerdings weniger Politik als praktische Dinge des Alltags in ihrem Programm. Die Bürger nannten sie «Telefon- und Benzinparteien», weil der SLORC jeder Partei jeweils vier Telefonleitungen und 70 Gallonen Benzin pro Woche (rund 318 Liter) zum staatlich subventionierten Preis von 16 Kyat (rund vier D-Mark) pro Gallone genehmigte.

Auch Aung San Suu Kyi und ihre Freunde riefen eine Partei ins Leben, Demokratie und Menschenrechte sollten endlich in Burma zum Alltag gehören, lautete die Kernforderung. So entstand am 14. September die «National League for Democracy» (NLD). Mit dabei waren zwei Männer aus dem Militär: Aung Gyi, der frühere General, der mit seinen kritischen Briefen an Ne Win populär geworden war, und Tin Oo, ehemaliger Oberkommandierender der Armee unter Ne Win, der 1976 in Ungnade gefallen und wegen angeblichen Hochverrats ins Gefängnis geworfen worden war.

Auch Win Tin, ein kämpferischer Journalist, schloss sich der NLD an. Aung Gyi wurde Vorsitzender, Tin Oo sein Stellvertreter. Aung San Suu Kyi übernahm den Posten der Generalsekretärin. Im Volksmund hieß die Partei nach ihren Gründern «Aung-Suu-Tin». Die Parteifahne war rot mit einem weißen Stern, in der Mitte prangte ein gelber Pfau, ein uraltes buddhistisches Symbol. Für die burmesischen Könige war der Pfau ein Zeichen für Macht und Autorität, für die Studentenbewegung hatte er die Bedeutung des Kampfes für Demokratie und Freiheit.[30] Bei der Suche nach dem Namen für die künftige Partei hatte man hin und her überlegt, erinnerte sich der alte Journalist Win Tin im Frühjahr 2014. Ich traf ihn wenige Wochen vor seinem Tod im April in seinem winzigen Häuschen im Osten Yangons, das kaum mehr als eine Laube war. An der Wand hing ein Bild von Aung San Suu Kyi, das sie mit sehr schmalen Gesichtszügen zeigte, ganz im Stil des italienischen Malers Amedeo Modigliani. Fast 20 Jahre hatte Win Tin hinter Gittern gesessen. Wie stets seit seiner Entlassung trug er ein blaues Hemd, das an seine Gefängniskluft und an die Tatsache erinnern sollte, dass noch immer nicht alle politischen Gefangenen freigekommen waren.

«Aung San Suu Kyi hatte die Idee, unsere Organisation ‹Liga› zu nennen, weil auch im Namen der Partei ihres Vaters das Wort ‹Liga› vorkam», berichtete er. «Also entschieden wir uns für ‹Liga für Demokratie›. Dann fuhren wir alle zum Büro für die Parteienregistrierung. Kurz davor hörten wir, dass gerade eine ‹Partei für Demokratie› registriert worden war. Das klang zu ähnlich. Wir mussten also unseren Namen ändern», sagte Win Tin.[31] Schließlich schlug jemand «Nationale Liga für Demokratie» vor.

Krach im eigenen Lager

Nach der Registrierung kamen Win Tin Zweifel: Würde man den Namen richtig verstehen? Die Worte «National» und «Demokratie» könnten zusammengezogen werden und wie das deutsche Wort «Nationalsozialismus» klingen, fürchtete er. Doch es blieb bei dem Namen.

Exmilitärs, Anwälte, Journalisten, Lehrer, Studenten, aber auch Hausfrauen und Arbeiter schrieben sich ein, bald soll die Liga Hunderttausende von Mitgliedern gehabt haben. Ideologisch verband sie der

Wunsch, dass Burma lebenswert werden müsste – ohne die Zwangs-
herrschaft des Militärs, das so schnell wie möglich in die Kasernen
zurückkehren sollte. Ansonsten waren die NLD-Mitglieder höchst he-
terogen: Da waren Offiziere, die nach konservativen Werten der Armee
wie Disziplin und Gehorsam lebten; hitzköpfige Studenten, die noch
vor wenigen Tagen auf den Straßen Ranguns ihr Leben riskiert hatten;
Pazifisten, die wie Aung San Suu Kyi an den gewaltlosen Widerstand
glaubten, und jene, die davon überzeugt waren, Molotowcocktails oder
gar Bomben seien wirksamer als ein ganzes Parteiprogramm.

Schon zu Beginn war die NLD deshalb in mehrere Fraktionen ge-
spalten: Die ehemaligen Militärs bildeten eine große Gruppe, die andere bestand aus Technokraten und Geschäftsleuten. Die dritte Gruppe
schließlich machten Intellektuelle, Studenten und Künstler aus. Das
Parteiprogramm umfasste zunächst nur acht Seiten, betonte unter anderem ein freies Unternehmertum und eine Liberalisierung des Reis-
handels. «Wir wollen weitestmöglich demokratische Bedingungen in
den politischen, wirtschaftlichen, sozialen und anderen Bereichen der
gesamten Union und eine neue Nation aufbauen, die so demokratisch
wie möglich ist», hieß es in einer Ergänzung.[32]

Kaum existierte die NLD, da geriet sie auch schon in Schwierigkeiten. Diese kamen nicht von außen, sondern aus den eigenen Reihen.
Mitgründer Aung Gyi sah sich in der Partei von Kommunisten umzin-
gelt und verlangte, sie auszuschließen. Ohne die anderen zu informieren, reiste er durch das Land, warnte vor den Kommunisten und versprach jedem, der mindestens 30 000 Kyat (rund 7500 D-Mark) in die
Parteikasse zahlte, Kandidat bei den Wahlen zu werden. Als Aung San
Suu Kyi davon erfuhr, so berichtet Tin Oo, wurde sie wütend, hasste sie
es doch, fremdbestimmt zu werden.[33] Es gab Krach, Vermittlungsver-
suche, Kampfabstimmungen. Im Dezember 1988 verließ Aung Gyi
schließlich die NLD und gründete eine eigene Partei. Tin Oo wurde
sein Nachfolger und Aung San Suu Kyi endgültig das Aushängeschild
der Partei.

Auch um die richtige Strategie, wie mit den Militärs umzugehen sei,
stritten sich die Mitglieder. Aung San Suu Kyi, so erinnert sich Nyo
Ohn Myint, der Historiker, habe den Weg des indischen Philosophen

und Politikers Mahatma Gandhi verfochten: gewaltloser Widerstand, gepaart mit großer Opferbereitschaft. Sie würde sich lieber verhaften lassen, als Gewalt anzuwenden. Tatsächlich soll sie ihren Parteifreunden in dieser Phase vorgeschlagen haben, freiwillig ins Gefängnis zu gehen, um das Justizsystem zu sprengen. Nyo Ohn Myint, als Jugendvertreter in die Parteiführung gewählt, hielt das für Unsinn: «Schwester, ich gehe nicht freiwillig ins Gefängnis.» Aung San Suu Kyi erwiderte: «Das ist aber die Parteilinie.»

Die Debatte verlief laut Nyo Ohn Myint im Sande, seine Unzufriedenheit und die vieler Studenten mit dem Kurs der Generalsekretärin hielt allerdings an. Aung San Suu Kyi setzte sich in teilweise sehr lauten Diskussionen durch: Es dürfe keinen bewaffneten Kampf geben, lautete ihr Credo. Nyo Ohn Myint hingegen konnte sich nicht mit dem gewaltlosen Kurs anfreunden: «Wir hatten keine Macht, und wir konnten nichts ausrichten. Ich war so frustriert. Jeden Tag wurden aufs Neue Kollegen verhaftet. Es reichte mir nicht aus, Tee zu schlürfen und Gerüchte auszutauschen.»

Die vom Militär versprochenen Wahlen hielt er für eine Farce, wie viele andere witterte er eine Falle. Auch Aung San Suu Kyi war skeptisch, da es keine Meinungs-, keine Organisations- und keine Bewegungsfreiheit gab. Der 86-Punkte-Entwurf des Wahlgesetzes enthielt zudem keinen konkreten Hinweis, wie die neue Regierung gebildet werden sollte. Doch Aung San Suu Kyi und ihre Getreuen klammerten sich wie Ertrinkende an den Strohhalm, den ihnen die Junta hinhielt.

Die Burmesen lernten die frischgebackene Politikerin langsam kennen und wurden Zeugen ihres flammenden Zorns. Vor allem ältere Herren, die selbstbewusstes Auftreten burmesischer Frauen nicht gewohnt waren, mussten sich erst an ihre zuweilen brüske Art gewöhnen. Bei einem Treffen mit der Wahlkommission regte sie sich zum Beispiel über das Bild Ne Wins an der Wand auf und erklärte laut, das Porträt eines Mörders gehöre nicht an einen öffentlichen Platz. Schließlich sprang sie auf den Tisch und hängte das Bild ab.[34]

Neben dem Streit, ob die Junta mit Gewalt oder friedlich zu bekämpfen sei, brach ein Generationskonflikt in der NLD auf. Die Jungen fühlten sich von den Alten, oft frühere Haudegen im Militär, gegängelt und als Laufburschen missbraucht, die ihrerseits wussten nichts mit den eifrigen jungen Frauen und Männern anzufangen, die nicht strammstanden, wenn sie Befehle bellten. «Wir, die NLD-Jugend, kontrollierten Ma Suus Tagesplan. Wenn ältere Mitglieder, die wir nicht mochten, mit ihr sprechen wollten, erklärten wir ihnen, sie hätte keine Zeit», erinnerte sich ein Jugendfunktionär.[35] Aung San Suu Kyi schlug sich auf die Seite der Jugend und wollte nicht auf die Ratschläge der Alten hören. So mancher Senior zog sich deshalb gekränkt aus der NLD zurück.

Im Oktober 1988 brach sie zu einer Wahlkampfreise durch das Land auf. Sie wollte gleich mehrere Fliegen mit einer Klappe schlagen: Zum einen kannte sie als Kind der Oberklasse und als jemand, der lange im Ausland gelebt hatte, Burma und seine Menschen auf dem Lande und in den kleinen Städten nicht aus eigener Anschauung. Zum anderen musste sie die Versprechungen Aung Gyis wieder einfangen. Aber vor allem war es eine Werbetour. Die Burmesen sollten die NLD kennenlernen, zugleich sollten örtliche Parteibüros gegründet werden. In 13 Tagen klapperte sie mehr als 50 Städte und Dörfer im Zentrum Burmas ab. Zehntausende verließen Häuser und Felder, um sie zu sehen und sprechen zu hören, obwohl die Regierung alles tat, um die Opposition zu behindern, und Versammlungen von mehr als fünf Personen verbot.

Der Tod der Mutter

Am 27. Dezember starb Aung San Suu Kyis Mutter, sie wurde 76 Jahre alt. Tausende zogen in die University Avenue, um zu trauern. Unter den Kondolierenden waren Junta-Chef General Saw Maung und der Chef des Militärischen Geheimdienstes, Khin Nyunt, der sich als einer der hartnäckigsten Gegner der Politikerin entpuppen sollte. Er sei betrübt, dass sein Karma von ihm verlange, zu diesem Zeitpunkt die Armee zu führen, erklärte Saw Maung zerknirscht. Er wolle sich jedenfalls nicht an die Macht klammern. Aung San Suu Kyi nannte er «Tochter», wie es in Burma üblich ist. Der «Onkel», erwiderte sie spitz, könne ja sein Karma ins Positive wenden und mit Hilfe der Prinzipien ihres Vaters die Ehre der Armee wiederherstellen.[36]

Die Militärregierung wusste nicht recht, wie sie mit der Beerdigung von Khin Kyi umgehen sollte. Einerseits fürchtete sie Massenproteste der Opposition bei der Trauerprozession, andererseits war Khin Kyi eine hohe Repräsentantin des Staates und zudem Witwe des National-helden. Sie hatte sich zwar nie politisch für das Militärregime enga-giert, genoss aber in der Bevölkerung großen Respekt. Also verbot die Junta den Beamten die Teilnahme an der Prozession, manche wurden sogar in ihren Büros eingesperrt. Das Regime stellte allerdings umge-rechnet knapp 1700 US-Dollar für die Beerdigung zur Verfügung und erklärte sich bereit, eine Militäreskorte und uniformierte Sargträger ab-zukommandieren. Das hatte Aung San Suu Kyi verlangt. Die Soldaten wurden von den Studenten allerdings nicht durchgelassen.

Die Trauernde selbst sagte zu, öffentlich zur Ruhe aufzurufen. Über 100 000 Menschen säumten am 2. Januar 1989 in glühender Hitze die Straßen, als der Sarg vom Inya-See in die Nähe der Shwedagon-Pagode transportiert wurde. Dort sollte Khin Kyi neben der letzten burmesi-schen Königin und dem UNO-Generalsekretär U Thant zur letzten Ruhe gebettet werden – ein paar Hundert Meter Luftlinie von ihrem Mann getrennt, der auf der anderen Seite der Pagode lag. Studenten mit roten Armbändern sorgten auf dem zweieinhalbstündigen Weg für Ordnung. Es wurde eine friedliche Machtdemonstration gegen die Militärs: «Wir werden unsere Kommilitonen nicht vergessen, die im Kampf für Demokratie gefallen sind», sangen viele Studenten, die Ban-ner der neuen NLD trugen. «Wir werden weiterkämpfen.»[37] Nach der Beerdigung flog Michael Aris mit den zwei Söhnen wieder nach Hause. Bevor er ins Flugzeug stieg, sprach das Paar erneut über seine Ehe. Sie bot ihm an, sich scheiden zu lassen, damit er wieder heiraten könne. Offenbar ahnte sie, was auf sie zukommen würde.

Dann machte sie sich erneut ins Land auf. Dieses Mal würde es nicht so einfach werden wie beim letzten Mal. Die Junta wusste nun, dass sie ein ernst zu nehmender Gegner und ihre NLD eine Gefahr für die Nachfolgeorganisation von Ne Wins «Sozialistischer Programm-partei Burmas», die «Nationale Einheitspartei» (NUP), war.

Die Lage der Oppositionsparteien war alles andere als einfach. Obwohl Wahlen bevorstanden, verbot die Regierung öffentliche Versammlungen. Kritik an der Führung konnte leicht in eine kriminelle Straftat umgedeutet werden. An den Büros der NLD durften keine Schilder angebracht werden. Bevor Aung San Suu Kyi auftrat, warnten Lautsprecher die Bürger davor, auf die Straße zu gehen. Derweil suchten Agenten des Militärischen Geheimdienstes weiter nach Organisatoren der früheren Demonstrationen. Die Büros der Behörden leerten sich: Regimegegner oder solche, die dafür gehalten wurden, mussten ihren Stuhl räumen. Überall witterte der SLORC eine kommunistische Verschwörung. Aung San Suu Kyi wurde als Marionette ausländischer Mächte und kolonialer Kräfte hingestellt, und die Junta schreckte nicht vor der Behauptung zurück, sie betreibe mit ihrem Mann seltsame Sexualpraktiken.

Königliche Schlacht

Die Burmesen ließen sich nicht irritieren, sondern strömten in Scharen herbei, wenn Aung San Suu Kyi zu einem Wahlauftritt kam. Ihre Sprache war einfach, sie scherzte, und es gelang ihr, das Publikum für sich zu gewinnen. Sie erklärte, dass Demokratie nur gewaltlos und mit viel Disziplin zu erringen sei. Sie forderte dazu auf, politische Gegner zu achten, die Verantwortung für die Gestaltung der Gesellschaft zu übernehmen und den Kopf nicht nur zum Nicken zu benutzen, sondern auch zum Denken.

Das Militär versuchte immer wieder, sie zu blockieren. Sie hingegen war entschlossen, sich nichts gefallen zu lassen. So beschrieb sie die Schikane der Armee während einer Reise nach Bassein (heute: Pathein), einer Hafenstadt im Westen des Landes, wo sie mit NLD-Funktionären sprechen und inhaftierte Parteimitglieder im Gefängnis besuchen wollte. Es sei zu einer «königlichen Schlacht» mit dem verrufenen Brigadegeneral Myint Aung gekommen. Dieser habe seine Soldaten in Marsch gesetzt, um die NLD-Delegation zu stoppen, und die Menschen in den Dörfern und Städten auf dem Weg angewiesen, ihre Häuser nicht zu verlassen und nicht zu winken. Bassein sei voll von Soldaten gewesen, die die meisten Straßen mit Sandsäcken und Stacheldraht blockiert hätten. Am nächsten Morgen waren die Straßen für Autos gesperrt. Deshalb machten sich Aung San Suu Kyi und ihre Freunde zu Fuß auf den Weg. «Ein Hauptmann kam angerannt, um mich aufzuhalten. Ich fragte ihn, ob ich festgenommen sei. Er sagte: ‹Nein›, weshalb ich ihm erklärte, in diesem Fall weiterzugehen. Also marschierte ich los, vorbei an einer Reihe von verlegen aussehenden Soldaten mit schussbereiten Gewehren. Tumult.»[38] Nachdem sie den Ort verlassen hatte, nahm die Polizei 14 NLD-Mitglieder fest und ließ sie erst wieder laufen, nachdem sie eine deftige Kaution gezahlt hatten.

Michael Aris hatte vor seiner Rückkehr nach London eine Mitarbeiterin und Vertraute Aung San Suu Kyis, die burmesische Künstlerin Ma Thanegi, gebeten, ein Tagebuch über die Touren seiner Frau im Jahr 1989 zu führen.[39] Diese notierte, die Hartnäckigkeit ihrer Chefin habe schließlich Erfolg gehabt, die Soldaten seien am Tag vor ihrer Abreise aus Bassein abgezogen worden, sodass sie sich frei bewegen konnten.

Solche Zwischenfälle wiederholten sich immer wieder, anderswo verliefen die Besuche reibungslos. Zuweilen überließen ihr sympathisierende Militärs einfach das Feld, in einem Fall gingen sie angeln und taten so, als wüssten sie nicht, wer in ihrem Bezirk zu Gast war. Über 2000 Kilometer legte Aung San Suu Kyi Anfang 1989 im Auto zurück. Häufig bekam sie es mit sturen Lokalfunktionären zu tun, oft wurde die Menge aufdringlich. Sie hoffte, ihre Stimme nicht zu verlieren und irgendwo am Ende des Tages ein sauberes Klo zu finden.

Mit von der Partie waren neben Ma Thanegi der Fahrer, dem der Toyota gehörte, sowie mehrere junge Männer, die als Leibwächter dienten und die Aufgabe hatten, die Menge nicht zu dicht an Aung San Suu Kyi herankommen zu lassen. Besonders ausgebildet waren die Personenschützer nicht, Attentate hätten sie schon deshalb nicht verhindern können, weil sie keine Waffen trugen. Das sollte über die Jahre so bleiben. Zuweilen wurde ihr während der langen Autofahrten schlecht, sie litt wegen des schlechten Wassers an Durchfall. Ma Thida, eine junge Schriftstellerin und Ärztin, kümmerte sich dann um sie. Um sich auf den beschwerlichen Strecken bei Laune zu halten, schmetterten Aung

San Suu Kyi und Ma Thanegi Popschnulzen («Seven lonely days make one lonely week»), oder sie unterhielten sich über die Kinder. Ihre Begleiter, zu denen sie, wie Ma Thanegi schrieb, «sehr mürrisch» werden konnte, wenn etwas nicht klappte, hatten es nicht leicht. Von bequemen Unterkünften hielt die Chefin nicht viel, sie wollte Bescheidenheit demonstrieren. Einmal zwang sie die Reisegruppe, in einer Hütte in einem Raum zu übernachten. An die Decke ging sie, als sie auf der Tour durch das Gebiet der Shan keine Sicherheitseskorte gestellt bekam. Später stellte sich heraus, dass die Shan auf ihre Weise mögliche Risiken verhindert hatten: Alle Lastwagen mussten für mehrere Tage in den Dörfern warten, bis der Konvoi der Lady vorbeigerollt war.

Schwer zu ertragen war für Aung San Suu Kyi die Sitte der Dorffrauen, sie mit Parfüm zu besprühen. Verbreitet waren damals drei billige Sorten: «Tea Rose», «Concord» und «Charlie». Charlie war ein wenig teurer als die anderen Duftwässerchen, und eines Tages bemerkte sie zu Ma Thanegi, sie habe es endlich zu etwas gebracht: Sie sei dieses Mal nicht mit Concord, sondern mit Charlie eingenebelt worden.

Sehnsucht nach Oxford

Ma Thanegi vertraute sie auch an, sie vermisse Oxford: die Heizung und die warmen Füße ihres Mannes. Und sie vermisste ihre Söhne. Als sie auf einem Boot das Hemd eines ihrer Leibwächter flickte, erinnerte sie sich daran, wie sie Namensschilder in die Hemden von Alexander und Kim genäht hatte, und sie kämpfte mit den Tränen. Nach einer langen, fruchtlosen Diskussion mit Lokalpolitikern stöhnte sie: «Welcher Teufel hat mich geritten, mich auf so etwas einzulassen? Ich hätte so friedlich in Oxford bleiben können.»

Wieder zurück in der University Avenue, setzte sie sich erst einmal an das Klavier und stellte fest, dass es gestimmt werden müsse. Draußen vor der Tür wurde immer deutlicher, dass die Militärs nach Ausflüchten suchten, um die Wahlen zu verhindern. Das Votum hänge von der Zusammenarbeit zwischen Volk, Regierung und den politischen

Parteien ab, fabulierte Brigadegeneral Khin Nyunt, ohne klarzumachen, was er unter «Zusammenarbeit» verstand. Zudem müssten die Parteien erst mit ihrer Organisationsarbeit fertig sein, hieß es. Auch diesen Punkt erläuterte er nicht. Vor allem aber verlangte er, im Land müsse es friedlich und ohne Störungen zugehen, bevor das Volk Wahlzettel in die Urnen werfen dürfe.[40] Als die ausländische Presse über einen möglichen Wahltermin zu spekulieren begann, veröffentlichte die Wahlkommission ein Datum, das der SLORC Monate später bestätigte: Mai 1990.

Die NLD versuchte derweil, sich nicht von dem Hin und Her des Wahldatums und den wachsenden Repressionen irritieren zu lassen. Aung San Suu Kyi machte sich wieder auf den Weg – im Auto, auf Ochsenkarren, in Booten durch das Irrawaddy-Delta. Wenn die kleine Karawane abends in ein Dorf kam, glitzerten die Sterne am Himmel, die Hunde kläfften, und irgendwo in der Dunkelheit spannten Soldaten Stacheldraht über die Straße, um den Konvoi am nächsten Morgen aufzuhalten.

So war es auch am 5. April im Ort Danubyu, der unter der Befehlsgewalt des Brigadegenerals Myint Aung stand. Noch ahnte niemand, dass dieser kleine Flecken Aung San Suu Kyi auf immer den Ruf einer furchtlosen Kämpferin für die Demokratie eintragen sollte. Auf der Straße waren keine Bürger zu sehen: Die Armee hatte sie gezwungen, in ihren Häusern zu bleiben. Straßen waren gesperrt, und Soldaten wiesen Aung San Suu Kyi an, einen anderen Weg zu benutzen. Das allerdings hätte bedeutet, eine Einbahnstraße in die falsche Richtung zu befahren. Nach längeren Diskussionen über Sinn und Unsinn von Verkehrsregeln gelang es der NLD-Delegation schließlich, auf direktem Weg zum Marktplatz in der Mitte des Ortes zu gelangen. Dort erfuhr Aung San Suu Kyi von einem Hauptmann, dass die Armee das Kriegsrecht über Danubyu verhängt hatte. Das hieß: keine öffentliche Rede an die Bevölkerung, sondern nur Ansprache in den NLD-Räumen.

Nach der Veranstaltung liefen die Gäste zum Fähranleger, um ein weiteres Dorf im Delta zu besuchen. Ein Armeelautsprecher warnte die Gruppe, keine Kolonne zu bilden, sonst sehe man sich gezwungen, scharf zu schießen. Die Soldaten luden ihre Gewehre durch, doch Aung San Suu Kyi und ihre Leute erreichten unbeschadet den Fluss.

Das Duell mit dem Hauptmann

Am Abend kehrten sie zurück, nur ein einzelner Soldat versuchte, sie an der Anlegestelle aufzuhalten. Rund 40 Leute, vorneweg ein junger Mann mit der rot-gelben NLD-Fahne, zogen zum NLD-Büro, wo es etwas zu essen geben sollte. Kein Mensch war zu sehen, der Markt geschlossen. Als ein Militärpolizist verbot weiterzugehen und niemand auf ihn hörte, fuhr ein Jeep mit Hauptmann Myint U fuhr vor. Soldaten sprangen ab und richteten ihre Gewehre auf die Gruppe. Aus dem Autoradio erscholl plötzlich Musik, die schnell wieder erstarb.

Aung San Suu Kyi erinnerte sich, wie sie alle hinter dem Fahnenträger hergingen, gefolgt von einigen Offizieren, die ihnen schon mit Booten auf dem Fluss hinterhergefahren waren: «Dann sahen wir auf der anderen Seite der Straße die Soldaten, die auf dem Boden knieten und ihre Gewehre auf uns richteten. Der Hauptmann brüllte uns zu, wir sollten die Straße freimachen.»[41] Darauf wies sie den Mann mit der Fahne an, zur Seite zu gehen. Die Soldaten drohten zu schießen, wenn die Gruppe weiter in der Mitte der Straße laufen sollte. Daher teilte sich der Zug an beiden Straßenrändern auf.

Der Hauptmann allerdings war fest entschlossen, sie aufzuhalten, und rief, er werde auch feuern lassen, wenn die Gruppe an den Seiten der Straße entlangginge. Das indes erschien ihr so unsinnig, dass sie wieder auf die Mitte zusteuerte. In diesem Moment kam ein Major angerannt und gab den Befehl, die Gewehrläufe zu senken. «Wir gingen währenddessen einfach zwischen den Soldaten hindurch, die dort knieten. Ich bemerkte, dass einige von ihnen zitterten und etwas vor sich hin murmelten, aber ich weiß nicht, ob aus Hass oder aus Nervosität.»

Später gefragt, warum sie sich so tollkühn verhalten habe, sagte sie: «Ich hatte einen völlig klaren Kopf. Ich dachte, was mache ich jetzt?

Soll ich umkehren oder weitergehen? Und dann dachte ich, in einer solchen Situation kehrt man nicht um.» Draufgängerisch, leichtsinnig, naiv oder tatsächlich schlicht mutig? Aung San Suu Kyi und ihre Begleiter hatten Glück und überlebten. Die Nachricht über den Zwischenfall in Danubyu verbreitete sich schnell im ganzen Land und in der Welt. Kurz nach ihrer Rückkehr nach Rangun hatte sie die britische Botschaft informiert – nicht so sehr, um sich wichtig zu machen, sondern um mitzuteilen, dass die Junta zu allem fähig war und sogar vor Mord nicht zurückschreckte.

In Teestuben und Garküchen hörten die Burmesen die Geschichte von der verrückten Lady aus England, die es allein mit dem Militär aufgenommen hatte. Burma hatte eine neue Heldin. Diese Tochter, so hieß es, sei aus dem Holz ihres Vaters geschnitzt – und der SLORC musste einmal mehr erkennen, dass er es mit einem Gegner zu tun hatte, der sich nicht so leicht einschüchtern lassen würde. In Rangun kursierte in diesen Tagen ein Witz: Sanda Win, die Tochter des ehemaligen Militärdiktators, die nie ohne Pistole ausging, habe Aung San Suu Kyi zu einem Duell herausgefordert. Die Lady habe abgelehnt und gesagt: «Lass uns mal unbewaffnet gemeinsam eine Straße hinuntergehen und dann sehen, wer von uns am Ende der Straße noch am Leben ist.»[42]

Ihrem Mann schrieb sie: «Die letzte Reise war ziemlich mörderisch, in Ochsenkarren und auf schmalen Booten in gleißender Sonne. Ha, Deine Suu wird wettergegerbt, nichts ist von der verzärtelten Eleganz übrig, wenn sie mit Schlamm befleckt durch die Landschaft streicht, mit strähnigem Haar, Staub einatmend und schweißüberströmt.»[43] Sie benötige ein paar Monate Pause im grauen feuchten Oxford, schrieb sie, um ihren Teint wiederherzustellen. Doch sie habe das Gefühl, dass es wert sei, was sie tue. Die Menschen in Burma verdienten Besseres als dieses Durcheinander an Ineffizienz, Korruption und Machtmissbrauch.

Sie kehrte nicht nach Oxford zurück, sondern blieb in Rangun. Dort zog die Junta die Zügel an, verhaftete Regimegegner, darunter zahlreiche NLD-Mitglieder und Angehörige anderer demokratischer Parteien. Es traf auch den Journalisten und NLD-Mitgründer Win Tin. Er kam hinter Gitter, weil er angeblich einen Freund beherbergt hatte, dessen

Freundin gerade eine Abtreibung hinter sich hatte. Die Junta konstruierte daraus den Tatbestand der «Beihilfe zu einer kriminellen Handlung». Denn Abtreibung war in Burma verboten: drei Jahre Gefängnis.
Erst fast 20 Jahre später sollte Win Tin entlassen werden, die Junta
hatte seine Haft immer wieder verlängert.

Die Schlinge zieht sich zu

Aung San Suu Kyi rief dennoch zu einem Dialog zwischen der Armee
und den Oppositionsparteien auf, um, wie sie sagte, «Missverständ-
nisse» zu beseitigen. Gleichzeitig legte sie sich mit ausländischen Geschäftsleuten an, die nach Burma kämen, um Geschäfte zu machen,
während es für ihre Gruppe um Leben und Tod gehe.[44] Der SLORC
ignorierte das Angebot eines Dialogs, und so schlugen Aung San Suu
Kyi mit der NLD auf der einen und die Junta auf der anderen Seite
immer heftiger aufeinander ein.

Die Militärs warfen ihr und der NLD vor, mit den Kommunisten im
Bunde zu sein. Im Juni 1989 deutete die Junta zum ersten Mal an, sie
werde nach den Wahlen an der Macht bleiben – jedenfalls so lange, bis
das Parlament eine neue Verfassung verabschiedet habe. Aung San Suu
Kyi drohte, die NLD werde die Wahlen boykottieren, wenn die Umstände des Machtwechsels nicht geklärt seien.

Derweil bewiesen die Machthaber, dass sie nach wie vor streng antikolonial ausgerichtet waren, und benannten im Juni 1989 das Land in
«Republik der Union Myanmar» um. Aus der Hauptstadt Rangun
wurde Yangon, aus der Tempelstadt Pagan Bagan und aus dem Irrawaddy-Fluss der Ayeyarwady.

Kurze Zeit später verbot die Regierung den Druckern und Verle-
gern, Materialien herzustellen oder zu vertreiben, die das Regime und
die Armee verleumdeten. Geheimdienstler begannen damit, Buchläden,
Kioske und mobile Zeitungsstände nach vermeintlich subversiver Literatur zu durchforsten. Aung San Suu Kyis Reaktion fiel frech aus: Das
Verbot könne ja nicht für die registrierten Parteien gelten, erklärte sie,
die NLD werde es jedenfalls ignorieren.

Doch die Schlinge um ihren Hals zog sich zu. Ihre Parteifreunde fürchteten, sie könne schon bald von Agenten des Militärischen Geheimdienstes in eines der verschwiegenen Lager mitten in der Stadt verschleppt werden und womöglich auf Nimmerwiedersehen verschwinden. Sie selbst wurde wütender und aggressiver, sie bezeichnete die Militärs nun als Faschisten. «Wir haben eine faschistische Regierung an der Macht ... und wie Faschisten verstehen sie nur eine Sprache – die der Konfrontation.»[45] Die NLD rief die Bürger dazu auf, alle Anweisungen des Regimes und der Autoritäten zu ignorieren, die nicht von der Mehrheit des Volkes abgesegnet seien.

Aung San Suu Kyi richtete ihre Angriffe in Interviews und Reden immer häufiger auf die graue Eminenz des Regimes, Ne Win, der wieder in der Öffentlichkeit aufgetreten war und damit demonstriert hatte, dass er weiterhin die Fäden in der Hand hielt. Er sei es gewesen, der die Armee vom Volk entfremdet, der das Land über 26 Jahre lang leiden gelassen, der den Ruf der Armee ruiniert und Probleme nur mit dem Gewehr gelöst habe. Sein Porträt müsse endlich in den Amtsstuben abgehängt werden, die Armee ihn endlich in der Versenkung verschwinden lassen. Das Militär solle sich entscheiden – zwischen ihrem Vater und Ne Win. Damit wollte sie einen Keil zwischen die Militärs treiben und Teile der Armee auf die Seite der Demokraten ziehen. Doch sie machte womöglich einen schweren Fehler, denn sie überschritt eine rote Linie des SLORC, für den der 79-jährige Ne Win unantastbar war.

Gleichzeitig widersetzte sie sich dem Verbot, öffentliche Kundgebungen zu organisieren. An mehreren Gedenktagen kamen viele Tausend Menschen zusammen. Der SLORC duldete die Veranstaltungen zähneknirschend. Schließlich kündigte Aung San Suu Kyi an, am 19. Juli, dem Märtyrertag, an dem unter anderem zum 42. Mal der Ermordung ihres Vaters gedacht werden sollte, Versammlungen zusammenzurufen. Die Einladung der Regierung zu einer offiziellen Gedenkfeier lehnte sie ab.

Die Junta reagierte mit schärferen Gesetzen. Militärtribunale durften fortan ohne Prozess politische Demonstranten verhaften und sogar zum Tode verurteilen. Zudem startete die Staatspresse eine Kampagne gegen sie. Der Tenor: Sie habe durch die Heirat mit einem Engländer das Land verraten und die patriotischen Gefühle der Bürger verletzt. Haben die Kolonialisten nicht schon immer unsere Frauen geheiratet, sodass wir um unsere Rasse fürchten mussten? Und die Medien zielten unter die Gürtellinie: Aung San Suu Kyi sei in New York oft mit einem dunkelhäutigen Kubaner gesehen worden. Sie sei nicht besser als eine Prostituierte, sie habe mehrere Ehemänner, bei denen allen sie ihre ehelichen Pflichten erfülle, geiferte die Staatspresse.

Für den 19. Juli verbot der SLORC den Teilnehmern, Slogans zu rufen, in Kolonnen zu marschieren und Gruppen von mehr als fünf Personen zu formen. Soldaten zogen an den wichtigen Straßenecken Ranguns auf, die Atmosphäre wurde bedrohlich. Zu diesem Zeitpunkt wusste noch niemand, dass sich die politische Auseinandersetzung zwischen NLD und SLORC einem dramatischen Finale näherte. Am Morgen dieses Tages fuhr Aung San Suu Kyi zur Parteizentrale, um an einer buddhistischen Zeremonie teilzunehmen. Auf dem Weg dorthin sah sie Stacheldraht, Barrieren, viele Soldaten mit Gewehren: Der SLORC schien wild entschlossen, Aufmärsche Richtung Märtyrerdenkmal zu verhindern und notfalls erneut ein Blutbad zu riskieren. Sie entschied sich, die Veranstaltung abzublasen.

«Die sind darauf aus zu töten»

Ihre Freundin und Mitarbeiterin Ma Thanegi kam gegen acht Uhr in die University Avenue, 15 Minuten später traf Aung San Suu Kyi mit zwei Parteifreunden ein. Kurz zuvor hatte sie eine Erklärung unterzeichnet, die alle Anhänger aufforderte, an diesem Tag zu Hause zu bleiben. Sie wolle sie nicht auf ein «killing field» schicken, erklärte sie. In einem Interview mit der «Voice of America» sagte sie ein paar Stunden später: «Die sind darauf aus zu töten. Das ist die Mentalität von SLORC; wen sie nicht überzeugen können, den bringen sie um.»[46]

Nicht alle konnten oder wollten ihrer Aufforderung folgen. Sie wurden auf dem Weg zum Märtyrermausoleum von der Polizei verprügelt. Manchen gelang es, über Zäune und durch Hauseingänge vor den Uniformierten und den Häschern des Geheimdienstes zu fliehen.

Am nächsten Tag in der Früh klingelte das Telefon bei Ma Thanegi. Am Apparat war der für die Sicherheit Aung San Suu Kyis verantwortliche NLD-Funktionär Aung Aung, der sie davor warnte, in die University Avenue zu kommen, da überall Soldaten zu sehen seien. Ma Thanegi machte sich dennoch auf den Weg und erblickte eine Menge Armeelastwagen, die in der Straße aufgefahren waren. Aung San Suu Kyi teilte ihr als Erstes mit, sie habe sich nach einer schlaflosen Nacht entschieden, sich verhaften zu lassen. Nach diesem einsamen Beschluss sei ihr es besser gegangen. Zu diesem Zeitpunkt saßen bereits Hunderte, wenn nicht gar Tausende NLD-Mitglieder hinter Gittern. Einige ehemalige Militärs aus der NLD-Führungsgruppe erschienen ebenfalls – und genau um neun Uhr standen Soldaten vor dem Tor. Niemand durfte mehr hinein oder hinaus.

Aung San Suu Kyis Söhne, Kim (damals elf) und Alexander (damals 16), erlebten hautnah mit, was in den nächsten Stunden passierte. Der ältere Sohn las im Obergeschoss, Kim spielte mit Ma Thanegi Monopoly («Gehen Sie ins Gefängnis»). Als Soldaten damit begannen, das Haus zu durchsuchen, fragte er seine Mutter: «Werden sie dich mitnehmen?» Aung San Suu Kyi antwortete: «Nein, Schätzchen, sie werden mich wohl im Haus einsperren.»[47]

Im Laufe des Tages übergab Ma Thanegi ihren Schmuck und ihre Uhr Aung San Suu Kyis Tante, die ebenfalls auf dem Gelände wohnte, zum Aufbewahren, weil sie davon überzeugt war, dass sie vor Tagesende im Insein-Gefängnis sitzen würde.[48] Gleichwohl war die Stimmung entspannt. Ma Thanegi: «Die meisten von uns schwatzten mit Ma Suu, lachten und scherzten. Wir alle hatten unsere Wahl lange Zeit zuvor getroffen, und niemand schien auch nur ein bisschen über die Aussicht einer Haft besorgt.» Der frühere Armeeoberst und NLD-Funktionär U Kyi Maung erinnerte sich, dass sie zwar Witze machten («Suu konnte wirklich komisch sein»), aber auch praktische Dinge besprachen, wie es zum Beispiel zukünftig weitergehen und wer die frei gewordenen Plätze im Exekutivausschuss besetzen sollte.[49]

Um 16 Uhr forderte ein Offizier Einlass. War es jetzt so weit? Aung San Suu Kyi schoss nach oben, weil sie befand, sie könne nicht ohne einen Hauch französischen Parfums verhaftet werden. Ma Thanegi tat

Aung San Suu Kyi mit ihren Söhnen Alexander (l.) und Kim in Rangun: Bedauern, nicht mit ihrer Familie zusammen sein zu können

es ihr gleich, sie hatte noch Parfüm in ihrer Handtasche. Dann liefen beide in einer Duftwolke zum Tor.

Der Offizier, dem Mitarbeiter des Roten Kreuzes, der Einwanderungsbehörde und Polizisten folgten, übergab Aung San Suu Kyi ein Papier: Sie werde gemäß Paragraph 10 (B) des «Gesetzes zum Schutz des Staates vor Gefahren störender und zerstörerischer Elemente» aus dem Jahr 1975 unter Hausarrest gestellt.

Die anderen warteten in einem Bambuspavillon im Garten, der manchmal für größere Versammlungen genutzt wurde. Gegen 21 Uhr fuhren zwei Lastwagen vor. Alle mussten auf die Ladefläche klettern. Ma Thanegi durfte ins Haus gehen, um eine Plastiktüte mit Zahnpasta und einer Zahnbürste zu holen, die sie stets dabeihatte, falls sie mal in einem der Gästezimmer Aung San Suu Kyis übernachtete. Diese schenkte ihr schnell ein großes Stück Lavendelseife und ihre teuren Ledersandalen. Die beiden Frauen umarmten sich, wünschten sich alles Gute, dann rangierten die Lastwagen durch das Tor und rollten entlang des Inya-Sees durch das dunkle Rangun nach Norden zum Insein-Gefängnis.

Auf den Wagen hockten 30 Männer und eine Frau. Ma Thanegi musste fast 1000 Tage in Haft bleiben. Ihr Verbrechen: die Freundschaft mit Aung San Suu Kyi.

Deren erster Hausarrest sollte fast sechs Jahre dauern.

6. Reise in eine andere Welt
1991–1995

Erster Hausarrest

Das braune Metalltor in der University Avenue schloss sich, Soldaten
und Agenten des Militärischen Geheimdienstes hämmerten gleich
rechts hinter dem Eingang einen hölzernen Verschlag für sich zusammen, wo sie Nudeln schlürften und jeden kontrollierten, der hineinwollte. Aung San Suu Kyi saß mit ihren zwei Söhnen im Haus fest –
und begann, sich schon am ersten Tag ihres Arrests zu wehren: Sie
weigerte sich zu essen. Mit dem Hungerstreik wollte sie erzwingen, ins
Insein-Gefängnis verlegt zu werden: Sie verdiene keine bessere Be-
handlung als die anderen NLD-Gefangenen, erklärte sie.

Die Junta machte in der Öffentlichkeit keinen Hehl daraus, dass
sie Aung San Suu Kyi festgesetzt hatte. Das Land müsse vor dieser
Kriminellen geschützt werden, lautete der Tenor der Erklärungen. Ihre
falschen Anschuldigungen, ihr Vergleich der Volks-Tatmadaw mit
Faschisten seien nur darauf ausgerichtet, Zwietracht zwischen dem
Volk und der Armee zu säen.

Als Michael Aris in Oxford vom Schicksal seiner Frau hörte, machte
er sich sofort auf den Weg nach Rangun. Im Pass hatte er zum Glück
noch ein gültiges Visum. Als der Pilot auf dem Flughafen in Mingaladon die Triebwerke abschaltete, sah er durch das Fenster Soldaten, die
das Flugzeug umzingelten. Offizielle geleiteten ihn in den VIP-Raum
im Empfangsgebäude. Ein Oberst informierte ihn, er dürfe seine Frau
für zwei Wochen besuchen, das Haus aber nur mit einer Eskorte verlassen. Jeglicher Kontakt mit ausländischen Botschaften sei verboten.

Aris war einverstanden. Ein britischer Diplomat, der ihn begrüßen wollte, sah nur noch, wie sich die Wagenkolonne mit Aris Richtung Innenstadt in Bewegung setzte.

«Ich verschwand praktisch für 22 Tage von der Bildfläche», schrieb Aris später. «Niemand wusste, was mit mir geschehen war. Die britische Presse veröffentlichte Geschichten über einen verschwundenen Oxford-Professor. Meine Familie in England machte sich größte Sorgen. Die britische Regierung und die Europäische Gemeinschaft bemühten sich sehr um einen konsularischen Kontakt, aber vergeblich. Ich war verschwunden.»[1]

Das Tor in der University Avenue ging auf, Aris fuhr hinein und hatte nicht die geringste Ahnung, was ihn erwartete. Es war die vielleicht «größte Krise, die wir bis dahin als Familie bewältigen mussten», schrieb er später. Seine Frau hatte bereits drei Tage nichts gegessen und war fest entschlossen, die Junta unter Druck zu setzen – auch in Gegenwart ihrer Söhne und ihres Mannes. Auf die Frage, ob dies nicht eine dramatische Erfahrung für Kinder und Mann gewesen sei, antwortete sie später gelassen, in ihrer Familie habe man für Melodramatik keinen Sinn. An elf Tagen trank sie nur Wasser. Zu weit treiben wollte sie den Hungerstreik allerdings nicht, der Tod gehörte nicht zu ihrem Plan. Dies schien ihr eine Lösung zu sein, von der niemand etwas hatte. Wenn sie im Gefängnis statt im Hausarrest säße, so ihr Kalkül, würden ihre jungen Parteifreunde und Helfer besser behandelt werden.

Am 1. August kam ein Offizier in die Villa und sicherte ihr zu, ihre Leute würden nicht gefoltert und bekämen ein faires Verfahren. Das war zwar nicht, was Aung San Suu Kyi wollte, aber sie akzeptierte den Kompromiss. Ein Doktor führte ihr sofort intravenös Nährstoffe zu, denn sie, die ohnehin nur knapp 50 Kilo wog, hatte fünfeinhalb Kilo abgenommen. Zuvor war ihr Mann zu einem Treffen in das Rathaus eingeladen worden, um vor Offizieren die Forderungen seiner Frau zu unterbreiten. Kameras filmten die Begegnung. Aris fiel auf, wie höflich seine Gesprächspartner waren.[2]

In dieser Situation, schrieb Aris, seien seine Suu und die Jungs sehr ruhig gewesen. Alexander und Kim übten mit den Wachen Kampfkunst, und Aris verabredete mit den Behörden, Pakete und Briefe an seine Frau zu schicken. Bis auf die Haft schien zu diesem Zeitpunkt alles in Ordnung, am 2. September reisten die drei zurück nach Oxford. Die Behörden hatten Aris' Visum sogar um eine Woche verlängert. Das Versprechen, zumindest jene jungen Leute nicht zu foltern, die bei ihrer Verhaftung im Haus Aung San Suu Kyis gewesen waren, erfüllte die Junta: «Ich muss zugeben, dass sie sich daran gehalten haben», sagte sie später.

«Wir hatten alle Zeit der Welt»

Dem Zuckerbrot folgte die Peitsche. Zurück in Oxford, erfuhren die Kinder von der Botschaft Burmas, dass sie nicht länger Burmesen waren. Die Regierung hatte ihnen ihre Staatsbürgerschaft aberkannt. Als Briten konnten sie nicht mehr nach Rangun reisen und ihre Mutter besuchen, wie und wann sie wollten. Sie mussten ein Visum beantragen – und das verweigerten die burmesischen Diplomaten immer wieder. Ihr Vater jedoch durfte zu Weihnachten 1989 erneut zu seiner Frau. Offenbar erhoffte sich die Junta, er werde Aung San Suu Kyi überreden, ihren Kampf aufzugeben und nach England zu ihm und ihren Kindern zurückzukehren. Da Aris seine Frau genau kannte, versuchte er es nicht einmal. «Die Tage, die ich mit ihr dieses letzte Mal alleine verbrachte», schrieb er, «völlig isoliert von der Welt, gehören zu meinen glücklichsten Erinnerungen in unseren vielen Ehejahren.» Er hatte Weihnachtsgeschenke mitgebracht, von denen er jeden Tag eines präsentierte. «Wir hatten alle Zeit der Welt, über viele Dinge zu reden.»[3]

Seine Frau durfte Papiere ihrer Partei über die bevorstehende Wahl empfangen und lesen. Vor dem Hausarrest hatte sie in der NLD vehement dafür plädiert, nicht an dem Votum teilzunehmen. Da keine Klausel für die Übergabe der Macht existierte, glaubte sie nicht an einen Regierungswechsel durch diese Wahlen und hielt deshalb eine Teilnahme für unsinnig.

Ihre Parteifreunde waren optimistischer und entschieden sich mitzumachen, also beschloss Aung San Suu Kyi zu kandidieren. Ihr Gegenkandidat von der NUP versuchte, sie mit juristischen Mitteln aus dem Feld zu schlagen. Sie habe verbotenerweise aus dem Ausland Unterstützung erhalten, behauptete er. In der folgenden geheimen Abstimmung der Wahlkommission wurde der Einspruch mit 6:3 Stimmen verworfen. Die nächsthöhere Instanz war nicht so mutig: Sie verbot Aung San Suu Kyi nach offener Abstimmung die Kandidatur. «Ich will den Grund wissen. Ich habe das Recht, die offizielle Begründung zu erfahren, warum ich disqualifiziert wurde. Ich will diese offiziellen Dokumente lesen. Ich will eine Kopie dieser Papiere», forderte sie von einem Verbindungsoffizier. Der brachte die Unterlagen in die Villa, und sie erfuhr, was die Regierung unter «Unterstützung durch ausländische Quellen» verstand: Die BBC hatte angeblich positiv über sie berichtet. Immerhin durfte sie aus der Haft ihre Stimme abgeben.[4]

Die NLD hatte ihre gesamte Führung verloren. Aung Gyi, der eine kommunistische Unterwanderung der Partei fürchtete, war ausgetreten, Tin Oo stand wie Aung San Suu Kyi unter Hausarrest und wurde am 22. Dezember im Insein-Gefängnis zu drei Jahren Haft verurteilt. Die Generalsekretärin durfte ihre Villa nicht verlassen. Die Parteiführung übernahm derweil Kyi Maung, ein früherer Oberst. Er war ein Mann mit ausgleichendem Charakter, der bereits im Streit mit Aung Gyi versucht hatte, die Gemüter zu beschwichtigen.

Im November veröffentlichte die NLD ein Manifest, an dem Aung San Suu Kyi offenbar noch mitgearbeitet hatte. Darin versprach die Partei günstigere Kredite für die Bauern, bessere Krankenhäuser und Schulen sowie geringere Auslandsschulden. Den ethnischen Minderheiten wurde im Falle eines Wahlsieges ein Selbstbestimmungsrecht zugebilligt. Die Macht sollte in Zukunft vom Volke ausgehen, die Armee dem Parlament unterstehen. Jeder Bürger müsse das Recht auf Glaubens- und Meinungsfreiheit haben und darauf, sich zu organisieren und seinen Lebensunterhalt zu verdienen. Die NLD forderte eine unabhängige Justiz. Vor dem Gesetz müsse jeder gleich sein, er dürfe aber die Interessen anderer nicht verletzen. Die Demokratie, schloss die Wahlplattform optimistisch, werde gewiss siegen.[5]

Wahlkampf in einer Diktatur

Noch allerdings war es nicht so weit. Die Junta versuchte, wo es ging, die NLD zu behindern und als von Kommunisten unterwandert zu diffamieren. Zwischen 2000 und 6000 ihrer Anhänger saßen in Haft. Der Wahlkampf spielte sich in einer merkwürdigen Atmosphäre ab. Es herrschte nach wie vor das Kriegsrecht, die Bürger durften sich nicht versammeln, ja sie durften in manchen Orten abends nicht einmal auf die Straße gehen. Die Zensoren überprüften Flugblätter und Pamphlete auf angeblich staatsfeindliche Inhalte. Manche Bürgermeister verboten der Partei, in ihrem Ort zu werben. Gleichwohl verschwieg die Staatspresse nicht die Wahlkampfreden der NLD und anderer Oppositionsparteien und ihre Forderungen nach einem Mehrparteiensystem. NLD-Mitglieder zogen von Tür zu Tür und warben um Stimmen. Durch Rangun fuhren kleine Lieferautos, von denen Wahlkämpfer Parolen riefen.

Die Wahlen im Mai 1990 schienen frei und fair, und es kam, wie es kommen musste: Die NLD gewann mit enormem Vorsprung, fast acht Millionen Menschen gaben ihre Stimme der Partei Aung San Suu Kyis. Sie holte 392 von 492 Sitzen (rund 60 % der Stimmen). Auch die Parteien der ethnischen Minderheiten, die das NLD-Programm übernommen hatten, siegten. Die «Nationale Einheitspartei» (NUP) des SLORC erlebte hingegen eine politische Katastrophe. Sie erhielt nur zehn Sitze (gut 21 % der Stimmen), während sogar Studentenparteien sechs Plätze im Parlament eroberten. Insgesamt hatten sich 2296 Kandidaten für 93 Parteien beworben. Die Hauptstadt, die nunmehr Yangon hieß, fiel vollständig an die Opposition.

Die Generäle und Obristen hatten sich grandios verkalkuliert. Sie hatten wirklich geglaubt, das Volk stünde hinter ihnen. Die Hoffnung auf eine Selbstzerlegung der Demokratie durch die Teilnahme von fast 100 Parteien erfüllte sich nicht. Die bitteren Angriffe auf Aung San Suu Kyi hatten die Wähler nicht abgeschreckt, im Gegenteil. Zudem musste die Junta erkennen, dass sogar Militärs für die Opposition gestimmt hatten, etwa im Stadtbezirk Dagon, in dem sehr viele Soldaten mit ihren Familien lebten. Auch all jene, die sie in ihre Reihen gezwungen hatte, die Arbeiter in den staatlichen Fabriken oder die Riksha-Fahrer, die ohne Parteibuch keine Lizenz erhalten hätten, hatten offenkundig überhaupt nicht daran gedacht, ihr Kreuz bei der NUP zu machen.

Die Wahrheit war auch für den dümmsten Gefreiten unübersehbar: Das Volk wollte keinen SLORC, es wollte ohne Angst vor Gefängnis und Folter leben, ohne Zensur und Kontrollen, es wollte billigeren Reis und billigeres Speiseöl, bessere Krankenhäuser und bessere Schulen für die Kinder.

In den Reihen des SLORC war das Entsetzen groß: Festessen und Partys wurden abgesagt, einige hohe Funktionäre brachen in Tränen aus. Sie hatten Angst vor der Vergeltung des Volkes. In dieser Situation war guter Rat teuer, denn die Macht abzugeben kam für die Junta nicht in Frage. Tatsächlich hatte das Militär nie einen Zeitpunkt der Machtübergabe genannt, aber jeder war davon ausgegangen, dass sofort nach den Wahlen ein Parlament zusammenkommen würde. Sogar Regierungssprecher U Kyaw Sann hatte kurz nach der Bekanntgabe des Ergebnisses erklärt, die neu gewählten Abgeordneten könnten so schnell handeln, wie sie wollten, und die Macht übernehmen.[6]

Als diejenigen NLD-Delegierten, die noch auf freiem Fuß waren, nach den Wahlen in der Gandhi-Halle der Universität zusammenkamen, verlangten sie, dass das Parlament spätestens am 30. September tagen müsse. Zudem forderten sie, Aung San Suu Kyi, die eigentliche Wahlsiegerin, freizulassen. Die Militärs jedoch spielten auf Zeit – und fanden rasch einen Ausweg aus der verfahrenen Situation: Bevor ein Parlament tagen könne, müsse eine vernünftige Verfassung her, verkündeten sie. Denn die bisherige sei für die neuen Zeiten nicht mehr geeignet. Zuvor war allerdings nie davon die Rede gewesen, dass die Militärs die alte Verfassung nicht mehr für praktikabel hielten.

Unsinn, argumentierte die NLD. Es sei Aufgabe des Parlaments, eine neue Verfassung zu verabschieden. Die Partei habe bereits auf der Basis der Verfassung von 1947 einen Entwurf ausgearbeitet. Doch der SLORC war auf diesem Ohr taub. Für eine neue Verfassung müsse eine Nationalversammlung zusammentreten, behauptete er. Und nur für dieses Gremium seien die Abgeordneten gewählt worden. Der SLORC werde seine Pflichten weiter erfüllen, bis eine starke Regierung entsprechend einer noch zu schreibenden Verfassung gebildet werde, erklärte ein Sprecher. Wann das sein werde, könne er nicht sagen.

Schon bald verschärften die Generäle ihren Ton: Der SLORC werde keinesfalls den Entwurf einer Übergangsverfassung für eine Regierungsbildung mit Übernahme der Staatsmacht akzeptieren. Und deutlicher: «Da der SLORC eine Militärregierung ist, übt er das Militärrecht aus ... also die Legislative: Nur der SLORC hat das Recht, sie auszuüben; die Exekutive: Nur der SLORC hat das Recht, sie auszuüben; die Judikative: Nur der SLORC hat das Recht, sie auszuüben.» Das sei noch so eine «hübsche Orwell'sche Wendung», kommentierte Aung San Suu Kyi die Erklärung 1/90 später.[7]

Dass mit dem SLORC weiterhin nicht zu spaßen war, bekam Kyi Maung, der frühere Oberst, zu spüren, der die NLD nun führte: Am 6. September 1990 kurz nach Mitternacht kletterten Gestalten über seinen Zaun und umzingelten sein Haus. Dann stand ein Major des Militärischen Geheimdienstes mit einem Haftbefehl vor der Tür. Agenten stellten das Haus auf der Suche nach vermeintlichem Beweismaterial auf den Kopf. Kurz darauf verurteilte ein Richter ihn zu 20 Jahren Gefängnis wegen Hochverrats. Auch andere führende NLD-Mitglieder mussten hinter Gitter.

Der SLORC hatte den Burmesen die Wahlen gestohlen. «Es war ein absichtliches Missverständnis. Die Armee hatte nicht klar gesagt, dass sie die Macht an das Parlament nicht abgeben werde. Das stand sozusagen im Kleingedruckten», sagt der studierte Zahnarzt und heutige Politikberater Khin Zaw Win.[8]

Ein Leben mit eiserner Disziplin

Während draußen der Streit um das Wahlergebnis tobte, musste sich Aung San Suu Kyi, bewacht von 15 bewaffneten Soldaten, in ihrer Villa in ihrem neuen Alltag einrichten. Dieser war mit dem Leben in einem Gefängnis nicht zu vergleichen. Sie durfte Radio hören und fernsehen, sie durfte anziehen, was sie wollte, Pakete empfangen und Briefe schreiben, im Garten spazieren gehen und sich mit ihrer Tante unterhalten. Maria, eine junge Frau indischer Abstammung, die schon zu Lebzeiten Khin Kyis Haushaltshilfe in der Villa gewesen war, brachte jeden Tag Essen. Sie arbeitete bis nach 1995 im Haus. Danach verliert sich ihre Spur. Die Telefonleitungen hatten die Soldaten mit einer Schere durchgeschnitten, den Apparat mitgenommen. Aung San Suu Kyi amüsierte sich, wie simpel die Methoden ihrer Bewacher waren, hatte sie doch vermutet, die Leitung würde in der Telefonzentrale gekappt.

Mit eiserner Disziplin versuchte sie, ihr neues Leben zu bewältigen. Sie stand jeden Tag gegen vier Uhr dreißig auf, um zu meditieren, was ihr am Anfang schwerfiel. «Ich hatte keinen Lehrer, und meine ersten Versuche waren mehr als nur ein wenig frustrierend», schrieb sie nach ihrer Freilassung in ihren Briefen aus Burma.[9] «Es gab Tage, an denen ich mein Versagen, meinen Geist entsprechend der vorgeschriebenen Meditationspraxis zu disziplinieren, als so ärgerlich empfand, dass ich das Gefühl hatte, mir mehr zu schaden als zu nutzen.» Zum Glück fand sich unter den Weihnachtsgeschenken, die ihr Mann bei seinem letzten Besuch mitgebracht hatte, ein Buch des Mönchs U Pandita, das ihr half, die Schwierigkeiten zu bewältigen.

Nach der Meditation hörte sie rund anderthalb Stunden Radio, meist den BBC World Service auf Englisch, BBC-Programme auf Burmesisch sowie die BBC-Literatursendung «Off the shelf», die «Voice of America» und «The Democratic Voice of Burma», einen Oppositionssender, der seit 1992 von Norwegen aus sendete. Um ihre Sprachkenntnisse nicht einrosten zu lassen, verfolgte sie außerdem französische Kanäle und japanische Sender. Dann war Morgengymnastik an der Reihe, ein bisschen Lektüre und schließlich die Morgentoilette. Bücher über Wirtschaft und Politik nahm sie sich zu bestimmten Zeiten vor, die sie festlegte. Zu ihrer Lektüre gehörten die Autobiographie des ersten indischen Ministerpräsidenten Jawaharlal Nehru, eine alte Ausgabe von Jane Austens «Stolz und Vorurteil», aber auch die Spionagethriller von John le Carré. «Sie waren eine Reise in eine weite Welt, nicht nur in andere Länder, sondern auch in eine Welt der Gedanken und Ideen.»[10] Bei ihrem Mann bestellte sie die 32 Bände der «Encyclopedia

Britannica», welche die Verleger in Chicago prompt nach Yangon schickten. Die Behörden erlaubten, die 72 Kilo in der University Avenue auszuliefern.

Sie lernte buddhistische Sutras auswendig, putzte, nähte, flickte. Sie übte Klavier, spielte Mozart, Bach oder Johann Pachelbels Kanon in D-Dur, den sie wegen seiner Ruhe und Spannkraft besonders mochte. «In dieser Zeit des Hausarrests habe ich mir oft gewünscht, eine Komponistin zu sein, dann hätte ich mehr Zeit damit verbringen können, Stücke zu komponieren. Musik ist gültiger, als Worte es sind.»[11] Und sie bedauerte, keine bessere Klavierschülerin gewesen zu sein.

Sie komponierte zwar keine Musik, schrieb aber Gedichte, eines davon hieß: «In The Quiet Land»

In the Quiet Land, no one can tell
if there's someone who's listening
for secrets they can sell.
The informers are paid in the blood of the land
and no one dares speak what the tyrants won't stand.

In the Quiet land of Burma
no one laughs and no one thinks out loud.
In the quiet land of Burma,
you can hear it in the silence of the crowd.

In the Quiet Land, no one can say
when the soldiers are coming
to carry them away.
The Chinese want a road, the French want the oil;
the Thais take the timber; and SLORC takes the spoils ...

In the Quiet Land ...
In the Quiet Land, no one can hear
what is silenced by murder
and covered up with fear.
But, despite what is forced, freedom's a sound
that liars can't fake and no shouting can drown.

Die Wochenenden verbrachte sie locker, stand später auf, hielt sich nicht an zeitliche Regeln. Die strenge Disziplin diente auch dazu, der Junta zu beweisen, dass sie nicht unterzukriegen war und sich nicht gehen ließ. «Ich war wohl der gesündeste politische Gefangene der Welt», sagte sie später.[12]

Vor allem in den sechs Monaten des Monsuns war es schwierig, das Haus in Ordnung zu halten: Es regnete an vielen Stellen durch, und sie musste Schüsseln, Eimer, Pfannen und Plastikbehälter aufstellen, um die vielen Rinnsale aufzufangen. Trotz all dieser Manöver gelang es nur zeitweise, den Fluss einzudämmen, sodass Farbe, Putz und Gebälk im Laufe der Jahre litten

Die Wachen waren höflich. Um sie umzuerziehen, stellte Aung San Suu Kyi im Erdgeschoss für alle sichtbar Tafeln mit Sprüchen ihres Vaters und des Inders Nehru auf. Zuweilen bekam sie in ihrer Einsamkeit jedoch auch Wutanfälle. Als sie erfuhr, dass Tin Oo zu einer Gefängnisstrafe verurteilt worden war, hämmerte sie wie wild auf dem Klavier herum. Tasten klemmten, Saiten sprangen. Das war das vorläufige Ende von Bach und Pachelbel in der University Avenue 54. Die Nachbarn begannen sich Sorgen zu machen, ihr könnte etwas passiert sein, weil keine Töne mehr über den See herüberwehten. Aris erklärte ihnen später das Missgeschick.

Das Instrument wurde später zu ihrem Freund, dem Geschäftsmann Leo Nichols, gebracht. Der holte den Musiklehrer Li Saw Shepherd, einen Angehörigen der Karen-Minderheit aus dem Bezirk Insein, der am Moskauer Konservatorium Musik studiert hatte. Da die Saiten alle sehr alt waren und herausgenommen werden mussten, dauerte es zwei Wochen, bis wieder alles in Ordnung war.[13]

Ihre Familie sandte ihr Briefe und Pakete über die britische Botschaft in Yangon, die von Soldaten in die University Avenue gebracht wurden. Generalmajor Khin Nyunt, der Secretary-1, versuchte dies für seine Propaganda auszuschlachten und gleichzeitig seine Gefangene zu demütigen. Obwohl sie öfter gegen das Gesetz verstoßen habe, sei man sehr nachsichtig mit ihr, gewährleiste eine wöchentliche medizinische Versorgung sowie eine Zahnbehandlung, erklärte er auf einer Pressekonferenz am 13. Juli 1990. Zudem sei es ihr erlaubt, sich frei auf dem Gelände zu bewegen. Die Regierungszeitung «The New Light of Myanmar» veröffentlichte Fotos vom Inhalt eines Päckchens: Romane, Lebensmittel sowie ein Aerobic-Video von der US-Schauspielerin Jane Fonda.

Bild des Jammers

Aung San Suu Kyi reagierte trotzig: Sie lehnte es fortan ab, Briefe und Pakete zu empfangen. Lieber kappte sie die Kontakte zu ihrer Familie, als sich der Gnade – und dem Gespött – der Militärs auszuliefern. Mit ihren Angehörigen zu korrespondieren empfand sie als ihr gutes Recht: «Ich habe noch nie etwas als eine Gunst angenommen; deshalb habe ich auch keinerlei Vergünstigungen von ihnen akzeptiert.»[14]

Ebenso hart reagierte sie auf das Angebot des SLORC, aus dem Hausarrest entlassen zu werden, wenn sie verspreche, zu ihrer Familie nach England zurückzukehren. Sie war verblüfft, dass man überhaupt auf die Idee gekommen war, mit dergleichen an sie heranzutreten. Das zeige, dass man sie offenbar überhaupt nicht kannte.

Als die Zeit verging, wurde das Geld knapp. Denn die Gefangene musste für ihre Ernährung selbst sorgen. Damit erging es ihr ähnlich wie den Häftlingen im Gefängnis. Die Verpflegung dort war meist so miserabel, dass die Gefangenen auf Lebensmittelpäckchen von Verwandten und Freunden angewiesen waren. Die Rationen, die Maria jeden Morgen kaufte, wurden knapper und knapper. Aung San Suu Kyi fielen die Haare aus, sie blieb zuweilen im Bett, weil sie zu schwach war aufzustehen. Das Atmen fiel ihr schwer, und sie verlor rund sieben Kilo Gewicht. Sie fürchtete, ihr Herz sei beschädigt, weil es so heftig schlug, wenn sie sich bewegte. Die Augen wurden schlechter, und sie entwickelte eine Wirbelkrankheit (Spondylose).

Draußen verfiel der einst blühende Garten mit den weißen Lilien und Gardenien, dem Frangipani und gelben Jasmin. Es fehlte an Geld, ihn zu pflegen, Schlangen nisteten sich ein – ein Bild des Jammers. Aung San Suu Kyi entschloss sich, einen Teil ihrer Einrichtung zu verkaufen. Die Wachen übernahmen den Handel, aber sie verscherbelten die Möbel nicht, sondern steckten sie in ein Lagerhaus und gaben ihr das angeblich eingenommene Geld. Als sie 1995 freigelassen wurde, brachten die Männer die Möbel wieder zurück. Aung San Suu Kyi bestand darauf, das Geld zurückzuzahlen.

Im Nachhinein bemühte sie sich, ihre Lage als nicht zu schlimm darzustellen. «Ich bin mir sicher, dass es wesentlich dramatischer ist, wenn Menschen plötzlich aus ihrer vertrauten Umgebung herausgerissen und in eine Gefängniszelle gesperrt werden. Ich hingegen blieb einfach weiter in dem Haus wohnen, in dem ich bereits vor dem Hausarrest gewohnt hatte.»

Eine überraschende Ehrung

Einige Tausend Kilometer entfernt sorgte ihr Mann dafür, dass seine Frau und das Schicksal der Burmesen nicht in Vergessenheit gerieten. Sein Kollege, der Philosophieprofessor John Finnis, beantragte in Oslo, Aung San Suu Kyi für den Friedensnobelpreis zu nominieren. Václav Havel, der tschechische Dissident und Schriftsteller, schloss sich ihm an. Im Oktober 1991 bekam sie den Preis für ihren «gewaltlosen Kampf für Demokratie und Menschenrechte» zugesprochen. Aung San Suu Kyi hörte die Nachricht abends in der BBC.

Es war eine überraschende Ehrung, wenn man bedenkt, dass Preisträger wie der Südafrikaner Nelson Mandela, der polnische Gewerkschaftsführer Lech Wałęsa oder José Ramos-Horta, der Ost-Timorese, viel länger aktiv waren als sie. Der Preis sollte die internationale Aufmerksamkeit auf die Lage in Myanmar lenken und auf ganz Asien ausstrahlen. Die chinesische Regierung hatte zwei Jahre zuvor am 4. Juni 1989 die Demokratiebewegung mit Panzern niedergewalzt, in Indonesien herrschte der Diktator Suharto, in Vietnam und Laos regierten kommunistische Parteien. Persönlich entgegennehmen konnte Aung San Suu Kyi den Preis nicht, das sollte erst 21 Jahre später möglich sein. Wäre sie nach Oslo ausgereist, hätte die Junta sie nicht wieder ins Land gelassen.

Zu dieser Zeit drangen kaum Nachrichten aus Rangun, Michael Aris wusste nicht einmal, ob seine Frau noch in der Villa lebte oder ob sie woanders hingebracht worden war. Dafür reisten er und die Söhne Alexander und Kim nach Oslo. Der 18-jährige Alexander hielt in grauem Anzug die Dankesrede für seine Mutter. Die gequälten Burmesen könnten ihr Haupt ein Stück höher tragen, sagte er, da ihre Qualen nun beachtet und erhört würden. Seine Mutter sei ein würdiges Symbol, durch das die Not aller Menschen in Burma anerkannt werde.[15] Sein Vater hatte ihm die Rede geschrieben, er hatte sie allerdings geändert.

Die Jahre flossen träge dahin wie der Irrawaddy, zu Hause in England kümmerte sich Michael Aris um die heranwachsenden Söhne, in Rangun kämpfte Aung San Suu Kyi um Gesundheit und Geduld. Es ist nicht bekannt, ob der Nobelpreis für die Staatsfeindin Nr. 1 verantwortlich war für den Nervenzusammenbruch, den der Chef des SLORC, Saw Maung, erlitt. Jedenfalls begann er, sich seltsam zu benehmen und wirre Reden zu halten. Er hielt sich für einen früheren burmesischen König. Seine Kameraden lösten ihn 1992 ab, an seine Stelle rückte General Than Shwe, ein Mann, der nicht gerade durch einen überragenden Intellekt und eine beeindruckende Persönlichkeit auffiel.

Immerhin erlaubte er Michael Aris, seine Frau im Hausarrest zu besuchen. Offensichtlich hatten Than Shwe und seine Kumpane die Hoffnung nicht aufgegeben, Aris könne sie überreden, mit ihm nach England zu fliegen. Mit dem Nobelpreis waren Aufmerksamkeit und Druck auf Burma gestiegen, die prominente Oppositionelle besser zu behandeln. Anfang Mai 1992 flog Aris ein – und feierte nach einem Bericht der US-Journalistin Barbara Bradley nach fast zweieinhalb Jahren Trennung ein seltsames Wiedersehen. Aung San Suu Kyi stand auf der Treppe und sagte: «Du kannst nicht hereinkommen.» Aris musste im Nachbarhaus ihrer Tante übernachten.

Kyi Maung habe ihr diese Szene geschildert, schrieb Bradley. Stimmt sie, gibt es zwei Erklärungen für das brüske Verhalten Aung San Suu Kyis gegenüber ihrem Mann: Sie wollte nicht den SLORC bestimmen lassen, wer sie besuchte und wer nicht, sondern selbst entscheiden. Und das demonstrierte sie an ihrem Mann.[16] Oder sie fürchtete eine Falle des SLORC, weil sie ihren Mann nach den Gesetzen offiziell als Gast hätte anmelden müssen, was sie aber nicht konnte, da sie nicht wusste, dass er kam.

Aung San Suu Kyi tat der Junta nicht den Gefallen auszureisen. «Das Angebot, sie zu entlassen, wenn sie ins Exil ginge, wurde öfter gemacht», bestätigte Aris nach seiner Rückkehr aus Rangun vor Journalisten in Bangkok. «Aber sie hat diese Angelegenheit nicht einmal angesprochen, weil sie sagt, dass sie nicht verhandelbar ist.» Seine Frau sei fest entschlossen, zu bleiben und alles durchzustehen, komme, was wolle.[17]

Der General und die Verfassung

Derweil erinnerte sich Junta-Chef Than Shwe an eine Sache, die in den Hintergrund geraten war – den Nationalkonvent, die verfassunggebende Versammlung. Im Januar 1993 trat sie zum ersten Mal zusammen und erwies sich von Anfang an als eine Farce. Schnell verflog die Hoffnung, die Delegierten dürften wirklich eine demokratische Verfassung ausarbeiten. Von den weit über 400 ursprünglich bei den Parlamentswahlen gewählten Abgeordneten konnten nur 99 teilnehmen, immerhin 81 von der NLD: Den Rest, 603 Delegierte, suchte der SLORC aus.

Geführt wurde der Kongress von einem Generalleutnant, die meisten Paragraphen hatte die Junta schon vorformuliert, etwa die Vorschrift, dass in einem künftigen Parlament 25 Prozent der Sitze für das Militär reserviert werden müssten. Großzügig erlaubten die Offiziere den Delegierten, in Arbeitsgruppen eigene Vorschläge zu diskutieren. Allerdings saßen stets Armeeangehörige dabei, die in die Debatte eingriffen, wenn ihnen irgendetwas nicht passte. Kamen die Teilnehmer mit eigenen Entwürfen, wurden diese im Sinne der Junta umgeschrieben.

Schließlich erschien eine Version mit 104 sogenannten Prinzipien, die sich von den Vorschlägen der Delegierten unterschieden wie ein roter von einem blauen Longyi. Daraufhin zog die NLD aus Protest aus, manche Abgeordnete flüchteten aus Furcht vor Repressionen direkt ins Exil nach Thailand. Die Versammlung geriet erneut in Vergessenheit, diesmal für acht Jahre.[18]

Viele Anhänger und Mitarbeiter Aung San Suu Kyis verloren in dieser Zeit den Boden unter den Füßen. Sie durften nicht mehr studieren, versteckten sich vor den Häschern des Regimes auf dem Land. Großväter, Ehemänner, Töchter und Söhne verschwanden hinter Gittern und kamen erst nach Jahren, manche von Folter traumatisiert, wieder zurück.

Der heutige Journalist Thet Zin gab sein Burmesisch-Studium auf, als die Junta für Monate die Universitäten schließen ließ, weil sie die Studenten daran hindern wollte, sich wieder zu organisieren. Da es keinen Sinn hatte zu bleiben, machte er sich auf ins Ausland. Er landete in Malaysia, wo er als illegaler Arbeiter in einem chinesischen Restaurant von Kuala Lumpur Teigtaschen, scharfes Hühnchen à la Sichuan und Knoblauchgurken servierte. 1996 verschärften die malaysischen Behörden ihre Jagd auf Einwanderer ohne legale Papiere und warfen ihn hinaus. Fortan verdingte er sich als Hilfslehrer bei seinem Vater, der privat Englisch unterrichtete.

Wie Tausende von Studenten, die auf der Fahndungsliste der Junta standen, setzte sich auch der Geschichtstutor und Pressereferent Aung San Suu Kyis, Nyo Ohn Myint, an die thailändisch-burmesische Grenze ab. Viele ließen sich in den Unabhängigkeitsarmeen der ethnischen Minderheiten ausbilden und überfielen im Dschungel Truppen des SLORC. Nyo Ohn Myint landete bei den christlichen Karen und war, wie er sagt, bei einigen Gefechten dabei. 1993 zog er zum Studium in die USA und besuchte Königswinter bei Bonn, um etwas über das Prinzip des deutschen Föderalismus zu erfahren. Später ging er nach Chiang Mai in Thailand zurück, wo er für die Exilorganisation der NLD arbeitete.

Schlimmer erging es dem früheren Zahnarzt Khin Zaw Win, der heute auf Konferenzen im Ausland mitdiskutiert und den Abgeordneten in der neuen Hauptstadt Naypyidaw die Grundzüge des Parlamentarismus erklärt. Khin Zaw Win lebt inzwischen mit seiner Familie und mehreren Hunden in einem mit vielen Büchern eingerichteten Haus im Osten Ranguns. In sehr gutem Englisch, das er einst als Sohn eines Diplomaten in Nordindien gelernt hatte, berichtet er über das, was ihm seit den neunziger Jahren widerfahren war.

Nach den Wahlen 1990 habe er für das Büro der UNICEF in Rangun gearbeitet und heimlich Berichte an Amnesty International geschrieben. Dann durfte er von 1993 bis 1994 in Singapur studieren. Seine Abschlussarbeit sollte von der burmesischen Verfassung handeln. Unklugerweise entschied er sich 1994, für Recherchen in seine Heimat zurückzukehren – obwohl er von der Junta bereits als Regimegegner ausgemacht und sein Name in einer Zeitung erschienen war. «Ich saß schon wieder in der Abflughalle, die Bordkarte in der Hand, als plötzlich zwei Agenten vor mir standen und mich aufforderten, ihnen zu folgen.» Das Flugzeug flog ohne ihn ab. «Sie verurteilten mich zu 15 Jahren Gefängnis», sagt Khin Zaw Win. Seine Verbrechen waren «Umstürzlerische Schriften», «Verstoß gegen das offizielle Staatsgeheimnis», «Kontakt zu illegalen Organisationen» und «Verstoß gegen die Devisenvorschriften» – alles Delikte, die einem Studenten im Ausland wie ihm leicht angehängt werden konnten. Sein Anwalt konnte nichts ausrichten. «Es war eine Farce.»

Später stellte sich heraus, dass eine Informantin des Geheimdienstes eine Gruppe der NLD infiltriert hatte, mit der er öfter zusammengekommen war. Zwei Jahre und neun Monate saß er im Insein-Gefängnis in Rangun. Dort lebten die politischen Gefangenen in einem besonderen Areal in rund 100 primitiven Zellen aus der britischen Kolonialzeit. Verwandte und Freunde mussten für die Ernährung sorgen. «Zum Glück hatten wir ein eingeschmuggeltes Radio und konnten so über die Ereignisse draußen debattieren. Besuch war alle zwei Wochen erlaubt», erinnert er sich.

Später wurden er und andere Gefangene mit einem Sonderzug nach Myitkyina in den Kachin-Staat verlegt – wo er acht Jahre einsaß. Dort hätten die Wärter, sagt er, die Häftlinge zum Glück nicht wie in anderen Gefängnissen gequält, sondern mit ihnen sympathisiert: «Wir durften Gemüse anbauen, lesen, meditieren und uns hinter den Mauern frei bewegen.» Nachdem eine Delegation des Internationalen Roten Kreuzes das Gefängnis besucht hatte, erhielten die Angehörigen der Verwaltung Geld für die Anreise. Erst 2005 kam er wieder frei. Khin Zaw Win: «Das war das längste politische Seminar, das ich je erlebt habe.»

In dieser Zeit heuerte Junta-Chef Than Shwe immer mehr Männer für die Armee an und gründete eine paramilitärische Organisation: die «Solidaritäts- und Entwicklungsvereinigung der Union» (USDA), die der Armee treu ergeben war. Jeder Angestellte des öffentlichen Dienstes musste Mitglied werden; Bauern traten bei, weil sie hofften, nicht für Bauprojekte zwangsverpflichtet zu werden; junge Leute machten mit in der Hoffnung, mit dem Mitgliedskärtchen freier im Lande reisen

Aung San Suu Kyis Villa am See: «Da regnet es durch und dort und dort.»

und sonstige Privilegien genießen zu können. Als Gegenleistung muss-ten sie, wie Than Shwe es formulierte, «destruktive Elemente im In- und Ausland als gemeinsamen Feind zermalmen». Mitunter wurden sie deshalb zwangsverpflichtet und als Schläger ausgebildet, die der NLD später das Leben sauer machen sollten. Aung San Suu Kyi be-zeichnete später die Aktivitäten der Truppe als «sehr nahe an dem, was damals die Braunhemden in Deutschland zu tun pflegten».[19]

Treffen im Gästehaus Nr. 1

So gewappnet, fand Than Shwe sich bereit, mit Aung San Suu Kyi zu ver-handeln. Offenbar hatte ihr der angesehene Mönch U Rewata Dhamma dazu geraten, der sie besuchen durfte und auch Khin Nyunt traf. Der Mönch war ein alter Freund der Familie Aung San. Aber auch die japani-sche Regierung, wichtiger Geldgeber der Burmesen, drängte auf Ver-ständigung.

Am 20. September 1994 holte ein Dienstwagen Aung San Suu Kyi ab und brachte sie in das «Gästehaus Nr. 1 der Verteidigungskräfte» in der Inya-Road in der Nähe ihrer Villa. Dort erwarteten sie Than Shwe und der Chef des Militärischen Geheimdienstes Khin Nyunt, der mächtige Secretary-1. Than Shwe hockte in einer kurzärmeligen Uniformbluse hinter einem riesigen Blumenstrauß auf einem Sofa, Khin Nyunt saß auf einem Stuhl. Das Treffen sei «herzlich» gewesen, teilte die Staatspresse später mit. Gut einen Monat später, am 28. Oktober, traf sich die Junta erneut mit ihrem prominenten Häftling, dieses Mal war Than Shwe nicht mehr dabei. Er sei überhaupt nicht mit Aung San Suu Kyi zurechtgekommen, er habe nicht einmal verstanden, was sie von ihm wollte, und erklärt, sie dürfe ihm nicht mehr unter die Augen treten, hieß es später.

Über das zweite Treffen berichtete das Regierungsblatt «New Light of Myanmar» so: Die «offenen und herzlichen» Diskussionen hätten von neun Uhr bis zwölf Uhr gedauert. Themen seien die gegenwärtige politische und wirtschaftliche Situation des Landes sowie die politischen und wirtschaftlichen Reformen des SLORC gewesen. Zudem ging es um die «Schritte, die im Hinblick auf das langfristige Wohl der Nation unternommen werden sollten».

Die Formulierung «offenes Gespräch» deutet in der Propagandasprache autoritärer Regime darauf hin, dass es Streit gab. Jedenfalls kam bei den zwei Treffen nichts heraus. Nach Aung Lin Htut, einem früheren Geheimdienstoffizier, der zur Opposition desertierte, waren die Generäle schlicht zu unerfahren und nicht clever genug, um mit Aung San Suu Kyi zu verhandeln.[20]

Schon bald schwirrten Gerüchte in den Straßen Yangons herum, Aung San Suu Kyi habe einen geheimen Deal mit den Generälen über ihre Freilassung gemacht, was sie in einer hinausgeschmuggelten Erklärung postwendend dementierte.

Das «New Light of Myanmar» schrieb einige Wochen später, die Massen seien begeistert gewesen, als sie den TV-Bericht über das Treffen sahen. Beide Seiten seien sogar am «Rande einer Verständigung» gewesen. Wie diese Verständigung hätte aussehen können, ließ die Propaganda offen. Alle Hoffnungen jedoch seien verflogen, so die Zeitung weiter, als ihr Mann Michael Aris, den man immer so pfleglich behandelt habe und der vom 24. Oktober 1994 bis 22. Januar 1995 ununterbrochen in Myanmar gewesen sei, in Bangkok erklärte, Aung San Suu Kyi werde ihren Kampf fortsetzen.[21]

Tatsächlich durfte Aris laut Amnesty International seine Frau zwischen Dezember 1994 und Januar 1995 sehen.[22] Nun suchten die Generäle die Schuld an den erfolglosen Gesprächen bei ihm und nicht bei seiner prominenten Frau. Dass sie ihre Propagandakanonen auf ihn und nicht auf Aung San Suu Kyi richteten, ließ sich als gutes Zeichen interpretieren. Vermutlich wollten sie mit ihr milder umspringen. Ein paar Wochen danach lenkten die Militärs ein. Fast sechs Jahre Hausarrest waren selbst nach den fragwürdigen Gesetzen der Junta illegal. Zudem wurden in der Welt die Rufe lauter, Aung San Suu Kyi endlich freizulassen. Vor allem die japanische Regierung, einer der stärksten Geldgeber des Landes, drängte auf eine Lösung.

Gegen Mittag des 10. Juli 1995, es war ein Montag, teilten ihr die Wachen mit, dass der Polizeichef Yangons gegen 16 Uhr aufkreuzen werde. Er fuhr pünktlich mit einem weißen Wagen durch das Tor, begleitet von zwei Beamten der Sicherheitspolizei. Der Hausarrest sei beendet, erklärten sie. Zunächst wusste Aung San Suu Kyi nicht, was sie von der Nachricht halten sollte, doch dann wurde ihr klar, dass es sich nicht um einen Bluff handelte.

Kurz darauf klingelte es bei Parteifreund Kyi Maung an der Tür. Die Hunde schlugen an, der alte Mann saß in seinem Arbeitszimmer und las ein politisches Buch. Draußen stand eine der Wachen von Aung San Suu Kyis Tor. Mit regungsloser Miene erklärte der Besucher: «Daw Aung San Suu Kyi bittet Sie um Ihren Besuch.» Misstrauisch fragte Kyi Maung: «Sind Sie hier, um mich mitzunehmen?» – «Nein», antwortete der Geheimdienstmann, «kommen Sie mit Ihrem eigenen Wagen. Daw Aung San Suu Kyi möchte gern, dass Ihre Frau mitkommt.»

Gegen 17 Uhr traf das Paar in der University Avenue ein, das Tor öffnete sich. Aung San Suu Kyi stand auf der Treppe und scherzte: «Onkel, was hast du so lange gebraucht, sechs Jahre für die kurze Strecke?»[23] Da die Telefonleitungen noch gekappt waren, musste sie zu einem britischen Diplomaten fahren, um mit ihrem Mann zu telefonieren. «Er sagte Hallo, und ich sagte Hallo, und dann sprachen wir über unsere Pläne», zitierte sie die Londoner «Sunday Times».[24]

Sofort machte sich Aung San Suu Kyi mit ihren Parteifreunden wieder an die Arbeit. Kyi Maung formulierte es so: «Die eine Party war vorbei, und die nächste lag vor uns.»[25]

7. «Über unserem Land liegt ein Fluch»
1995–2000

Familienschicksale

Am Ende einer kleinen Straße ganz in der Nähe der University Avenue kämpft eine verwitternde Villa einen vergeblichen Kampf gegen Hitze und Regen. Ein Mädchen führt die Holzstiegen hinauf. Im Obergeschoss wartet U Aye Win, ein freundlicher, etwas gebeugter älterer Herr. Er hat wie seine berühmte Cousine den Vater früh verloren. U Ba Win war der Bruder Aung Sans und Handelsminister der Übergangsregierung, er saß mit am Tisch, als die Attentäter im Jahr 1947 das Feuer eröffneten. Damals war der Sohn zehn Jahre alt.

Aye Win entschuldigt sich für den schlechten Zustand des Hauses. Ihm fehlen die Mittel, es zu renovieren. Seine Brüder, Mitbesitzer des Hauses, sind in alle Welt versprengt. Einer von ihnen, Sein Win, ist seit den neunziger Jahren ebenfalls politisch aktiv: als «Premierminister» der von geflüchteten Studenten und anderen Oppositionellen nach 1990 gegründeten «Exilregierung», die ihr Hauptquartier an der burmesisch-thailändischen Grenze hatte. Sein Win studierte in Hamburg Mathematik und lebt heute in den USA.

Cousin Aye Win hingegen blieb im Land. Nach seinem Studium der Finanzwirtschaft hatte er unter Diktator Ne Win im Staatsdienst Karriere gemacht. Im Industrieministerium brachte er es bis zum Direktor der Finanzabteilung. Doch 1989, nach dem Massaker an den Demonstranten, wollte er dem Unrechtsregime nicht mehr zu Diensten sein. Er gründete eine eigene Buchhaltungsfirma, und als Aung San Suu Kyi im Sommer 1995 wieder freikam und sogleich die Tante auf der anderen Seite der Straße besuchte, beschloss der Cousin, sie zu unterstützen. Sie brauchte in jenen chaotischen Tagen jemanden, der ihr die Bücher führte und ihr dabei half, die Kontakte nach außen zu organisieren. Schon 1989 hatte er der Cousine beigestanden. Als sie unter Hausarrest stand, der Wahlkampf aber noch in vollem Gange war, unterzeichnete er als ihr juristischer Vertreter Papiere. Er spricht in höchsten Tönen von Aung San Suu Kyi, die er während ihrer Kindheit selten getroffen und erst nach ihrer Rückkehr aus England 1988 richtig kennengelernt hatte. «Sie war sehr höflich und niemals verbittert», sagt er über sie. «Eigentlich ist sie nie ärgerlich.»[1] Selbst bei ihren schärfsten Gegnern Than Shwe und Khin Nyunt sei sie immer bei der Höflichkeitsformel «U» geblieben.

Wer mit Aung San Suu Kyi und für die NLD arbeitete, tat dies ganz offenkundig nicht, um irgendwelche finanziellen Vorteile zu ergattern. Im Gegenteil – ihre Helfer mussten damit rechnen, alles zu verlieren: Geld, Freiheit und manchmal das Leben. Viele ihrer Weggefährten aus der Zeit seit 1988 leben heute sehr bescheiden. Dazu zählt auch U Cho Aung Than, ein anderer Cousin der Politikerin, der ein paar Kilometer weiter in der Yangoner Lone-Straße in einem heruntergekommenen Häuserblock der Regierung wohnt. Er ist der Sohn von U Aung Than, eines älteren Bruders von Aung San, und spricht sehr gut Englisch. Seit 40 Jahren lebt er in dieser kleinen Wohnung. Jetzt fürchtet er, dass auch die, wie so vieles im Burma dieser Tage, bald teurer wird: «Nächstes Jahr werden sie wohl die Miete erhöhen», sagt er.

Politisch engagierte sich Cho Aung Than erstmals 1974, als er gegen die unwürdigen Umstände bei der Beerdigung von U Thant protestierte. Er studierte damals Mathematik, doch die Regierung schloss zu dieser Zeit immer wieder die Universitäten, um die Studenten auseinanderzutreiben. Deshalb verdingte er sich als Privatlehrer. Wie Aye Win arbeitete er Mitte der neunziger Jahre für seine Cousine, als eine Art «persönlicher Sekretär». Mit seinen Mathematikkenntnissen wusste er mit Computern umzugehen. Er habe die Spendeneinnahmen verbucht, aber auch mal den Boden gefegt und nach dem undichten Dach geschaut und Bericht erstattet: «Da regnet es durch und dort und dort.»

Aung San Suu Kyi mit den Generälen Than Shwe (m.) und Khin Nyunt 1994: Die
Chemie mit der «jüngeren Schwester» stimmte nicht.

Während er erzählt, klopft es an der Tür, ein junger Mönch kommt
herein und setzt sich stumm auf einen blauen Plastikhocker. Er scheint
nicht sonderlich beeindruckt zu sein von den Ausländern im Raum.
Cho Aung Thans Nichte häuft zwei große Löffel Reis in den Topf des
Mönches, dann geht er wieder. An der Wand hängt ein Kalender mit
Fotos von Aung San Suu Kyi. Seine Cousine habe oft bis spät in die
Nacht gearbeitet, berichtet Cho Aung Than. Erst wenn er sie gegen elf
Uhr ermahnte, stieg sie die Treppe zu ihren Privaträumen hoch. Wenn
er sie ihrem Gefühl nach zu sehr bevormundete, sagte sie zu ihm: «Ich
liebe dich wie einen kleinen Bruder. Aber werde jetzt nicht frech.»[2]

Zaunreden am Wochenende

Das Haus in der University Avenue blieb ein Zentrum der Parteiaktivi-
täten. Bereits kurz nach dem Ende ihres Hausarrests 1995 hatten Aung
San Suu Kyi und ihre ebenfalls freigelassenen Parteifreunde Tin Oo

und Kyi Maung damit begonnen, die NLD wiederzubeleben. Gemeinsam mit Tin Oo übernahm sie die Führung. Um den Vorschriften zu genügen und kein Parteiverbot zu riskieren, waren zuvor alle anderen inhaftierten NLD-Funktionäre von ihren Posten abgesetzt worden. Die Junta war zu diesem Zeitpunkt fest davon überzeugt, das Problem Aung San Suu Kyi in den Griff zu bekommen. Die Wirtschaft werde sich bald erholen, ausländische Investitionen würden nach der Freilassung der Lady ins Land fließen und die Leute sie schnell vergessen. Vor allem Japan würde sein Versprechen einhalten und Milliarden Dollar Wirtschaftshilfe nach Myanmar überweisen. Für den Moment schien der SLORC sein Ziel erreicht zu haben.[3]

Der ideologische Spagat der Generäle war bemerkenswert: Einerseits geißelten sie Aung San Suu Kyi, weil sie Ehefrau eines Angehörigen einer vermeintlich neokolonialistischen Macht war, und nannten sie mitunter entgegen der burmesischen Tradition «Mrs Michael Aris». Andererseits nahmen sie aber gern das Geld einer Regierung, deren militaristische Vorgänger Burma ebenfalls unterjocht hatten.

Der SLORC machte allerdings die Rechnung ohne die Bürger. Aung San Suu Kyis Popularität verebbte nicht, sondern nahm noch zu. Aus dem ganzen Land strömten NLD-Mitglieder in die University Avenue, um sich Ermutigung und Instruktionen zu holen, immer mehr junge Menschen wollten sich der Partei anschließen. Dafür sorgte unter anderem eine simple Veranstaltung – die Zaunrede am Wochenende. Jeden Sonnabendnachmittag, pünktlich um sechzehn Uhr, kletterte Aung San Suu Kyi auf einen wackligen Tisch, der von innen an den hohen Gartenzaun gelehnt war, um rund eine Stunde lang zum Publikum zu sprechen, das sich vor dem Grundstück versammelt hatte. Tags darauf, am Sonntag, sprach sie am selben Platz. Dann redeten auch Tin Oo und Kyi Maung.

Meist beantwortete Aung San Suu Kyi Fragen, die im Laufe der Woche im Haus abgegeben worden waren. Zum Beispiel: «Warum haben wir in unserem Land bislang keine Demokratie? Warum dauert das so lange?» Sie antwortete: «Einige Leute wollen keine Demokratie haben. Und die Menschen arbeiten nicht ernsthaft dafür. Die demokratischen Aktivisten müssen sich mehr Mühe geben. Der Grund für die

Aung San Suu Kyi bei einer ihrer Zaunreden 1995:
«Warum haben wir in unserem Land bislang keine
Demokratie?» (ganz links: Tin Oo, 2. v. r.: Kyi Maung)

Verspätung der Demokratie liegt darin, dass wir Burmesen nicht genug Selbstvertrauen haben. Die Leute denken, dass sie nicht in der Lage sind, etwas zu tun.»[4] Ein wenig wirkte sie dort hinter dem Zaun wie ein weiblicher Messias, der seinen Jüngern Rat erteilt.

So wie an einem Wochenende im Mai des Jahres 1996: Sie trug weiße Jasminblüten und eine rote Rose im Haar, lachte und grüßte, Hochrufe ertönten: «Lang lebe Aung San Suu Kyi!» Junge, Alte, Frauen, Männer, dazwischen kahl geschorene Mönche in ihren roten Roben waren gekommen. Manche waren schon am frühen Morgen da, um die besten Plätze zu ergattern. Fliegende Händler drehten ihre Runden, boten Süßigkeiten, Zigaretten und Obst an, während Polizisten mit weiß-blauen Stahlhelmen hektisch in ihre Trillerpfeifen bliesen, um den Verkehr im Fluss zu halten.

An diesem Nachmittag waren nicht wie sonst zwischen 2000 und 3000 Zuhörer gekommen, sondern fast 10 000 – eine Demonstration des Widerstands: Um die Opposition einzuschüchtern und ein für dasselbe Wochenende geplantes Treffen der NLD auf dem Grundstück Aung San Suu Kyis zu verhindern, hatten Agenten des Militärischen Geheimdienstes in den Tagen davor über 260 NLD-Delegierte festgenommen.

Die Junta hatte den Zaunreden eine ganze Weile tatenlos zugeschaut. Ihre Wachen standen nach wie vor hinter dem Tor. Sie ließen sich die Ausweise von jedem zeigen, der hineinwollte. Kommandiert wurden sie von Major Nae Soe, der ein Auge auf die Aktivitäten innerhalb des Hauses behalten sollte. Dann verstärkte das Regime den Druck auf die Zuhörer. Während Aung San Suu Kyi sprach, mischten sich Agenten unter die Menge, filmten und fotografierten ganz offen die Gesichter der Anwesenden. In Mandalay verhafteten sie Menschen, als diese Kassetten der mitgeschnittenen Reden – oft Kopien von Kopien von Kopien – verteilten.

Repression ohne Ende

Der Plan der Junta, Aung San Suu Kyi ruhigzustellen, ging nicht auf. Kaum war sie wieder in der NLD aktiv geworden, entschloss diese sich, nicht mehr am verfassunggebenden Nationalkonvent teilzunehmen. Das sei sinnlos, erklärte die Liga, weil die Junta den Weg zur Demokratie blockiere. Die Regierung reagierte wütend: Generalleutnant und Secretary-2, Tin Oo (nicht zu verwechseln mit dem NLD-Mann Tin Oo), drohte damit, «zerstörerische Elemente und ausländische Handlanger auszulöschen». Im Übrigen werde man auch ohne die NLD weitermachen.

Dass Regierungsgegner verschwanden, war fast zum Alltag geworden, die Junta ging unnachgiebig gegen alle vor, die ihr ihrer Ansicht nach in die Quere kamen. Besonders bitter war der Fall einer Studentin, die einen Brief an Aung San Suu Kyi aus dem Gefängnis schmuggeln wollte. Der Wächter, der ihr dabei half, wurde ertappt, entlassen und zu fünf Jahren Zwangsarbeit verurteilt. Das Mädchen selbst musste fünf Monate in Isolationshaft.

In die Fänge der Junta geriet auch der 65-jährige britisch-burmesische Geschäftsmann James Leander Nichols, ein enger Freund Aung San Suu Kyis, der mehreren skandinavischen Staaten als Honorarkonsul diente. Das hielt die Junta nicht davon ab, ihn zu drei Jahren Gefängnis zu verurteilen. Der Vorwurf: Er habe Aung San Suu Kyi ein Auto geborgt sowie ein unangemeldetes Faxgerät besessen. Nach rund drei Monaten im Gefängnis starb Nichols am 22. Juni 1996 an einem Schlaganfall. Kurz vor seinem Tod hatten ihn die Wachen des Insein-Gefängnisses ins Rangoon General Hospital geschafft. Den Antrag skandinavischer Länder, ihn von unabhängigen Ärzten obduzieren zu lassen, lehnte die Regierung ab. Er habe kurz vor seinem Tod getrocknetes Schweinefleisch und gebratene Fischpaste gegessen und sei plötzlich in seiner Zelle zusammengebrochen – Ende der Diagnose.[5]

Ebenfalls verhaftet wurden zwei prominente Komiker, die sich in einem Sketch über die Junta in der University Avenue 54 lustig gemacht hatten. Beide wurden zu jeweils sieben Jahren Haft verurteilt. Als Aung San Suu Kyi im März 1996 gemeinsam mit ein paar Parteifreunden mit dem Zug zu ihrem Prozess nach Mandalay fahren wollte, mussten sie am Bahnhof von Yangon wieder umdrehen. Um die Reise zu verhindern, erklärten die Eisenbahner ihren Waggon für «reparaturbedürftig», er müsse abgekoppelt werden.

Unter diesen Umständen war normale Parteiarbeit kaum möglich. Allerdings konnte Aung San Suu Kyi endlich wieder ihren Sohn Kim in die Arme schließen, den sie so lange nicht gesehen hatte. Zwei Jahre, schrieb sie später, sind eine lange Zeit für ein Kind, lange genug, um einen «sorgenfreien Jungen in einen bekümmerten Menschen zu verwandeln». Vermutlich gab sie damit einen Hinweis auf den Seelenzustand Kims. «Als ich meinen jüngeren Sohn zum ersten Mal nach einer Trennung von zwei Jahren und sieben Monaten wiedersah, hatte er sich von einem rundgesichtigen fast Zwölfjährigen in einen ziemlich feschen coolen Teenager verwandelt. Wenn ich ihn auf der Straße getroffen hätte, als meinen kleinen Sohn hätte ich ihn nicht wiedererkannt.»[6]

Kim brachte Kassetten voller Popmusik mit nach Yangon, die er seiner Mutter vorspielte. Er versuchte ihr beizubringen, welche Bands gerade modern waren und welche Musik er besonders mochte, etwa den Reggae-Star Bob Marley oder die Rocker von Grateful Dead. Ein Lied gefiel ihr besonders, sie spielte es oft, weil es ihrer Meinung nach perfekt passte: Bob Marleys «Get up, stand up for your rights ... get up, stand up, don't give up the fight.» Wenn Kim die Musik laut aufdrehte, ließ sie ihn, ganz besorgte Mutter, gewähren. Sie wollte nicht, dass er Kopfhörer benutzte, weil sie Angst um sein Gehör hatte.

Frei bewegen wie jede andere Bürgerin konnte sie sich auch nach dem Ende des Hausarrests nicht: «Die Straße zu meinem Haus wird blockiert, dann freigegeben und wieder blockiert», schrieb sie in ihren «Briefen aus Burma». Dabei gab es kleine Varianten: Mal durfte sie ohne Probleme kommen und gehen, genau wie NLD-Mitglieder, die sie besuchen wollten. Ein anderes Mal konnte sie problemlos hinaus, doch keiner durfte hinein, und wieder ein anderes Mal bat Major Nae Soe sie, im Haus zu bleiben, ließ ihre Kollegen aber zu ihr.

Auf den Straßen hatten Studenten wieder begonnen zu demonstrieren, und die Junta vermutete die Kommandozentrale in Aung San Suu Kyis Haus. Deshalb wurde Parteivize Kyi Maung verhört. Im September 1996 war die Geduld der Regierung mit Aung San Suu Kyis Zaunreden zu Ende: Polizisten schoben gelb-schwarze Barrikaden über die University Avenue, um den Zugang zu Aung San Suu Kyis Haus zu blockieren. Daraufhin entschloss sie sich, das Grundstück zu verlassen und die Zaunreden ein paar Hundert Meter weiter zu Barrikadenreden umzufunktionieren. Das ging einige Male gut, dann bewarf Anfang November 1996 ein 200 Mann starker Mob ihren Wagen mit Steinen und schlug mit Stöcken auf ihn ein.

Auch das Auto des Militärischen Geheimdienstes und ein Polizeiwagen wurden demoliert. Windschutzscheiben von drei Autos zersprangen, und die Polizei schaute zu. General Than Shwes USDA-Schlägertruppe bewährte sich zum ersten Mal. «Die ganze Sache war von den Behörden sorgfältig geplant. Die Behörden, die uns vorwerfen,

Anarchie zu schaffen, schaffen selbst Anarchie», kommentierte Aung San Suu Kyi.[7]

Als sie merkte, dass die Generäle nicht bereit waren, der Opposition mehr Mitsprache zu gewähren und Kritiker besser zu behandeln, ging sie, wie schon vor dem Hausarrest, auf Konfrontationskurs. Den steuerte sie derart konsequent, dass es sogar Parteifreunden zu weit ging, ausländische Diplomaten die Stirn runzelten und Freunde sich abwandten. Der Hausarrest habe sie vollends in ein «politisches Wesen» verwandelt, sagte sie später in einem TV-Interview.

Die taffe Politikerin

In ihren Reden, Interviews und Gesprächen mit Diplomaten forderte sie die internationale Gemeinschaft auf, Myanmar wirtschaftlich zu isolieren, um die Junta in die Knie zu zwingen. Dies begann, als Secretary-1 Khin Nyunt ankündigte, 1996 zum «Visit Myanmar»-Jahr auszurufen. Das Land sollte ein ähnlich attraktives Touristenziel werden wie Thailand oder Vietnam, die Ausländer sollten Geld in die offiziellen Kassen und auf private Konten spülen. Denn das pfiffen die Spatzen von den Dächern der Hauptstadt: Die Militärs und ihre Familien verdienten nicht nur an den Importlizenzen für Baumaterialien mit, sondern waren auch an Hotelunternehmen beteiligt.

Aung San Suu Kyi missfiel insbesondere, dass die Junta vor allem in Hotels investierte, nicht aber in Schulen und Krankenhäuser. Ihr Fazit: «Burma bleibt bestehen. Besucher sollten später kommen.»[8]

Es ging ihr nicht nur um den Tourismus, sie wandte sich auch gegen Handel und Investitionen allgemein. Geschäfte bräuchten ein gutes Umfeld, ein politisches System, das in der Rechtsstaatlichkeit verwurzelt sei. Das allerdings existiere in Burma nicht. Deshalb sei jetzt nicht die Zeit zu investieren. Aung San Suu Kyi sei damals sogar zögerlich gewesen, die Hilfen von Nichtregierungsorganisationen zu akzeptieren, erinnert sich der deutsche Diplomat Michael Koch, der öfter mit ihr zusammentraf und über Projekte deutscher Hilfswerke diskutierte. Sie habe damals zu «fundamentalistischen Ansichten» geneigt.[9]

In jener Zeit, erinnert sich Koch, herrschte eine «Atmosphäre der Melancholie» im Land. Die Menschen wirkten furchtsam und enttäuscht, und sie hassten die Junta, die derart unfähig war.

In seiner Residenz trafen der damalige «Spiegel»-Vizechefredakteur Joachim Preuß und ich Aung San Suu Kyi, um über die aktuelle Lage zu sprechen. Zwar hatte die Militärjunta ihr inzwischen verboten, zu Hause Journalisten zu empfangen. Aber sie durfte ihre Villa verlassen und ausländische Diplomaten besuchen. Im luftigen Teehaus berichtete sie gelassen, fast fröhlich, dass sie ihre Beschatter hatte überreden können, ihr wenigstens nicht bis auf das Grundstück des Gastgebers zu folgen, sondern draußen zu warten.

Es gelang an diesem regnerischen Nachmittag, Aung San Suu Kyi ein paar Informationen über ihr Privatleben zu entlocken – Fragen, die sie bis heute sorgsam umschifft. Wie sah ihr Alltag aus? Ging sie ins Kino? Einkaufen? Nein, Kino sei nicht ihre Sache, berichtete sie. Ein Einkaufsbummel sei ihr zu mühselig, weil ihr Erscheinen stets zu viel Aufmerksamkeit errege. Wenn ihr Sohn Kim sie demnächst besuchen komme, werde sie mit ihm jedoch durch die Stadt ziehen.[10]

In den frühen neunziger Jahren hatte ich in Yangon zufällig einen Mann getroffen, der in einer Ansammlung primitiv zusammengezimmerter Holzverschläge lebte und dort Reis verkaufte. Ich war verblüfft über seine exzellenten Englischkenntnisse. Er sei eigentlich kein Händler, verriet der etwa 50-jährige Mann, sondern habe einst in den USA Metereologie studiert. Spezialisiert war er auf die Früherkennung von Wetterkatastrophen wie schweren Stürmen und Überschwemmungen. Er habe lange für den Staat gearbeitet und dann freiwillig aufgehört, sagte er lächelnd auf die Frage, warum in aller Welt er jetzt in dieser ärmlichen Bude hocke. Er machte eine eindeutige Geste: Mit denen da oben wolle er nichts zu tun haben.

Als ich ihn im Oktober 1998 wieder besuchen wollte, waren die meisten Hütten und der Markt seines Viertels verschwunden, nur die kleine Schule stand noch. Niemand wusste eine Antwort auf meine Frage, wo er geblieben sei. Vielleicht, hieß es, sei er wie andere aus dieser Gegend nach Dagon gezogen. Die Junta hatte in Dagon den Umsiedlern kleine Grundstücke zugewiesen, kilometerlang zogen sich schlammige Wege, streng quadratisch angelegt, durch ehemalige Reisfelder. Dazwischen duckten sich armselige Bambushütten. Es gab weder Trinkwasser noch eine Kanalisation, die meisten Behausungen hatten keinen Stromanschluss. Täglich machten sich Tausende in überfüllten, museumsreifen Bussen auf, um in Yangon Arbeit zu suchen. Die Fahrt dauerte oft mehr als zwei Stunden.

Den Reishändler habe ich nicht gefunden. Aber wenige Tage später ergab sich die Gelegenheit, etwas außerhalb von Yangon die Lage der Anwohner zu erkunden. Mit einer Gruppe von Ärztinnen und Krankenschwestern der Hilfsorganisation «Ärzte ohne Grenzen» fuhren wir nach Hlaing Thaya jenseits des Hlaing-Flusses im Westen der damaligen Hauptstadt.

Wir passierten große neue Villenviertel, in denen niemand zu leben schien. Gegenüber von Hlaing Thaya waren Plätze für Industrieanlagen freigeschlagen, doch außer Palmen und Bananenstauden wuchs hier nichts: keine Fabrik, keine Lagerhalle. Den Vertriebenen ging es deshalb schlecht. Jeder Zweite, schätzten Sozialarbeiter, war arbeitslos.

«Ärzte ohne Grenzen» hatte in Hlaing Thaya viel zu tun: Viele Kinder waren stark unterernährt. Die Helfer päppelten sie mit Reisbrei und Milch wieder auf Normalgewicht hoch. Zudem litten die Säuglinge an Tuberkulose, Malaria oder Durchfall. Eine Ärztin verwies auf ein gelbes flaches Gebäude, das staatliche Hospital: «Sie haben kein Geld für Medikamente», sagte sie. «Und die Kollegen kommen nur selten. Denn ihr Gehalt ist so gering, dass sie sich irgendwo anders etwas dazuverdienen müssen.» Die Ärztinnen und Schwestern beließen es nicht bei der Gesundheitsfürsorge. Um den Müttern zu einem – wenn auch geringen – Einkommen zu verhelfen, wurden sie angestellt, Anti-Aids-Plakate zu zeichnen. Und wenn Geschwister Säuglinge zum Füttern anschleppten, bekamen sie ein Blatt Papier und einen Bleistift in die Hand gedrückt und mussten üben, Buchstaben und Zahlen zu schreiben.

In den Städten erlebten damals laut offizieller Statistik 72 von 1000 Kindern nicht das fünfte Lebensjahr. Auf hundert Einwohner kam nicht mal ein Telefonanschluss. Zwar eröffneten zahlreiche private Läden, Restaurants und Supermärkte, doch die Angebote konnte sich nur ein kleiner Teil der Bevölkerung leisten. Die Preise stiegen unerbittlich, die Löhne dagegen lagen wie Wackersteine in der Tiefe. In Yangon fiel jeden Tag für zwölf Stunden der Strom aus, ganze Straßenzüge versanken in tiefer Dunkelheit. Wasserpumpen versagten, Ventilatoren stoppten, Klimaanlagen und Maschinen verstummten. Turbinen eines Wasserkraftwerkes im Norden, das die Hauptstadt mit Elektrizität versorgte, waren kaputt. Die Regierung besaß nicht genug Geld, um Ersatzteile zu beschaffen.

«Über unserem Land liegt ein Fluch», sagten die Burmesen. Das Wirtschaftswachstum sackte 1998 ebenso ab wie der Wert des Kyat. Dafür verdoppelten sich die Preise für Lebensmittel: Eineinhalb Kilo Reis kosteten anstatt 60 nun 110 Kyat – rund die Hälfte des Tageslohns eines Arbeiters. Die Folgen beschrieb die Ärztin aus Hlaing Thaya: «Die Leute essen weniger, und sie kochen nicht mehr selbst, weil Speiseöl zu teuer geworden ist.» Stattdessen ernährten sie sich an den billigen Garküchen am Straßenrand.

Das Ende einer Freundschaft

Ein Jahr zuvor hatten wir Aung San Suu Kyi über ihre Kritik an ausländischen Investitionen interviewt. Anlass war der Plan des Ostasiatischen Vereins, einer Interessenvertretung deutscher Unternehmen, in Yangon ein Büro zu eröffnen. Wir trafen uns im Pavillon auf ihrem Grundstück. Kerzengerade und konzentriert kommentierte sie die Absicht der Deutschen: «Die deutschen Unternehmen spielen der Junta in die Hände.» Gerade die deutsche Industrie sollte «aufgrund ihrer politischen Vergangenheit besonders streng prüfen, ob sie mit diktatorischen Regimen Geschäfte machen will». Denn die trügen nicht «zum Wandel bei, wenn dadurch nur mehr Geld in die Taschen ohnehin wohlhabender Leute fließt, die nicht bereit sind, ihre Macht zu teilen».[11]

So traurig, wie das Land war, so traurig entwickelte sich das Verhältnis zwischen Ma Thanegi und Aung San Suu Kyi. Die Freundin und Assistentin, die auf den oft gefährlichen und mühsamen Reisen durchs

Land in die Gewehrläufe der Soldaten geschaut hatte, war mit dem harten Isolationskurs Aung San Suu Kyis nicht einverstanden. «Als sie damit begann, ausländische Investoren aufzufordern, sich fernzuhalten, sagte ich ihr, dass dies den Menschen schaden würde, die Jobs benötigten. Sie antwortete: ‹Die Menschen müssen halt ihren Gürtel enger schnallen.› Ich sagte: ‹Es gibt keine Löcher mehr.› Ich ließ nicht locker, und sie sagte: ‹Das ist nicht wahr.› Und da endete die Diskussion.»[12] Der Konflikt brachte die Freundinnen auseinander: «Ma Suu hätte unsere Leben dramatisch verändern können. Mit ihrem Einfluss und ihrem Prestige hätte sie große Geldgeber wie die Vereinigten Staaten und Japan um Hilfe angehen können. Sie hätte verantwortliche Unternehmen ermutigen können, hier zu investieren, Jobs zu schaffen und zu einer stabilen Wirtschaft beizutragen. Sie hätte einen konstruktiven Dialog mit der Regierung anstimmen und die Grundlagen für eine nachhaltige Demokratie legen können», schrieb Ma Thanegi später in der damals in Hongkong erscheinenden Wochenzeitschrift «Far Eastern Economic Review». «... Leute brauchen Arbeit, um Essen auf den Tisch stellen zu können, was nicht sehr groß und nobel klingt, aber die Wahrheit ist, mit der wir uns Tag für Tag auseinandersetzen müssen.»[13]

Sie war der Meinung, Aung San Suu Kyi habe mit ihren hohen moralischen Ansprüchen den Landsleuten geschadet. Als Ma Thanegi mehr und mehr Gehör fand, warf die NLD ihr vor, im Gefängnis «umgedreht» worden zu sein. Nach ihrer Verhaftung auf dem Grundstück Aung San Suu Kyis war sie bis zum 26. April 1992 im Insein-Gefängnis eingesperrt gewesen. Als Gegenleistung habe ihr die Regierung angeboten, sie fortan in Ruhe zu lassen, vermuteten ihre Kritiker.

Die Künstlerin und Autorin wies die Vorwürfe weit von sich: Sie habe es nicht nötig, irgendwelche Privilegien zu genießen, fahre ein klappriges Auto und wohne in einer einfachen Wohnung. Jedenfalls gingen sich die beiden Frauen von da an aus dem Weg, die NLD erklärte sie zur Persona non grata. Gleichwohl sprach Ma Thanegi weiterhin in hohen Tönen über ihre ehemalige Mentorin. Sie habe hohe Standards, feste Prinzipien und einen starken Willen. Den Menschen werde sie immer lieb und teuer sein.

Sanktionen als Bestrafung

Die USA und die Europäische Gemeinschaft begannen damit, den SLORC für seinen groben Umgang mit der Opposition zu bestrafen. Am 20. Mai 1997 unterzeichnete US-Präsident Bill Clinton die «Executive Order» 13 047, die es amerikanischen Firmen unter anderem verbot, in Burma zu investieren. Washington weigerte sich zudem demonstrativ, das Wort «Myanmar» zu benutzen, und blieb stattdessen bei «Burma». Burmesische Generäle und ihre Familienmitglieder durften nicht mehr in die USA und in die EU einreisen.

Die Junta ihrerseits verstand die Welt nicht mehr: Nun hatte sie Aung San Suu Kyi freigelassen, und trotzdem wurde sie vom Ausland bestraft. Allein die Mitglieder des ASEAN-Staatenbundes, deren eisernes Prinzip es war, sich nicht in die inneren Angelegenheiten eines anderen ASEAN-Landes einzumischen, zeigten sich verständnisvoller: Sie gewährten Myanmar 1996 den Beobachterstatus. Ein Jahr später durften burmesische Diplomaten als Vollmitglieder die Sitzungssäle betreten.[14]

Pepsi-Cola machte im Januar 1997 seine Fabrik in Myanmar dicht und gab damit dem Druck von Kunden in den USA nach. Unter anderem hatten Studenten der Harvard- und der Stanford-Universität den Brausehersteller boykottiert. Aber auch Firmen wie der holländische Bierbrauer Heineken, dessen burmesisches Partnerunternehmen dem Militär gehörte, sowie deren amerikanische und dänische Konkurrenten zogen sich aus Furcht vor kritischen Kunden und vor sinkenden Aktienkursen aus Burma zurück.

Es war allerdings nicht nur politischer Druck, der Unternehmen veranlasste, Fabriken und Büros zu schließen: Die Militärs behandelten ausländische Investoren nicht gerade freundlich und belasteten sie mit überbordender Bürokratie. Selbst trivialste Entscheidungen seien wenigen Spitzenrepräsentanten vorbehalten, kabelte die deutsche Botschaft nach Bonn.

Die Angestellten der staatlichen Fluggesellschaft Myanma Airways benötigten schon mal mehrere Stunden, um ein Ticket für einen Inlandsflug auszustellen. Zur Prozedur gehörte, dass der ausländische Passagier die Nummern der Geldnoten, mit denen er den Flugschein bezahlte, auf ein Dokument mit zwei Durchschlägen notieren musste. Bei den seltenen Vertragsabschlüssen erwartete die Junta von ihren ausländischen Partnern eine sogenannte Unterschriftsgebühr, die mehrere Millionen Dollar betragen konnte. Zudem mussten Händler und Investoren aus verschiedenen Anlässen «Spenden» bezahlen, ohne die sich, wie die deutsche Botschaft meldete, niemand den unverzichtbaren Goodwill der herrschenden Militärs erhalten konnte.

Mit ihrer «unbeschreiblichen Dummheit, Ignoranz und Borniertheit», sagte mir damals ein westlicher Botschafter, vergrätzten sie selbst gutwillige Geschäftsleute. Kurz nachdem die Regierung zum Beispiel Unternehmen aus Singapur von hohen Importsteuern befreit hatte, wollte sie von der Ausnahmeregelung nichts mehr wissen. Entnervt ließen die Verwalter einer Supermarktkette aus Singapur die Rollläden für immer herunter.

Die 1989 begonnene Privatisierung von Staatsunternehmen war ins Stocken geraten. Wenn die Regierung überhaupt Betriebe und Fabriken verkaufte, gerieten sie meist zu Vorzugspreisen in die Hände der Generäle oder ihrer Günstlinge. Nach 36-jähriger Militärherrschaft war die Wirtschaft Burmas so gründlich ruiniert, dass sie nur mit ausländischen Krediten zu sanieren gewesen wäre. Die aber sollten erst dann fließen, wenn die Militärs ihren Untertanen mehr politische Freiheiten einräumten. «Die Generäle müssen ihre neurotische Angst vor einer politischen Öffnung aufgeben», forderte ein deutscher Geschäftsmann.

Dabei waren es Kaufleute aus Europa, die mit der Junta sympathisierten und ätzende Kritik über Aung San Suu Kyi ausschütteten. Im Hotel Aurora, einer von der französischen Gattin eines damaligen Bonner Diplomaten geführten Herberge, schwadronierte ein sogenannter Berater über die Dummheit von Aung San Suu Kyi, die keine Ahnung von Wirtschaft habe und nur die Geschäfte störe.

Der Singapurer Ableger von BMW biederte sich just in dem Moment an die Junta an, als diese gerade rund 200 Dissidenten ins Gefängnis geworfen hatte. BMW schenkte den Militärs auf einer internationalen

Industrieausstellung zwei Polizeimotorräder, woraufhin Aung San Suu Kyi, von uns nach ihrer Meinung gefragt, zürnte: «Da kann man ja gleich Gewehre schenken.»

Heftige Debatten löste ein anderes Projekt aus: Die kalifornische Unocal und das französische Unternehmen Total bauten mit thailändischen und burmesischen Partnerfirmen eine Pipeline aus dem Yadana-Gasfeld in der Andamanen-See durch Myanmar nach Thailand. Um die Rohre vor Anschlägen zu schützen, siedelte das burmesische Militär ganze Dörfer um, ohne die Einwohner ausreichend zu entschädigen. Menschenrechtler klagten, die Soldaten hätten Dorfbewohner gezwungen, an dem Projekt mitzuarbeiten, ein Kind getötet und mindestens ein Mädchen vergewaltigt. Unter dem Decknamen John und Jane Doe klagten 15 Anwohner 1996 vor einem Gericht in Los Angeles gegen die Unocal. Die Firma, so ihr Argument, hätte wissen müssen, dass die burmesische Armee bei der Absicherung eines solchen Projekts Gewalt anwende. Fast zehn Jahre später einigten sich die Kontrahenten: Unocal, das später von dem Ölmulti Chevron geschluckt wurde, erklärte sich bereit, die Kläger persönlich zu entschädigen und Schulen und Krankenhäuser in der Nähe der Pipeline zu bauen. Die Rede war von einer Summe von 55 Millionen Dollar.[15]

Die richtige Stimmung im Volk

In Yangon versuchten die Generäle unterdessen, ihr Ansehen aufzupolieren. 1997 benannten sie sich von SLORC (ein in der englischen Abkürzung besonders hässlich klingender Name) in SPDC («Staatsrat für Frieden und Entwicklung») um. Dazu soll ihnen eine amerikanische Public-Relations-Firma geraten haben, hieß es in Yangon. Die Aktion enthielt eine inhaltliche Aussage: Die Militärs beanspruchten die Macht nicht nur für eine Übergangszeit, um Recht und Ordnung wiederherzustellen, sondern für länger – und vermutlich für ewig.

Auf der anderen Seite bestand die NLD weiter darauf, endlich das 1990 gewählte Parlament zusammentreten zu lassen. Die Junta aber zeigte nicht die geringste Bereitschaft, von ihrem Standpunkt abzuweichen, dass erst eine Verfassung verabschiedet werden müsse und die Parlamentswahlen nicht so gemeint gewesen seien, wie sie die ganze Welt verstanden hatte. Doch am 27. Mai 1996, dem sechsten Jahrestag der Wahlen, erlaubte sie der NLD, einen Parteikongress zu veranstalten. Von den 392 gewählten Abgeordneten saßen zu diesem Zeitpunkt rund 200 im Gefängnis.

Die Versammlung forderte die Junta auf, alle politischen Gefangenen freizulassen und ihr Versprechen einer demokratischen Vertretung einzulösen. Zudem verlangte sie Verhandlungen. Doch die Generäle waren nicht bereit, sich mit Aung San Suu Kyi an einen Tisch zu setzen, allenfalls auf unterer Ebene könne man reden, erklärten sie.

Für die richtige Stimmung im Volk sorgte die in Yangon erscheinende offizielle Regierungszeitung «The New Light of Myanmar». In jeder Ausgabe wiederholte das Blatt in einer festen Rubrik gebetsmühlenhaft kämpferische Parolen aus dem Wörterbuch einer Militärdiktatur, die sie als «Wunsch des Volkes» deklarierte: «Zerschmettert alle internen und externen zerstörerischen Elemente als gemeinsamen Feind.» «Widersetzt Euch jenen, die versuchen, die Stabilität des Staates und den Fortschritt der Nation zu gefährden.» «Widersetzt Euch den ausländischen Nationen, die sich in die internen Angelegenheiten des Staates einmischen!»

Die Monotonie der Propagandaparolen machte das englischsprachige Blatt zur wohl langweiligsten Zeitung der Welt. Jeden Morgen studierten Diplomaten und Geschäftsleute in Yangon gequält die in ihrer Schlichtheit unübertrefflichen Argumente – und hofften, aus dem Wust der Phrasen und Parolen ein paar nützliche Informationen über das Innenleben der Junta herauszufiltern.

Im Inlandteil wurden sorgsam alle interessanten Informationen vermieden, etwa 1998 der Absturz eines Flugzeuges der Myanma Airways mit 36 Menschen an Bord. Als die Nachricht schließlich nicht mehr zu unterdrücken war, fanden die Redakteure einen Dreh, die Katastrophe ins Positive zu wenden: «Wrack gefunden», meldeten sie stolz.

«New Light of Myanmar» spiegelte die Paranoia der Junta-Generäle wider, die bis auf wenige Ausnahmen nie im Ausland gewesen waren und außer Militärtraining kaum Bildung genossen hatten. Jede Kritik von außen oder innen werteten sie als Angriff auf die «Einheit des Staates», jede Abweichung von der Norm als Bedrohung ihrer Macht, und lief etwas schief, war stets das Ausland schuld.

Hauptfeind der Zeitung war Aung San Suu Kyi, die – je nach Stimmung – mal nach ihrem britischen Ehemann «Mrs Michael Aris», mal mit vollem Namen, mal als «Schlange» bezeichnet wurde. In langen, oft in simple Geschichten verkleideten Kommentaren gifteten die Propagandisten von ihren Redaktionsräumen in der Strand Road aus regelmäßig gegen die Dissidentin und ihre Parteifreunde.

«Die Augen sind gelb»

Aung San Suu Kyi zeigte sich derweil erneut als Politikerin, die selbst in aussichtslosen Situationen extrem trotzig sein konnte und keinen Konflikt scheute. Das bewies sie bei ihren Touren durch das Land, auf abgelegenen Straßen, vor kleinen Holzbrücken, in glühender Sonne und in strömendem Regen. Immer wieder wurde sie von Soldaten oder Polizisten gestoppt, wenn sie mit dem Auto Yangon verlassen wollte – und immer wieder versuchte sie, ihr Recht durchzusetzen, selbst wenn sie wusste, dass sie keinen Erfolg haben würde. Ihre Hartnäckigkeit provozierte bizarre und zuweilen komische Szenen wie zum Beispiel am 7. Juli 1998 auf dem Weg nach Minhla, rund 150 Kilometer nördlich von Yangon, als die NLD-Delegation auf eine Blockade traf.

In einem Informationsblatt der Regierung hieß es, dass Aung San Suu Kyi und ihren Begleitern die Weiterfahrt aus «Sicherheits- und Vorbeugungsgründen» untersagt worden sei. Der wahre Grund der Blockade war der Verdacht, die Gruppe plane Aktionen, um soziale und politische Unruhen zu schüren.[16] Nach Schilderung der NLD wurde das Fahrzeug der Führungskräfte buchstäblich von rund 50 Personen von der Straße gehoben und am Straßenrand abgestellt.[17] Knapp eine Stunde später schleppten die Männer das Auto inklusive Insassen auf den Hof einer Polizeistation, um es nach einer Weile wieder auf die Straße zu hieven – mit dem Kühler Richtung Yangon. Schließlich wurde es auf die rechte Straßenseite gewuchtet, wo es die ganze Nacht stehen blieb, blockiert von zwei grünen Mazda-Jeeps und einem Polizeiwagen. Die Polizisten hatten offenbar nicht mit der Beharrlichkeit Aung San Suu Kyis gerechnet. Denn sie bestand darauf, Daw Hla Hla Moe, jene Parteifreundin, zu sprechen, die sie ursprünglich hatte treffen wollen. Sie bekam ihren Willen, zumindest teilweise: Am nächsten Morgen um sieben Uhr dreißig durfte die Pädagogin zu ihr ans Auto kommen. Schließlich erhielt sie die Erlaubnis, Aung San Suu Kyi am nächsten Tag in Yangon zu besuchen. Der Kompromiss trug deutlich die Handschrift der Dame im Fond. «Der Straßenblockade-Zwischenfall wurde durch vernünftige Diskussionen und Verhandlungen zwischen den beiden Seiten gelöst», hieß es in der NLD-Erklärung. Dies beweise, dass man zu einem Ergebnis kommen könne, wenn man nur friedlich miteinander rede.

Die zweite Blockade nur wenige Tage darauf endete mit einem ähnlichen Kompromiss. Die dritte verlief dramatischer, und nun merkte jeder, aus welchem Holz die Lady aus Oxford geschnitzt war: An einer Brücke rund 60 Kilometer westlich von der Hauptstadt blieb ihr Auto geschlagene sechs Tage lang vor einer Barrikade stehen, bis Polizisten sie schließlich «kidnappten», wie sie später sagte, und das Auto mit ihr nach Yangon zurückfuhren.

Wer gedacht hatte, damit würde es Aung San Suu Kyi belassen, täuschte sich: Im August wiederholte sich das Spektakel bei der Ortschaft Anyasu. Ziel der Tour war es, wie es in einer Erklärung des NLD-Zentralexekutivkomitees hieß, die in Bassein gewählten NLD-Parlamentarier und ihre Familien zu ermutigen.[18]

Die Junta bestand darauf, dass solche Reisen angemeldet und genehmigt werden müssten, Aung San Suu Kyi hingegen pochte auf Bewegungsfreiheit. Dieses Mal war sie besser vorbereitet, hatte Proviant und Wasser im Gepäck und saß statt in einer Limousine in einem grauen Minibus. Die Zeit verstrich. Stunde um Stunde, Tag für Tag wartete sie, dass die Polizisten die Barriere wegräumten.

Auch diese hatten sich vorbereitet: Sie schleppten einen gelben Sonnenschirm und einen Plastiktisch mit zwei Stühlen heran und spendierten, wie es in einer Pressemitteilung hieß, «importierte

Kuchen und Kekse». Zudem sei ein «mobiles Badezimmer nahe dem Auto errichtet worden, um ihr höchsten Komfort und höchstes Wohlergehen zu sichern».[19] Wie bei den Kraftproben zuvor spannte die NLD einen Sichtschutz. Aung San Suu Kyi ging es nicht gut. Ihr Arzt kam aus Yangon und stellte fest, dass sich ihre Gesundheit verschlechterte: «Die Augen sind gelb. Obwohl Wasser zu sich genommen wird, wenig Urin. Einige Tropfen Blut wurden entnommen, um zu prüfen, ob die Nieren beschädigt sind oder nicht. Der Blutdruck ist niedrig. Ihre Stimmung und die der Gruppe ist hoch.»[20] Am nächsten Tag verkündete der Mediziner, die Gelbverfärbung ihrer Augen habe sich ebenso wie die Urinausscheidung leicht verbessert, der Blutdruck sei gleich geblieben, sie habe kein Fieber. Allerdings habe Aung San Suu Kyi einen Puls von 100. Die Bluttests hätten ergeben, dass ihre Nieren leicht beeinträchtigt seien.

Mit dem Nervenkrieg wollte die Gruppe die internationale Gemeinschaft auf die Lage in Myanmar aufmerksam machen, was ihr auch gelang. «Aung San Suu Kyi besteht heute erneut auf ihrem Recht, sich in ihrem eigenen Land frei bewegen zu können, und sie ruft dazu auf, das Parlament, das das burmesische Volk vor acht Jahren gewählt hat, bis zum 21. August zusammentreten zu lassen», erklärte US-Außenministerin Madeleine Albright am 16. August in Washington.[21] Nach 13 Tagen in dem Minibus gab Aung San Suu Kyi am 24. August 1998 auf und kehrte gesundheitlich angeschlagen nach Hause zurück.

Derweil tat sich einiges auf dem internationalen diplomatischen Parkett. Was tun mit Myanmar, das die Opposition unterdrückte und aufgehört hatte, Weltbank-Kredite zurückzuzahlen? Die Gretchenfrage lautete: Weitere Sanktionen oder eine sanftere Politik? Ein Plan musste her, und der sollte abgeschirmt von der Öffentlichkeit ausgearbeitet werden. Die Wahl fiel auf das ehrwürdige Hotel Chilston Park tief in der englischen Grafschaft Kent.

Zuckerbrot und Banane

UNO-Diplomaten, Banker, Außenminister und Südostasien-Botschafter trafen sich dort, um die verschiedenen Möglichkeiten zu debattieren.[22] Bald sickerte eine Idee an die Öffentlichkeit: Für eine Milliarde Dollar humanitärer Hilfe von den internationalen Geldgebern sollten die Militärs zu einer leichteren Gangart gegenüber der Opposition gelockt werden. Die Generäle reagierten beleidigt: «Das ist, als ob man einem Affen eine Banane hinhält und ihn auffordert zu tanzen. Wir sind keine Affen, wir tanzen nicht», erklärte Außenminister Win Aung.[23]

Es dauerte nicht lange, bis sich die Chilston-Park-Teilnehmer anfingen zu streiten. Sollte die Junta erst Bedingungen erfüllen, bevor Geld floss, oder später? Die USA hatten einen klaren Standpunkt, sie hörten vor allem auf die Meinung von Aung San Suu Kyi, nach der alle politischen Gefangenen freigelassen und der NLD freie politische Betätigung zugestanden werden müsste. Diese Bedingungen müssten erfüllt werden, bevor Zuckerbrot gereicht werden könne.[24]

Aung San Suu Kyi war zu diesem Zeitpunkt indes bereit, als Geste des guten Willens einen Inspektionsbesuch der UNO und der Weltbank in Myanmar zu akzeptieren, und versuchte, ihre Meinung den Amerikanern zu vermitteln. Doch die USA spreizten sich. Als die Weltbank eine Delegation nach Yangon fliegen ließ, um herauszufinden, wie arm die Menschen waren, musste sie hoch und heilig versprechen, keine Deals mit der Junta zu machen. Washington schickte im Gegensatz zu früheren Reisen nur einen Diplomaten mit, der wenig zu sagen hatte.

In der Sache blieb Aung San Suu Kyi ungerührt. Der stellvertretende UNO-Generalsekretär für Politische Angelegenheiten, der Peruaner Álvaro de Soto, hatte in den vorangegangenen Monaten versucht, in Myanmar zu vermitteln. Bei einem Treffen mit ihm bekam sie einen Wutanfall über den Streit, wie sich die Weltbank verhalten sollte. De Soto: «Es war furchtbar. Sie beharrte auf ihrer Ansicht, dass nichts für Myanmar geschehen sollte, wofür der SPDC die Lorbeeren einheimsen könnte. Sie wollte alles zurückhalten, um zu versuchen, das Regime zu bestrafen. Ich erklärte ihr deutlich, dass ich denen nichts geben würde. Ich wollte ihnen nur das Bild eines Zuckerbrotes zeigen.»[25]

Im Oktober 1999 schrieb de Soto an den UNO-Generalsekretär: «Aung San Suu Kyi nennt ihre konfrontative Haltung psychologische Kriegsführung, in der jede Kugel zählt. Sie ist nicht bereit, dem SPDC irgendeinen Verdienst zuzugestehen, und segnet deshalb kein einziges Engagement mit dem SPDC ab. Entrüstet weist sie jeden Einwand zurück, dass die Verlierer dieser immer längeren Konfrontation die Menschen in Myanmar sein könnten.»[26]

Da klangen Bitterkeit und Enttäuschung durch, doch Aung San Suu Kyi war nicht zu erweichen. Derweil merkte die NLD, dass sie mit ihrer Forderung, das 1990 gewählte Parlament zuzulassen, bei der Junta nach wie vor auf Granit biss. Sie änderte ihre Taktik. Sie bestand nicht mehr auf der Volksvertretung, sondern entschloss sich zu einer hilflos anmutenden Geste: Im September rief sie selber eine Art Parlament ins Leben – den «Repräsentativausschuss für das Volksparlament» (CRPP) mit Sitz in der University Avenue 54. In diesem Gremium kamen alle gewählten NLD-Abgeordneten zusammen, wenn sie gerade mal in Freiheit waren. Der Ausschuss arbeitete bis 2012, in dieser Zeit legte Aung San Suu Kyi unter anderem einen Entwurf vor, wie das Bildungssystem reformiert werden sollte.

Obwohl der CRPP mehr ein Symbol als ein wirksames politisches Instrument war, reagierten die Generäle böse. Ihre Propaganda verlangte, die NLD aufzulösen und Aung San Suu Kyi aus dem Land zu werfen. Derweil wurde die Friedensnobelpreisträgerin im Ausland populärer: Dazu trugen ihre «Briefe aus Burma» bei, die zahlreiche internationale Zeitungen veröffentlichten, ihre Interviews mit dem amerikanischen Buddhisten Alan Clements («Der Weg zur Freiheit») sowie der Band mit ihren Aufsätzen, Erinnerungen ihres Mannes und einiger ihrer Weggefährtinnen («Freedom from Fear»).

Zu Hause hatte Aung San Suu Kyi mit Problemen innerhalb der Partei zu kämpfen. Die Junta versuchte wie alle Diktaturen, mit Lügen, Gerüchten und Denunziationen den Gegner zu zersetzen. So teilte sie mit, dass sich Aung San Su Kyis alter Vertrauter Kyi Maung mit ihr überworfen habe, weil sie sich der Regierung gegenüber zu konfrontativ und den erfahreneren Parteimitgliedern gegenüber zu arrogant verhalten habe.

Die NLD dementierte sofort: Der 78-Jährige tauche nur deshalb nicht mehr so häufig in der Partei auf, weil er seine Gesundheit schonen müsse, hieß es. Auf dem Empfang eines US-Diplomaten erschienen beide, sprachen aber nicht miteinander. Merkwürdig war, dass Aung San Suu Kyi später in einem gereizt geführten Interview mit dem damaligen Hongkonger Wochenmagazin «Asiaweek» einen Konflikt mit ihrem Gefährten nicht abstritt und erklärte, dass U Kyi Maung nicht ihr Hauptberater gewesen sei.

Fest steht: Die schwierigen Umstände forderten ihren Tribut, NLD-Mitglieder hielten dem Druck nicht stand und wurden mürbe. Das ist nicht verwunderlich, standen doch viele stets mit einem Bein im Gefängnis. Spitzel lauerten an fast jeder Straßenecke, Geschäftsleute, die Mitglied der NLD waren oder mit ihr sympathisierten, bekamen keine Aufträge mehr, Angestellte des öffentlichen Dienstes verloren ihren Job. Die Arbeitsbedingungen für die Oppositionellen waren katastrophal: Faxgeräte waren verboten, Telefonleitungen gekappt, Zeitungen und Zeitschriften aus dem Ausland durften nicht ausgeliefert werden.

1996 hatten einige Mitglieder den Beschluss, die verfassunggebende Versammlung zu verlassen, nicht mitgetragen. In der Folge kam es zu einem Streit zwischen dem NLD-Abgeordneten Than Tun und Aung San Suu Kyi. Sie blieb Siegerin, Than Tun musste die Partei verlassen.

Wirbel löste auch ein Brief aus, den 1999 einige Mitglieder an den NLD-Vorsitzenden Aung Shwe schrieben, allerdings mit Durchschlag an den Erzfeind Khin Nyunt. Sie schlugen ein Gespräch zwischen Partei und Junta auf unterer Ebene vor – ohne Aung San Suu Kyi. Das entsprach in etwa der Linie der Junta, die Verhandlungen mit der «Marionette von Neokolonialisten» vehement verweigerte. Die Politikerin war fassungslos über dieses Vorgehen. Die meisten Rebellen flogen aus der Partei.

Eine Hiobsbotschaft aus England

Auch als Aung San Suu Kyi ein schwerer Schicksalsschlag traf, verweigerte die Junta jeglichen Kompromiss. Im Gegenteil, die Generäle versuchten die Lage auf zynische Weise für sich auszunutzen. Michael Aris, der inzwischen an der Harvard-Universität in Boston lehrte, erfuhr Anfang 1999 von seinen Ärzten, dass er an Prostatakrebs litt und vermutlich nicht mehr zu retten war. Aung San Suu hätte zu ihrem sterbenden Mann ans Krankenbett eilen können. Doch sie wusste, dass die Junta nur auf die Gelegenheit wartete, sie loszuwerden. In diesem Moment entschied sie, in Yangon zu bleiben. Denn so viel war klar: Wenn sie sich ins Flugzeug nach London setzen würde, käme sie nicht mehr ins Land zurück. Diese Gelegenheit wollte sie der Junta nicht geben. Zu sehr war sie inzwischen mit dem Land verbunden, zu tief in den Kampf gegen die Generäle verstrickt, um alles für ihren todkranken Gatten aufzugeben.

Es gab einen Ausweg: Aris hätte für seine letzten Tage zu seiner Frau reisen können. Doch die Regierung lehnte seinen Visumsantrag ab und ließ sich nicht durch internationale Appelle erweichen: Zahlreiche Regierungen, der Papst und UNO-Generalsekretär Kofi Annan setzten sich für Aris ein. Doch die Antwort aus Yangon lautete knapp: Daw Aung San Suu Kyi könne ja nach England reisen.

Aung San Suu Kyi blieb bei ihrer Entscheidung. Sie hatte dies mit ihrem Mann besprochen, der Verständnis zeigte und sie darin bestärkte, nicht zu kommen.[27] Ein paar Tage vor seinem Tod zog Aung San Suu Kyi ein besonders schönes Kleid an, steckte sich eine Rose ins Haar und fuhr zur britischen Botschaft, um einen Abschiedsgruß auf Video aufzunehmen. Seine Liebe sei der Stützpfeiler ihres Lebens gewesen, sagte sie. Unbemerkt von den Spitzeln der Junta, sollte die Botschaft mit diplomatischer Kurierpost möglichst schnell nach England gelangen. Doch das Päckchen kam erst drei Tage nach seinem Tod an.[28]

Nach außen hin schien sie dies nicht allzu schwer zu nehmen. In einem Interview mit einem indischen TV-Sender sagte sie später, für sie sei es wichtig gewesen, dass er, ohne zu viel leiden zu müssen, sterben konnte und es nicht sehr viel geändert hätte, wenn die Botschaft rechtzeitig angekommen wäre.

«Sie weinte, als sie hörte, dass ihr Mann gestorben war, aber es war nur ein kurzer Moment, in dem ihre Gefühle sie überwältigten. Dann kam sie darüber hinweg und war diejenige, die die Leute tröstete, die sie besuchten», sagte Su Su Lwin, eine Freundin aus der NLD.[29] Als ein Offizier in ihrer Villa erschien und der Witwe jede mögliche Hilfe anbot, warf sie ihn hinaus.

«Im Namen meiner Söhne Alexander und Kim und ich selbst danke allen in der Welt, die meinen Mann während seiner Krankheit unterstützt haben und die mir und meiner Familie Zuneigung und Sympathie schenkten», erklärte Aung San Suu Kyi nach seinem Tod. «Ich hatte das große Glück, so einen wunderbaren Ehemann zu haben, der mir immer das Verständnis entgegenbrachte, das ich brauchte. Niemand kann das von mir nehmen.»

Aung San Suu Kyi hatte nicht nur ihren Ehemann und den Vater ihrer Kinder, sondern auch eine wichtige Stütze für ihre Arbeit verloren. Michael Aris war unermüdlich für sie und die burmesische Sache unterwegs gewesen. Er hielt Reden, gab Interviews, übermittelte Nachrichten, schickte Pakete. Bevor die Söhne flügge wurden, versuchte er, von dem Freunde behaupteten, er könne nicht mal ein Omelett braten, den Haushalt zu organisieren. Zeitweise engagierte er zwei burmesische Nonnen als Hilfen – bis die Botschaft in London dafür sorgte, dass die Frauen nach Myanmar zurückkehrten.

Nach seinem Tod am 27. März 1999, genau an seinem 53. Geburtstag, kämpfte Aung San Suu Kyi weiter. Sie versuchte erneut ins Land zu fahren – und wieder blockierten Soldaten und Polizisten ihren Konvoi. Am frühen Morgen des 2. September 2000, nach neun Tagen Nervenkrieg im Yangoner Bezirk Dala, kaperten fast 200 Bereitschaftspolizisten die Autos der NLDler und beförderten die Insassen nach Hause zurück. «Dala-Zwischenfall endet gut», verkündete die Junta. «Daw Aung San Suu Kyi, ihre Reisegefährten und all ihre Bediensteten kamen an diesem Morgen gut und sicher zu Hause an, nachdem sie sich acht Tage in Dala Town aufgehalten hatten.»[30]

Hinter den sinnlos erscheinenden Versuchen, die Stadt zu verlassen, steckte eine Überzeugung: Gegen die Macht der Militärs half nur Symbolik, gegen die Gewehrläufe nur Hartnäckigkeit. Ihre Anhänger, so hoffte Aung San Suu Kyi, sollten erfahren, dass sie nicht aufgab, dass sie bei dem Versuch, die Junta zum Einlenken zu bringen, stets aufs Neue an ihre Grenzen ging. Zudem sollte die internationale Gemeinschaft, vor allem der ASEAN-Staatenverbund, auf die Zustände in Myanmar aufmerksam gemacht werden. Teilweise funktionierte die Taktik: UNO-Generalsekretär Kofi Annan zum Beispiel protestierte öfter dagegen, wie die Junta mit Aung San Suu Kyi umsprang.

Auch ein Versuch im September 2000, mit der Eisenbahn Yangon zu verlassen, endete mit einem Fehlschlag. Es gebe keine Karten, erklärten ihr die Bahner. Militärs brachten sie nach Hause zurück – und sperrten sie wieder ein. Es folgte ein fast zwei Jahre andauernder «virtueller», «de facto» oder «inoffizieller» Hausarrest, wie die Regierungspropaganda je nach Laune die Tatsache nannte, dass sich Aung San Suu Kyi auch in Yangon nicht mehr frei bewegen konnte.

Das Schicksal der Vettern

Ihren Cousins war es in der Zwischenzeit ebenfalls nicht gut ergangen. Der ehemalige Mathematiklehrer Cho Aung Than berichtet, wie 1997 ein Ausländer dem Mann seiner Schwester eine Dollarspende für die NLD überreicht und er selbst das Geld an Aung San Suu Kyi weitergegeben habe. An die Summe kann er sich nicht mehr erinnern, sehr viel sei es wohl nicht gewesen. Die Höhe der Summe war auch gar nicht wichtig – gewöhnliche Burmesen durften keine ausländische Währung besitzen. Seine Schwester, sein Schwager und er selbst wurden wegen illegalen Devisenbesitzes verhaftet. Cho Aung Than zeigt aus dem Fenster auf die Straße auf die Stelle, wo sie ihn verhafteten. Bei dem Verhör erklärten sie: «Wir wissen alles, du kannst nicht leugnen.» Er erinnert sich noch genau an die Schläge: «Es waren sieben, zwei in den Magen, einer ins Gesicht, vier in den Nacken.»

Dann verbanden sie ihm die Augen. «Ich musste meine Arme hochhalten. Wenn ich sie herunternehmen wollte, haben sie mit einem dünnen Stock auf die Knochen geschlagen. Da habe ich mir vorgenommen, das nicht mehr mit mir machen zu lassen. Ich sagte mir: ‹Du wirst dich wehren.› Ich habe die Arme heruntergenommen und meine Hände zu einer Faust geballt. Da hörten sie auf zu schlagen und brachten mich in die Zelle.»

Die Junta verurteilte ihn zu zehn Jahren Haft. Ursprünglich sollte er im Kalay-Gefängnis im Norden eingesperrt werden, auf der Fahrt brach er jedoch zusammen. Ein Haftarzt erklärte ihn für transportunfähig, und er landete wieder im Insein-Gefängnis. Nach vier Jahren entließen die Behörden seine Schwester und seinen Schwager, nach fast fünf Jahren kam er selbst frei.

Auch der ehemalige Finanzdirektor Aye Win landete hinter Gittern – allerdings ohne Urteil. Auf ihn wandte die Junta den Paragraphen 10 (B) an, den sie schon bei seiner Cousine bemüht hatten und der eine Haft ohne Urteil erlaubte. «Technisch bin ich nicht verurteilt worden, ich wurde als ‹sehr gefährlich› eingestuft.» Seine Familie durfte er während der Haft nicht sehen.

Wenn er sich an seine Zeit im Insein-Gefängnis erinnert, denkt er nicht nur an das Schicksal der politischen Häftlinge. Schlimmer, sagt er, erging es den gewöhnlichen Gefangenen. «Gewöhnliche Kriminelle wurden nicht wie Menschen behandelt, sie wurden in großer Zahl zusammengepfercht. Nur wer Geld hatte, konnte seine Lage verbessern.» Die politischen Gefangenen teilten ihre Zelle in der Regel nur mit zwei, drei anderen. Einmal am Tag durften sie die Zellen verlassen, um sich an einem Wassertrog 15 Minuten lang zu waschen. In dieser Zeit konnten sie mit anderen Häftlingen sprechen. Die Wärter seien manchmal freundlich gewesen, sie baten die Häftlinge sogar, ihnen etwas von ihren Essensrationen abzugeben, wenn die besser versorgt waren als sie selbst. Zweimal erlaubten die Aufpasser, ihn wegen seines kranken Herzens ins Krankenhaus zu bringen.

Als Aye Win 2001 entlassen wurde, musste er ganz von vorne anfangen. Seine Buchhaltungsfirma hatte keine Kunden mehr, weil die Menschen Angst hatten: Niemand wollte wegen Kontakten mit einem ehemaligen politischen Häftling in Schwierigkeiten geraten. Um über die Runden zu kommen, war Aye Win auf seine Verwandtschaft angewiesen – und auf sein Erspartes. Noch immer trägt er schwer an seinem Schicksal und an dem seines Landes. «Sie haben so viel Unrecht getan und so viele Verbrechen begangen, sie sollten bestraft werden», sagte er im Februar 2014. «Um offen zu sein: Ich bin verbittert.»

8. Blumen für Buddha

2000–2010

Der Fauxpas des Diplomaten

Aung San Suu Kyi saß wieder in ihrem Haus fest, dieses Mal allerdings isolierten die Militärs sie nicht ganz so streng wie das erste Mal. Sie durfte, grünes Licht der Generäle vorausgesetzt, Besucher empfangen. So öffnete sich das Tor für amerikanische, japanische und europäische Diplomaten. Auch UNO-Abgesandte, wie Paulo Pinheiro, der «UNO-Sonderberichterstatter für die Situation der Menschenrechte in Myanmar», konnten sie aufsuchen. Vor allem aber war es Razali Ismail, der UNO-Sonderbeauftragte für Myanmar, der öfter zu ihr vorgelassen wurde.

Andere Politiker erwiesen sich als feige: Der malaysische Ministerpräsident Mahathir Mohammad etwa oder die indonesische Regierungschefin Megawati Sukarnoputri machten, zu Besuch in Yangon, einen weiten Bogen um die University Avenue. Sie hielten es lieber mit den Mächtigen. Mahathir fand Demokratie in der Region ohnehin nicht erstrebenswert. Er und andere ASEAN-Regierungschefs warfen Aung San Suu Kyi vor, keine richtige Asiatin zu sein. Asien pflege eben andere Werte als der Westen, erklärten sie.

Mahathirs Landsmann Razali gelang es jedoch, einen Gesprächsfaden zwischen Aung San Suu Kyi und der Junta zu spinnen. Behilflich war ihm der Schweizer Diplomat und Burma-Kenner Léon de Riedmatten, der für das private Genfer «Humanitäre Dialogzentrum» in Yangon saß und sie am 19. Juni 2001 an ihrem 56. Geburtstag besuchen durfte. Hinter den vorsichtigen Kontakten steckte offenkundig der oberste Geheimdienstler und Secretary-1, Generalleutnant Khin Nyunt.

Er hatte auch das erste Treffen Razalis mit Aung San Suu Kyi Mitte Juni 2000 erlaubt, als sie noch in Freiheit war.

Es war ein heißer und feuchter Tag, als Razali Ismail in einer Regierungslimousine bei ihr vorfuhr. Er wartete in einem Raum, in dem ein großes Gemälde von Aung San Suu Kyis Vater, General Aung San, hing. Nach einer Weile kam die Gastgeberin in einer blauen Bluse und einem Longyi herein, eine Jasminblüte im Haar. Razali hatte Probleme, so gerade zu sitzen wie sie, denn die Stühle hatten keine Lehne, und nach einer Weile sank er in sich zusammen. «Es gab keinen Zweifel – sie sah sehr attraktiv aus, und der Duft der Jasminblüte hing aus nächster Nähe in der Luft.»[1]

Der UNO-Mann ließ sich zu einem Kompliment hinreißen, das er später selbst als undenkbaren Fauxpas für einen Diplomaten beschrieb: «Sie sind nicht nur mutig, sondern auch attraktiv.» Aung San Suu Kyi überhörte es. Gleichwohl kam Razali mit ihr, die von seinen Kollegen als eisig beschrieben worden war, gut zurecht. Er hatte sich vorgenommen, ihre Lage zu verbessern. Gleichzeitig wollte er sie dazu bewegen, etwas weniger hartleibig zu sein und einen Weg zu finden, mit den Generälen zu reden. Das allerdings war nicht so einfach. Die Oppositionsführerin war, so sein erster Eindruck, «gebieterisch, prinzipientreu und unbeugsam».[2]

Razali versuchte, auch die Generäle zu besänftigen. Deshalb hielt er sich mit Kritik an ihrem Umgang mit den Menschenrechten zurück. Ansonsten benahm er sich unkonventionell, schickte etwa die Polizeieskorte nach Hause und stieg ins Auto des Schweizers de Riedmatten. Fast immer, wenn Razali in Myanmar war, durfte er sich mit Aung San Suu Kyi treffen – jeweils vor und nach seinen Konferenzen mit Regierungsvertretern.

«Die Chemie stimmt nicht»

Diese fand der Malaysier äußerst langweilig, bestanden die Offiziellen doch jedes Mal darauf, ihm Fortschritte bei Brücken- und Straßenbau zu schildern und ihm Erfolgsstatistiken zu präsentieren. Im Außenministerium konnte er nicht an sich halten und warf seinen Gesprächspartnern fehlendes diplomatisches Können bei der Suche nach Geldgebern vor. Die Gastgeber waren ein wenig beleidigt, aber das war offensichtlich seine Absicht.

Die Begegnungen mit der Lady fand er spannender. Sie erzählte ihm im besten «Queen's English» ihre Geschichte und erwies sich als gute Kennerin der UNO und des Geschehens in der Welt. Razali Ismail bat sie inständig, mit den militärischen Führern zu sprechen, und warb gleichzeitig bei Khin Nyunt, sich mit ihr zusammenzusetzen.

Am 6. Mai 2002 hoben die Generäle nach 19 Monaten den zweiten Hausarrest Aung San Suu Kyis auf. Regimesprecher Oberst Hla Min befand, dass für die Bevölkerung von Myanmar und die internationale Gemeinschaft nun eine neue Seite aufgeschlagen werde: «Wir haben fast 600 Häftlinge in den letzten Monaten entlassen, und wir werden weiter jene entlassen, die nicht der Gemeinschaft schaden oder den existierenden Frieden, die Stabilität und die Einheit der Nation bedrohen.»[3] Das Versprechen war recht vage: Denn alle politischen Häftlinge saßen im Gefängnis, weil sie nach Meinung der Junta haargenau das getan hatten – Frieden, Stabilität und Einheit zu bedrohen.

Junta-Chef Than Shwe ließ sich von Razali überraschenderweise überreden und traf sich bald darauf erneut mit seiner Erzfeindin. Razali erfuhr zunächst nichts davon. Später berichtete Aung San Suu Kyi dem verblüfften und wohl etwas beleidigten UNO-Diplomaten von dem Treffen. Die Gespräche seien unbefriedigend, das Abendessen mit den Generälen sei mehr ein Monolog des Senior-Generals als eine konstruktive Diskussion gewesen.

Sie ließ sich als Geste des guten Willens darauf ein, Vorzeigeprojekte der Regierung wie etwa Bewässerungskanäle zu besichtigen. Weitere Gespräche folgten. Niemand weiß, was Aung San Suu Kyi und die Generäle genau beredeten. Zum entscheidenden Thema der politischen Reformen drangen sie jedoch nicht vor. Zwischen ihr und Than Shwe habe die Chemie nicht gestimmt, berichtete Razali später.

Der Senior-General fand es unter seiner Würde, sich mit einer Oppositionsführerin an einen Tisch zu setzen. Diese bestand darauf, als ebenbürtig behandelt zu werden. Mit der Zeit bekam Aung San Suu Kyi immer unbedeutendere Gesprächspartner – und sie verlor die Geduld.

Etwas brachten die Kontakte ein: Die Junta setzte eine Anzahl von politischen Gefangenen auf freien Fuß, unter anderem die beiden Cousins von Aung San Suu Kyi. Zudem durfte die NLD 2002 in Yangon 35 Büros wieder eröffnen. Die Staatspresse stoppte ihre giftigen Attacken. Aber, so sagte Aung San Suu Kyi in einer Sendung der BBC, es liege noch ein sehr, sehr langer Weg vor ihnen.

Als Gegenleistung für ihre Freilassung hatte sie versprochen, keine Zaunreden mehr zu halten und nicht zu demonstrieren Warum war die Junta plötzlich bereit, mit ihr zu sprechen? Es war wohl wieder einmal der Wunsch, Hilfsgelder und Investitionen anzulocken. Das Land war mit Milliarden Dollar verschuldet, und Japan, der wichtigste Geldgeber und Gläubiger Myanmars, mit der Politik der harten Hand unzufrieden. Als neues Mitglied von ASEAN wollte die Regierung nicht als Schmuddelkind der Südostasiatischen Staatengemeinschaft dastehen. Der Verdacht tauchte auf, dass Malaysias Ministerpräsident Mahathir ein Geschäft zwischen der staatlichen Ölgesellschaft Petronas und einem burmesischen Unternehmen ohne größeren Imageschaden abwickeln wollte und deshalb auf die Junta einwirkte, sich etwas gefälliger zu zeigen.

Auch Razali Ismail kam in den Ruch, nicht ganz uneigennützig zu handeln: Ein Unternehmen, an dem er beteiligt war, verkaufte E-Pässe nach Myanmar. Am Ende blieb alles, wie es war: Die Junta bewegte sich nicht von der Stelle – außer Spesen nichts gewesen.

Ärger mit dem Bruder

Ungemach drohte Aung San Suu Kyi von unerwarteter Seite. Noch während sie im Hausarrest saß, beanspruchte ihr Bruder Aung San Oo, in den USA mit einer Burmesin verheiratet, die Hälfte der Villa. Sein Vorstoß zeigte nicht nur, wie schwierig das Verhältnis zwischen ihm und seiner Schwester war, sondern auch, wie schwer es burmesische Juristen gewöhnlich hatten, ihren Mandanten zum Recht zu verhelfen. Denn plötzlich hing die Notiz eines Anwalts an einem Torpfosten der University Avenue 54, noch dazu nach außen zur Straße hin, wo Aung San Suu Kyi sie nicht sehen, geschweige denn lesen konnte: Sie werde auf die Herausgabe einer Hälfte der Villa verklagt. Während sie ahnungslos im Haus eingesperrt war, hatten ausländische Diplomaten Wind von dem Zettel bekommen. Kurz darauf sprach der britische Botschafter im britischen Klub den Anwalt U Kyi Win mit der Bitte an, den Fall zu übernehmen.

Kyi Win ist im Sommer 2014 ein betagter Herr mit schlohweißem Haar, der mit seiner Frau Dolly in einem Villenviertel jenseits des Hlaing-Flusses lebt und seine Memoiren schreibt. Einst war er Bezirksstaatsanwalt in Rangun, dann wurde er in die Provinz versetzt, weil er an Demonstrationen gegen das Regime teilgenommen hatte. «Als Staatsanwälte gewannen wir damals alle Fälle, als Verteidiger verloren wir alle», erinnert er sich.[4] Aung San Suu Kyi hatte er bereits bei früheren Gelegenheiten kennengelernt, einmal hielt er in ihrem Haus einen Vortrag über Bürgerrechte und war danach von ihr zu Reisnudeln eingeladen worden.

Da stand er mit seinem Whiskyglas in der Hand, in dem das Eis langsam schmolz, und fragte sich, was er tun sollte. Wie konnte er einen Fall übernehmen, von dem er offiziell nichts wusste? Es war verboten, als Anwalt selbst die Initiative zu ergreifen. «Also schrieb ich eine kleine Note an Aung San Suu Kyi und fragte sie ganz allgemein: ‹Wie kann ich Ihnen helfen?›»

Da er selbst keine Schreibmaschine besaß, ging er zu einem der Stadtschreiber, die mit einer Maschine auf der Straße saßen und Schriftstücke an die Behörden aufsetzten. Als eine junge Frau jedoch sah, dass sie den Namen Aung San Suu Kyi tippen sollte, weigerte sie sich genau wie ihre Kollegen. Kyi Win lacht ein zahnloses Lachen: «Die Angst war damals so groß, dass die Leute es nicht einmal wagten, den Namen der Lady zu schreiben. Also ließ ich ihn weg und setzte ihn später ein.»

Dann wandte er sich an Ohn Nyunt, einen Vertrauten Aung San Suu Kyis, dessen Sohn jeden Tag für die Gefangene einkaufte. Der junge Mann übergab das Schreiben an den Militärischen Geheimdienst, der sich gegenüber der Villa eingenistet hatte. Am nächsten Tag erhielt der Anwalt einen Anruf, dass er um 17 Uhr hineingehen dürfe.

Aung San Suu Kyi empfing ihn im Esszimmer und fragte ihn nach den möglichen Rechtsmitteln. Die juristische Lage war nach Meinung Kyi Wins klar. Die Geschwister hatten am 5. Januar 1989, neun Tage nach dem Tod der Mutter, eine schriftliche Vereinbarung getroffen, die vor Zeugen unterschrieben worden war. Der Bruder habe damals zugestimmt: «Du kannst meinen Anteil nutzen, solange du willst. Nur wenn du das Haus verkaufst, bekomme ich die Hälfte. Und wenn du es vermietest, bekomme ich ebenfalls die Hälfte.» Anwalt Kyi Win brachte diese Verabredung als Beweismittel Nr. 5 in den Prozess ein.

Warum Aung San Oo plötzlich Ansprüche stellte, war nicht klar, er selbst hat sich nie öffentlich geäußert. Das Grundstück war sicher viel wert, aber aus der von der Witterung geplagten Villa mit dem ewig kaputten Dach und den rostigen Regenrinnen war zu diesem Zeitpunkt nicht viel Geld zu machen.

Aung San Oo wurde nachgesagt, er sympathisiere politisch mehr mit der Regierung als mit seiner Schwester. Womöglich war das Ganze eine Idee der Junta, die ihre hartnäckigste Gegnerin nicht nur in dieses Haus einsperrte, sondern es ihr auch noch wegnehmen wollte? Der frühere Diplomat an der Botschaft in Washington, Major Aung Lin Htut, glaubte zu wissen, dass seine Regierung hinter der Klage steckte. Der damalige Botschafter U Tin Win habe den Befehl aus Yangon bekommen, die Unterschrift des Bruders für diese Klage einzuholen, berichtete er. Als Gegenleistung winkten ihm gute Geschäfte in der Heimat für seine Frau und deren Familie.

Nach Aung Lin Htut, der sich 2005 von der Regierung absetzte und inzwischen in den USA lebt, prüfte der Botschafter die von Aung San Oo mit seiner Unterschrift zurückgeschickten Papiere sorgfältig, setzte seine Unterschrift zur Bestätigung darunter und sandte sie mit der diplomatischen Post zurück an General Than Shwe.[5] Allerdings war Aung San Oo inzwischen amerikanischer Staatsbürger und durfte keinen Grund und Boden in Myanmar besitzen. Aber galt das für einen ehemaligen Burmesen? Richter Soe Thein jedenfalls wies seine Klage zweimal aus formalen Gründen ab.

Womöglich hatte diese Entscheidung politische Gründe. Denn Japans Ministerpräsident Ryutaro Hashimoto, dessen Land ein wichtiger Geldgeber und einer der größten Gläubiger Myanmars war, hatte die Generäle davor gewarnt, Aung San Suu Kyi zu sehr in die Ecke zu treiben. Kurze Zeit nach dem Urteil gewährte Tokio einen großzügigen Kredit für die Renovierung des Baluchaung-Kraftwerkes.[6] Der Fall war zwar gewonnen – allerdings handelte es sich nur um einen Etappensieg. Der Streit sollte noch viele Jahre wie ein Damoklesschwert über Aung San Suu Kyi hängen. Auf ihre Frage nach dem Honorar antwortete der Anwalt: «Wäre es mir um das Geld gegangen, hätte ich den Fall nicht übernommen.»

Der Sturz des greisen Diktators

Denn kaum ein Entgelt hätte das Risiko aufgewogen, das er auf sich nahm. Damals scherzten Oppositionelle, wenn Aung San Suu Kyi einen Hund hätte, würde die Junta den Tierarzt verhaften. Kyi Win landete weder hinter Gittern, noch erlitt er berufliche Nachteile: Er war zu dieser Zeit bereits pensioniert. Doch er wurde ständig von zwei Agenten beobachtet. Diese Aktion nahm kuriose Züge an, als die beiden plötzlich verlegen vor der Tür standen. Denn auch für staatliche Spitzel galt damals das Motorradfahrverbot in der Innenstadt Yangons. Sie konnten ihrem Objekt deshalb nicht ständig folgen. Also baten sie es um Hilfe, und Kyi Win nahm sie in seinem Toyota Corolla mit. «Wir wurden mehr oder weniger Freunde.»[7]

Als Aung San Suu Kyis Tante, Khin Gyi, mit 91 Jahren starb, durfte die Nichte nicht an der Beerdigung teilnehmen. Zudem erhielt UNO-Unterhändler Razali Ismail auf einmal keine Erlaubnis, mit Aung San Suu Kyi zu sprechen. Der Grund war ein innenpolitisches Beben: Der greise Held der Junta, Ne Win, stürzte vom Sockel. Der Ehemann von Sanda Win, der Tochter des nunmehr 91-jährigen Exdiktators, und drei von Ne Wins Enkeln wurden verhaftet. Sanda Win selbst durfte ihr Haus nicht verlassen. Sie alle hätten versucht, so der Vorwurf, gegen den SPDC zu putschen. Bis auf Sanda Win wurden alle vermeintlichen Verschwörer zum Tode verurteilt, der Richterspruch wurde allerdings nicht vollstreckt.

Bereits zuvor hatte es unter den Generälen Unruhe gegeben. Generalleutnant Tin Oo, viertmächtigster Mann der Junta und berüchtigt für seine Drohung, die NLD «auszulöschen», kam am 19. Februar 2001 bei einem Hubschrauberabsturz ums Leben. Sofort machten Gerüchte die Runde, er sei von Gegnern beseitigt worden. Der Verdacht lag nahe, denn schon zweimal war der Offizier nur knapp dem Tod entronnen.[8] Begannen die Generäle damit, sich im Kampf um Macht und Pfründe gegenseitig umzubringen? Gab es gar einen tödlichen Streit über die Geheimgespräche mit Aung San Suu Kyi und die Frage, ob und wie weit man ihr entgegenkommen sollte?

Die Lady hielt nach der Freilassung ihre Zusage ein, keine Versammlungen mehr einzuberufen. Leicht war das nicht, denn wo immer sie ging, kamen Hunderte, wenn nicht gar Tausende von Leuten zusammen. Sie nahm den Faden wieder auf, den die Junta im Jahr 2000 abgeschnitten hatte: Sie reiste, wohl auch, um die Regierung auf die Probe zu stellen. Fast zehnmal tourte die Politikerin in den nächsten Wochen und Monaten durch das Land, mal ins Innere nach Mandalay, mal nach Süden in den Mon-Staat, mal nach Norden zu den Shan und mal nach Westen zu den Rakhine.

Zunächst allerdings musste sie sich mit einer weiteren privaten Angelegenheit befassen. Nach dem Konflikt mit ihrem Bruder tauchte ein Cousin mütterlicherseits, Ko Soe Aung, auf. Er war der Sohn der jüngst verstorbenen Khin Gyi und wollte auf dem Gelände einziehen. Als Aung San Suu Kyi ihn nicht hineinließ, kam es zu einem Handgemenge, bei dem sie einen Schlag abbekam. Beide zogen vor Gericht. Im Februar 2003 kam es zum Prozess mit dem Ergebnis, dass die Richter beide Streithähne verurteilten: Aung San Suu Kyi zu umgerechnet 50 US-Cent oder einer Woche Gefängnis, den Cousin zu einem Dollar oder einem Monat Gefängnis.

Sie gehe lieber ins Gefängnis, als das Geld zu bezahlen und damit irgendeine Schuld einzugestehen, erklärte Aung San Suu Kyi. Daraufhin setzte das Gericht das Urteil aus. Es wollte wohl keinen größeren Ärger, hatte sich vor dem Gerichtsgebäude doch eine größere Menschenmenge angesammelt. Die NLD vermutete einen finsteren Plan hinter der Sache: Die Regierung habe den Cousin angestiftet, um die Lady in einen Streit zu verwickeln, der ihrem Ruf schadete.

Bei ihren Touren durch das Land ließen die Behörden sie in der Regel in Ruhe, in Mrauk-U im Rakhine-Staat, 740 Kilometer nordwestlich von Yangon, versuchten Polizisten jedoch, die Zuschauer mit Stöcken auseinanderzutreiben. Daraufhin kletterte Aung San Suu Kyi kurzentschlossen auf einen Feuerwehrwagen, der als Wasserwerfer diente, und rief: «Ich stehe hier im Namen der Demokratie, die die Menschen vor alles andere stellt. Unsere erste Pflicht ist es, den Menschen zu dienen und ihnen zu helfen – die Polizei und andere Offizielle haben dieselbe Aufgabe. Ich kann nicht abseitsstehen und zusehen, wie meine Leute in dieser Art und Weise schikaniert werden.»[9]

Die Ordnungshüter ließen die Zuschauer schließlich zufrieden, und Aung San Suu Kyi forderte sie auf, friedlich nach Hause zu gehen. Das war der erste Zwischenfall nach langer Zeit. Anderswo versuchten lokale Funktionäre, sie aus der Ruhe zu bringen, indem sie während ihrer Ansprachen die Sirenen der Feuerwehrwagen heulen ließen. Solche Vorfälle seien keinesfalls ein Versuch, ihre Reisen oder Aktivitäten zu stören, versicherte die Junta.

Den NLD-Anhängern entging nicht, dass sich vor und nach den Veranstaltungen in der Provinz immer mehr dunkle Gestalten auf Armeelastern einfanden. Es handelte sich um Mitglieder der Regierungsorganisation USDA. Noch verteilten sie nur Flugblätter gegen die Politikerin. Darin wurde sie als «Gala Mya» verunglimpft, ein Schimpfwort mit rassistischem Unterton, das Frauen von Indern, Muslimen und Ausländern galt. Es sollte nicht bei Beleidigungen bleiben.

Wie schon vor ihrem zweiten Hausarrest beklagte Aung San Suu Kyi, dass die Junta zu keinem politischen Dialog bereit sei, seitdem die vertrauensbildenden Gespräche zwischen ihr und den Generälen im Oktober 2000 begonnen hatten. «Wir sind nicht entmutigt», erklärte sie, «aber wir machen uns Sorgen, denn je länger der Dialog aufgeschoben wird, desto mehr Leute werden leiden.»[10]

Ihrer Meinung nach waren die Menschen zunehmend unzufrieden mit der Lage im Land, nicht nur mit der Wirtschaft, sondern auch mit dem Zustand der Bildung, des Gesundheitswesens, mit vielen Dingen. Es gebe viel Enttäuschung, weshalb ein schneller Wandel notwendig sei. Es reiche nicht aus, darüber zu sprechen, es müsse Wandel geben.[11]

Es braut sich etwas zusammen

Die Stimmung war wieder gereizt, als Aung San Suu Kyi im Mai zu ihrer damals letzten und längsten Reise aufbrach. Sie führte sie nach Mandalay, dann in den Kachin-Staat. In der Stadt Myitkyina wurde deutlich, dass sich etwas zusammenbraute: USDA-Anhänger versuchten ihren Konvoi zu stoppen und schwenkten Plakate mit Regierungsslogans. In den Fäusten hielten sie nicht nur Holz- und Eisenstangen, sondern auch Zwillen mit Kugeln aus Fahrradkugellagern und Metallmuttern. In Monywa waren es Mönche, die mit Katapulten auf die USDA schossen und sie in die Flucht trieben, obwohl Aung San Suu Kyi zuvor dazu aufgerufen hatte, sie und die NLD nur im Rahmen des Gesetzes zu beschützen. Immer häufiger röhrten Lastwagen mit USDA-Anhängern auf der Ladefläche über die Straßen. Bald sollte es eine Explosion der Gewalt geben, die sogar den US-Kongress und die UNO beschäftigte und über die sich die Menschen in Myanmar noch heute empören – das «Depayin-Massaker». Depayin ist eine Kleinstadt rund fünf Stunden Autofahrt nördlich von Mandalay.

Einer, der dabei war und dessen Leben sich danach grundlegend ändern sollte, war Myo Zaw Aung, NLD-Jugendfunktionär und Medizinstudent an der Universität von Mandalay. Er hatte sich als einer der Leibwachen für die Reise Aung San Suu Kyis angeboten. Die NLD suchte sich damals zum Schutz der Politikerin und ihrer Konvois junge Leute aus, die unbewaffnet mitreisen und auf dem Weg durch die fremden Orte für Sicherheit sorgen sollten. Als Kriterium für diesen Job galt der NLD nicht die Körperstärke, sondern vor allem Vertrauenswürdigkeit.

Elf Jahre später, 2014, schildert Myo Zaw Aung in einem Besprechungszimmer der Nichtregierungsorganisation «The Innovative» im oberen Stock einer gemieteten Villa seine Erlebnisse. Er hat ein jugendliches freundliches Gesicht, trägt ein weißes Hemd und einen hellroten Longyi, in dem ein Schlüsselbund eingeklemmt ist. «Damals», sagt er, «war Aung San Suu Kyi für uns eine Legende, eine Person aus dem Märchen, eine Art Göttin, etwas Übernatürliches. Ich wusste gar nicht, ob sie wirklich lebte. Ich war damals sehr naiv.»[12]

Besonders geschult wurde er für seinen Job nicht. Er saß mit Kollegen auf einem der Wagen im NLD-Konvoi und beobachtete das Geschehen auf der Straße. «In problematischen Situationen, wenn die Menschen zu dicht heranrückten, sprangen wir einfach nach vorn», sagt er. Aung San Suu Kyi habe die Leibwächter zudem angewiesen, bei Veranstaltungen «nicht zu dicht an die Menge heranzugehen». Wenn USDA-Leute den Konvoi stoppten, «stiegen wir ab. Wir haben wie sie herumgebrüllt, aber ihre Slogans ein wenig abgewandelt.»

«Wir bekamen es mit der Angst zu tun»

Abends bewachten die jungen Leute die Häuser, in denen Aung San Suu Kyi übernachtete. «Sie wollte wie alle behandelt werden», sagt Myo Zaw Aung. Und sie mochte es nicht, wenn ihr beim Essen als Ehrengast nach alter Tradition bessere und größere Portionen vorgesetzt wurden als den anderen Gästen. «Wir saßen an ein oder zwei Tischen und aßen die gleichen Gerichte. Sie wollte die Privilegien teilen.» In diesen vier Wochen habe er vielleicht zwei Stunden am Tag geschlafen, berichtet er. «Ich war bereit, mein Leben zu opfern, obwohl ich kein mutiger Mensch bin. Ich bin eher einer, der zu zittern beginnt, wenn er vielen Menschen gegenübersteht.»

In Indo ereignete sich ein Zwischenfall, der Aung San Suu Kyi erzürnte. «Ein sehr kräftiger Kollege packte plötzlich einen Agenten des Militärischen Geheimdienstes mit einem Fotoapparat am Kragen, riss ihn nach vorne und schrie: ‹Du willst unsere Chefin sehen?› In dem folgenden Handgemenge zerkratzte eine unserer Leibwächterinnen dem Spitzel das Gesicht. Wir bekamen es plötzlich mit der Angst zu tun.»

Am Abend rief Aung San Suu Kyi alle Helfer zusammen und wollte wissen, was geschehen war. Nach dem Bericht Myo Zaw Aungs wurde sie wütend, wollte sie doch keine Probleme haben und vor allem die Weiterfahrt nicht gefährden. Sie schickte die kratzende Kollegin nach Yangon zurück und wies die Übrigen an, nicht ohne Erlaubnis die Fahrzeuge zu verlassen.

Richtung Depayin ging es mit einem Toyota «Hilux Double Cab» mit Vierradantrieb und einer kleinen Ladefläche. Vorbei an Bananenpalmen, Reis- und Baumwollfeldern fuhr der Konvoi über eine holprige Straße nach Norden. Er musste uralte Schaukellaster überholen und Dreiradgefährte mit rauchenden Dieselmotoren, hoch beladen mit Körben und Fässern, auf denen Passagiere hockten. Für Myo Zaw Aung war dies die letzte Etappe seiner Reise als Leibwächter. Er hatte von seinem Professor noch einige Tage freibekommen, dann wollte er an die Universität zurück. Was der 22-Jährige zu diesem Zeitpunkt nicht ahnte: Er sollte nie wieder in einer medizinischen Vorlesung sitzen.

Auf dem Weg nach Norden kamen sie durch das Dorf Mongay. Dort hatten die Behörden den Strom abgeschaltet, um Aung San Suu Kyi von einem Stopp abzuhalten. Doch die Bewohner fanden eine Lösung, indem sie ein Meer von Kerzen aufstellten, was den jungen Studenten sehr beeindruckte. In Budalin warnten die Anwohner die Leibwachen davor weiterzufahren. Es sei besser, die Nacht über zu warten, da in dieser Gegend viele Lastwagen mit USDA-Leuten gesichtet worden seien. Tung Zaw Zaw, der Chef der Leibwächter, überließ Aung San Suu Kyi die Entscheidung. Sie war zwar unter Zeitdruck, weil sie sich mit Razali Ismail in Yangon treffen wollte. Auf der anderen Seite aber hatte sie sich zur Regel gemacht, nicht in der Dunkelheit unterwegs zu sein.

Die NLD-Leute schickten drei Autos in Richtung Depayin, um die Lage zu erkunden. Keines kehrte zurück, weil, wie sie später erkannten, alle Kundschafter verhaftet worden waren. Schließlich setzte sich der Konvoi trotzdem in Bewegung. Begleitet wurde er von Motorradfahrern aus der Umgebung, die jedoch von der Polizei abgefangen und zurückgeschickt wurden.

Das Blutbad von Depayin

Im Dorf Kyi kurz vor Depayin versank die Sonne in den Reisfeldern. Die letzten Strahlen ließen die Spitze der Pagode auf der linken Straßenseite aufblitzen. Aung San Suu Kyi beschloss nicht anzuhalten, obwohl zahlreiche Menschen den Straßenrand säumten. Da sprang plötzlich ein Mönch auf die Straße, die Autos stoppten. Der kahlköpfige Mann in der roten Robe bat Aung San Suu Kyi, einige Worte an die Menge zu richten.

Später wurde viel diskutiert darüber, ob der Mönch echt oder als Provokateur in Mönchsrobe losgeschickt worden war. Myo Zaw Aung erinnert sich, wie er auf dem linken Trittbrett von Aung San Suu Kyis Wagen stand und sich umblickte. Was er in der Dunkelheit erkennen konnte, war nicht gerade beruhigend. Da waren elf Lastwagen, die von hinten dicht an den Konvoi herangefahren waren. «Die Leute sprangen herunter und schlugen auf die Dörfler ein, die zuvor gerufen hatten: ‹Wir wollen euch nicht, USDA.›»

Inmitten des Chaos auf der Straße entschied Aung San Suu Kyi abzuwarten. Sie könne die Dorfbewohner, die nun Opfer der USDA-Schlägertrupps wurden, nicht so zurücklassen, sagte sie. Dann begannen die USDA-Männer auf das letzte Auto des NLD-Konvois und seine Insassen einzuprügeln. In diesem Moment sagte Aung San Suu Kyi nichts. Die Menge rückte schreiend näher und erreichte den Toyota. Stockschläge prasselten auf das Auto. NLD-Vize Tin Oo brüllte: «Ich bin der frühere Oberbefehlshaber. Das ist Aung San Suu Kyi. Lasst sie in Ruhe!» Nach Myo Zaw Aungs Schilderung hörten sie tatsächlich auf – bis ein Mann wieder auf das Fahrzeug einzuschlagen begann.

«Ich war auf der linken Seite, Aung San Suu Kyi saß im Fond weiter rechts. Ich hielt mich am Dachträger fest. Sie schlugen auf uns ein, auf unsere Rücken. Ich trug einen Bambushut, wurde nicht schwer verletzt, aber ich bekam einen heftigen Schlag auf das Handgelenk.» Er zeigt eine kleine Narbe an der linken Hand. «Ich dachte, das war's also. Das ist das Ende deines Lebens. Ich kann nichts tun. Das ist mein Schicksal.»

Die rechte hintere Scheibe zersplitterte, Aung San Suu Kyi wurde von einem Schlag am Hals getroffen. Während sie noch immer schwieg, befahl Tin Oo dem Chauffeur loszufahren. Schließlich reagierte der Fahrer, der bis dahin auf ein Wort Aung San Suu Kyis gewartet hatte. Der Motor heulte auf, der Fahrer setzte den Wagen zurück. Die Menge stob auseinander. Dann schoss er nach vorne an den Straßenrand, vorbei an anderen Lastwagen, die die Scheinwerfer aufgeblendet hatten. Der Fahrer Kyaw Soe Lin, ein Jurastudent in Diensten der NLD, wusste nicht, dass mehrere Lastwagen vor ihm die Straße blockierten. Er raste auf die Sperre zu und versuchte, durch die längs stehenden Transporter durchzukommen. Myo Zaw Aung: «Ich sah den Außenspiegel eines LKWs auf mich zukommen. Ich dachte, da komme ich nicht vorbei, meine letzte Stunde hat geschlagen.» Es ging gut. Als er die Augen wieder öffnete, sah er die Polizisten hinter der LKW-Sperre zur Seite springen. «Ich hörte Schüsse, aber niemand wurde getroffen. Vielleicht haben sie in die Luft geschossen.»

Aung San Suu Kyi blieb ruhig. Dann stoppte das Auto in einem Waldstück, weil der Motor seltsame Geräusche von sich gab. Die Ursache war ein Holzknüppel, den sie unter der Achse des Wagens hervorziehen konnten. Jetzt nahm die Politikerin das Heft wieder in die Hand und fragte nach den Namen derjenigen, die sich im Auto befanden. 17 Personen, die dicht gedrängt im und auf dem Pick-up saßen und standen, meldeten sich. Der Wagen passierte Depayin, doch am Eingang des nächsten Ortes war die Fahrt an einer Bahnschranke zu Ende. Der Bahnwärter telefonierte und sprach mit zwei Verkehrspolizisten. Durch die Dunkelheit drang der Motorenlärm vieler Lastwagen. Nach einer ganzen Weile erschien ein Brigadegeneral und brüllte: «Wer seid ihr? Nicht weiterfahren!» Er befahl drei Soldaten: «Wenn sie weiterfahren – schießen.» Die drei legten auf das Auto an.

Schließlich wurden sie zu einer Polizeistation in dem Ort Ye-U eskortiert. Aung San Suu Kyi musste aussteigen und sollte hineingehen. «Nur wenn Sie mich offiziell festnehmen», erklärte sie. Kurze Zeit darauf erschien ein etwas freundlicherer Polizeioffizier und bat sie, in die Wache zu kommen – zur «Klärung eines juristischen Sachverhalts», wie er sagte. «Wenn es um eine juristische Sache geht», erwiderte sie, «dann brauche ich Zeugen.» Der Beamte stimmte zu, und so marschierten Myo

Zaw Aung und die anderen direkt in die Zelle, wo sie drei Tage blieben, während Aung San Suu Kyi in einem Gästeraum untergebracht und am nächsten Tag ins Insein-Gefängnis transportiert wurde.

Zurück blieben Dutzende von Toten und Verletzten. Wie viele es waren, ist bis heute nicht klar. Aung San Suu Kyi schätzte die Zahl der Getöteten später auf unter 40. Die USDA-Schläger, viele als Mönche verkleidet, trugen laut Zeugenaussagen alle weiße Bänder um das Handgelenk. Sie droschen wahllos auf Dörfler und NLD-Leute ein, schlugen Köpfe auf den Asphalt und riefen: «Stirb, stirb, stirb.»[13]

Menschen taumelten blutüberströmt umher, die Schläger schienen völlig außer Kontrolle. Die Zeugenaussagen über das Geschehen stimmen weitgehend überein, gleichwohl gibt es Widersprüche. Während Myo Zaw Aung von einem Mönch sprach, der sich ihnen in den Weg stellte, erinnerte sich Fahrer Kyaw Soe Lin an zwei. Die NLD nannte es ein «geplantes Verbrechen» und einen «Mordversuch an Aung San Suu Kyi und Tin Oo». Der UNO-Menschenrechtler Paulo Pinheiro kam zu dem Schluss, der Zwischenfall habe nicht ohne das «heimliche Einverständnis von Staatsagenten» geschehen können.[14]

Die Junta indes wies den Vorwurf weit von sich: Die NLD und Aung San Suu Kyi hätten auf ihren Reisen die Menge aufgehetzt, der Zwischenfall sei durch Schlägereien zwischen rund 5000 Demonstranten und ihren Anhängern ausgelöst worden.

Wollte Senior-General Than Shwe tatsächlich seine Gegnerin umbringen? Wollten seine Offiziere das Problem ein für alle Mal aus der Welt schaffen? Die Junta hatte in den Tagen vor dem Geschehen mit wachsendem Zorn beobachtet, dass immer mehr Menschen zu den Veranstaltungen von Aung San Suu Kyi drängten.

«Versuchter Mord? Ich weiß nicht», sagt der Leibwächter Myo Zaw Aung über die Motive des Regimes an jenem Tag. «Vielleicht wollten sie uns töten, aber nicht Aung San Suu Kyi. Wenn der Fahrer nicht die Flucht versucht hätte, wären wir umgebracht worden.» Womöglich, sagt er, habe der Mönch sogar den Plan der Regierung durcheinandergebracht. Weil er auf die Straße sprang, habe der Wagen mit Aung San Suu Kyi früher als gedacht gestoppt, weshalb der Chauffeur ein wenig Raum hatte, um sein kühnes Ausweichmanöver zu fahren.

Seine Vermutung stimmt ungefähr mit den Aussagen des desertierten Geheimdienstmajors Aung Lin Htut überein. Die Militärs, die die Operation leiteten, hatten nicht damit gerechnet, dass Aung San Suu Kyi im ersten Wagen saß, sagte er. Deshalb griffen die Schläger zunächst die Autos in der Mitte des Konvois an und waren womöglich bei ihrem Toyota nicht so entschlossen, wie sie hätten sein können.[15]

Etwas theoretisch klingt die Erklärung des deutschen Experten Hans-Bernd Zöllner, nach der ein Mordplan nicht zum Selbstbildnis eines guten buddhistischen Herrschers gepasst hätte, der milde mit seinen Gegnern umgehen sollte. Diese Überlegung sei wegen der weitverbreiteten Tendenz, die Militärregierung zu dämonisieren, nie ernsthaft in Erwägung gezogen worden.[16] Vermutlich liegt die Wahrheit in der Mitte: Das Regime, das die Auftritte Aung San Suu Kyis zunehmend erzürnte, wollte ihr einen heftigen Denkzettel verpassen, damit sie fortan in Yangon blieb. Dabei nahm es billigend in Kauf, dass ihr etwas zustieß.

Fast elf Jahre später am Tatort: Auf der Straße, auf der damals der Konvoi gerollt war, sammeln im Frühjahr 2014 am Straßenrand Bewohner Geld für die Klöster der Umgebung, so wie es überall in Burma üblich ist. Junge Leute klappern mit versilberten und dekorativ gehämmerten Opferschalen, aus Lautsprechern ertönen Gebete. Eine lange Militärkolonne mit Soldaten auf olivgrünen Lastern chinesischer Bauart kommt entgegen. Die kleinen Lieferwagen sind mit Körben voller Lebensmittel, Reissäcken und Benzintonnen hoch beladen. An einer Kaserne steht das Motto: «Wer wagt, gewinnt» und: «Unsere Mission: Fit sein für den Kampf». Schwarz-gelbe Reklametafeln am Weg werben für die Whiskymarke «Grand Royal – Enjoy Life», neue Tankstellen sind in Bau. Zwischen den Orten Budalin und Depayin wird die Straße schmaler.

In seinem kleinen Straßenladen in Kyi bietet Than Maung Shwe Kekse, Tee, Kaffee und Betelnüsse feil. An der Wand hängen Bilder von seiner Tochter im Universitätstalar und seinen anderen vier Kindern. Das Geschäft liegt direkt neben der Kreuzung, an der Aung San Suu Kyis Konvoi damals von dem Mönch gestoppt wurde.

Zunächst hat Than Maung Shwe Angst, über die Vergangenheit zu sprechen. Er weist auf einen Mopedfahrer mit blauem Polizeihelm im Straßenrestaurant nebenan. Erst als der Polizist davongeknattert ist, erzählt der Händler, wie er den blutigen Abend erlebte: «Gegen 19 Uhr hat die USDA die Straße blockiert. Sie hatten Knüppel und Bambusstöcke und haben den Konvoi Aung San Suu Kyis mit zehn Autos angegriffen und dann auf die Insassen eingeschlagen.» Die Dorfbewohner, sagt er, hätten sich gegen die Schläger gewehrt, mit Zwillen auf sie geschossen und gerufen: «Wir wollen euch nicht, USDA.»

Er zeigt auf zwei Bäume, zwischen denen sich die NLD-Gegner postiert hatten. Heute steht dort eine kleine Hütte mit einer Motorradwerkstatt. «Da auf der rechten Seite ist der Fahrer an der Sperre vorbeigerast. Beim ersten Morgenlicht kamen dann Leute, die die Opfer bargen, Autowracks beiseiteschoben und das Blut von der Straße spülten. Die Toten sind nicht hier beerdigt, sondern auf LKWs abtransportiert worden.»

Aus Angst vor Repressalien versteckte er sich zwei Monate lang bei seiner Mutter im Dorf. Dann erwischten sie ihn. Rund 60 Dörfler kassierte die Polizei ein. Than Maung Shwe saß zehn Tage in Haft.[17]

«Ich musste das Motorrad machen»

Dem jungen Leibwächter Myo Zaw Aung erging es nach seiner Gefangennahme schlimmer. Er und seine Mitgefangenen kriegten drei Tage nichts zu essen, sodass der erschöpfte junge Mann schlief, solange es möglich war. Dann bekamen er und seine Freunde Kapuzen übergestülpt, und ein gechartertes Passagierflugzeug flog sie ins Provinzgefängnis. Er konnte unter der Maske hervorlugen und sah Polizisten mit Gewehren in einem Kreis um sie stehen. Im Flugzeug saßen 17 Beamte der Sonderpolizei und des Geheimdienstes.

Es folgten 14 Tage Verhöre und Folter. «Ich musste das Motorrad machen», sagt er, also in die Knie gehen und die Arme nach vorne strecken. «Dann schlugen sie auf die Schienbeine und auf den Kopf. Ich dachte, mein Schädel wird weich.» Schnell waren die Gefangenen in einem schlimmen Zustand. «Wir hatten nur einen Eimer als Toilette, kein Toilettenpapier, kein Wasser. Wir stanken. Ich hatte ein kleines Handtuch, das zerriss ich für die Toilette. Ich musste auf dem kalten Zementboden schlafen, die ganze Zeit hatte ich Handschellen auf dem Rücken. Aber zum Schlafen gelang es mir, sie nach vorne zu bringen. Das Essen war miserabel: schmutziger Reis mit vielen Steinchen und verdorbenem Gemüse.» Dem Fahrer Kyaw Soe Lin erging es schlechter. Ihm zündeten die Wächter auf dem nackten Körper mit dem Feuerzeug die Körperhaare an.

Nach 14 Tagen hörte die Folterei auf, was wohl dem Internationalen Roten Kreuz zu verdanken war, dessen Mitarbeiter im Gefängnis aufkreuzten und darauf bestanden, mit den Gefangenen zu sprechen. Bald gab es anständigeres Essen, der Reis war sogar besser als der, den die Wärter bekamen. Die NLD durfte Lebensmittel in die Zellen schicken, und die gewöhnlichen Gefangenen mussten für die politischen Häftlinge jetzt Wasser holen, die Zellen und die Toiletten säubern.

Sechs Monate und fünf Tage später durften sie das Gefängnis verlassen. Einen offiziellen Haftgrund erfuhren sie nie. Myo Zaw Aung, der zurück zur Universität wollte, bekam vom Militärischen Geheimdienst und dem Bildungsministerium die Erlaubnis. Allerdings sollte er warten, bis ein neues Semester anfing – und diese Wartezeit erwies sich als verhängnisvoll. Denn in Yangon stürzte der Chef des Geheimdienstes Khin Nyunt, und die Nachfolger hielten das Versprechen nicht. Stattdessen verbanden sie die Erlaubnis zum Weiterstudieren mit einer Bedingung: Er sollte aus der NLD austreten und die Kontakte zu Aung San Suu Kyi kappen. Verzweifelt rief er im Bildungsministerium an, um die Beamten an ihre Zusage zu erinnern. Dort hieß es jedoch nur, die Entscheidung sei endgültig.

Der Leibwächter ließ sich nicht erpressen und verzichtete auf sein Studium. Er fand als Jugendfunktionär Unterschlupf bei der NLD. Seit 2010 arbeitet er bei der NGO «Innovative», die politischen Aktivisten unter anderem Sprachen, Verhandlungsführung und Kenntnisse über Menschenrechte beibringt.

Irgendwann, sagt er, will er ein Buch mit den Lebensläufen der Opfer von Depayin schreiben – «nicht als Anklage, sondern um aus der Vergangenheit zu lernen». Jedes Jahr treffen sich die Personenschützer zur Erinnerung an das Drama von Depayin. Für den Umgang mit den

Ich musste das Motorrad machen 209

Schrecken jener Zeit haben sie eine Medizin gefunden: «Wir lachen und lachen und lachen», sagt Myo Zaw Aung.

Aung San Suu Kyi hauste nach ihrer Verhaftung auf dem weiten Gelände des Insein-Gefängnisses in einer kleinen Betonhütte, vor der sich ein Brunnen befand. UNO-Unterhändler Razali Ismail durfte sie besuchen, wusste aber zunächst nicht, wohin ihn die Autos mit den abgedunkelten Scheiben brachten. Unterwegs wurden die Fahrzeuge und die Fahrer gewechselt.

Als er Aung San Suu Kyi sah, war er schockiert. Denn sie sah zerzaust und angegriffen aus, das ganze Gegenteil von dem «Traumbild», das ihn früher begrüßt hatte. Sie zeigte sich von einer Seite, die er nicht erwartet hatte. Sie sagte: «Ich will Gerechtigkeit, Raz.» Dann wandte sie sich an einen der militärischen Begleiter des Malaysiers und kommandierte: «Ich will meine Kleidung. Von meinem Haus. Ich will diese Sachen nicht tragen, die ihr mir gegeben habt. Und ich will, dass mir mein Make-up gebracht wird.»

Trotz der Ereignisse in Depayin war sie bereit, mit den Generälen zu sprechen. Doch das Geschehen hatte sie mitgenommen. Sie sah nach Razalis Eindruck ein, dass es sinnlos war, die Junta zu Kompromissen oder gar zum Abdanken zu bewegen. Aung San Suu Kyi hatte lange Zeit gebraucht, um zu merken, dass Demokratie nur durch die Generäle verwirklicht werden konnte, und zwar mit ihnen am Steuer.

Doch der UNO-Diplomat vermochte es nicht, die Junta von ihrer veränderten Einstellung zu überzeugen. Als er nach der Begegnung im Insein-Gefängnis mit Khin Nyunt sprach, war er nach eigenem Bekunden ärgerlich und traurig und wusste nicht, was er der Welt sagen sollte.[18]

Razali beschloss, gar nichts zu sagen. Er verschwieg, dass er Aung San Suu Kyi im Insein-Gefängnis getroffen hatte. Sie sei bei guter Gesundheit und in guter Laune, erklärte er lediglich. Die Welt rätselte weiter, wo sie abgeblieben war. Nur Kofi Annan, der UNO-Generalsekretär, erfuhr, dass sie im Gefängnis saß. Und auch Alexander und Kim wussten Bescheid.

Als der japanische Vizeaußenminister Khin Nyunt direkt fragte, ob Aung San Suu Kyi im Insein-Gefängnis sitze, log dieser ihn an und sagte, dass sie zu ihrer eigenen Sicherheit untergebracht wäre; so lautete die offizielle Sprachregel. Später durften Mitarbeiter des Internationalen Roten Kreuzes zu ihr. Auch sie wurden verpflichtet, ihren wahren Aufenthaltsort nicht zu verraten. Aus den USA nahm Alexander Kontakt zu Razali auf. Er wollte wissen, ob er seine Mutter besuchen dürfe. Beim nächsten Gefängnistreffen sprach der Malaysier die Bitte an – und erlebte die Aung San Suu Kyi, die er von früher kannte: nicht mehr verstört und nervös, sondern hart, unnachgiebig, prinzipienfest. Sie lehnte ab. «Warum sollte ich anders behandelt werden? Warum sollte meinem Kind erlaubt werden, seine Mutter zu sehen, wenn es unzählbare andere gibt, die für den Rest ihres Lebens nicht mehr ihre ungerecht gefangenen Mütter sehen dürfen?»

Nach drei Monaten im Gefängnis wurde sie am 17. September 2003 mit Unterleibsproblemen in das private Asia Royal Cardiac and Medical Centre in Yangon eingeliefert. Ein Eingriff war nötig, ihr persönlicher Arzt Tin Myo Win entfernte ihre Gebärmutter. Nach einer dreistündigen Operation war sie wieder bei Bewusstsein und konnte sprechen. Am 26. September wurde sie entlassen, zum Glück nicht zurück ins Insein-Gefängnis, sondern nach Hause an den See.

Der Aufstieg und Fall des Spitzels

So begann Aung San Suu Kyis Hausarrest Nr. 3. Wachen zogen auf und kappten wieder das Telefon. Die Junta verschärfte ihren Druck auf die NLD: Zahlreiche Büros mussten schließen, Vizechef Tin Oo, der in Depayin am Kopf verletzt worden war, wurde ebenfalls wieder eingesperrt. Zugleich schlossen erneut die Universitäten, Tausende Studenten verloren ihre Chance auf Bildung. Die Generäle regierten lieber ein ungebildetes als ein unruhiges Volk.

Die Welt reagierte empört. Aung San Suu Kyi müsse freigelassen werden, forderte die sonst bei Kritik gegen andere Mitglieder so zurückhaltende ASEAN-Staatengemeinschaft. Japan strich seine Entwicklungshilfe. Die US-Regierung unter Präsident George W. Bush verschärfte mit dem «Burmese Freedom and Democracy Act» die

Sanktionen gegen die Junta. Niemand durfte mehr aus Myanmar Waren in die Vereinigten Staaten importieren, US-Firmen wurde verboten, in Myanmar zu investieren. Die US-Konten der Generäle und ihrer Günstlinge wurden eingefroren.

Trotzdem gab sich die Junta ungerührt – zumindest nach außen hin. Immerhin: Die Generäle schrieben Erklärungsbriefe an zahlreiche asiatische Regierungschefs. Die Festnahme von Aung San Suu Kyi sei als Reaktion auf einen geplanten Umsturz zu verstehen, argumentierten sie. Niemand glaubte ihnen, aber das war egal. Schließlich waren viele Potentaten große Künstler im Verfassen hanebüchener Entschuldigungen, wenn sie Gräueltaten rechtfertigen wollten. Die trugen sie dann auf internationalen Konferenzen mit dem Brustton der Überzeugung vor und versuchten so, ihr Gesicht zu wahren.

Nur ein paar Wochen nach der Attacke auf die Friedensnobelpreisträgerin und ihren Konvoi sowie ihrem neuerlichen Hausarrest stieg der «Secretary-1» in der Junta-Hierarchie auf: Khin Nyunt wurde im August 2003 Premierminister. Than Shwe zog sich aus den täglichen Regierungsgeschäften zurück, blieb aber der mächtigste Mann des Landes. Zahlreiche Offiziere wurden ausgewechselt.

Khin Nyunt versuchte sofort, der neuen Führung seinen Stempel aufzudrücken. Er legte ein Sieben-Punkte-Programm vor, den er «Fahrplan» für eine «echte und disziplinierte Demokratie» nannte. Dieses sah ein nationales Referendum über die neue Verfassung vor, freie und faire Wahlen und den Aufbau einer modernen, entwickelten und demokratischen Nation. Zunächst sollte der verfassunggebende Nationalkonvent wieder zusammentreten, der seit 1996 in ein künstliches Koma versetzt worden war. Nach außen hin klang das gut, doch die Plattform hatte enorme Lücken: Was verstand Khin Nyunt zum Beispiel unter «disziplinierter Demokratie»? Und wann sollte Myanmar demokratisch werden? Es war ein Fahrplan ohne Abfahrtszeiten.

Die Art und Weise, wie der SPDC den Nationalkonvent organisierte, ließ nichts Gutes erwarten. Er war keine freiwillige Veranstaltung, sondern von den Generälen streng überwacht. Vorab wurden alle Reden der Teilnehmer von den Organisatoren zensiert. Von den ursprünglich bei den Wahlen von 1990 gewählten Delegierten waren nur noch

wenige dabei. Dafür lud die Regierung unter anderem Vertreter der
Bauern, der Arbeiter, der Intellektuellen, der Staatsangestellten und der
«nationalen Rassen» ein. Es war eine illustre Gruppe, die da zusam-
menkam: Mit dabei waren Abgesandte der Armeen ethnischer Minderheiten und sogar ein international gesuchter Drogenhändler aus dem
Volk der Wa, das an der chinesischen Grenze zu Hause ist.[19]
Die meisten der 1076 Delegierten waren handverlesen, etliche gehörten der USDA an. Alle kamen im Mai 2004 in einem Konferenzzen-
trum bei dem Dorf Nyaung Hnapin, 45 Kilometer außerhalb Yangons,
zusammen. Während der Sitzungszeit waren sie de facto Gefangene
der Junta: Sie durften keine Mobiltelefone mitnehmen, weder fernsehen noch Radio hören. Es war ihnen verboten, sich mit ihren politischen Freunden zu beraten und mit Journalisten zu sprechen. Vor
allem aber durften sie keine Kritik üben, die die «Stabilität des Staates»
hätte gefährden können. Wann genau dies der Fall war, darüber entschied allein die Obrigkeit, die damit drohte, jeden, der gegen die
Regeln verstieß, für bis zu 20 Jahre ins Gefängnis zu werfen.

Die Verhaltensmaßregeln für die Delegierten reichten bis ins Lächerliche. So waren sie verpflichtet, «passende Kleidung» zu tragen, nicht
«zu unpassender Zeit» zu baden, «kein Junkfood zu essen» und sich bei
der geringsten Kleinigkeit ins Krankenhaus zu begeben, selbst bei einem
kleinen Schnupfen. Für das Wohl der so festgesetzten Delegierten war
gesorgt: Es gab Restaurants, Schönheitssalons, Friseure, Optiker und
einen Lebensmittelladen sowie Karaokebars, Kinos, Bühnenshows, ein
Fitnesscenter und einen Golfplatz.

Dafür mussten sie schlucken, was das Militär ihnen vorkaute: Die
Generäle hielten daran fest, dass im künftigen Parlament den Tatmadaw
mindestens 25 Prozent der Sitze reserviert sein sollten – unabhängig
davon, wie die Bürger abstimmen würden. So verfügte sie über das
Recht, Änderungen an der Verfassung zu blockieren. Die Delegierten
mussten auch hinnehmen, dass der künftige Präsident keine verwandt-
schaftlichen Beziehungen zu Ausländern haben durfte und Erfahrungen im Militär besitzen musste. Aung San Suu Kyi, Mutter zweier
Söhne mit ausländischem Pass, war es damit von vornherein verwehrt,
jemals an der Spitze Myanmars zu stehen.

Gleichwohl versuchten die Generäle, sie ins Boot zu holen. Vier bis fünf Militärs, sagt Tin Oo, seien zu dieser Zeit öfter in ihr Haus gekommen. «Sie wollten eine Teilnahme der NLD an der verfassunggebenden Versammlung. Und sie drohten: Wenn ihr euch weigert, muss Aung San Suu Kyi die Konsequenzen tragen.»[20]

Ihre eingesperrte Gegnerin plädierte für einen konziliatorischen Kurs, berichtet Tin Oo. Sie sei bereit gewesen, Depayin unter der Bedingung zu vergessen, dass das Geschehen aufgearbeitet werde, die Opfer entschädigt und die politischen Gefangenen freigelassen würden.

Nichts geschah. Die NLD blieb der Versammlung ebenso fern wie die Karen National Union (KNU). Am 17. Mai 2004 kamen die Delegierten zum ersten Mal zusammen, fünfmal sollten sie sich insgesamt bis 2007 treffen. Einen knappen Monat zuvor hatte die britische «Times» gemeldet, es werde in Yangon fest damit gerechnet, dass Aung San Suu Kyi auf freien Fuß komme, um mit den Generälen über die Verfassung zu reden. Das Londoner Blatt irrte.[21]

Dafür landete ein anderer zunächst im Gefängnis und dann im Hausarrest und erlitt somit, Ironie der Geschichte, das gleiche Schicksal wie Aung San Suu Kyi: ihr hartnäckiger Gegenspieler Khin Nyunt. Der Premierminister fiel in Ungnade – der Prinz der Finsternis, der Mann, der das Leben Tausender zerstörte, indem er sie für Verbrechen ins Gefängnis werfen und foltern ließ, die so lächerlich waren, dass nicht einmal der ehemalige Polizist und Burma-Kenner George Orwell sie sich für seine antistalinistischen Zukunftsromane hätte ausdenken können.

Es sei ihm erlaubt worden, «sich aus gesundheitlichen Gründen aus dem Berufsleben zurückzuziehen», hieß es am 19. Oktober 2004 in den Staatsmedien. Das war höflich formuliert und nicht die volle Wahrheit: Dem Senior-General Than Shwe war der Chef der Spione und Spitzel offenkundig zu mächtig geworden. Khin Nyunt hatte ein enges Netz von Agenten über das Land geworfen und seine Finger überall drin: bei den Grenztruppen, beim Zoll, bei der Kriminalpolizei. Er war für das Verhältnis zu den ethnischen Minderheiten verantwortlich, war Außenpolitiker und Burmas PR-Mann. Als solcher versuchte er das Bild seines Landes in der Welt in Pastellfarben zu malen – indem er unter anderem die amerikanische PR-Agentur DCI Group anheuerte.

Seinen Chef Than Shwe hatte er dazu überreden wollen, mehr internationale Organisationen in Myanmar zuzulassen – und zwei heikle Themen anzupacken, die international für Empörung sorgten: die Praxis der Armee, Männer, Frauen und Kinder als Zwangsarbeiter beim Bau von Straßen oder Staudämmen einzusetzen, und das gängige Verfahren, Kinder und Jugendliche in die Armee zu zwingen. Der alte Than Shwe fand das alles nicht sonderlich kritikwürdig: «Kein Grund zur Sorge. In zwei bis drei Jahren werden die Kinder Erwachsene sein», soll er einmal gesagt haben.[22] Noch im Jahr 2014 marschierten nach Erkenntnissen amerikanischer Menschenrechtler rund 5000 Kinder und Jugendliche in der Armee und in den Grenztruppen.[23]

Der Angriff auf den Konvoi Aung San Suu Kyis bei Depayin 2003 hatte alle Versuche Khin Nyunts, Myanmar in der internationalen Gemeinschaft in ein besseres Licht zu rücken, zunichtegemacht. Ihre Behörde habe von dem Angriff auf die Lady nichts gewusst, streuten ehemalige Geheimdienstler, sogar die mitreisenden Spitzel im Konvoi hätten nichts geahnt. Später versuchte sich Khin Nyunt sogar als Lebensretter seiner Kontrahentin zu präsentieren: Er habe in dieser Nacht seine Leute ausgeschickt, um sie aus dem Mob herauszuholen und in einem nahen Armeequartier in Sicherheit zu bringen.

Der Mann hatte sich nicht nur im Volk, sondern auch innerhalb der Armee Feinde gemacht: Die Generäle fühlten sich vor ihm, der, anstatt mit ihnen Golf zu spielen, am Schreibtisch saß und Akten studierte, nicht mehr sicher. Nach einer Analyse der indischen Armee soll es sich um einen Machtkampf zwischen Militär und Geheimdienst gehandelt haben.

Letztendlich ging es bei seinem Sturz vermutlich auch um das liebe Geld. Khin Nyunts Organisation hatte mit den Jahren ein Geschäftsimperium errichtet und die Offizierskollegen offenbar nicht ausreichend an den Gewinnen beteiligt. So verwalteten die Geheimdienstler die größte Internetfirma des Landes, Bagan Cybertech, die Millionen-Dollar-Deals mit der Shin Satellite Plc. abschloss – einem Unternehmen, das der Familie des damaligen thailändischen Premierministers Thaksin Shinawatra gehörte. Geschäftsführer war ein Sohn Khin Nyunts. Soldaten verhafteten ihn, seine Söhne und rund 300 Untergebene.

Insgesamt wurden nach Schätzungen von Kennern 3500 Personen Opfer der Säuberung. Brigadegeneral Thein Swe, ein enger Mitarbeiter Khin Nyunts, musste für 152 Jahre hinter Gitter. Angeblich war er in Geschäfte mit thailändischen Firmen verwickelt. Sohn Sonny, der die englischsprachige «Myanmar Times» leitete, verurteilten die Richter zu 14 Jahren Haft. Die Myanmar Mayflower Bank und die Asia Wealth Bank verloren ihre Lizenz offenbar wegen ihrer engen Verbindungen zu Khin Nyunts Geheimdienst.

Than Shwe, der Senior-General, rüttelte seine Führung kräftig durcheinander: Der Militärische Geheimdienst hörte auf zu existieren. Am 22. Juli 2005 verurteilte ein geheimes Militärtribunal im Insein-Gefängnis Khin Nyunt unter anderem wegen Bestechlichkeit und Bestechung zu 44 Jahren Haft. Er durfte seine Strafe in seiner Villa absitzen. Seine Söhne hingegen mussten hinter Gitter: der eine für 68, der andere für 51 Jahre.

Fortan lag das Schicksal Aung San Suu Kyis in den Händen anderer. Die Befürchtung, ihr könnte es nun schlechter gehen als davor, bewahrheitete sich nicht. Besser behandelt wurde sie allerdings auch nicht. Die Junta hatte andere Dinge zu tun, als sich mit ihr zu beschäftigen: Sie verschwand nämlich aus Yangon.

«Sie können uns per Fax erreichen»

Wie einst die burmesischen Könige, die in früheren Jahrhunderten insgesamt zwölfmal umgezogen waren, weil ihnen am jeweils anderen Ort die Sterne günstiger gewogen schienen, befanden Than Shwe und seine Generäle, Yangon sei als Regierungssitz ungeeignet – und schufen in Zentral-Myanmar einen neuen Platz. Sie nannten ihn Naypyidaw, die «Königliche Residenz».

Es ist nicht ungewöhnlich, dass Länder ihre Hauptstädte verlegen: Die deutsche Regierung zum Beispiel zog von ihrer provisorischen Hauptstadt Bonn wieder nach Berlin, Brasilien von Rio de Janeiro nach Brasilia, Nigeria von Lagos nach Abuja, Pakistan von Karatschi nach Islamabad. Doch nie geschah ein Wechsel so geheimnisvoll und überraschend wie in Myanmar. Kaum ein Mensch wusste von dem Vorhaben: die Bevölkerung nicht, die ausländischen Botschafter nicht, die Geschäftsleute nicht. Am 6. November 2005 zur von Sternendeutern festgelegten Zeit um 6.37 Uhr sahen sie plötzlich, wie Hunderte von Lastwagen chinesischer Bauart voller Möbel aus den Regierungsgebäuden Yangon verließen. Ein zweiter Konvoi mit 1100 LKWs folgte am 11. November um elf Uhr. Auf die Frage von Diplomaten, wie sie mit der Führung in Kontakt bleiben könnten, erhielten sie die Antwort: «Machen Sie sich keine Sorgen, Sie können uns per Fax erreichen.»[24]

Zuvor hatten die Militärs bei dem Ort Pyinmana ein riesiges Areal abgesperrt. Palmenhaine, Bambuswälder, Reis- und Zuckerrohrfelder verschwanden ebenso wie die Dörfer mit Hunderten, wenn nicht gar Tausenden von Menschen, die vertrieben oder zur Arbeit an der neuen Hauptstadt verpflichtet wurden. Chinesische Ingenieure tauchten in der Gegend auf, und der schwedische Journalist und Burma-Experte Bertil Lintner erfuhr, dass nordkoreanische Techniker den burmesischen Militärs dabei behilflich waren, ein riesiges Tunnelsystem unter ihrer Hauptstadt zu bohren.

Die neue Stadt und der Umzug kosteten rund vier bis fünf Milliarden Dollar. Unvorstellbar, wie viele Krankenhäuser mit modernen Geräten und Medikamenten hätten ausgestattet, wie viele Schulen von diesem Geld hätten gebaut, wie viele Dörfer an Straßen und Bewässerungskanäle angeschlossen werden können. 2004/05 gab die Regierung für die Gesundheitsversorgung pro Einwohner gerade mal einen halben Dollar aus.[25]

Warum das Spiel «Wir bauen uns eine Hauptstadt»? Steckte rationales Kalkül dahinter, oder war der Umzug Ausfluss einer paranoiden Gedankenwelt von Generälen, die den Kontakt zur Wirklichkeit verloren hatten? Die Palette der Antworten ist breit, und vermutlich ergibt eine Mischung aus allen die richtige Erklärung.

Eine lautet: Die Militärs glaubten, sich im Landesinnern besser vor einer amerikanischen Invasion schützen zu können. Doch warum in aller Welt sollten die USA Myanmar besetzen? Etwa um Aung San Suu Kyi zu befreien? Tatsache ist, dass rund drei Jahre später, als der Wirbelsturm «Nargis» im Irrawaddy-Delta und in der Region um Yangon über 140 000 Menschen in den Tod riss und US-Kriegsschiffe vor der Küste kreuzten, einige Militärs ernsthaft fürchteten, die Amerikaner könnten die Notlage ausnutzen und anlanden. Eine andere Deutung sah die Junta nicht vor den Amerikanern, sondern vor dem eigenen Volk flüchten. Ihr waren diese Studenten, diese NLD, diese ganzen destruktiven Elemente, wie die Propaganda Kritiker geißelte, zutiefst unheimlich. Dazu schrieb der Publizist Aung Zaw: «Rangun war nie ein sicherer Ort für die paranoiden Generäle. 1989, als Oppositionsführerin Aung San Suu Kyi wieder die Menschen auf der Straße mobilisierte, erklärte das Regime Yangon zur Kriegszone und ordnete Offiziere und Soldaten ab, sich mit den Demonstranten zu befassen.»[26]

Sollten wieder Millionen gegen die Regierung auf die Straßen Yangons gehen, würde die Verwaltung nicht wie 1988 zusammenbrechen und das Land nicht an den Rand eines Kollapses geraten: Die Generäle könnten von weit entfernt ihre Armee in Marsch setzen, ihre Kinder unbehelligt zur Schule schicken und selbst in Ruhe weiter Golf spielen, ohne befürchten zu müssen, dass Demonstranten die Tore ihrer Villen niederreißen und sie selbst am nächsten Laternenpfahl aufknüpfen würden.

Chinesische Diplomaten warteten mit einer weiteren Version auf: Das Regime wollte seine Staatsbediensteten besser kontrollieren, indem es sie aus der Hauptstadt mit ihrer gebildeten Bevölkerung weglotste und sie an einen Platz holte, wo Informationen besser gefiltert und Kontakte besser beobachtet werden konnten. So jedenfalls erklärte es Wang Shuai von der Pekinger Botschaft in Bangkok seinen US-Kollegen.[27]

Nach der vierten Erklärung sahen sich die Generäle, allen voran Than Shwe, in der Tradition der burmesischen Könige. Sie gaben nicht nur eine Menge Geld aus, um alte Stätten wie in der Tempelstadt Pagan zu restaurieren, sie spendierten auch wie einst die Könige eine neue Spitze für die Shwedagon-Pagode, eine mit nicht weniger als 79 659 Juwelen. Sie kauften drei weiße Elefanten, das Symbol der Könige, das Frieden, Stabilität und Wohlstand bringen sollte. Nun drängte es sie zurück in das Herz Myanmars, zur Wiege der burmanischen Kultur, die in der klimatischen Trockenzone lag. Dort ließen sie eine neue Pagode errichten, fast so groß wie die Shwedagon-Pagode in Yangon. Und sie setzten drei burmesischen Königen riesige Denkmäler. Die Hauptstadt von Yangon nach Naypyidaw zu versetzen sei ein deutlicher Versuch, sich wieder den traditionellen Wurzeln zuzuwenden, eine Imitation der burmesischen Könige, die ihre Hauptstädte verlagerten, meinte der thailändische Wissenschaftler Dulyapak Preecharushh.[28]

In der Liste der Deutungen im Zusammenhang mit dem Umzug fehlt die Astrologie. Wie Vorgänger Ne Win, der wegen seiner Glückszahl 9 die 45-Kyat- und die 90-Kyat-Note einführte, war Than Shwe tief abergläubisch. Wahrsager sollen ihm vorhergesagt haben, sein Stern werde sinken, wenn er nicht bald mit seinem Gefolge aus Yangon verschwinde.

Der Wechsel nach Norden hatte eine schöne Nebenwirkung: Die neue Hauptstadt brachte für die Anwohner Chancen auf Arbeitsplätze und mehr Einkommen. Und nicht zu vergessen: Wie bei allen Großprojekten diktatorischer Regimes in der ganzen Welt floss eine Menge Geld für erwiesene Freundschaftsdienste in die Taschen von Günstlingen und wohl auch in die eigenen Taschen – oder zumindest in die von Söhnen, Töchtern, Ehefrauen, Neffen und Cousinen.

Aufträge für den Bau von Ministerien, Villen und Hotels bekamen zum Beispiel die Unternehmen Htoo Trading und Asia World. Chef von Htoo Trading ist Tay Za, ein Bekannter des Junta-Chefs Than Shwe (was er abstreitet). Für die US-Regierung war er ein Waffenhändler und finanzieller Handlanger von Burmas Militärjunta. Vorstandsmitglied Aung Thet Mann ist der Sohn von Thura Shwe Mann, damals Stabschef der Armee und 2014 Parlamentspräsident.

Das Unternehmen Asia World, das unter anderem den neuen Hauptstadtflughafen ausbaute, hatte ebenfalls ausgezeichnete Verbindungen – zur Junta und zur Unterwelt. Gründer war kein Geringerer als Lo Hsing Han, früher einer der größten Drogenbarone in Südostasien. Experten verdächtigen die Firma, die auch in Singapur aktiv sein soll, eine große Geldwaschanlage für den Handel mit Heroin zu sein.

Und schließlich war da Zaw Zaw, Gründer und Chef der Max Myanmar Group of Companies, der das Royal Kumudra Hotel in Naypyidaw errichtete und am Bau der Autobahn zwischen der alten und der neuen Hauptstadt beteiligt war.[29] Auf dem Asphaltband brausen seither jede halbe Stunde moderne Busse hin und her, die Fahrt dauert rund fünf Stunden und kostet jeden Passagier umgerechnet sechs Dollar.

Fest steht eines: Selten hat sich in diesen Zeiten eine Regierung vom eigenen Volk so abgeschirmt wie die von Myanmar. Naypyidaw wirkt steril, das Ambiente soll an das wohlgeordnete und saubere Singapur erinnern. Die Dächer der Wohnhäuser haben, je nach Ministerium, in dem die Bewohner arbeiten, unterschiedliche Farben. An den Straßen wachsen bunte Bougainvilleas und Oleander. In den Villenvierteln wohnen meist Politiker, etwa der Präsident. Zu seinem Anwesen führt eine breite Auffahrt, Polizisten und Soldaten scheuchen Touristen weg. In einer nahen Feuerwache warten altertümliche, aber blitzsauber geputzte Fahrzeuge auf ihren Einsatz.

Auf den Anzeigetafeln des Flughafens von Naypyidaw blinkte im Februar 2014 nur ein einziger internationaler Flug: Bangkok Airways aus der thailändischen Hauptstadt. Die Zufahrtsstraßen zu Parlament und Präsidentenpalast sind so breit, dass Bangkok Airways mit seiner Boeing 737 bequem dort landen könnte. Beide Gebäudekomplexe sind von einem Graben umgeben, den jeweils zwei Brücken überspannen. So wirken sie wie mittelalterliche Burgen. Hohe Zäune im Versailles-Stil sperren das riesige Parlamentsgelände ab.

Trotz des künstlichen Charakters ist in den Nebenstraßen so etwas wie Alltagsleben zu erkennen. Händler verkaufen Benzinflaschen für die Mopeds, ein knapper Liter Sprit kostet rund einen Dollar. Auf einem Markt herrscht buntes Treiben, hier gibt es Sandelholz, dessen Pulver Frauen und Kinder nutzen, um ihr Gesicht vor der Sonne zu schützen. Schuhmacher flicken Schuhe, das Nähen einer Sohle kostet ebenfalls einen Dollar. Auf einer Anhöhe haben Restaurants ihre Tische im Freien aufgebaut, unten halten die Fernbusse aus Mandalay und Yangon.

Die Einfallstraße säumen der graue Klotz der Regierungspartei und Hotels. Menschen sind dort kaum zu sehen. Dahinter ist ein großes

Areal für die Botschaften und die Residenzen vorgesehen, doch außer Bangladesch war bis Februar 2014 keine ausländische Vertretung der Regierung nach Naypyidaw gefolgt. Das könnte sich ändern, wenn das Militär irgendwann einmal tatsächlich zur Seite treten und für Aung San Suu Kyi oder andere zivile Politiker Platz machen sollte.

Zwei Mitbewohnerinnen erzählen

Als die Militärs am 27. März 2006 ihre «Königliche Residenz» bezogen, ohne das Volk vorher befragt zu haben, saß Aung San Suu Kyi seit einiger Zeit wieder in ihrer Villa fest. Dieses Mal war sie nicht allein. Zunächst hatten die Behörden insgesamt 13 jungen Männern erlaubt, auf dem Gelände zu bleiben und das Haus zu bewachen. Im Dezember 2004 überlegten sie es sich anders: Sie verlangten den Abzug der Leibwächter, und am Morgen des 14. Dezember kamen diese der Forderung notgedrungen nach.

Zurück blieben nur zwei Gefährtinnen Aung San Suu Kyis: die heute 72-jährige Daw Khin Khin Win, eine ehemalige Lehrerin mit dem typischen Haarknoten der burmesischen Pädagoginnen, und ihre Tochter Daw Win Ma Ma, eine zurückhaltende Frau mit blitzweißen Zähnen. Zehn Jahre später berichten sie in ihrem kleinen Haus in der Yangoner Gemeinde North Dagon über ihre politischen Erfahrungen in der NLD und ihre freiwillige Gefangenschaft mit Aung San Suu Kyi.

Mutter und Tochter gehören zu den NLD-Aktivistinnen der ersten Stunde. Die Ältere war zeitweise Mitglied des Zentralkomitees. 1988 hatte Khin Khin Win am Aufstand teilgenommen, jedoch nicht in vorderster Linie als Demonstrantin, sondern im Hintergrund. Sie habe organisiert und agitiert, sagt sie vor einer Tasse Tee.[30] Vor den Wahlen 1990 sei sie durch das Land gefahren, um den Leuten zu erklären, wie eine Abstimmung funktioniert.

Sie war auch dabei, als Aung San Suu Kyi 1989 erstmals eingesperrt wurde. Damals habe sie als Einzige das Haus verlassen dürfen, um für alle einzukaufen. Das Geld habe ihr Aung San Suu Kyi gegeben. Ihre 41-jährige Tochter Win Ma Ma hatte sich ebenfalls jahrelang für die

NLD engagiert, etwa in der Jugendorganisation der Partei. Beide legen großen Wert darauf, nicht als Haushälterinnen oder gar Dienstmädchen von Aung San Suu Kyi bezeichnet zu werden, sondern als ihre Gefährtinnen und Assistentinnen. Und als Assistentinnen ließen sie sich zusammen mit Aung San Suu Kyi jahrelang einsperren.

Begonnen hatte alles nach dem Depayin-Zwischenfall im Jahr 2003. Während Aung San Suu Kyi im Insein-Gefängnis saß, kümmerte sich Lehrerin Khin Khin Win um das Haus. Als die Hausherrin zurückkehrte und erneut als Gefangene in ihrer Villa von der Außenwelt abgeschottet wurde, entschied sich Khin Khin Win, bei ihr zu bleiben. Aus Sorge, dass es der Lehrerin zu viel werden würde, schlug Aung San Suu Kyi vor, ihre Tochter dazuzuholen, berichtet Khin Khin Win. Sie blieben fast sieben Jahre. «Wir haben viel aus dem Tag gemacht», sagt Khin Khin Win. «Es gab keine Zeit, gelangweilt zu sein. Manchmal bin ich vor zwei Uhr morgens nicht ins Bett gekommen.»

Aung San Suu Kyi stand, wie schon während der beiden vorangegangenen Haftzeiten, sehr zeitig auf, um zu beten und zu meditieren. Auch Khin Khin Win war gegen fünf Uhr 30 auf den Beinen. «Dann habe ich für Buddha Blumen im Garten gepflückt.» Gegen neun Uhr bereitete sie das Frühstück vor, mal aßen die drei Frauen gemeinsam, mal getrennt. Sie selbst zog burmesisches Frühstück vor, gebratenen Reis zum Beispiel. Aung San Suu Kyi dagegen wollte ein «gesundes Frühstück», wie sie sagte: Brot, Milch, chinesischen Tee – und ein gekochtes Ei. Exakt 4,5 Minuten musste es im sprudelnden Wasser liegen.

Während Khin Khin Win von jenen Jahren erzählt, kommt ein kleiner Junge in den Raum und holt sich etwas zu essen. Er setzt sich und hört ein paar Minuten dem Gespräch zu. Das Zimmer ist bescheiden, neben einem alten Fernseher mit beschädigten Knöpfen steht ein tönerner Wasserkrug. Auf einem schmalen Schreibtisch sind ein paar Bücher aufgestellt. Eine Klimaanlage gibt es nicht. An der Seite lehnen zwei Fahrräder, an der Wand hängt ein altes Schwarz-Weiß-Foto, das den 2001 verstorbenen Ehemann von Khin Khin Win zeigt, der ebenfalls ein Lehrer war. Ein Stück weiter sind ein Aung-San-Suu-Kyi-Kalender und ein paar gerahmte Farbfotos angebracht: Aung San Suu Kyi alleine und zusammen mit Mutter und Tochter.

In diesem Haus gibt es keinen Luxus. Die beiden Frauen, das wird deutlich, sind für ihr Opfer nicht groß finanziell entschädigt worden. Seit ein paar Wochen haben sie im Vorgarten einen kleinen Stand errichtet, an dem Tochter Win Ma Ma sich mit dem Verkauf von Sandalen und Flipflops ein kleines Zubrot verdient.

Auch im Haus an der University Avenue gab es ein TV-Gerät. Aung San Suu Kyi teilte die Arbeit ein. Khin Khin Win bekam den Auftrag, die burmesischen Nachrichten anzuschauen, um dann über den Inhalt zu berichten. Die Hausherrin selbst hörte täglich bis zu sechs Stunden lang Radio. Außerdem las und schrieb sie viel. Zur Lektüre gehörten Politik, Wirtschaft, Romane, Gedichte und Geschichte.

«Love me tender»

Zeitweise hätten sie sich nicht sehr oft – etwa dreimal am Tag – gesehen, erinnert sich Khin Kin Win. Doch es gab gemeinsame Aktivitäten. Die Frauen studierten und diskutierten buddhistische Texte, und manchmal lud Aung San Suu Kyi Mutter und Tochter nach oben ein, um einen Videofilm anzuschauen. Allerdings kann sich Khin Khin Win nicht mehr erinnern, welche Filme sie gesehen haben.

Zu Beginn des Jahres 2006 durfte ein wichtiger Besucher ins Haus: der Klavierstimmer Saw Simon. Das Piano war wieder einmal verstimmt. Saw Simon, wie sein Kollege aus den neunziger Jahren ein Karen aus dem Bezirk Insein, brauchte zwei Stunden, bis das Instrument wieder funktionierte. Dann spielte er den Elvis-Presley-Song «Love me tender».[31]

Aung San Suu Kyi, laut Khin Khin Win ein sehr systematischer Mensch, fertigte eine Liste von wichtigen Feiertagen an: Unabhängigkeitstag, Märtyrertag, Revolutionstag. Dann bereiteten sie sich auf jedes dieser Daten gründlich vor. Die Damen lasen viel darüber, machten Notizen, diskutierten. Vor solchen Tagen prüften sie, ob alle 27 NLD-Flaggen, die sich im Haus fanden, in Ordnung waren. Sie machten sich daran, die zerrissenen zu nähen und zu waschen.

Morgens um halb fünf hissten sie die Fahnen, am Märtyrertag flat-

terten alle 27 auf dem Gelände. Über Lautsprecher spielten sie Tonbän-
der ab, die Aung San Suu Kyi oder Khin Khin Win mit Informationen
über Bedeutung und Geschichte des Tages besprochen hatten. Die
Wachleute störte dies nicht, sie hörten aufmerksam zu und bedankten
sich für diesen Service.

Eines Tages stürzte Khin Khin Win im Haus und verletzte sich das
Knie. Sie konnte nicht mehr aufstehen. Aung San Suu Kyi bestand dar-
auf, das Knie mit Eis zu kühlen. Die Wachen holten einen Kranken-
wagen und erlaubten ihr, in eine Ambulanz zu fahren. Immer wieder
musste die Hausherrin improvisieren, auch im technischen Bereich.
«Ich war ja Gefangene und Handwerkerin», erinnerte sich Aung San
Suu Kyi. «Es durfte ja niemand ins Haus kommen, um etwas zu reparieren. Ich musste alles in Ordnung bringen, wenn etwas kaputtging.»
Da Khin Khin Win und ihre Tochter keine Ahnung von Mechanik oder
Elektrik hatten, musste sie mit großer Mühe lernen, wie das alles funktionierte.[32]

Auch Aung San Suu Kyi benötigte dringende Hilfe. Ihr Hausarzt
und Chirurg, Dr. Tin Myo Win, erhielt am 8. Juni 2006 einen Notruf,
ließ im Muslim Free Hospital im Zentrum Yangons alles stehen und
liegen und eilte zu ihr. Die Gefangene litt unter heftigem Durchfall,
offenbar hatte sie schlechte Mangos aus dem Garten gegessen. Der Eingesperrten ging es so schlecht, dass Tin Myo Win und seine Kollegin
(und spätere Frau), Pyone Mo Ei den ganzen Freitag und auch die
nächste Nacht im Haus wachten.

Draußen in der Stadt feierte der Senior-General einen Monat später
ein rauschendes Fest: Than Shwe verheiratete seine Tochter Thandar
Shwe, eine rundliche junge Frau, mit dem Major Zaw Phyo Win. Obwohl
Untergebene berichteten, der Junta-Chef sei im Gegensatz zu seinen
Kameraden eigentlich ein bescheidener Mann, stellte diese Party alles
in den Schatten, was die High Society Myanmars bislang erlebt hatte.
Der Champagner floss in Strömen, die Braut trug Diamanten im Haar,
in vielen Ketten um den Hals und an den Fingern. Schnell liefen Gerüchte durch die Stadt, dass das junge Paar Geschenke im Wert von
50 Millionen US-Dollar bekommen habe – unter anderem Autos,
Schmuck und Häuser.

Szenen der Hochzeit waren bald im Internet zu sehen. Die Aufnahmen trugen nicht gerade dazu bei, die Popularität Than Shwes zu steigern. Er gab den Bilderbuchdespoten, der seinen Reichtum und seine Macht obszön zur Schau stellte. Im riesigen Bankettsaal hingen Bilder von ihm – der König von Myanmar.

Einige Jahre später erwog er, den englischen Fußballklub Manchester United kaufen – für eine Milliarde Dollar. Sein fußballverrückter Enkel soll ihn dazu überredet haben. Im letzten Moment machte der General einen Rückzieher und zwang stattdessen seine Geschäftsfreunde, eine burmesische Profiliga zu gründen.

Derweil versuchten seine Untertanen mit dem Alltag klarzukommen. Wer im Land umherreiste, musste ständig mit Kontrollen rechnen. Selbst wenn Verwandte über Nacht zu Besuch bleiben wollten, musste man das bei der Polizei anmelden. Die Stimmung der Burmesen in diesen Jahren war gedrückt, allenthalben lauschten Blockwarte und lungerten Spitzel. Eine Maßnahme und Schikane gegen die Studenten, die nicht auf dumme Gedanken kommen sollten, war, die Universitäten aus Yangon in Vororte auszulagern, die nur schwer mit Bussen oder Bahnen zu erreichen waren.

Nach Khin Nyunts Sturz 2004 hatten das Büro für militärische Angelegenheiten, die Sonderpolizei und die USDA die Aufgaben seines Geheimdienstes übernommen. Wer ein Telefon, Faxgerät oder Computermodem besaß, musste es anmelden. Die Zeitungen waren angewiesen, ihre Artikel eine Woche vor der geplanten Veröffentlichung der Zensur vorzulegen. Was in der DDR die FDJ und die Betriebskampfgruppen waren, war in Myanmar die USDA: Wer etwas werden wollte, musste Mitglied sein. 22,8 Millionen Menschen waren im Jahr 2005 in dieser Organisation eingeschrieben.[33]

Im Dezember 2005 stoppte das Internationale Komitee vom Roten Kreuz seine Gefangenenbesuche, weil die USDA darauf bestanden hatte, sich mit an den Tisch zu setzen. Léon de Riedmatten, der diskrete Vermittler des Schweizer «Zentrums für Humanitären Dialog», musste sein Büro schließen. Razali Ismail, der malaysische Sonderbeauftragte der UNO, hatte kurz zuvor sein Amt aufgegeben, weil ihn die Junta nicht mehr ins Land ließ. Immerhin erlaubten die

Generäle einigen Nichtregierungsorganisationen, soziale Probleme anzupacken. Sie kümmerten sich um HIV-Infizierte oder hungrige Kinder. Solange sie ihre Macht nicht in Frage stellten, ließ die Junta sie gewähren.

Mit komplizierten Regeln und Vorschriften hatten die Bürokraten des Militärs die Unternehmen fest im Griff. Die Kaufleute mussten ihnen stets zu Diensten sein, etwa mit Spenden für soziale Organisationen der Armee. Wer gar Geschäfte mit den Generälen machte und dies auch in Zukunft tun wollte, war gut beraten, wenn er selbst oder seine Frau an Feiertagen die Familie des jeweiligen Offiziers besuchte – mit kleinen Aufmerksamkeiten, versteht sich.

Die Militärs mischten sich überall ein. So schrieben sie etwa den Bauern vor, was sie zu säen hätten. Eines Tages erließen sie die Order, am Feldrand eine bestimmte Nusssorte mit dem Namen Kyet Su anzupflanzen, aus der Bio-Benzin produziert werden sollte. Daraus wurde jedoch nichts, weil die notwendigen Anlagen fehlten. Vielleicht, fragten sich viele Landleute, waren die Nussbäume dazu da, durch magische Kräfte Aung San Suu Kyi negativ zu beeinflussen? Klang nicht Kyet Su ähnlich wie «Suu Kyi»?[34]

Die Waren wurden stetig teurer, 2005 stiegen die Preise um rund 20 Prozent, zwei Jahre später kletterten sie um die 35 Prozent. Viele junge Leute versuchten ihr Glück in Thailand, Indien, Malaysia und Singapur. Das Geld schickten sie über Mittelsmänner zurück an ihre Familien nach Myanmar. Die Burmesen hungerten nicht, waren aber kurz davor. Das Internationale Rote Kreuz machte in abgelegenen Landstrichen «enormen Leidensdruck» aus, das Welternährungsprogramm der UNO befand, dass die Regierungspolitik sowie harsche Reise- und Handelsbeschränkungen unnötigerweise Millionen in ein Leben der Armut und der Unterernährung zwängen. Sogar in den Städten fiel es den Menschen schwer, das Notwendige zum Leben zusammenzukratzen. Nach Schätzungen der UNO gab eine durchschnittliche Familie drei Viertel ihres Einkommens allein für Lebensmittel aus.[35]

Der Aufstand der Mönche

Im August 2007 strich die Regierung mir nichts, dir nichts die Sub-
ventionen für Dieselöl und Gas: Die Preise für Reis, Salz und Speiseöl,
für Busse und Bahnen schossen in die Höhe. Bald waren die Menschen
wieder auf der Straße. Dieses Mal allerdings nahmen nicht Studenten
das Heft in die Hand, sondern Mönche. Sie hofften, die Junta werde
gegen sie weniger harsch reagieren, doch sie irrten sich. Als Polizisten
in der Kleinstadt Pakokku in Zentral-Myanmar offenbar festgenom-
mene Geistliche misshandelten, verlangten die Mönche eine Entschul-
digung. Sie drohten damit, keine Spenden mehr von Militärs und deren
Familien entgegenzunehmen – was denen die Gelegenheit nähme,
Gutes zu tun und dem Nirwana einen Schritt näher zu kommen. In
ihrem Boykottaufruf bezeichneten die Mönche die Regierung als «ge-
walttätige, gemeine, grausame, rücksichtslose, mitleidslose Soldatenkönige – die großen Diebe, die davon leben, dass sie von den nationalen
Schätzen stehlen ...»[36]

Die Junta ignorierte die Forderung. Mitte September gingen die
Mönche in Massen auf die Straße, Sutras betend und religiöse Fahnen
schwenkend – die nach dem Rot der Mönchsroben benannte Safran-
revolte hatte begonnen. Zunächst verboten die Mönche den Laien, sich
ihren Demonstrationszügen anzuschließen, weil der Protest keinen
weltlichen Charakter erhalten sollte. Im September zogen Tausende
von Mönchen in fünf Kolonnen zur Shwedagon- und Sule-Pagode, begleitet von jubelnden und singenden Laien.

Am 22. September bog eine Kolonne protestierender Mönche in die
University Avenue ein und stoppte vor dem Haus von Aung San Suu
Kyi. Die Bewacher erlaubten ihr, zum Tor zu kommen und sie zu
begrüßen. Die Menge stimmte ein Hoch auf die Politikerin an. Zum
ersten Mal seit 2003 wurde sie an diesem Tag in der Öffentlichkeit
gesehen. Einen weiteren Versuch der Mönche, sich in der University
Avenue zu versammeln, stoppte die Polizei am nächsten Tag.

Als der Mönch U Kosita vor der Shwedagon-Pagode mit dem Mega-
fon die Uniformierten aufforderte, nicht loszuschlagen, drohte ihnen

Safran-Revolution in Rangun 2007: Boykott gegen Soldatenkönige und Diebe (im Vordergrund der sterbende japanische Fotograf Kenji Nagai)

ein Polizist zu schießen, wenn sie nicht auf die Lastwagen stiegen. Der Mönch blieb stur: «So kommen wir nicht weiter. Wenn ihr schießen wollt, schießt. Dann sterben wir vor der Shwedagon-Pagode.» Zum Glück benutzten die Polizisten nur Eisenstangen, um die Mönche auseinanderzujagen.[37]

Am 26. September 2007 wurde für Yangon und Mandalay eine nächtliche Ausgangssperre verhängt. Die Bewohner durften 60 Tage lang von 21 Uhr abends bis fünf Uhr morgens nicht auf die Straße gehen. Versammlungen von mehr als fünf Personen waren untersagt. Doch die Bürger widersetzten sich noch einige Tage, bis die Polizei mit Knüppeln, Tränengas, Gummigeschossen und scharfer Munition die Demonstranten endgültig vertrieb. Militärs umzingelten die Klöster, um die Mönche daran zu hindern zu demonstrieren. 13 Menschen kamen laut Regierungsangaben ums Leben, darunter der japanische Fotograf Kenji Nagai, der von einem Soldaten vor laufenden Kameras kaltblütig erschossen wurde. Menschenrechtler schätzten die Zahl der Toten allerdings deutlich höher ein.

Ende September saßen rund 700 Mönche und 500 Laien in Haft. Später gaben die Behörden zu, über 2500 Menschen eingesperrt zu haben, in Wahrheit waren es wohl über 4000. In Mandalay kassierte die Polizei fast die gesamte Führung der NLD ein. Berichte über mysteriöse Todesfälle im Gefängnis kursierten im Land. Zwei Jahre später saßen noch immer rund 1000 Menschen in Haft, einige Studenten waren zu 65 Jahren Gefängnis verurteilt worden.[38] Auch der Verleger und frühere Aktivist Thet Zin musste wieder ins Gefängnis. Er habe eine Zeitschrift ohne Lizenz veröffentlicht, lautete das Urteil: sieben Jahre Haft.

Die Militärs hatten wieder gewonnen, sogar vor Mönchen zeigten sie keinen Respekt. Die Hoffnung, dass sich der SPDC auch nur einen Millimeter vom Fleck rühren würde, war verflogen. Zu diesem Zeitpunkt schienen die Generäle nur darauf aus, ihre Macht zu erhalten und ihre Konten zu füllen, ohne auch nur einen Gedanken an die Rechte und das Wohlergehen ihrer Untertanen zu verschwenden.

An die Stelle des UNO-Manns Razali Ismail war seit 2006 Ibrahim Gambari, ein früherer nigerianischer Außenminister, nach Myanmar gekommen. Er traf sich im Mai jenes Jahres mit Than Shwe und durfte Aung San Suu Kyi im Hausarrest besuchen. Doch zu bewegen vermochte er nichts. Frustriert, dass die Junta nicht auf ihre Forderung nach einem Dialog einging, verweigerte Aung San Suu Kyi 2008 ein weiteres Treffen. Gambari schickte zwei Mitarbeiter mit Megafonen in die University Avenue, um die Bewohnerin zum Einlenken zu bewegen – das Tor blieb zu, und Gambari hatte die UNO lächerlich gemacht.

Léon de Riedmatten, der Schweizer Unterhändler, hatte von Anfang an nicht viel von dem UNO-Mann gehalten. Seine Kontaktleute in Myanmar hätten ihm berichtet, Gambari genieße weder in der Junta noch in der Opposition oder bei den ethnischen Gruppen Glaubwürdigkeit und sei nur an den Geschenken vor seiner Abreise interessiert, berichtete er US-Diplomaten in Bangkok.

Das war wohl ein wenig ungerecht, denn Gambari gab sich allergrößte Mühe, zwischen beiden Seiten zu vermitteln. Allerdings machte er einen schweren Fehler, als er im November 2007 in Bangkok eine Erklärung Aung San Suu Kyis verlas. Die Generäle verstanden dies als Parteinahme und reagierten so böse, dass sie ihn fortan nicht mehr zu ihrem Boss Than Shwe vorließen.

Nach der niedergeschlagenen Safran-Revolution meinten die Generäle, nach innen wie nach außen Gutwetter machen zu müssen. Der verfassunggebende Nationalkonvent schien in diesem Zusammenhang ein geeignetes Objekt zu sein. Anfang 2008 war nach jahrelanger Arbeit und unter dubiosen Umständen der Entwurf einer neuen Verfassung fertiggestellt, im Mai sollte das Volk in einem Referendum über den Text entscheiden dürfen. Wie es abstimmen sollte, machten Myanmars Regenten mehr als deutlich: «Der Staatsverfassung zuzustimmen ist heute eine nationale Pflicht des ganzen Volkes. Lasst uns im nationalen Interesse alle für ‹Ja› stimmen», forderten Plakate und Spruchbänder.[39]

Ein Sturm schweißt zusammen

Der Wirbelsturm «Nargis» verdarb die Party. Mit ungeheurer Wucht fegte er am 2. und 3. Mai 2008 über das Irrawaddy-Delta und die Gegend um Yangon. Er riss Hütten und Menschen mit sich, Palmen zerknickten wie Streichhölzer. Flutwellen rollten über das Land und schwemmten Zehntausende ins Meer. Es trieben so viele Leichen in den Flussarmen, dass Boote es schwerhatten, sich durch die aufgeblähten Körper einen Weg zu bahnen.

Die Generäle im abgeschotteten Naypyidaw, die es nicht für nötig befunden hatten, die Bevölkerung vor dem Sturm zu warnen, wollten oder konnten das Ausmaß der Katastrophe nicht erkennen. Zunächst lehnten sie ausländische Hilfe ab, dann akzeptierten sie Lebensmittel, Decken, Planen und Medikamente. Doch internationale Hilfsorganisationen mussten draußen bleiben. Deshalb erhielten nach Schätzungen der Helfer nur 20 bis 30 Prozent der Bedürftigen Unterstützung. Die internationale Gemeinschaft war entsetzt – und machtlos. Frankreichs Außenminister Bernard Kouchner forderte die UNO sogar auf, militärisch zu intervenieren. Erst nachdem UNO-Generalsekretär Ban Ki-moon Junta-Chef Than Shwe in Naypyidaw ins Gewissen geredet hatte, lenkten die Militärs ein.

Der Sturm schweißte die Burmesen zusammen. CDs mit Bildern von Opfern und Zerstörungen machten schnell in Yangon und Mandalay die Runde. Viele Bürger spendeten Geld für religiöse Organisationen, manche packten Lebensmittel in ihr Auto und fuhren auf eigene Faust ins Katastrophengebiet. Das Versagen der Streitkräfte, die unablässig von der Einheit des Landes und von der Stärke der Burmesen schwadronierten, mit ihren über 400 000 Mann aber nicht in der Lage waren, den Opfern schnell zu Hilfe zu eilen, machte deutlich: Dieses Regime hatte abgewirtschaftet.

Statt auf die Rettung der Opfer konzentrierte sich das Militär auf das Referendum. In 47 besonders betroffenen Landstrichen wurde die Abstimmung allerdings verschoben. Am Ende hatten fast alle der 27 Millionen Wahlberechtigten ihr Kreuz gemacht, 92,4 Prozent stimmten der Verfassung zu – was kein Wunder war: Die Wahlen waren nicht geheim, Name des Wählers und die Nummer seines Ausweises leicht mit dem Stimmzettel in Verbindung zu bringen. In einigen Orten ersetzten Regierungsanhänger jene, die nicht zur Wahl gingen. Die rund 600 000 Mönche und Nonnen durften nicht abstimmen. In Büros und Staatsbetrieben mussten die Arbeiter und Angestellten unter Aufsicht ihrer Chefs ihre Stimme abgeben; in zahlreichen Wahlstationen waren die Stimmzettel bereits ausgefüllt, und wenn nicht, saßen USDA-Leute dicht neben der Wahlkabine und wiesen die Leute an, wo sie ihr Kreuz zu machen hatten.[40]

Aung San Suu Kyi, die seit fünf Jahren ohne Urteil eingesperrt war und nach dem Gesetz eigentlich Ende Mai 2008 hätte freigelassen werden müssen, durfte nicht wählen. Stattdessen verlängerte die Junta ihren Hausarrest ohne Begründung um ein weiteres Jahr. Nach dem Referendum sollten, wie angekündigt, die Parlamentswahlen 2010 stattfinden. An diesen sollte sie auf keinen Fall teilnehmen dürfen.

Der Anwalt

Aung San Suu Kyi versuchte, die Entscheidung anzufechten. «Am 8. August 2008 ging ich am Swimmingpool spazieren», erinnert sich der Anwalt Kyi Win. «Da kam ein kleiner, dunkler Kerl auf mich zu und fragte mich, ob ich U Kyi Win sei. Ich fragte zurück, ob er von der Sonderabteilung sei und mich mitnehmen wolle. Doch der Agent beschwichtigte und sagte, dass seine Vorgesetzten mit mir sprechen wollten.»

Die saßen in der Nähe in einem Toyota Hilux und erklärten dem Anwalt, dass er am nächsten Tag um zwölf Uhr Aung San Suu Kyi einen Besuch abstatten dürfe. Zunächst musste der Jurist jedoch zum Geheimdienst gegenüber der University Avenue 54. Dort wartete der Chef der Sonderabteilung der Polizei, Myan Thein, auf ihn. «Sie machten eine große Sache daraus, dass sie mir erlaubten, sie zu sehen, und erklärten mir die Regeln», sagt Kyi Win. «Sie wollten, dass ich auf einem bestimmten Platz sitze. Überall konnte ich die roten Lichter der versteckten Kameras aufglühen sehen.»

Er durfte Lebensmittel, Schokolade und Kekse kaufen sowie sich in einem nahen chinesischen Restaurant ein paar Gerichte einpacken lassen. Die Agenten fotografierten jedes Mitbringsel. Als er über die Straße ging, «blitzte bei jedem Schritt der Blitz eines Fotoapparats, und die roten Punkte der Kameras leuchteten im Gebüsch».

Auf die Frage der Hausherrin «Onkel, was kannst du für mich tun?» schlug Kyi Win vor, direkt beim Premierminister Beschwerde gegen die Haftverlängerung einzulegen. Sie gab ihm grünes Licht und forderte ihn auf, sich von zwei jungen Anwälten, die nicht NLD-Mitglieder sein durften, helfen zu lassen.

Der Anwalt schrieb die Beschwerde, die Aung San Suu Kyi am 9. Oktober 2008 unterzeichnete. Premierminister war damals Generalleutnant Thein Sein, der spätere Präsident.

Der Brief musste in Naypyidaw persönlich abgeliefert werden. Das Büro Thein Seins akzeptierte ihn zwar, gab ihm aber keine Eingangsnummer. Nur ein Angestellter zeichnete den Empfang ab. Im November geschah nichts, im Dezember auch nicht. Im Januar 2009 schrieb Kyi Win erneut, auch im Februar und im März – Funkstille; ein neuer Versuch im April. Entnervt wandten sich Aung San Suu Kyi und ihr Anwalt persönlich an den Premierminister. Seine Untergebenen, schrieben sie, erfüllten ihre Pflicht nicht und verletzten die Bürgerrechte. Keine Antwort. Schließlich traf ein Brief aus Naypyidaw mit der

Ablehnung der Beschwerde ein. Kyi Win: «Sie haben uns nicht einmal angehört», sagte er.

«Und dann passierte die blöde Geschichte mit Yettaw.»[41]

Ein Mormone, der gerade richtig kommt

Noch immer ist nicht klar, ob es eine fein aufgestellte Falle war oder ob der Junta der Zufall in die Hände spielte – auf jeden Fall erwies sich der 3. Mai 2009 als Glückstag für das Regime: Ein offenkundig geistig verwirrter Mormone aus Falcon im US-Bundesstaat Missouri, John William Yettaw, schwamm zwei Kilometer durch den Inya-See zum Grundstück von Aung San Suu Kyi. Der ehemalige Busfahrer hatte eine wichtige Botschaft: Gott habe ihn geschickt, um sie zu warnen: Sie solle umgebracht werden. Dann drückte er ihr das Buch «Mormon» und einen Brief seiner Tochter in die Hand. Dass Aung San Suu Kyi das Schreiben annahm, wertete die Junta als Verletzung der Hausarrestregeln.

Es gibt Indizien, die darauf schließen lassen, dass es sich um ein Komplott der Junta handelte, die interessiert daran war, die Politikerin zumindest bis zu den Wahlen nicht aus dem Hausarrest zu entlassen. Yettaw sei in der thailändischen Grenzstadt Mae Sot von zwei Agenten angesprochen worden, die sich als Mitglieder der NLD ausgaben, berichtete das US-Nachrichtenmagazin «Newsweek» und berief sich auf einen westlichen Diplomaten mit Zugang zu Geheimdienstberichten. Die beiden hätten ihm versichert, die Lady sei bereit, ihn zu empfangen. Verstärkt wird dieses Indiz durch die Aussage Yettaws in einem Interview mit «Newsweek» über die Umstände an der Villa: «Ich weiß nicht, warum sie mich nicht aufgehalten haben», sagte er. «Der Mann mit der AK-47 schüttelte mir die Hand und ließ mich hinein.»[42]

Der Anwalt Kyi Win, der Aung San Suu Kyi mit Kollegen verteidigte, ist ebenfalls davon überzeugt, dass Yettaw nicht zufällig dahergeschwommen kam. Er beruft sich auf einen Freund, einen inzwischen gestorbenen hohen burmesischen Diplomaten, an dessen Aussage er keinen Deut zweifelt. Das Außenministerium habe eine Note an alle

Botschaften in Südostasien mit einer ausführlichen Beschreibung Yettaws geschickt und angewiesen, demjenigen, auf den die Angaben zuträfen, sofort ein Visum auszustellen. Kyi Win: «Sie wollten also, dass er kommt.»[43]

Lehrerin Khin Khin Win, Aung San Suu Kyis Mitgefangene, erlebte alles hautnah mit: «Ich hatte Yettaw wohl einige Wochen vorher schon einmal gesehen», erinnert sie sich. «Da war ein Schatten in der Dunkelheit. Es war morgens gegen drei Uhr dreißig, und ich habe die Wachen informiert. Aber die Wachen lästerten nur über meine schlechten Augen und ulkten, ich hätte wohl den Geist von Khin Nyunt erblickt.» Das war am 30. November 2008. Aung San Suu Kyi, so sagte sie später vor Gericht aus, habe Yettaw damals weggeschickt.

Am 3. Mai um vier Uhr morgens raschelte es am dicht bewachsenen Ufer. Khin Khin Win fürchtete sich vor Schlangen im Gestrüpp. Sie ging wegen ihres verletzten Knies am Stock, ihre Tochter schaute nach dem Rechten und entdeckte einen Mann mit einer Tasche. Nach fünf Uhr habe sie Aung San Suu Kyi informiert.

Die steckte in einer Zwickmühle. Der Aufenthalt des seltsamen Amerikaners war illegal. Wenn sie ihn aber dem Geheimdienst übergab, drohte ihm eine hohe Gefängnisstrafe. Das Militär würde sich keinen Deut darum scheren, dass der ungebetene Gast mit seinen selbstgefertigten Schwimmflossen womöglich psychisch nicht stabil war.

Außerdem war der Mann so geschwächt, dass sie ihn nicht zwingen wollte, durch den See dorthin zu schwimmen, wo immer er auch hergekommen war. Die Frauen entschieden sich, seine Bitte zu erfüllen, ihm etwas zu essen zu geben und ihn sich mehrere Stunden ausruhen zu lassen, wo er war: auf dem Fußboden des Flures. Es sei eine traditionelle Geste eines jeden Burmesen, argumentierte ihr Anwalt Kyi Win, sogar einen streunenden Hund zu füttern, der an der Tür erscheint.[44] Für Aung San Suu Kyi war es eine Frage des Prinzips, ihn nicht zu übergeben.

Als er wieder fortschwamm, fischten ihn Polizisten nach offiziellen Angaben morgens um 5:40 Uhr aus dem Wasser. Yettaw, aber auch Aung San Suu Kyi und ihre beiden Mitbewohnerinnen hatten prompt eine Klage am Hals. Ihnen drohten bis zu drei Jahren Gefängnis. Die

Junta hatte mit dem Amerikaner das große Los gezogen, die Opposition kochte vor Wut über diesen «Spinner», der einen wunderbaren Vorwand geliefert hatte, Aung San Suu Kyi weiter wegzusperren. Damit war die Hoffnung auf eine Rückkehr in die Freiheit vorerst gestorben. Tatsächlich verurteilten die Richter Aung San Suu Kyi zu drei Jahren Haft, Khin Khin Win und Tochter Win Ma Ma bekamen dieselbe Strafe aufgebrummt. Yettaw sollte unter anderem wegen «verbotenen Schwimmens» und Verstoßes gegen die Einreiseregeln für sieben Jahre in Haft, davon vier Jahre ins Arbeitslager. Nach kurzer Zeit durfte er jedoch mit dem US-Senator Jim Webb in die USA zurückkehren.

Verteidiger Nyan Win erinnert sich an die seltsame Urteilsverkündung: «Wir standen auf, als die Richter das Urteil verlasen. Weil die Richter saßen, konnte ich hinter ihnen den Polizei-Generaldirektor sehen. Was hatte der im Gericht zu suchen? Es war klar, dass das alles nichts mit Gerechtigkeit und einem unabhängigen Gericht zu tun hatte.» Nachdem er sofort Aung San Suu Kyi über seine Entdeckung informiert hatte, versuchte er an die Richterbank zu kommen, um zu protestieren. Aber die zwei Richter weigerten sich, mit ihm zu sprechen, seine Mandantin und er mussten den Raum verlassen. Nach zehn Minuten trat kein Geringerer als der Innenminister an die Angeklagte heran und verkündete, das Urteil werde auf Anordnung von Than Shwe auf 18 Monate halbiert. Sie müsse nicht ins Gefängnis, sondern dürfe zurück in den Hausarrest.[45]

Aung San Suu Kyi hatte während der Verhandlung vehement bestritten, sich unrechtmäßig verhalten zu haben. Laut dem damaligen britischen Botschafter Mark Canning, der in den Gerichtssaal durfte, machte sie klar, dass ihr diese ganze Sache in die Schuhe geschoben worden war. Sie gab allerdings zu, Yettaw «zeitweise Unterkunft» gewährt zu haben.

Die Behörden akzeptierten schließlich ihren Einspruch gegen das Urteil. Anwalt Kyi Win und sein Kollege Nyan Win marschierten durch die Instanzen bis zum Obersten Gerichtshof – vergebens. Aung San Suu Kyi blieb in Gefangenschaft.

Der Bericht des Kochs

Einer, der die Stunden vor dem Prozess miterlebte, war Aung San Suu Kyis Koch Moe Linn. In seinen Erinnerungen beschreibt er, wie sie ihn und seinen Kollegen Ko Htay Aung – beide hatten zeitweilig Zugang zur Villa – am 14. Mai 2009 um sechs Uhr morgens zu sich bat und sagte: «Hört mal, ich will das jetzt euch beiden gleichzeitig sagen. Ich gehe in ein Meditationszentrum, das Insein-Einkehr heißt. Sie werden mich hier um sieben Uhr abholen.»[46] Sollte ihr Aufenthalt dort länger dauern, bat sie die beiden, ihr Proviant zu bringen. Dafür musste man sich in eine sogenannte Familienkarte eintragen lassen, die zu Besuchen in der University Avenue und im Gefängnis berechtigte.

Um fünf Minuten vor sieben fuhr eine Limousine vor, die sich wenige Minuten später mit Aung San Suu Kyi im Fond in Richtung Insein-Gefängnis bewegte, wo der Prozess stattfand. Auch Khin Khin Win und ihre Tochter wurden abgeholt. Moe Linn passte in den folgenden Wochen auf das Haus auf: So ließ er zum Beispiel jeden Dienstag die Reinigungskräfte hinein und kochte ihnen etwas zu essen. Auch die Zimmer putzte er. Vor allem die Hinterlassenschaften der vielen Geckos mussten jeden Tag beseitigt werden. Außerdem hatte Aung San Suu Kyi ihm aufgetragen, die politischen Nachrichten im Radio zu hören.

Am 28. Mai 2009 erschien John Yettaw in der Villa, dieses Mal allerdings ohne Schwimmflossen und nicht allein, sondern mit Offiziellen, die vor Ort rekonstruieren wollten, wie er auf das Gelände gekommen war. Dann erlebte Moe Linn etwas Wundersames. Die Gangaw-Blumen im Garten begannen außerhalb der Saison zu blühen. Sofort lief der Koch zu einem Wahrsager, um herauszufinden, was das Omen zu bedeuten hatte. «Glück», lautete die nicht ganz überraschende Antwort.

Nach knapp drei Monaten kehrten Aung San Suu Kyi und ihre beiden Mitbewohnerinnen aus der Haft zurück. Am 11. August um 12:45 fuhr eine Kolonne von Limousinen vor, die drei Damen stiegen aus. Koch Moe Linn durfte fortan von neun Uhr morgens bis 17 Uhr nachmittags im Haus bleiben und das Essen zubereiten.

Was er damals erlebte, hat er fünf Jahre später aufgeschrieben und in einem schmalen Buch veröffentlicht. Beim Mittagessen in einem lärmigen Restaurant schräg gegenüber der NLD-Zentrale holt er aus einer blau-weißen Plastiktüte Werbebroschüren für «Up Close» hervor. Der zweite Band soll «Meine Schwester Daw Aung San Suu Kyi – Tochter von Aung San» heißen. Für Moe Linn, der seine grauen Haare zu einem Zopf gebunden hat und eine große Sonnenbrille auf der Nase trägt, sind die NLD und Aung San Suu Kyi seine «Familie», wie er sagt. Auch wenn er derzeit keine Parteiaufgaben erfüllt, hält er fast jeden Tag in der Zentrale ein Schwätzchen mit Bekannten. Wenn er lacht, zeigt er die von Betelnüssen gefärbten roten Zähne.

Auch er hat, wie viele Anhänger der Politikerin, im Gefängnis gesessen, 1989 hatten sie ihn auf Aung San Suu Kyis Grundstück festgenommen. Zehn Monate saß er hinter Gittern. Nach 1995 habe er für sie eingekauft und gekocht. Eine Woche nach dem Yettaw-Prozess zogen die Wachen ihre Erlaubnis zurück: Er durfte das Grundstück nicht mehr betreten. Womöglich hatten sie gemerkt, dass Moe Linn nicht nur einkaufte, sondern, wie er sagt, «andere Bitten Aung San Suu Kyis» erfüllte. Was denn das gewesen sei? Moe Linn lacht und schiebt sich eine Betelnuss in den Mund: «Das kann ich nicht sagen.» Jedenfalls sei es ihm einmal gelungen, seinen Verfolger abzuschütteln, der dann von seinen Vorgesetzten zusammengestaucht wurde.

Mit dem Verbot, in die University Avenue 54 zu kommen, wurde der Alltag schwieriger: Wenn er die Lebensmittel für die drei Frauen auf dem Markt gekauft hatte, musste er mit seiner Tasche zunächst in ein Gebäude gegenüber der Villa gehen, in das schon Anwalt Kyi Win gebeten worden war. Dort saßen Geheimdienstler und Angehörige der Sonderpolizei, die den Inhalt der Tasche fotografierten. Dann durfte er die Einkäufe auf die andere Straßenseite bringen. Das Tor öffnete sich, und er gab die Sachen ab. Einmal habe er Aung San Suu Kyi von Weitem gesehen.

Ab 2004 hatten die Militärs eine direkte Kontaktperson für sie abgeordnet, den Arbeits- und Verbindungsminister General Aung Kyi – einen Offizier, der in Fort Benning in den USA ausgebildet worden war. Zwischen Oktober 2007 und Januar 2010 trafen sie sich neunmal im Regierungsgästehaus. Vermutlich war er es, der den Besuch von NLD-Freunden ermöglichte, damit Aung San Suu Kyi Parteiangelegenheiten direkt besprechen konnte. Zunächst hielt sie viel von dem Offizier, den sie als intelligent und gutwillig einschätzte.[47] Doch ihre Euphorie verflog, am Ende erschien er ihr nutzlos, weil er immer alles an seine Vorgesetzten weiterleitete und nicht selbst entschied.

Zweimal schrieb Aung San Suu Kyi in dieser Zeit persönliche Briefe an Than Shwe. Vor allem der erste ist bemerkenswert, da sie darin zum ersten Mal eine Zusammenarbeit mit dem SPDC vorschlägt, um die Aufhebung der ausländischen Sanktionen gegen Myanmar zu erreichen. Dazu allerdings müssten sich alle Beteiligten über das Ausmaß der wirtschaftlichen Verluste, die durch Sanktionen ausgelöst würden, sowie über die Meinung der beteiligten Länder klar werden. Deshalb wolle sie mit dem US-, dem EU- und dem australischen Botschafter sowie mit der NLD diskutieren.

Am 11. November wandte sie sich erneut an Than Shwe. Sie bedankte sich dafür, dass sie den amerikanischen Vizeaußenminister Kurt Campbell hatte empfangen dürfen, und bat um ein Treffen mit der Führungsspitze der NLD und mit dem Senior-General. Sie sei bereit, bei Aktivitäten, die dem Land nutzten, weiter mit dem SPDC zu kooperieren. Interessanterweise hatte ihr der Agent der Sonderabteilung der Polizei auf dem Gelände und nicht Verbindungsminister Aung Kyi vorgeschlagen, sich ein zweites Mal an Than Shwe zu wenden. Sie nutzte auch die Polizei, um den Brief nach Naypyidaw zu schicken.[48]

Eine Partei zwischen Baum und Borke

All dies half jedoch nichts, im Gegenteil: In den kommenden Monaten geriet die NLD stärker unter Druck. Nachdem die Junta sichergestellt hatte, dass ihre größte Konkurrentin weiterhin kaltgestellt und ihre Vormachtstellung damit gesichert war, machte das Regime sich daran, die Parlamentswahlen für das Jahr 2010 zu organisieren – und für die Regierungspartei USDP zu gewinnen.

Für die NLD und die anderen oppositionellen Gruppen stellte sich die Frage: Mitmachen oder nicht? Sie saßen, wieder einmal, zwischen Baum und Borke. Wenn sie sich um Sitze bewarben, riskierten sie, von der Regierung ausmanövriert und ausgetrickst zu werden. Verweigerten sie sich, drohte ihnen das vollständige Aus – so wie es die Generäle jenen Gruppierungen angedroht hatten, die nicht an den Wahlen teilnehmen wollten.

Wer sich als Kandidat aufstellen lassen wollte, musste umgerechnet 500 Dollar Teilnahmegebühren bezahlen. Dafür durfte er nicht alles sagen, was er wollte. Wer «das Ansehen des Staates beschädigte», riskierte Haft. Dass in der Wahlkommission, die Missbrauch aufdecken sollte, nur von der Regierung handverlesene Mitglieder saßen, überraschte niemanden mehr.

Überdies forderten die Militärs von den Parteien, sich neu registrieren zu lassen. Zu den Bedingungen zählte, politische Gefangene von der Mitgliedschaft auszuschließen – also auch Aung San Suu Kyi. «Wir sollten zudem schwören, die Verfassung zu verteidigen – wie die Soldaten einen Eid auf die Fahne ablegen», empörte sich der langjährige politische Häftling und NLD-Mitgründer Win Tin bei unserem Gespräch kurz vor seinem Tod. «Und wir sollten erklären, dass das Wahlergebnis von 1990 null und nichtig sei. Alle drei Bedingungen konnten wir nicht annehmen.»

Allerdings war sich die NLD-Spitze nicht einig. Einige Mitglieder des Zentralkomitees erklärten, die Partei könne sich nicht andauernd verweigern und müsse jede Chance nutzen, die Junta zu schwächen – und sei sie noch so winzig. Sie schlugen vor, Aung San Suu Kyi und andere pro forma auszuschließen – und nach den Wahlen wieder aufzunehmen. Zwischen den Fronten entstanden hitzige Diskussionen. Zudem war es schwierig, die Meinung von Aung San Suu Kyi zu erfahren, die isoliert in ihrer Villa saß. Würde sie sich der Ansicht der Mehrheit in der NLD-Führung anschließen, die Wahlen zu boykottieren? Oder würde sie in den sauren Apfel beißen und sich ausschließen lassen, um die Chance auf einen Wahlsieg ihrer Partei zu wahren?

Die Frage der Kontaktaufnahme löste jemand, der dies gewiss nicht wollte – ihr Bruder Aung San Oo. Dieser hatte den Prozess um den Besitz der Hälfte der Villa wieder aufrollen lassen, indem er sie, ohne die vollständige Adresse zu nennen, zum Verkauf ausschrieb, während Aung San Suu Kyi im Gefängnis auf ihren Prozess wartete. Die Wachen erlaubten ihrem Anwalt Nyan Win, sich nach ihrer Rückkehr mit ihr zu beraten. Schriftliches, das nichts mit dem Verfahren um das Haus zu tun hatte, durfte er nicht mitnehmen. Nyan Win erinnert sich: «Ich habe das mit den Wahlen mit ihr besprochen. Sie sagte nichts über die Mitglieder, die unbedingt an den Wahlen teilnehmen wollten. Sie sagte nur, die Regeln und Vorschriften für die Wahl seien unfair, wir sollten auf keinen Fall dabei sein. Ich musste mir alles im Kopf merken, aufschreiben durfte ich nichts. Ich wurde jedes Mal durchsucht. Danach setzte ich mich in den nächsten Teashop und notierte alles. Das machte ich recht oft. Vielleicht haben sie mich in Verdacht gehabt, aber passiert ist nichts.»[49]

Damit war die Sache klar: Die gefangene Generalsekretärin hatte gegen die Teilnahme an den Wahlen gestimmt. Nach Meinung ihres Anwalts wäre sie nie auf die Idee gekommen, die NLD unter diesen ungerechten Wahlgesetzen registrieren zu lassen.

Am 29. März 2010 diskutierten die führenden Funktionäre des ZK die Frage um Sein oder Nichtsein und entschieden auszusteigen. Einmütig war die Entscheidung jedoch nicht. Vier von 16 Mitgliedern des ZK-Exekutivkomitees, darunter der 92-jährige Parteivorsitzende Aung Shwe, gaben ihr Parteibuch zurück und gründeten eine eigene Organisation, die «Nationaldemokratische Kraft».

Es geschah, was geschehen musste: Mitte September 2010 lösten die Behörden die NLD auf, bis auf die Zentrale in der Shwegondaing-Straße mussten alle Büros schließen. Das Hauptquartier durfte deshalb offen bleiben, weil, wie Tin Oo sagt, Aung San Suu Kyi behauptete, alles sei ihr persönliches Eigentum. Damals schworen sich die in die Illegalität getriebenen NLDler, auch diesen Rückschlag zu überstehen. Statt auf politische Kampagnen würde man sich auf Sozialarbeit konzentrieren. Tin Oo: «Wir kümmerten uns um politische Gefangene und deren Angehörige. Das Motto lautete: ‹Wir fangen von vorne an.›»[50]

Die Wahlen am 7. November gewann die Regierungspartei USDP mit überwältigender Mehrheit im Ober- wie im Unterhaus. Mehr als

30 Parteien hatten teilgenommen, darunter viele Gruppierungen der ethnischen Minderheiten. Vorab waren allerdings die Wahlkampfprogramme aller Organisationen von der Junta zensiert worden. Augenzeugen berichteten, dass die Militärs schoben und betrogen, was das Zeug hielt, um das gewünschte Ergebnis zu erzielen.

Dann passierte allerdings etwas, was kaum jemand zu hoffen gewagt hatte. Am 13. November 2010 – knapp eine Woche nach den Parlamentswahlen – fuhr um 17 Uhr ein Geländewagen mit dem Polizeichef Myanmars, Brigadegeneral Khin Yi, durch das Tor in der University Avenue. Aung San Suu Kyi, Khin Yi und ein Polizeioberst setzten sich an einen großen Holztisch. Der Polizeichef verkündete der Gefangenen und ihren zwei Assistentinnen Khin Khin Win und Win Ma Ma, sie würden wegen guten Betragens in der Haft freigelassen. Politische Bedingungen für die Freilassung gebe es nicht, beteuerten die Uniformierten. Während sie alle ein wenig plauderten und an ihrem Tee nippten, begannen Polizisten die Stacheldrahtbarrikaden von der Straße zu räumen.

Kaum waren die Hindernisse aus dem Weg, wuchs die Menge vor dem Tor auf rund 5000 Menschen an. Endlich erschien Aung San Suu Kyi in rosa Bluse und violettem Rock am Zaun. «Ich bin froh, euch wiederzusehen», rief sie. «Wir haben uns so lange nicht gesehen, und ich muss euch viel erzählen.» Ihre Anhänger jubelten, stimmten die Nationalhymne an, und einige weinten vor Freude.

Am selben Tag telefonierte sie mit Sohn Kim in Oxford, der auf ein Visum wartete: «Es ist immer nett, mit ihm zu reden», berichtete sie in typischem Understatement nach dem Gespräch.[51] Neun Tage später landete er in Yangon.

Es war ihr vorläufig letzter Hausarrest. Ein neues Leben stand vor ihr. Als sich das Tor zur University Avenue öffnete, trat sie hinaus in ein anderes Land. Sie war nun 65 Jahre alt, in einem Alter, in dem sich andere zur Ruhe setzten, und ihre Haare wurden grau.

9. «Ihr habt die Gewehre und die Macht»
2010–2014

Neue Freiheit

Vor der Ankunftshalle haben Anhänger ein rotes Transparent entfaltet: «Wir begrüßen Daw Aung San Suu Kyi!» Sie sind in Kleinlastern herbeigekommen. Der nepalesische Botschafter und seine Frau haben sich mit ihrem Dienst-Mercedes ebenso eingefunden wie der NLD-Patriarch Tin Oo.

Yangon. Flughafen Mingaladon, es ist der 16. Juni 2014. Gegen 21:30 Uhr setzt die letzte Bangkok-Airways-Maschine dieses Tages aus der thailändischen Hauptstadt auf. Es dauert nicht lange, bis Aung San Suu Kyi unter dem Werbeschild «New Star – Edelsteine und Juwelen» zur Passkontrolle schreitet. Das Publikum versucht hinter der Glasscheibe einen Blick von ihr zu erhaschen. Sie braucht ihren Reisepass nicht vorzuzeigen, der Beamte winkt sie durch. NLD-Frauen überreichen ihr drei Blumensträuße. Wie immer, wenn sie sich freut oder verlegen ist, schüttelt Aung San Suu Kyi nach indischer Eigenart leicht ihren Kopf.

Vier Tage lang hat sie sich in Nepal aufgehalten, wo sie einst mit ihrem Mann für einige Zeit lebte. Wie einen Staatsgast hat die Regierung sie empfangen, sie traf mit dem Präsidenten und dem Premierminister zusammen und nahm an einem Seminar über die «Zukunft des Demokratischen Sozialismus» teil.

Wenige Minuten später fährt sie in einem Geländewagen davon. Die Show erinnert an ein Ritual, das einst in der Sowjetunion und in der Volksrepublik China bei der Rückkehr wichtiger Funktionäre von einer

Reise ins Ausland gepflegt wurde: Die daheim gebliebenen Genossen eilten zum Flughafen, um sie zu begrüßen.

Dass die NLD so viel Wirbel um ihre Vorsitzende veranstaltet, hat womöglich weniger mit Personenkult als mit einer Demonstration zu tun: Die Partei will der Regierung beweisen, dass Aung San Suu Kyis Strahlkraft nicht nachlässt. Und ihr selbst scheint die Aufmerksamkeit zu gefallen. Nicht einmal vier Jahre sind vergangen, seitdem die Politikerin am 13. November 2010 nach über siebenjährigem Hausarrest wieder auf freien Fuß gesetzt wurde.[1] Einen Tag nach der Freilassung fuhr sie zur NLD-Zentrale und machte klar, dass sie auch nach ihrer dritten Gefangenschaft wieder die Opposition anführen würde.

Sie versprach, sie wolle den Menschen Burmas zuhören, ihren Wünschen gehorchen und mehr Kontakte zu den Menschen pflegen.[2] An der Regierung ließ sie, wie schon früher, kein gutes Haar. Ihrer Meinung nach könne eine wohlhabende und würdevolle Nation ohne Rechtsstaatlichkeit nicht überleben. Dafür werde sie immer kämpfen, erklärte sie.

Der Journalist Win Tin, der im Jahr 2008 nach 19 Jahren Haft aus dem Gefängnis entlassen worden war und sie zum ersten Mal nach fast zwei Jahrzehnten wieder persönlich traf, empfand sie als genauso «energisch und enthusiastisch» wie früher. Sie sei bereit gewesen zu führen, und er sei von ihren Ideen, Gedanken und ihrer Moral beeindruckt gewesen. Für ihn gab es damals keinen Zweifel: Sie würde die Herzen der Menschen zurückgewinnen.[3]

Zunächst verschenkte sie allerdings ihr Herz an einen kleinen Hund namens Tai Chi Toe, den Sohn Kim ihr mitgebracht hatte. Das Tier war zu scheu, um zu bellen. «Er ist mein Wachhund», scherzte sie. «Aber er wackelt mit dem Schwanz, wenn jemand kommt. Reicht doch, so ein kleines Schwanzwackeln.»[4]

Mit einer technischen Neuerung kam sie zunächst nicht zurecht – dem Mobiltelefon, das in der Zeit ihrer Gefangenschaft die Welt erobert hatte. Sie wusste nicht, ob sie es an das Ohr oder an den Mund halten sollte. Unklar war ihr zudem, ob Schnellkochtöpfe den Lauf der Zeit überlebt hatten, von denen ihr einmal in Oxford einer explodiert war.

Darüber hinaus hatte sie Schwierigkeiten mit den unterschiedlichen Arten von Lichtschaltern und Badezimmer-Armaturen. Dafür konnte sie mit dem Computer umgehen. Denn sie hatte zwei Laptops im Hause, einen Apple und einen Windows-Computer. Weil das Internet gekappt war, musste sie sich darauf beschränken, nur aus Spaß kleine Einladungskarten für sich selbst zu entwerfen.

In einem Interview mit der BBC forderte sie eine «friedliche gewaltlose Revolution». Interviewer John Simpson war bei dem Wort «Revolution» so erschrocken, dass er die Gefahr einer neuen Gefangenschaft an die Wand malte. Doch Aung San Suu Kyi ließ sich nicht irritieren: Sie verstehe unter «Revolution» einen «radikalen Wandel», und genau den wolle sie für ihr Land.[5] Gleichzeitig bot sie General Than Shwe einen Dialog an, um über die für die Menschen Burmas wichtigen Dinge zu reden. Sie baute ihm eine Brücke: «Ich will keinen Sturz des Militärs. Ich will das Militär aufsteigen sehen zu würdigen Höhen des Professionalismus und wahren Patriotismus.» Der Senior-General und seine Untergebenen ignorierten sie – wie gehabt.

Die Junta in anderem Gewand

Doch bald nach den dubiosen Parlamentswahlen und der Freilassung von Aung San Suu Kyi geschah etwas, womit wohl niemand in den kühnsten Träumen gerechnet hatte. Die Militärjunta trat ab, die Generäle an der Regierung zogen die Uniformen aus und schlüpften in Longyis oder westliche Anzüge. Sie lösten den Staatsrat für Frieden und Entwicklung (SPDC) auf und ließen die NLD als politische Partei wieder zu. Einer von ihnen, General Thein Sein, führt seitdem als Präsident in Zivil die Regierung an.

Im August 2011 empfing er Aung San Suu Kyi im Präsidentenpalast von Naypyidaw, um «Wege und Mittel der Zusammenarbeit» zu finden, wie es offiziell hieß. Thein Seins Interesse war klar: Es ging ihm darum, den Ruf Myanmars im Ausland aufzupolieren. Aung San Suu Kyi ihrerseits wollte ausloten, wie weit der Mann wirklich zu gehen bereit war. Unter dem Porträt ihres Vaters schüttelten sich die beiden Kontrahenten nach einer Stunde Gespräch die Hände, das Foto erschien kurz darauf im Fernsehen und in den Zeitungen.

Später lernte Aung San Suu Kyi auch die First Lady kennen. Sie könne dem Präsidenten vertrauen, erklärte sie danach ihren Parteifreunden. Viele blieben skeptisch, Thein Sein sei nur eine Marionette Than Shwes, argumentierten sie. Aung San Suu Kyi verteidigte ihr Urteil: Mit dem könne sie arbeiten.

Sie sollte recht behalten – zumindest teilweise. Denn unter dem Präsidenten geschah, was niemand für möglich gehalten hatte: Thein Sein begann damit, die Wirtschaft zu liberalisieren, er ließ Minister wegen Korruption verhaften, öffnete die Gefängnistore für zahlreiche politische Häftlinge, unter anderem für den Verleger Thet Zin. Er erlaubte – bis zu gewissen Grenzen – Pressefreiheit und versuchte, das international geächtete Myanmar wieder in die Staatengemeinschaft einzureihen. Spätestens als er das mit chinesischen Firmen geplante Myitsone-Staudammprojekt für fünf Jahre stoppte, wurde vielen Bürgern klar, dass der Mann es ernst meinte. Die Kachin hatten zuvor heftig gegen das 3,6-Milliarden-Dollar-Vorhaben protestiert, weil sie um Felder und Dörfer fürchteten.

Moderne Zeiten in Yangon

In Yangon stauten sich nun die Autos, viele Importwagen, vor allem aus Japan, Südkorea und China, blockierten die Straßen. Vorbei waren die Zeiten, als abenteuerliche Gefährte, die schon zu britischen Kolonialzeiten hinfällig waren, durch die Stadt knatterten. Allenthalben in Yangon rissen Arbeiter mit Hacke und Hammer marode Gebäude ab. Neue Wohnbauten, Geschäftszentren und Hotels schossen an ihrer Stelle in die Höhe – und mit ihnen die Mieten für Botschaften, Nichtregierungsorganisationen und ausländische Firmen.

«1 Five Star Hotel, 5 Serviced Appartment Blocks, 4 Office Tower, 1 Shopping Center, Land 18,1 Acres», warb eine vietnamesische Baugruppe am Zaun einer großen Baustelle an der Kaba-Aye-Pagoda-

Straße in der Höhe des Inya-Sees von Yangon. Am Fluss in der Altstadt sollte im ehemaligen Police Commissioner Office an der Strand Road ein moderner Strand Office Complex einziehen. Internationale Telekommunikationsfirmen bewarben sich, um das Telefon- und Internetnetz Myanmars auf Vordermann zu bringen.

Vor den Toren der Stadt in Thilawa, ganz in der Nähe des Hafens, entstand nach chinesischem Vorbild und finanziert sowie organisiert von Unternehmen aus Japan eine Sonderwirtschaftszone, in der sich vor allem japanische Fabriken ansiedeln und Tausende Burmesen Arbeit finden sollten. 2000 Fußballfelder groß sollte die Anlage werden, versorgt durch ein Thermalkraftwerk. Anfang 2014 waren hier bis auf eine alte Textilfabrik und ein in Bau befindliches Villenviertel nur planierte Felder zu sehen. Ein Schild mit burmesischer und japanischer Fahne verkündete: «Thilawa SEZ Class A Development».[6] Und die Kobe Motor Company aus Yokohama wollte ein Stück weiter gebrauchte Autos, Lieferwagen, Laster und Busse verkaufen. In einer Hafenkneipe saßen russische Seeleute, leere Bierflaschen vor sich, und erkundigten sich, wo denn diese berühmte «goldene Kirche» zu finden sei. Sie meinten die Shwedagon-Pagode.

Neue Restaurants und Cafés eröffneten, die Hauptstädter konnten bei L'Occitane französisches Parfüm kaufen und bei Samsung moderne Smartphones. Auch Coca-Cola nahm im Juni 2013 eine Abfüllanlage in der Nähe Yangons in Betrieb. Eingefädelt hatte das Geschäft keine Geringere als die frühere US-Außenministerin, die nach ihrer Amtszeit Chefin einer Beratungsfirma für Investoren, spezialisiert auf kommende Märkte, geworden war: Madeleine Albright. Zur Eröffnungsfeier flog sie nach Myanmar und ließ sich mit einer Cola-Flasche fotografieren. Das Signal an die amerikanischen Unternehmer war überdeutlich: Myanmar war wieder vertrauenswürdig, hier konnten sie Geld verdienen.

Sogar Demonstrationen waren nun erlaubt. Vor dem kolonialen Gebäude des Obersten Gerichts kampierten unter einem Verhau im Juni 2014 rund 100 Menschen: Sie protestierten gegen die Vertreibung von Haus und Hof und forderten eine angemessene Entschädigung. «Unser Land ist unser Leben» stand auf einem Schild. Ab und an zogen sie um die nahe Sule-Pagode am Rathaus – und weder Polizisten noch Soldaten scherten sich um sie.

Die lange verteufelten «feindlichen Kräfte» wie US-Präsident Barack Obama oder die damalige Außenministerin Hillary Clinton waren plötzlich willkommene Gäste in Myanmar. Die Weltgemeinschaft konnte ihr Glück gar nicht fassen. Viele ausländische Manager scharrten mit den Füßen, lockten doch ein großer Markt mit billigen Arbeitskräften und reichlich Rohstoffquellen. Zudem erkannten die USA und die EU die Chance, den Einfluss der Chinesen in Myanmar und damit in Südostasien zurückzudrängen.

Boomland Myanmar: Nachdem die USA und die EU die Sanktionen aufgehoben hatten, kletterte das Bruttosozialprodukt, die Summe aller erwirtschafteten Güter und Dienstleistungen, 2012 um sechs Prozent, ein Jahr später waren es schon 7,5 Prozent – Raten, von denen die krisengeschüttelten Europäer nicht einmal zu träumen wagten. Gespeist wurde das Wachstum durch mehr Investitionen aus dem Ausland, größere Rohstoffexporte, mehr Touristen und großzügigere Kredite. Allein die Gasverkäufe ins Ausland stiegen 2013 um fast 70 Prozent, die Einfuhr von Anlagegütern (also nicht von Konsumwaren) erhöhte sich um nahezu 60 Prozent.[7]

Gleichwohl blieb Myanmar eines der ärmsten Länder der Welt. 37 Prozent der arbeitsfähigen Bevölkerung hatten nach Erkenntnissen des Parlaments in Naypyidaw keinen Job. Vom Rest arbeitete über die Hälfte in der Landwirtschaft. Millionen Burmesen profitierten zunächst nicht von den Reformen. Kein Wunder – es fehlte an allem. Das Land hatte nicht genug Straßen, Brücken und Docks. Internetanschlüsse und Telefonleitungen schienen dort, wo es sie überhaupt gab, im Monsunregen zu versacken, Beamte hielten nach wie vor die Hand auf. Die hohe Arbeitslosigkeit sei eine «Zeitbombe», warnte Aung San Suu Kyi.[8]

Die Aufteilung des Kuchens

Was hatte den plötzlichen Sinneswandel der Junta ausgelöst? Warum gestanden die Militärs den Bürgern plötzlich mehr Freiraum zu, den sie ihnen in den Jahren zuvor mit Waffengewalt verwehrt hatten? Niemand weiß die Antwort, die grauen Männer an der Spitze des Landes ließen sich nicht in die Karten schauen.

Das Feld ist daher weit offen für Spekulationen. Glaubt man der offiziellen Version der Junta, war alles seit Langem geplant, die Zeit reif für mehr Freiheiten, die sie angeblich schon ewig versprochen hatte. «Der Hauptgrund war der Wunsch der Menschen», erklärte Thein Sein während seines Besuches in New York. «Von Anfang an wussten wir, dass die Menschen ein demokratisches System wollten, aber wir wollten den Wechsel nicht abrupt vollziehen. Das wäre für die Gesellschaft ziemlich gefährlich. Die Veränderungen waren abgestuft. Aber wir taten es, weil es der Wille des Volkes war.»[9]

Und er pries seine Junta: Während einige Länder des Nahen Ostens im Chaos versanken, bleibe es in Myanmar relativ ruhig. Das sei auch das Verdienst des Militärs, dem überdies zu verdanken sei, dass Waffenstillstandsabkommen «mit den verschiedenen Rebellenarmeen in einem Konflikt, der schon fast 60 Jahre dauert», geschlossen wurden.[10]

Warum zählte 2010 plötzlich der Wille des Volkes und vorher nicht? Warum hatten die Generäle nicht bereits 1988 auf ihn gehört? Zwei andere Erklärungen kristallisierten sich heraus – die eine mehr, die andere weniger zynisch.

Der weniger zynischen zufolge wirkten die internationalen Sanktionen, und die Junta merkte, dass sie das Land gegen die Wand gefahren hatte. Immer stärker geriet es in wirtschaftliche Abhängigkeit zum ungeliebten und mächtigen Nachbarn, der Volksrepublik China. Der Wirbelsturm «Nargis» brachte 2008 die Generäle zur Vernunft: Sie sahen ein, dass sie trotz ihrer großen Armee nicht in der Lage waren, eine solche Katastrophe zu bewältigen. Als Premierminister verantwortlich für das Versagen und den Tod vieler Menschen im Irrawaddy-Delta war damals übrigens – Thein Sein.

Die zynische Erklärung: Die Militärs begriffen, wie vergänglich ihre Macht war. Und sie verstanden, dass sie sich mit ihrer Abschottungspolitik kaum noch die Taschen füllen konnten. Also öffneten sie das Land ein klein wenig – und sorgten gleichzeitig dafür, dass sie weiter dicht am Geldhahn blieben. Und tatsächlich: Kaum ein Geschäft, kaum eine Investition, kaum ein Handel kam nach 2010 zustande, von dem die Generäle, ihre Familien oder Freunde nicht profitierten. Die alten Kumpane, ihre Frauen, Onkel, Neffen und Nichten verdienten mit an den horrenden Mieten, an den Importlizenzen für Luxusautos, an den Genehmigungen für ausländische Unternehmen, die einheimischen Rohstoff- und Edelsteinquellen auszubeuten. «Die Vetternwirtschaft blüht», sagte ein Geschäftsmann in Yangon. «Die Günstlinge haben den Kuchen unter sich aufgeteilt.»

Viele burmesische Wissenschaftler und Journalisten waren sich 2014 einig: Hinter den Kulissen zog nach wie vor der alte General Than Shwe die Fäden. «Der Witz ist in Burma, dass Than Shwe die Macht übergeben hat», sagte der Journalist Aung Zaw, «von seiner rechten Hand in die linke.» Das Militär behielt das Heft in der Hand – nicht nur politisch, sondern auch wirtschaftlich. Mit seinen Unternehmen Union of Myanmar Economic Holdings (UMEH) und Myanmar Economic Corporation (MEC), denen Stahlwerke, Textilfabriken, Brauereien, Banken und Versicherungen gehörten, war es vom Parlament finanziell völlig unabhängig.[11] Myanmar – ein Land im Besitz der Armee.

Im 2010 gewählten Parlament besetzten die Streitkräfte gemäß der manipulierten Verfassung 25 Prozent der Sitze mit Soldaten, die den Befehlen ihrer Vorgesetzten verpflichtet waren. Damit konnte jede entscheidende Änderung blockiert werden. Das Militär behielt sich auch das Recht vor, wieder die Macht zu übernehmen, wenn es die Einheit des Landes in Gefahr sah. Die Soldaten kontrollierten jene Kommission, die über Grundgesetzänderungen beschließen durfte. Artikel 59f der Verfassung zum Beispiel verbot Burmesen, Präsident zu werden, die Familienmitglieder mit ausländischem Pass hatten. Dieser Passus war auf eine Person zugeschnitten – auf Aung San Suu Kyi. Zudem hieß es, Präsident dürfe nur jemand werden, der militärische Erfahrung besitze. Frauen waren damit vom höchsten Amt im Staate ausgeschlossen.

Auch hinter einer anderen Entscheidung dürfte Than Shwe gesteckt haben: Der alte Widersacher Aung San Suu Kyis, General Khin Nyunt, kam am 12. Januar 2012 mit rund 100 seiner früheren Offiziere frei. Seither gab er den gläubigen Buddhisten, der den Mönchen Roben spendete, und den feinfühligen Kunstliebhaber, der im Garten seiner Villa eine Bildergalerie eröffnete. Von Reue keine Spur: «Ich habe ein reines Gewissen», erklärte er. «Ich habe niemals die Macht, die mir anvertraut wurde, missbraucht oder persönlichen Reichtum angehäuft.» Und Aung San Suu Kyi habe er stets als «jüngere Schwester» angesehen, er hege «brüderliche Bewunderung und Respekt für ihre Entschlossenheit».[12]

Der Triumph der Lady

Aung San Suu Kyis Leben hatte sich nach der Freilassung 2010, anders als nach den früheren Hausarresten, gründlich verändert. Bald fuhr sie ins Ausland – nach Oslo und Oxford, nach Bangkok und Berlin, nach Sydney und Singapur. Es wurden Reisen der Genugtuung, denn sie konnte endlich die zahlreichen Preise, Medaillen und Urkunden, die ihr in der Zeit des Arrests verliehen worden waren, in Empfang nehmen. 2013 machte sie einen Abstecher zur britischen Offiziersschmiede Sandhurst, die schon ihr Vater 1947 besucht hatte. Dort ließ sie sich von jungen Männern in schwarzen Baretts taktische Kniffe erklären und zeigte so: Ich bin keine Pazifistin und habe nichts gegen die Armee – nur demokratisch sollte sie, bitte schön, sein.

Der Schnellstart von der erzwungenen Ruhe des Hausarrests in die Hektik einer international gefeierten Berühmtheit fiel ihr nicht leicht. Auf der ersten Reise nach Europa wurde ihr auf einer Pressekonferenz in Bern schlecht, sie musste sich noch im Saal übergeben. Sie vertrage den Zeitunterschied zwischen Europa und Asien nicht mehr so wie früher, entschuldigte sie sich lächelnd, sie sei erschöpft und «ein wenig orientierungslos».

Wieder zu Hause, empfing sie illustre Gäste, im November 2012 zum Beispiel US-Präsident Barack Obama. Dieser sprach ihren Namen hart-

*Aung San Suu Kyi mit US-Präsident Barack Obama in ihrem Haus
in Yangon 2012: Hartnäckig den Namen falsch ausgesprochen*

näckig falsch aus («Aung Yang Suu Kyi») und drückte ihr vor Journalisten einen Kuss auf die Wange, was sie deutlich irritierte und was komplett gegen die einheimische Etiquette verstieß. Immerhin: Der Besuch
Obamas bewies, dass Präsident Thein Sein es geschafft hatte, den
Paria-Status seines Landes abzuschütteln.

Allenthalben trat Aung San Suu Kyi als Mahnerin auf – daheim beim
Obama-Besuch oder in Berlin. Nach wie vor, warnte sie, herrschten in
Myanmar keine demokratischen Verhältnisse, nach wie vor sei ihr Land
unter dem Diktat einer Verfassung, die dem Militär eine besondere Rolle
in der Gesellschaft zubilligt. «Auch wenn man die Uniform durch einen
Anzug ersetzt, verändert sich die Mentalität nicht automatisch innerhalb

von drei Jahren.»[13] Und: «Wir haben noch einen langen Weg vor uns. Allzu optimistisch zu sein hilft da nicht groß weiter.»

Die Rolle Aung San Suu Kyis wandelte sich – von der Märtyrerin, Dissidentin und Ikone zur Realpolitikerin. Ihre Partei, die NLD, entschied sich auf ihren Wunsch hin, die bisherige Boykotthaltung aufzugeben und 2012 bei Nachwahlen des Parlaments anzutreten. Womöglich hatte Druck aus Washington und Brüssel bei dem Entschluss mitgeholfen. Wenn sie nicht konstruktiv mitwirke, könnten die USA und die EU ihre neue Politik gegenüber Naypyidaw nicht rechtfertigen. Die aber ist notwendig, um die Militärs von ihrem Schmusekurs mit China und Nordkorea abzubringen.

Umkämpft waren 45 der insgesamt über 600 Sitze im Ober- und Unterhaus. Sie waren frei geworden, weil einige Parlamentarier zu Ministern aufstiegen. Präsident Thein Sein erleichterte Aung San Suu Kyi die Entscheidung, indem er Bedingungen der Opposition erfüllte: Er erlaubte ehemaligen politischen Häftlingen zu kandidieren, akzeptierte ausländische Journalisten sowie ein paar internationale Wahlbeobachter.

Es wurde ein Triumph der Lady: Fast alle NLD-Kandidaten ließen die Konkurrenten von der Regierungspartei USDP und anderen Parteien weit hinter sich, sie gewannen 43 Sitze. Aung San Suu Kyi, die im Wahlbezirk Kawhmu in der Nähe Yangons angetreten war, kam auf über 85 Prozent der Stimmen – obwohl Wählerlisten manipuliert worden waren: Namen von längst Gestorbenen erschienen, rund 1300 Wahlberechtigte verschwanden plötzlich. Mit «freien und fairen Wahlen» habe das nichts zu tun gehabt, beschwerte sich die Kandidatin.[14]

Während des Wahlkampfes hatte ihr Arzt Tin Myo Win vom Muslim Free Hospital sie nicht aus den Augen gelassen. Sie hielt streng ihr Gewicht von 48 Kilo. Während des letzten Hausarrestes hatte er sie jeden ersten Donnerstag im Monat besuchen dürfen (und zuweilen ihre Nachrichten an die US-Botschaft übermittelt). Nachdem sie einen Schwächeanfall in Myeik im südlichen Myanmar erlitten hatte, riet er ihr dringend dazu, kürzerzutreten und auch mal eine Tour abzusagen. «Das Problem ist die Arbeitsüberlastung», sagte er. «Sie kann sich nicht genug erholen. Das liegt zum einen an ihrem Alter und zum

Aung San Suu Kyi im Parlament von Naypyidaw: «Wir sind mit unserer Arbeit nicht sonderlich zufrieden.»

anderen am Wetter.» Der Mediziner riet ihr dazu, mehr Fleisch oder Fisch zu essen.

Als die NLD-Abgeordneten mit Aung San Suu Kyi in das Parlament einzogen, hatten sie ein Problem: Sie mussten einen Eid ablegen, die ungeliebte Verfassung von 2008 «zu schützen». Zuerst weigerten sich die neuen Parlamentarier. Allenfalls «respektieren» könnten sie das Gesetzeswerk, aber «schützen» auf keinen Fall. Doch die Regierung bestand auf dem Wortlaut. Schließlich gaben die Oppositionellen nach. «Wir akzeptieren den Eid, weil es die Menschen so wollen. Unsere Wähler haben uns gewählt, weil sie uns im Parlament haben wollen», erklärte Aung San Suu Kyi.[15]

Alltag im Pseudo-Parlament

Einen Einblick in ihr neues Leben als Politikerin vermittelt ein Besuch in Naypyidaw im Sommer 2014: Es ist kurz vor zehn Uhr, die Parlamentsglocke schrillt. Aung San Suu Kyi betritt im grünen Longyi den in hellen Edelhölzern gehaltenen Saal und setzt sich gleich am Eingang in die erste Reihe. Von der anderen Seite trägt ein Diener ein goldenes Zepter hinein, hinter ihm schreitet Parlamentspräsident Shwe Mann, ein ehemaliger General, in burmesischer Tracht zu seinem erhöhten Sitz.

Es ist eine seltsame Volksvertretung, die da neun Monate im Jahr in Naypyidaw tagt. Die Parlamentarier streiten nicht, es gibt keine Kampf-abstimmungen, keine leidenschaftlichen Reden, keine Untersuchungs-ausschüsse, selten Pressekonferenzen. Burmesische Journalisten kla-gen, dass die meisten Abgeordneten ihre Anfragen ignorieren. Manche scheinen gar nicht verstanden zu haben, worin die Arbeit eines Volks-vertreters eigentlich besteht.

Myanmars Abgeordnetenhaus ist ein Parlament ohne Bürger, ein riesiger Komplex, in dem jeder Ausschuss ein eigenes Gebäude (insge-samt sind es 31) besitzt. Die Zufahrtsstraße ist über 20 Spuren breit. Soldaten bewachen die Architektur eines «surrealen Faschismus», wie der philippinische Menschenrechtler und Soziologe Walden Bello bei einem Besuch in Naypyidaw befand.[16]

Gegenüber dem Sprecher auf der rechten Seite nehmen grünunifor-mierte Militärs Platz, die übrigen Abgeordneten sind nicht nach Frak-tionen, sondern nach ihren Heimatregionen sortiert. Jeden Morgen um 9:45 Uhr holen japanische Kleinbusse sie aus ihrem umzäunten Wohn-viertel ab. Dort leben die Delegierten in hellgrünen Flachbauten, Tür an Tür, drei Abgeordnete teilen sich jeweils einen einzigen Raum und ein Bad.

Anders als ihre Kollegen musste Aung San Suu Kyi nicht in ein Drei-bettzimmer ziehen. Sie mietete sich am Rand von Naypyidaw ein grau-weiß gestrichenes Haus, genannt «Rose Cottage», obwohl weit und breit keine Rosen blühten. «Sie muss viele Gäste empfangen», sagte ein NLD-Kollege. Das tat sie in einer unfertigen Wohnsiedlung mit staubigen Straßen. Gegenüber lag ein freies Feld, in der Parallelstraße hämmerten und sägten Arbeiter.

«Nr. 6332» stand am Tor aus Holz und Metall. An beiden Seiten ver-wehrten Stacheldraht und graue Sichtblenden den Blick hinein. Zwei blaue Wassertonnen und eine blaue Satellitenschüssel waren zu erken-nen. Hausangestellte in der Nähe hatten auf das Haus gewiesen. «Da lebt Aung San Suu Kyi.» Ein Mopedfahrer rollte heran und erklärte, dass sie die zwei vorderen Gebäude bewohne. Motorrad-Taxifahrer in der Nähe erklärten: Der kundige Mann war ein Polizist in Zivil. Er musste es also wissen.

Zum Parlament fuhr sie im Sommer 2014 mit dem Auto, einem weißen Toyota Mark II. Jeden Morgen ging sie an einer Säule aus reiner Jade vorbei ins Innere des Gebäudes. Es wurde schnell deutlich, dass die Regierung Aung San Suu Kyi und die anderen Abgeordneten zu Schauspielern in einem Polittheater degradierten, in dem die Militärs und ihre in Zivilisten verwandelten Exgeneräle die Regie führten. Die männlichen burmanischen Parlamentarier mussten während der Sitzung den Gaung Baung, die traditionelle Kopfbedeckung, tragen, was für die Kameras hübscher war. Ihren Antrag, ihn doch bitte absetzen zu dürfen, lehnte der Parlamentspräsident ab. Die TV-Nachrichten übertrugen abends Ausschnitte aus den Sitzungen, kontroverse Debattenbeiträge allerdings durften nicht ausgestrahlt werden, auch das verbot der Parlamentspräsident: Myanmars Volksvertretung machte mehr den Eindruck einer verschlafenen Trachtenparty als eines lebhaften Forums, das die Weichen für die Zukunft des Landes stellte.

Besuch beim Abgeordneten Aye Maung: Der Vorsitzende der Rakhine Nationalities Development Party (RNDP) hat Glück, seine zwei Zimmergenossen sind nicht da. Papiere, Zeitungen, Akten und ein Laptop liegen herum, unter einem Tisch ist ein Autoreifen verstaut. Der Raum ist mit rosa und hellgrünen Campingmöbeln sowie drei Holzbetten möbliert. «Ich erhalte 300 000 Kyat Diäten (umgerechnet rund 300 Dollar) jeden Monat», sagt er. «Für den Raum zahle ich pro Tag 2000 Kyat, und pro Sitzung bekomme ich 10 000 Kyat Sitzungsgeld.»

Aye Maung ist Tierarzt und Mitglied des Oberhauses, er hat kein Büro, keine Sekretärin, keinen Assistenten. Auf einem Campingstuhl tippt er seine Schriftstücke in den Laptop, die jemand im Parlament ausdruckt. «Jede Frage, die ich stellen will, muss ich vorher beantragen», sagt er. «Und jene Fragen, die dem Parlamentspräsidenten nicht gefallen, fliegen raus. Sie können sich gar nicht vorstellen, wie viele Fragen ich schon nicht stellen durfte.»

Aung San Suu Kyi gibt an diesem Vormittag ihre aufrechte Haltung auf und lehnt sich bequem in ihrem Sitz zurück. Sie ist sich bewusst, dass sie Teil eines Schauspiels ist. Eine Abgeordnete mit rotem Schal steht auf und beschwert sich, dass Soldaten auf der Insel Kalakaung im Mon-Staat Bauernland beschlagnahmt hätten und die rund 4000 Anwohner nicht ausreichend für ihren Verlust entschädigt worden seien. «Ich bitte Sie, das Land zurückzugeben», sagt sie. Ein General, der zwischen den Abgeordneten sitzt, steht auf und antwortet: Das Gebiet habe die Armee aus «strategischen Gründen» benötigt, die Menschen könnten aber bleiben, wo sie sind. Entschädigung werde gezahlt. Damit hat sich die Sache erledigt. Der offenkundige Widerspruch zwischen dem Vorwurf der Abgeordneten und der Antwort des Generals hängt im Raum wie das Dutzend Kameras, das auf den Plenarsaal und auf die Besuchertribüne gerichtet ist.

Das Gleiche passiert dem nächsten Fragesteller: Ein Staudamm in seinem Wahlkreis habe zu wenig Abflüsse und verursache deshalb regelmäßig Überschwemmungen, beschwert er sich. Das stimme nicht, entgegnet ein Minister, das habe alles seine Ordnung – und damit ist auch dieses Thema abgehakt.

Aung San Suu Kyi schaut unbeteiligt nach vorne, in der Pause trifft sie sich in der Cafeteria mit Abgeordneten ethnischer Minderheiten. Soldaten studieren derweil im Lesesaal Zeitungen, im Regal steht jüngere politische Literatur, darunter etliche englischsprachige Bücher über Aung San Suu Kyi.

Die Friedensnobelpreisträgerin in ihrer neuen Rolle

Diese ist auch Vorsitzende eines Gremiums, das Vorschläge für eine Reform der Universitäten vorlegen soll. Außerdem führt sie seit dem 7. August 2012 ein neu geschaffenes Parlamentskomitee mit dem seltsamen Namen «Komitee für Rechtsstaatlichkeit und Ruhe». Offiziell soll es darauf achten, dass sich Parlamentarier, Richter, Staatsanwälte, Beamte und Journalisten an die Gesetze halten. Außerdem besteht seine Aufgabe darin, Organisationen zu überwachen, die «die Ruhe des Staates» gefährden könnten.

Seit November 2013 inspizieren Abgeordnete des Komitees Polizeireviere und Gerichte. Was sie bislang herausfanden, klang nicht gut. In mehreren Fällen erpressten Polizisten Geständnisse von Verdächtigen durch Folter, in anderen waren Beamte in den Drogenhandel verwickelt. Zudem prüfen die 15 Komiteemitglieder – neun davon Militärs – Eingaben von Bürgern und leiten sie an die zuständigen Behörden weiter.

Bei ihrem Besuch in Berlin im April 2014 fragte ich Aung San Suu Kyi, was sie in dem Gremium konkret tue. Sie holte weit aus: Die Rechtsstaatlichkeit sei in ihrem Land noch eine unbekannte Größe, denn die Justiz werde von der Regierung kontrolliert; der Chef der Polizei etwa sei ein Militär, der vom Oberbefehlshaber der Armee abkommandiert werde. Aung San Suu Kyi vage: «Wir geben Empfehlungen ab.»

Die Abgeordneten versuchten zudem in verschiedenen Städten Ausbildungszentren für Polizisten, Anwälte und Richter zu schaffen, in denen diesen die Prinzipien der Rechtsstaatlichkeit nähergebracht werden sollen. «Wir sind mit unserer Arbeit nicht sonderlich zufrieden», sagte sie in Berlin. «Aber auch nicht besonders unzufrieden. Wir könnten es besser machen.»

Ihr Wahlkreis Kawhmu liegt rund 30 Kilometer westlich von Yangon. Der Weg dorthin führt über eine schmale Asphaltstraße. Auf der anderen Seite des Hlaing-Flusses geht es vorbei an neuen Fabriken, um die sich Bast- und Bambushütten wie ein Ring gelegt haben. Hier leben zahlreiche Arbeiter mit ihren Familien, viele sind auf der Suche nach einem Job von weither gekommen; 4000 Kyat (rund drei Euro) verdienen die meisten am Tag. Krankenversicherung, Arbeitslosenversicherung oder Rentenvorsorge – das sind alles Fremdworte hier. Zuweilen rollt Aung San Suu Kyi an ihnen vorbei zu ihrem Wahlkreis. Angehalten habe sie bislang nicht, sagen die Leute.

Die Straße nach Kawhmu ist voller Trecker, Kleinlaster und Ochsenkarren. Am Tag des Mondfestes fahren die Anwohner zu Tempeln und Klöstern. Am Ortseingang kassiert ein junger Mann von jedem Autofahrer 200 Kyat (rund 15 Cent) Wegezoll. In der Ortszentrale dämmern ein Markt und das Geschäft «Minimart, Internet, Game» in der Mittagshitze. Zwei Mädchen mit Strohhut sammeln am Straßenrand Spenden für die buddhistische Gemeinde, die Scheine landen in einer silberfarbenen Schale.

Auf dem Markt verkauft die Händlerin Sein Shwe Rüben, Lauch und Kartoffeln. «Selbstverständlich habe ich Aung San Suu Kyi gewählt», sagt sie. Die Regierungspartei USDP habe sich im Ort noch nicht so richtig bemerkbar gemacht. Seitdem die Lady Abgeordnete sei, gebe es durchaus Verbesserungen: So sei eine neue Straße gebaut, ein Literaturzirkel gegründet und ein Büchereibus bereitgestellt worden.

Ein paar Meter entfernt stehen ein paar Jugendliche um einen winzigen Friseurverschlag herum. Thaw Naing Aye, ein junger Mann mit blond gefärbtem Schopf, schneidet ihre Haare. «Fußballerschnitt», sagt er lakonisch. Alle seine Kunden wollen derzeit – in leichten Abwandlungen – die Beckham-Frisur: die Haare oben sorgsam aufgetürmt, an den Seiten kurz und als Zierde ein paar Striche und Zacken. Auch er hat Aung San Suu Kyi gewählt – aus einem einfachen Grund: «Ich mag sie.»

An der Hauptstraße liegt das NLD-Büro. Der Vorgarten ist mit grüner Gaze gegen Sonne und Regen geschützt. U Aye Thein, 60, ist hier der Vorsitzende. Im Hauptberuf baut er Betelnüsse an und verkauft sie nach Yangon. Er trägt eine Brille und ein kragenloses kurzärmliges Hemd, er ist ein alter Haudegen der NLD. Erst drei Monate vor den Nachwahlen hätten sie ihr Büro wieder öffnen dürfen, sagt er. Davor sei es den NLD-Leuten schlecht gegangen: Aus Angst vor Repressalien der Regierung hätten viele Anwohner gezögert, mit ihnen Geschäfte zu machen. Kinder von NLD-Mitgliedern und ehemalige politische Gefangene hatten keine Chance auf einen Job. Die Regierungspartei USDP habe sich große Mühe gegeben, die Wahl Aung San Suu Kyis zu verhindern, berichtet Aye Thein. «Mit Geld und Kühen haben sie die Anwohner bestochen.» Auf der Wahlliste, die erst drei Tage vor dem Votum veröffentlicht wurde, seien Verstorbene und die Namen zehnjähriger Kinder aufgetaucht. «Wir sind von Dorf zu Dorf gefahren und haben alle Namen überprüft. Wir haben uns sehr viel Mühe gegeben.»

Nun profitiert der Wahlkreis von Aung San Suu Kyi: Als das Militär jüngst rund 2800 Hektar Land beschlagnahmte, habe sich die Lady eingeschaltet, sagt Aye Thein, und die Angelegenheit im Parlament zur Sprache gebracht. Die Hälfte des Landes sei danach zurückgegeben worden.

Aung San Suu Kyi besucht Kawhmu regelmäßig – mal als NLD-Chefin, mal als Abgeordnete, mal als Vorsitzende der Daw-Khin-Kyi-Stiftung, einer von ihr gegründeten und nach ihrer Mutter benannten gemeinnützigen Organisation. Wenn sie da sei, gebe es immer Kaffee und traditionelle Knabbereien. Sie esse ja nur wenig. Die Orts-NLD führe sie streng, sagt Aye Thein. Sie mache den Mitgliedern ständig klar, dass es sinnlos sei, zur NLD wegen Macht und Geld zu kommen.

Im Zentrum des Ortes hat die Daw-Khin-Kyi-Stiftung ihr Büro. 31 neue Computer stehen hier, die Anwohner sollen in Kursen den Umgang mit ihnen erlernen können. Auch ein Internetanschluss ist angekündigt, sagt ein Mitarbeiter. Ein paar Kollegen hocken auf dem Boden und markieren Stapel neuer Bücher für den Büchereibus, der vor der Tür parkt. Auf seiner Seite sind Szenen japanischer Kinder im Schnee, beim Rodeln und Skifahren gemalt – das Fahrzeug ist eine Spende aus Japan. Er kurvt jeden Tag durch die umliegenden Dörfer. Der Fahrer zeigt stolz in blaues Plastik eingeschweißte Nutzerkarten. Auch Mönche seien unter den Lesern, sagt er.

Kawhmus NLD-Chef Aye Thein spürt, dass sich die Politikerin, der sein Heimatort die neue Straße, die Computer und den Büchereibus verdankt, verändert hat: In den letzten Jahren sei Aung San Suu Kyi «reifer geworden. Sie wirkt wie Gandhi», sagt er. Nach seinem Eindruck ist sie «weniger konfrontativ, mehr kooperativ. Sie will keinen Rückschlag mehr».

In ihrer neuen Rolle als Abgeordnete musste Aung San Suu Kyi erfahren, wie vergänglich Popularität sein kann: Im März 2013 blockierten nicht mehr Polizisten, Militärs oder Rowdies in Diensten der Armee ihr Auto, sondern erzürnte Anwohner, die sie bis dahin bewundert hatten. Dies geschah in der Nähe des Ortes Letpadaung im Nordwesten des Landes und ließ eine sichtlich irritierte Friedensnobelpreisträgerin zurück. Stein des Anstoßes: Die Myanmar Economic Holding

Limited, ein Unternehmen des Militärs sowie seines chinesischen Partners Wanbao, ebenfalls Teil eines Rüstungskonglomerats, hatten rund 3000 Hektar Äcker und Felder beschlagnahmt, um eine Kupfermine zu erweitern. Bei Protesten im November 2012 waren über 100 Menschen verletzt worden, die Polizei hatte nach Berichten von Augenzeugen Rauchbomben mit Phosphor gegen die Demonstranten eingesetzt.

Aung San Suu Kyi leitete eine Untersuchungskommission des Parlaments, die zu dem Schluss kam, dass bei der Vergabe und Planung internationale Normen verletzt worden seien. Das Projekt könne aber fortgesetzt werden, wenn bestimmte Empfehlungen des Gremiums berücksichtigt würden: Umweltschäden müssten zum Beispiel besser untersucht, die Betroffenen besser informiert, die Polizisten besser geschult werden.

Das war nicht, was die Anwohner hören wollten. Sie forderten, das Vorhaben komplett zu den Akten zu legen. Daraufhin kam es zu heftigen Wortgefechten zwischen ihnen und Aung San Suu Kyi, die die Meinung vertrat, ein geschlossener internationaler Vertrag müsse eingehalten werden, sonst ginge Vertrauen verloren und Investoren zögen sich zurück. Man müsse das Wohl des ganzen Landes im Auge haben und nicht nur das einiger weniger, argumentierte sie. Der Anwohner Thwe Thwe Win war anderer Ansicht: «Die Kommission sollte über das Wohlergehen der eigenen Leute – arme lokale Dörfler – nachdenken und nicht so sehr über die guten Beziehungen zu China.»[17] Als die Dörfler lautstark darauf bestanden zu bleiben, schimpfte Aung San Suu Kyi: «Hört erst einmal zu!»

Kurz darauf kündigte sie auf einer Sitzung des World Economic Forum in Naypyidaw an, sie wolle für das Präsidentenamt kandidieren: «Wenn ich so täte, als ob ich nicht Präsidentin werden wollte, wäre ich nicht ehrlich, und ich würde lieber ehrlich mit meinen Landsleuten sein ...» Zunächst jedoch müsse die Verfassung geändert werden.

Die Partei der Onkel

Es gab jedoch auch noch ein anderes Hindernis. Obwohl die NLD ein Jahr zuvor die Nachwahlen haushoch gewonnen hatte, lag die Partei nach den langen Jahren des Verbots und der Repressionen am Boden. Viele NLD-Mitglieder hatten lange im Gefängnis gesessen, andere im Untergrund gearbeitet, vielerorts waren die Aktivitäten der Partei ganz zum Erliegen gekommen.

Aung San Suu Kyi und viele andere Funktionäre brauchten neue Strukturen, um sich endlich demokratisch legitimieren zu können. Vielerorts grummelte es in den Reihen der NLD. Die Partei, hieß es, glich mehr einer sozialistischen Kadergruppe als einer lebendigen Organisation. Viele Entscheidungen fielen in einem kleinen Führungszirkel um Aung San Suu Kyi ohne große Beteiligung der Mitglieder.

Das alles sollte nun auf dem Parteitag im März 2013, dem ersten überhaupt nach Gründung der NLD 1988, anders werden: Mitglieder im ganzen Land wählten die über 860 Delegierten des Kongresses, die wiederum die 120 Mitglieder des Zentralkomitees bestimmten. Das 15-köpfige Führungsgremium, das Exekutivkomitee, hob Aung San Suu Kyi auf den Posten der Parteivorsitzenden, Gegenkandidaten gab es nicht. Indes blieben Zweifel an den demokratischen Strukturen der NLD bestehen. Die 15 führenden Funktionäre, meist ältere Herren über 70, waren offenbar von Aung San Suu Kyi und einigen engen Freunden handverlesen. Die jüngeren Mitglieder nennen sie halb erfürchtig, halb abschätzig «die Onkel».

Der Journalist Yan Myo Thein, der beim Parteikongress anwesend war, berichtet im Gespräch im Yangoner Restaurant «Feel»: «Ursprünglich sollte das Exekutivkomitee von allen Delegierten gewählt werden. Wahlurnen hinter weißen Vorhängen standen bereit. Doch dann waren alle überrascht, denn nach einer Pause waren die Urnen wieder verschwunden.»[18] Damit wurde seiner Meinung nach deutlich, dass Aung San Suu Kyi auf die alte Garde, die in den vergangenen Jahrzehnten so viel gelitten hatte, nicht verzichten wollte. Junge Leute fanden sich in einem sogenannten Arbeitskomitee wieder, das allerdings nichts entscheiden durfte. Alle wichtigen Beschlüsse, monierten Kritiker, treffe eine Person – Aung San Suu Kyi.

Von einem ausführlichen und konkreten Parteiprogramm blieb die NLD weit entfernt, Allgemeinplätze bestimmten das Dokument, das der Parteitag verabschiedete. Kurz zusammengefasst, strebte die Liga einen modernen und entwickelten demokratischen Staat, Rechtsstaatlichkeit sowie eine marktorientierte Wirtschaft an. Sie versprach zudem mehr Geld für Bildung und Gesundheit sowie eine engere Zusammenarbeit mit UNO, Weltbank und Internationalem Währungsfonds.

In der winzigen NLD-Zentrale in Yangon wurde im Sommer 2014 deutlich, auf wen die Partei ausgerichtet war: An den Wänden hingen unzählige Bilder und Fotos Aung San Suu Kyis und ihres Vaters. Im Erdgeschoss kamen am 19. Juni 2014 Mitglieder zusammen, um ihren Geburtstag zu feiern. Es gab Ansprachen, Gesang («Happy Birthday, Suu Kyi») und Getränke, obwohl das Geburtstagskind in Naypyidaw geblieben war. Tin Oo schnitt eine viereckige Torte mit rosa Marzipanröschen an. Gegenüber einem kleinen Empfangstresen saßen Frauen, die für die Daw-Khin-Kyi-Stiftung Spenden sammelten.

Wer erfahren wollte, unter welch beengten Umständen die Partei arbeitete, musste eine schmale Stiege in den ersten Stock hinaufsteigen. In einem Sitzungsraum stand ein großer Tisch, an dem Gäste empfangen wurden. Am Ende hing eine Landkarte mit den Wahlkreisen und den Fotos der Kandidaten, die bei den Nachwahlen 2012 gewonnen hatten. In zwei winzigen Kemenaten hatten hier Tin Oo und Aung San Suu Kyi ihre Büros. Für andere gab es keine Zimmer. Die Holztür zum Büro der Chefin war mit einem Vorhängeschloss verschlossen, davor hing ein violetter Vorhang. Zwei Neonleuchten erhellten einen weiteren fensterlosen Büroraum, in dem dunkle Holzschränke, Regale mit Zeitungsstapeln und kleine Tische mit roten Campingstühlen verstaubten.

Der Kampf um eine bessere Verfassung

Seit ihrer Wahl 2012 pendelte Aung San Suu Kyi fast jedes Wochenende zwischen Naypyidaw und Yangon. Und sie musste sich mit unangenehmen Dingen befassen. Anfang 2013 warf ihr die britische «Times» vor, Spendengelder aus dubiosen Quellen angenommen zu haben, unter anderem von Junta-Freunden wie dem Unternehmer Tay Za, Chef der Htoo-Gruppe, dem vorgeworfen wurde, die Junta mit Waffen und Hubschraubern versorgt zu haben. Laut «Times» räumte Aung San Suu Kyi die Zahlungen zu einem gewissen Grad ein, meinte aber, dass damit die sozialen Aktivitäten der NLD unterstützt würden, was keine schlechte Sache sei.[19]

Unangenehm entwickelte sich auch der Streit mit ihrem Bruder um die Hälfte der Villa. Als sie ihn im Mai 2014 endgültig verlor, blieb ihr nur noch der Gang zum Obersten Gerichtshof.

Geldsammeln für eine gute Sache, Händeschütteln mit Unternehmern – Aung San Suu Kyi war im Gegensatz zur Regierungspartei allseits präsent: so wie an einem Abend im Februar 2014, als sie sich im Institut Français in der Pyay-Straße von Yangon gemeinsam mit dem französischen Botschafter und einigen Honoratioren eine Fotoausstellung anschaute und danach geduldig kurze Videofilme junger Journalisten bewertete und prämierte. Sie tat das mit ernster Miene, lächelte nur selten. Wie fast immer saß sie kerzengerade auf ihrem Stuhl, die Haare mit einer roten Blüte geschmückt. Über der schwarzen Bluse trug sie ein schwarzes Jacket, um den Hals eine goldene Kette. Sie schien nachdenklich, oft in sich zurückgezogen. Ihre Fröhlichkeit und Gelassenheit, mit denen sie ihre Anhänger verzaubert, schienen an diesem Abend verflogen.

Das war mehr als verständlich. Denn die Regierung unter Thein Sein hat zwar etliche Arbeitsgruppen im Parlament zusammengerufen und zahlreiche Gesetze modernisiert, sogar einzelne Artikel der Verfassung verändert. Doch in den entscheidenden Fragen gab sie bis zu diesem Zeitpunkt nicht nach. Die NLD mit ihren insgesamt sieben Prozent der Abgeordneten hatte keine Chance, daran etwas zu ändern.

Der Paragraph 59f, der Parlamentariern mit ausländischen Verwand-ten verbot, für das höchste Staatsamt zu kandidieren, blieb ebenso in Kraft wie der Artikel 436, nach dem eine Verfassungsänderung nur mit mehr als 75 Prozent der Parlamentarier möglich ist. Wer also einen Verfassungsartikel ändern wollte, brauchte, wie Aung San Suu Kyi fest-stellte, «sämtliche zivilen Abgeordneten plus einen Soldaten».

Weil der Artikel 436 der Schlüssel zu einer demokratischeren Ver-fassung war, startete die NLD Mitte 2014 eine öffentliche Kampagne gegen den Paragraphen. Allenthalben demonstrierten Aung San Suu Kyis Anhänger, Aktivisten sammelten Unterschriften. Im August 2014 überreichte die NLD dem Parlament eine Petition mit über fünf Millio-nen Signaturen für eine Verfassungsänderung. Der Druck der Straße und die Angst vor neuen Unruhen, so die Hoffnung Aung San Suu Kyis und ihrer Mitstreiter, würden die Militärs zum Einlenken zwingen. Die Aktion sollte aber auch – und das war wenigstens ebenso wichtig – die eigene Anhängerschaft bis hin zu den nächsten Parlamentswahlen Ende 2015 mobilisieren.

Ein wild gewordener Mönch

Derweil wurde die politische Situation im Lande komplizierter. Ethni-sche und religiöse Konflikte brachen auf, die häufig gewaltsam ausge-tragen wurden. Besonders heftig entwickelten sich die Auseinander-setzungen zwischen den muslimischen und den buddhistischen Bewohnern des im Westen gelegenen Unionsstaates Rakhine (ehemals Arakan). Seit 2012 gingen hier Buddhisten und Muslime, die sich selbst Rohingya nennen, aufeinander los. Stadtviertel brannten nieder, Mo-scheen versanken in Schutt und Asche. Hunderttausende Muslime mussten ihre Heimat verlassen und hausten fortan in Lagern. 2014 wurden internationale Hilfsorganisationen wie «Ärzte ohne Grenzen», die in den Rohingya-Lagern arbeiteten, vom Mob bedroht und flüchte-ten schließlich nach Yangon.

Nach Meinung vieler Burmesen sind die Rohingya illegale Zuwan-derer, die nichts anderes im Sinn haben, als Myanmar zu islamisieren.

Die Rohingya selbst beklagen, dass sie zu Unrecht keinen Status als offizielle Minderheit hätten und lediglich als «Bengalis» ohne Staatsbürgerschaft behandelt würden. Dabei seien sie schon seit Generationen in Burma/Myanmar ansässig. Für die UNO gehören die rund eine Million Rohingya zu den meistverfolgten Minderheiten der Welt. Behördenmitarbeiter, Lokalpolitiker und Mönche stachelten dazu auf, «die Muslime zu terrorisieren und zur Umsiedlung zu zwingen», berichtete die Menschenrechtsorganisation Human Rights Watch und warf den Behörden gezielte «ethnische Säuberungen» vor.[20] Der UNO-Menschenrechtsbeauftrage Tomás Ojea Quintana sprach von einer «langen Geschichte der Diskriminierung und Verfolgung der Rohingya, die an Verbrechen gegen die Menschlichkeit» herankomme.[21]

Nicht nur die Rohingya, sondern auch die muslimischen Kaman im Rakhine-Staat wurden Opfer von Pogromen, im Karen-Staat hatten Fanatiker bereits im Oktober 2012 zwei Moscheen mit Brandsätzen angegriffen. In der Stadt Meiktila in Zentral-Myanmar kamen im März 2013 mindestens 43 Menschen ums Leben, 1500 Häuser gingen in Flammen auf.[22] In Myanmar geschah nun, was früher in anderen ehemals diktatorisch regierten Vielvölkerstaaten zu beobachten war: Kaum hatte das Militär die Zügel gelockert, geriet das Land in Aufruhr. Eine zentrale Figur in den Auseinandersetzungen spielte dabei ein buddhistischer Mönch: Ashin Wirathu aus Mandalay, Chef der extremistischen Gruppe 969. Sein Ziel war es, Myanmar zu einer «muslimfreien» Zone zu machen. Zunächst jedoch plädierte er dafür, Muslimen die Ehe mit Burmesinnen zu erschweren, um «Rasse und Religion» zu schützen.

Ashin Wirathu griff auch Aung San Suu Kyi an: «Sie sollte nicht unsere nationale Führerin werden, weil wir uns nicht auf sie verlassen können, unsere nationalen Interessen zu schützen», sagte er. Der Mönch lebt und lehrt im Masoyein-Kloster im Herzen von Mandalay – einer riesigen Anlage mit Hunderten, wenn nicht gar Tausenden von Mönchen. In der Mitte steht ein Uhrenturm, eine Miniausgabe des Big Ben in London. Rote Mönchsroben trocknen allenthalben an Wäscheleinen. Ein Gemeinschaftsklo unter freiem Himmel liegt über einem stinkenden und zugemüllten Graben.

Vor dem gelblichen Wohnhaus Ashin Wirathus hängen an einer Hütte Poster und Fotos von Gräueltaten der muslimisch-buddhistischen Konflikte im südlichen Thailand und in Myanmar: Sie zeigen Tote – Mönche und buddhistische Laien – mit tiefen Schnittwunden am Kopf, aus den Körpern quillen Gedärme. An einer anderen Seite des Hauses sind große Plakate von Aung San Suu Kyi und ihrem Vater Aung San ausgestellt.

Vor dem Klostertor steht ein Geistlicher mit Ziegenbärtchen, er hält «D-Wave», die NLD-Zeitung, zusammengerollt in den Händen. «Ich halte nicht viel von Ashin Wirathu», sagt er. Dessen Vorträge über «buddhistische Disziplin» seien zwar in Ordnung, aber der ganze Nationalismus – nein wirklich, das sei seine Sache nicht.

Aung San Suu Kyi, die mit ihrer moralischen Autorität den wild gewordenen Mönch aus Mandalay womöglich hätte bändigen können, äußerte sich in diesem Konflikt vorsichtig. Sie bestritt die Vertreibung der Rohingya. «Es gibt keine ethnischen Säuberungen», erklärte sie im Oktober 2013 in Großbritannien. Und: «Die Welt muss verstehen, dass Angst nicht nur unter den Muslimen herrscht, sondern auch auf der Seite der Buddhisten.»[23] Diese seien ebenfalls Ziel von Gewalt und säßen aus verschiedenen Gründen in Flüchtlingslagern. Schließlich könne man nicht abstreiten, dass «Muslim-Power» allenthalben in der Welt gefürchtet werde.

Die Lady laviert

Ob die Rohingya burmesische Staatsbürger seien, müsse zunächst nach einem entsprechenden Gesetz von 1982 geklärt werden, forderte sie an anderer Stelle. Die Regierung sollte allerdings «den Mut aufbringen zu prüfen, ob dieses Gesetz überhaupt den internationalen Normen entspricht». Sie habe mit muslimischen Repräsentanten gesprochen, für diese gebe es gar keine andere Heimat als Myanmar. «Wir müssen lernen, auch jene aufzunehmen, die andere Ansichten haben als wir.»[24]

Vielleicht hatte sie die vielen buddhistischen Wählerstimmen im Auge, die verloren zu gehen drohten, wenn sie sich allzu deutlich auf die Seite der «Bengalis» stellte? Näher lag eine andere Erklärung für ihr Zögern, klar für die Rohingya Partei zu ergreifen: Aung San Suu Kyi wollte den Militärs nicht einen Vorwand liefern, sie wieder einzusperren, etwa mit dem Vorwurf, sie gefährde die Einheit der Union und die Sicherheit des Staates, wenn sie für die «Eindringlinge» spreche. Immerhin kritisierte sie die Vorschrift, dass Rohingya-Familien in einigen Regionen anders als Buddhisten nur zwei Kinder in die Welt setzen dürften. Solche Diskriminierung sei mit den Menschenrechten nicht vereinbar.

Für ihre Haltung zum Rohingya-Problem erntete Aung San Suu Kyi viel internationale Kritik. Wie schon in der Frage der Sanktionen vergrätzte sie Anhänger, die Ikone der Demokratie ließ plötzlich politischen Beobachtern «einen kalten Schauer über den Rücken laufen», kommentierte etwa der britische Journalist David Blair nach ihrem BBC-Interview.[25] «Ihre ausweichenden Aussagen sind, gemessen an ihrem moralischen Anspruch, eine Bankrotterklärung», erklärte die deutsche Internationale Gesellschaft für Menschenrechte.[26]

Aung San Suu Kyi erschien ihnen nun als Vollblutpolitikerin – mit ebenjenen Charakterzügen, die häufig mit Politikern verbunden werden: berechnend, taktierend, lavierend. Ihren Kampfgeist hatte sie nicht verloren. Ein paar Wochen später verschärfte sie während ihrer Kampagne gegen den Verfassungsartikel 436 die Gangart gegen die Generäle. Offenbar war sie nervös geworden, weil die Regierung nicht einen Hauch von Kompromissbereitschaft zeigte. Zudem weigerte sich Armee-Oberbefehlshaber Min Aung Hlaing, ein enger Vertrauter von Than Shwe, sie persönlich zu Gesprächen zu treffen: «Ihr habt die Gewehre und die Macht, aber ihr habt immer noch Angst vor den Menschen», rief sie vor einer Menschenmenge in Mandalay.[27]

Die Exmilitärs reagierten beleidigt. Sie verletze mit ihrer Kritik an der Armee die Verfassung, warnte die offizielle Wahlkommission. Der Vorsitzende der Kommission, der ehemalige Generalleutnant Tin Aye, hatte schon vorher gefordert, dass bei den Wahlen 2015 jeder Kandidat nur in seinem Wahlkreis und nicht im ganzen Land für sich und seine Partei kämpfen dürfe. Dies würde einem Verbot für Aung San Suu Kyi gleichkommen, im ganzen Land für die NLD zu werben.

Aung San Suu Kyi sollte mit ihren Warnungen recht behalten: Der Weg zu einem demokratischen Myanmar war noch lang.

Im Juni 2014 war sie 69 Jahre alt geworden. Die Zeit begann ihr davonzulaufen.

10. Zwischen zwei kämpfenden Wasserbüffeln

Die Rebellen mit dem Ochsen

Wie ein leichter Regenschauer klang das Tappen der Soldatenschuhe, wenn die Wa-Armee im Morgengrauen durch das noch schlafende Panghsang trabte. Hart gellten die Befehle ihrer Anführer durch den Dunst: «Eins-zwei-eins-zwei!»

Abends hockten die Soldaten – unter ihnen viele Kinder – auf der Mauer der Kaserne. Wie zu den Zeiten, als hier die Roten Garden aus dem Nachbarland China das Sagen hatten, trugen die Wa-Militärs keine Rangabzeichen. Auf ihren grünen Uniformen stand auf Englisch «United Wa State Army», das Mützenemblem zeigte einen roten Stern über drei Bergen. Auf dem Hof der Kaserne blitzte ein riesiger goldener Ochse in der Sonne – das Wahrzeichen der Wa.

In Panghsang am östlichen Rand Myanmars, direkt an der chinesischen Grenze und tief im Herzen des Goldenen Dreiecks, hatte die United Wa State Army (UWSA) ihr Hauptquartier. Hier, in einer Bergregion zwischen Salween-Fluss und China, die etwa so groß ist wie ein Viertel der Schweiz, war diese Truppe und nicht die burmesische Armee die Ordnungsmacht.

Die rund 20 000 Mann starke Wa-Truppe ist eine der größten Rebellenarmeen im Vielvölkerstaat Myanmar. Die Kämpfer, die bis Mitte der siebziger Jahre ihren Gegnern schon mal den Kopf bei lebendigem Leib abschnitten, stritten einst, unterstützt vom Nachbarn China, für ein kommunistisches Burma. Inzwischen aber wollen ihre Anführer nur noch in Ruhe Geld scheffeln, ohne dass ihnen die Regierung in

Naypyidaw zu viel hineinredet. Deshalb haben sie vor Jahren die Waffen niedergelegt und sich im Gegenzug vom damaligen Regime-Unterhändler Khin Nyunt das Recht eingehandelt, in ihrer Region zu tun und zu lassen, was sie wollen. Burmesische Soldaten, die in das offiziell «Sonderregion 2» genannte Gebiet der Wa einreisen wollen, müssen an Kontrollposten eine Erlaubnis vorzeigen.

Der König des Goldenen Dreiecks

Nach einer Volkszählung von 1982 leben in Myanmar 135 ethnische Minderheiten. Inzwischen existiert eine neue Umfrage, deren Ergebnisse aber Mitte 2014 noch nicht bekannt waren. Die Mehrheit stellen mit knapp 70 Prozent die Bamar – die Burmanen. Die zweitgrößte Gruppe bilden die Shan mit neun Prozent, gefolgt von den Karen und den Rakhine. Die anderen größeren Ethnien heißen Karenni, Kachin, Kokang, Kayah, Mon, Pao, Naga und Chin. Einige sind noch einmal in kleinere Einheiten unterteilt. Zu den Chin etwa zählen 44 ethnische Untergruppen. Alle zusammen sprechen über 100 Sprachen.

Einige Völker unterhalten wie die Wa mehr oder weniger schlagkräftige Armeen: So gibt es etwa die Kachin-Unabhängigkeitsarmee, die Shan State Army, die Chin National Army, die Karen National Liberation Army – insgesamt rund 45 000 Männer und Frauen, die zum Teil mit veralteten Waffen gegen eine Regierungsarmee kämpfen, die mit moderner Kriegstechnik, zum Beispiel mit Kampfhubschraubern, ausgestattet ist.

Alle haben ein gemeinsames Ziel: Sie wollen gleiche Rechte wie die Burmanen, sie wollen ihre Kultur erhalten, ihre Sprache, ihre Religion, ihre Identität – wenn nicht in einem eigenen Staat, so doch in einem autonomen Bundesstaat innerhalb der Union Myanmars. Und sie wollen an den Profiten teilhaben, welche die aus ihrem Boden geförderten Rubine und Saphire, die in ihren Wäldern geschlagenen Edelhölzer bringen. Denn bislang verdient nur die Zentralregierung – etwa wenn sie Pipelines nach China oder Thailand quer durch die Territorien der Minderheiten verlegt.

Seit über 60 Jahren tobt im Land, mal schwächer, mal stärker, ein Bürgerkrieg. Stets mischten ausländische Mächte mit, etwa die USA, die Briten, die Thailänder, die Inder, die Pakistani, die Bangladeschis und die Chinesen.[1] Doch nicht nur Minderheiten, sondern auch kommunistische und antikommunistische Freischärler, Rote Garden aus China, regierungstreue Milizen und lokale Drogenbarone sorgten über Jahrzehnte dafür, dass die Bürger nicht zur Ruhe kamen. Wie viele Menschen genau in den von der Welt fast vergessenen Konflikten gestorben sind, ist unbekannt. Aber es gilt als sicher, dass in den vergangenen Jahrzehnten Hunderttausende Menschen ihr Leben verloren und ebenso viele ihre Heimat. Mitte 2014 hausten noch immer über 75 000 Karen und Kachin in neun Flüchtlingslagern auf thailändischem Territorium.

Dem Burma-Experten Martin Smith zufolge, der die Kriegslage im Nordosten des Landes in den späten sechziger Jahren beschrieb, kämpfte im Shan-Staat in buchstäblich jedem Tal und auf jedem Gipfel eine andere Armee, KKY-Miliz oder ein lokaler Kriegsherr um die Kontrolle.[2] Die Ka-Kwe-Ye-Miliz (KKY) war eine Pro-Regierungstruppe unter dem örtlichen Machthaber Lo Hsing Han, der im Auftrag der burmesischen Armee vor allem die Shan-Rebellen bekriegte und dafür die Erlaubnis bekam, alle von der Regierung kontrollierten Straßen und Ortschaften für seinen Opiumhandel zu nutzen. Sein Spitzname lautete «Der König des Goldenen Dreiecks».[3]

Wer wie Aung San Suu Kyi erreichen will, dass es den Bewohnern Myanmars einmal besser geht, muss einen Ausgleich mit den Minderheiten finden und nach einer Lösung suchen, wie sich Myanmar von einem Narco-Staat in ein normales Gemeinwesen verwandeln kann. Denn viele Kommandeure der ethnischen Minderheiten stecken tief im Drogenhandel, mit dem sie Waffen finanzieren oder sich persönlich bereichern, weil ihnen der Kampf um mehr politische Eigenständigkeit längst nicht mehr so wichtig ist wie das Geld in den Safes dubioser Banken.

Wie der Bambus im Wind

Zum Glück für die Regierungsarmee haben es die Rebellen über die Jahre nur selten vermocht, sich zusammenzuschließen, sondern im Gegenteil sich mitunter gegenseitig abgeschlachtet. Die politischen Loyalitäten der Aufständischen schwankten schon in früheren Zeiten wie Bambus im Wind. Die Kommandeure einer Mon-Rebellion etwa im 18. Jahrhundert gegen den burmesischen König waren ethnische Burmanen, die burmesischen Soldaten, die den Aufstand ersticken sollten, ethnische Mon.[4] Und als 1985 Vertreter der Karen National Union (KNU) mit den Rebellen der Kommunistischen Partei zusammentrafen, stellte sich heraus, dass alle Rakhine waren.

Die Karen wiederum kämpften gemeinsam mit den Briten gegen die japanische Besatzungsarmee – und damit auch gegen die anfänglich mit den Japanern verbündeten Burmesen um Aung San. Mit den Briten sympathisierten sie nicht nur wegen des gemeinsamen Glaubens – sie hassten die Burmanen, die wiederum in den Karen rückständige Bergbewohner sahen. Diese hatten von den Briten nach dem Zweiten Weltkrieg die Unabhängigkeit erhofft und waren bitter enttäuscht worden. Anstatt ihnen einen eigenen Staat zuzubilligen, setzte London plötzlich auf die burmanische Bevölkerungsmehrheit: «Wir wollen ein unabhängiges Land. Wir haben darum gebeten. Wir haben unsere Führer nach London geschickt und für unsere Unabhängigkeit geworben, aber die Briten haben sich geweigert. Stattdessen haben sie den Burmesen die Unabhängigkeit gewährt. Wenn sie das Land geteilt hätten, wäre alles so geblieben. Sie haben uns betrogen», sagte der Karen-Führer General Bo Mya, ein Siebenten-Tags-Adventist.[5]

Kurz nach Aung Sans Tod im Jahr 1947 hatten Minderheiten damit begonnen, gegen die Zentralregierung zu kämpfen. Zuerst waren es die Karen und Mon, dann folgten die Rakhine. Später griffen christliche Kachin zu den Waffen, weil Ministerpräsident U Nu den Buddhismus zur Staatsreligion erklärt hatte. Nach dem Staatsstreich von General Ne Win 1962 erhoben sich die Shan. Die Kayan, erbost über die Entscheidung der Junta, die 50- und 100-Kyat-Scheine aus dem Verkehr zu ziehen und damit Zehntausenden Bauern die Ersparnisse zu rauben, zogen als Nächste ins Feld.

Lange Jahre waren es auch Kommunisten, die gegen das Regime in Rangun rebellierten. Um die «Revisionisten unter Ne Win» sowie die «Imperialisten, die feudalen Großgrundbesitzer und Kapitalistenbürokraten» ein für alle Mal auf den Müllhaufen der Geschichte zu werfen, verbündeten sie sich häufig mit Truppen der Minderheiten – das alles mit den Gedanken des Großen Vorsitzenden Mao Zedong im Herzen und dessen Theorien über einen Guerillakrieg in der Uniformtasche.

In den siebziger Jahren kontrollierte die Kommunistische Partei Burmas große Gebiete an der chinesischen und laotischen Grenze. Ihr Radiosender verkündete einmal, 500 000 Dorfbewohner der ethnischen Minderheiten seien «befreit», Bauern- und Frauenvereine sowie Milizen geschaffen und fast 1800 Schlachten siegreich geschlagen worden. Später machten sie allerdings einen schweren Fehler: Sie legten sich mit der Armee der Kachin an und lähmten damit ihre eigenen Kräfte.[6]

Aber auch chinesische Antikommunisten betrachteten viele Jahre lang Burma, konkreter das Gebiet der Shan, als ihr Rückzugsgebiet. Reste der von der Volksbefreiungsarmee unter Mao Zedong geschlagenen nationalistischen Kuomintang aus China setzten sich 1949 dort fest. Von dort wollten die rund 16 000 Mann zunächst die Provinz Yunnan im Süden Chinas und dann das gesamte Reich der Mitte wieder unter ihre Kontrolle bringen – oder zumindest eine Konterrevolution auslösen. Allerdings waren ihre Kameraden mit Generalissimus Chiang Kai-shek bereits auf die Insel Taiwan geflohen. Der aberwitzige Plan ging prompt schief. Die Kuomintang versuchte siebenmal, in ihre alte Heimat einzudringen, Maos Soldaten schlugen sie jedes Mal zurück.

20 Kilometer außerhalb von Panghsang war bis vor Kurzem noch die Rollbahn zu sehen, die von der amerikanischen CIA angelegt worden war. US-Flugzeuge schafften damals Gewehre und Kanonen, Kugeln und Granaten für die Kuomintang heran. Mittlerweile ist es kein Geheimnis mehr, dass die CIA-Flieger das Opium ausflogen, mit

dem die Kuomintang Waffen und Soldaten bezahlte. Die Nationalchinesen hatten als Erste entdeckt, wie lukrativ das Geschäft mit dem Schlafmohn war. Unter ihnen gedieh das Goldene Dreieck zwischen Burma, Laos und Thailand zu einer der wichtigsten Quellen für Opium und Heroin der Welt.

Auch andere Völker begannen damit, ihre Armeen mit dem schmutzigen Geld des Drogenhandels zu bezahlen, die Wa und die chinesischstämmigen Kokang mischten bald ganz vorne mit. Sogar die burmesische Armee war dabei: In den von ihr kontrollierten Gebieten befanden sich zeitweise die meisten Heroinküchen. Inzwischen sind viele der Kriegsherren Unternehmer in Yangon, die Milliarden in neue Geschäfte und Immobilien investieren und damit reinwaschen. Der damalige für Drogenfragen zuständige Unterstaatssekretär im US-Außenministerium, Robert S. Gelbard, stellte bereits 1997 fest: «Burmas wichtigste Drogenhändler müssen nicht mehr länger in ihren Dschungelverstecken hocken. Sie kaufen Immobilien in Rangun und Mandalay, investieren in Burmas Wirtschaft und umschmeicheln offen die Militärs.»[7]

Einer von ihnen war der chinesischstämmige Khun Sa, ein berüchtigter Drogenlord und Kriegsherr aus dem Goldenen Dreieck. 1996 lief er mit Teilen seiner 6000-Mann-Rebellenarmee der Shan-Minderheit zur Regierung über – vermutlich weil ihm die Konkurrenz zu dicht auf den Pelz gerückt war. In Yangon fand der Warlord eine neue Heimat. Die Generäle waren froh, dass sie einen Feind weniger hatten. Sie stellten ihn zwar offiziell unter «Hausarrest», doch ließen sie ihn bei seinen Geschäften unbehelligt: Spielhöllen, Bordelle – und, wie einst, Handel mit dem todbringenden weißen Pulver. Die USA hatten jedem zwei Millionen Dollar versprochen, der ihnen Khun Sa, mit chinesischem Namen Chang Shifu, auslieferte.

Nach Khun Sas Kapitulation brach unter den in Bangkok stationierten internationalen Drogenfahndern kollektive gute Laune aus: Der Heroinnachschub, glaubten sie, werde sich entscheidend verringern. Rund 1000 Tonnen Opium jährlich hatten Bauern allein in Khun Sas Territorium geerntet. Die Hoffnungen zerstoben wie der Samen des Mohns im Wind. In die von Khun Sa gerissene Lücke drängten langjährige Konkurrenten: die Wa zum Beispiel, die sich zu einem der größten Drogenkartelle der Welt entwickelten – und der Chinese Lo Hsing Han, der in der Nähe von Lashio auf beiden Seiten des Nam-Yao-Flusses Heroin-Raffinerien besaß. Am wenigsten profitierten die Opiumbauern selbst von dem Geschäft mit dem tödlichen Stoff. Ihre Dörfer blieben in den Jahren des Heroin-Booms bitterarm. «Allenfalls der Dorfvorsteher besitzt ein Moped», sagte mir der UNO-Drogenexperte Richard Dickins, ein ehemaliger kanadischer Rauschgiftfahnder.[8] Für I Am zum Beispiel, eine Angehörige des Palaung-Volkes auf dem Gebiet der Wa, war das Opium lebenswichtige Einkommensquelle, solange sie denken konnte. Zwei Kilo erntete sie 2004, umgerechnet 95 Dollar gaben ihr die Händler dafür. Während sie sich auf der Suche nach reifen Kapseln gebückt durch das Feld arbeitete, zählte sie auf, was die Familie für das Geld kaufen konnte: Reis, Öl, Salz, Chilischoten, Kleider. Nicht zu vergessen das Schwein.

Nur ein paar Kilometer entfernt hockten auf einem kleinen Dorfmarkt zehn Händler, die von den Bauern Opium aufkauften. Sie wogen es auf Handwaagen mit alten Silberrupien aus der britischen Kolonialzeit. Sorgfältig prüften die Bäuerinnen die Münzen, bevor sie ihre wertvolle Ware hergaben.

Myanmar ist nach Afghanistan die zweitgrößte Opium- und Heroinquelle der Welt. Anfang dieses Jahrtausends versuchten einige Minderheiten, den Opiumanbau zu drosseln. Auf die Wa machte China Druck, die anderen Völker sahen ein, dass die Monokultur des Schlafmohns die Bauern in Armut hielt. Die Drogenbehörde der UNO pumpte Millionen Dollar für Straßen, Brücken, Bewässerungskanäle in die Opiumgebiete, damit die Bauern Getreide oder Kaffee anbauen konnten. Tatsächlich verschwanden Opiumfelder, doch seit 2006 gerät wieder mehr von der klebrigen braunen Masse auf den Markt. Auf 57 800 Hektar Feldern gewannen die Bauern 2013 rund 870 Tonnen Opium (Afghanistan: 5500 Tonnen), 26 % mehr als im Vorjahr.[9]

Der Tod eines tapferen Kommunisten

Im Bürgerkrieg spielte auch ein Mitglied der Familie Aung San Suu Kyis eine wichtige Rolle: der Kommunist Than Tun, Weggefährte ihres Vaters und Schwager ihrer Mutter. Seine Frau Khin Gyi lebte nach seinem Tod lange Zeit neben der eingesperrten Aung San Suu Kyi auf dem Gelände in der University Avenue. Der studierte Lehrer Than Tun galt in den dreißiger Jahren als Theoretiker hinter dem späteren Nationalhelden, der die Kommunistische Partei Burmas mitgegründet hatte. Sein Ruf als politischer Führer kam dem seines Schwagers Aung San nahe, meinte der Burma-Experte Martin Smith.[10]

Than Tun hatte mit Aung San in der AFPFL für die Unabhängigkeit gestritten, später war er Landwirtschaftsminister in der Marionettenregierung unter den Japanern und lieferte als Maulwurf kommunistischen Widerstandskämpfern wichtige Interna aus dem Zentrum der Macht. Die von Aung San mit den Briten ausgehandelte Unabhängigkeit hielt er für eine Farce. Deshalb ging er in den Untergrund und verbündete sich später mit Peking. In den sechziger Jahren setzte er nach dem Vorbild Mao Zedongs im Dschungel von Burma eine Kulturrevolution in Gang. Vermeintliche Abweichler in den Reihen der KP wurden in Schauprozessen verurteilt und erschossen, unter anderem starb Thakin Hla Myaing alias Bo Yang Aung, der 1940 gemeinsam mit Aung San nach Amoy geschippert war. Am Ende kam auch Than Tun gewaltsam ums Leben. Ein offenbar bei den Kommunisten eingeschmuggelter Regierungskiller, der ihm als Leibwächter diente, erschoss ihn im September 1968.

Nach dem Zweiten Weltkrieg und nach der Unabhängigkeit Burmas hatte das Volk seine Politiker nur die «Acht-Meilen-Regierung» genannt, weil ihre Macht nicht viel weiter als bis zur Kreuzung acht Meilen vom Zentrum Ranguns entfernt reichte. Nachdem sich das Militär unter General Ne Win 1962 an die Macht geputscht hatte, wollte das neue Regime das Problem der aufmüpfigen Minderheiten und der Kommunisten ein für alle Mal lösen – und zwar so, wie Militärs ein Problem lösen: nicht mit Friedensverhandlungen und Ausgleich, sondern mit Kampf und Repression.

Doch die feindlichen Truppen wehrten sich erbittert, im Norden kamen die Regierungssoldaten gegen die KP kaum einen Meter voran. Deshalb begannen sich die Generäle auf Zentralburma zu konzentrieren und dachten sich eine besondere Taktik aus: die «vier Schnitte». Damit sollten die vier Lebensadern der Rebellen – Nahrung, Geld, Informationen und Rekruten – gekappt werden. Die Armee erklärte systematisch ganze Regionen zum Kampfgebiet und siedelte die Ortschaften in sogenannte strategische Dörfer um. Soldaten beschlagnahmten Ernten, zerstörten Felder und erschossen Bauern, denen sie – zu Recht oder zu Unrecht – vorwarfen, mit den Aufständischen gemeinsame Sache zu machen. Dann zwangen sie die Dorfbewohner, sich mit der Armee zu verbünden, indem sie sie in regierungstreue Milizen presste. Zudem wurde die Nahrung rationiert, und jede Fahrt außerhalb des Dorfes musste angemeldet werden

Die Vier-Schnitte-Taktik wirkte vor allem gegen die Karen, die im Irrawaddy-Delta kämpften. Die Kommunisten brachen 1989 selbst zusammen; sie waren durch militärische Offensiven, vor allem aber durch innerparteiliche Kämpfe geschwächt. Unzufrieden über die starre politische Linie ihrer Führer, die sich seit der Kulturrevolution kaum gewandelt hatte, und erzürnt darüber, dass die KP-Führung auf Geheiß Pekings versuchte, den Opiumhandel zu unterbinden, an dem alle so prima verdienten, stürmten am 16. April Meuterer das Parteihauptquartier in Panghsang. Die Spitzenfunktionäre flohen über die Grenze in die Volksrepublik, die Übrigen bildeten neue Rebellengruppen, etwa die «United Wa State Party» und ihren bewaffneten Arm, die «United Wa State Army».

Die Armee der Studenten

Die Karten wurden immer wieder neu gemischt, andere Akteure kamen hinzu. Nach 1988 waren es Studenten aus den Städten, die nach der niedergeschlagenen Revolte keinen anderen Ausweg mehr sahen, als zu den Waffen zu greifen. Manche schlossen sich Minderheitenarmeen an, andere gründeten in einem Camp der «Karen National

Union» (KNU) in Manerplaw nahe der thailändischen Grenze die «All-Burma Students' Democratic Front» (ABSDF). Dort entstand auch die burmesische Exilregierung unter Aung San Suu Kyis Cousin Sein Win. Zu Dschungelkämpfern ausgebildet wurden die Studenten entweder von den Karen selbst oder von britischen und australischen Söldnern.

Je länger die Studenten im Dschungel kämpften, desto klarer wurde ihnen, dass der Armee nicht beizukommen war. Manche zogen es bald vor, in Hörsälen in Amerika und Europa zu studieren, als auf schlammigen Dschungelpfaden Kopf und Kragen zu riskieren. Die verbliebenen Studenten misstrauten sich gegenseitig – und übernahmen die Methoden der Regierungsarmee. Wer als Spion verdächtigt wurde, riskierte es, von seinen Kommilitonen gefoltert und erschossen zu werden. 35 ABDSF-Kämpfer wurden von 1991 bis 1992 als «Spione des Feindes» hingerichtet, andere in Verhören zu Tode gequält. Womöglich mussten viel mehr junge Leute sterben als bislang bekannt. «Es war Wilder Westen dort», sagt Min Zaw Oo, ehemaliger Soldat der Studententruppe. «Es gab zahlreiche Hinrichtungen. Sie haben dich einfach abgeurteilt.»[11]

Im August 2013 beschlossen Regierung und Studenten schließlich, die Waffen schweigen zu lassen. Eineinhalb Jahre zuvor hatte die ABDSF entschieden, ihre blutige Vergangenheit aufzuarbeiten: Eine «Wahrheits- und Gerechtigkeitskommission» sollte die Hintergründe der Gräueltaten aufklären. Deshalb erlaubte die Regierung einigen Mitgliedern der ABDSF, die mit Verwandten der Opfer sprechen wollten, nach Myanmar einzureisen.

Tausende von Flüchtlingen retteten sich nach dem Massaker von 1988 und den gestohlenen Wahlen vor den Angriffen der burmesischen Armee über die Grenze nach Thailand. Dort bauten sie sich mit Plastikplanen primitive Unterkünfte. «Wenn wir geblieben wären, hätten uns die Burmesen ganz sicher getötet», sagte uns 1996 der Lehrer Maung Lu, ein Karen. Der 31-Jährige hockte mit Frau, Mutter und einigen Kindern auf einem eilig zusammengezimmerten Bambusgestell an der Straße nach Ban Khloeng, dem ersten Ort auf thailändischer Seite.

«Als das Feuer aus Gewehren und Mörsern immer näher kam, sind wir losgelaufen. Wir schnappten uns ein paar Kinder, deren Eltern nicht zu finden waren», berichtete der Lehrer. 250 Bewohner des Dorfes Meteoke machten sich mit ihnen auf den beschwerlichen Weg durch den Dschungel.

Ein paar hundert Meter von der Straße entfernt trafen wir auf Doktor Em Marta, eine legendäre Figur des Bürgerkrieges. Der Mediziner war in der «Karen National-Union» (KNU) für Gesundheit und Soziales verantwortlich und später Außenminister. Sie hätten einen schweren Rückschlag erlitten, die Burmesen versuchten sie auszulöschen, sagte er. Tatsächlich verlor die KNU damals mehrere strategisch wichtige Stützpunkte. Sie kämpfte gegen die Regierungssoldaten und gegen ehemalige Gefährten von der «Democratic Karen Buddhist Army» (DBKA), die kurz zuvor zu den Regierungtruppen übergelaufen waren.

Ausgelaugt vom Kampf, verhandelten zu Beginn des neuen Jahrtausends immer mehr Rebellen mit der Armee. Als Anreiz diente die Aussicht auf ein besseres Leben und garantierte Einkünfte. Die Karen zum Beispiel erhielten von der Regierung nach Berichten von Insidern Importlizenzen für Autos, die sich in viel Geld ummünzen ließen. Hatten sich die Konkurrenten geeinigt, reichte ein Handschlag – oder auch nicht. Viele Abkommen scheiterten, weil sich die Aufständischen am Ende weigerten, ihre Waffen abzugeben.

Gleichzeitig versuchten Politiker der ethnischen Minderheiten, auf friedliche Weise mehr Rechte für sich zu gewinnen: Sie saßen mit im Saal, als auf Geheiß der Junta die neue Verfassung ausgearbeitet wurde, und sie nahmen 2010 – recht erfolglos – mit ihren Parteien an den Wahlen teil.

Das Misstrauen schwelte allerdings weiter, weil die Regierung in Yangon – und später Naypyidaw – nicht bereit war, politische Zugeständnisse zu machen. Schließlich schlug die Junta vor, die Rebellensoldaten unter burmesischem Kommando in die Grenztruppen einzugliedern. Die meisten Aufständischen lehnten empört ab. Der Plan beweise, erklärten sie, dass die Zentralregierung ihr Anliegen nicht ernst nehme. Im Folgenden begannen die Rebellen damit, ihre Truppen wieder aufzurüsten.

Kampf um Hügel 771

Im Fall der Kachin hatte dies üble Folgen. Im Juni 2011 brach der 17-jährige Waffenstillstand zwischen ihnen und den Burmesen zusammen. Rund 75 000 Menschen flüchteten vor den Kämpfen, über 10 000 suchten Schutz im nahen China. Dieser Konflikt ist exemplarisch für die Schwierigkeiten beider Seiten zueinanderzufinden. Begonnen hatte alles damit, dass die Wahlkommission in Naypyidaw der Kachin State Progressive Party und der Northern Shan State Progressive Party die Teilnahme an den Parlamentswahlen 2010 verwehrte. Damit reagierte sie auf die Weigerung der Kachin und Shan, ihre Soldaten in die Grenztruppen einzuordnen. Gleichzeitig erklärte die Regierung den Waffenstillstand für null und nichtig – das Sterben begann von Neuem. Kurz vor dem Jahreswechsel 2012/13 griffen burmesische Truppen das Gebiet um die Stadt Laiza, das Hauptquartier der Kachin, an. Ziel war es, den strategisch wichtigen «Hügel 771» zu erobern. Kampfjets stiegen auf, Hubschrauber schossen Raketen auf Stellungen der Kachin, die wiederum Armeekonvois überfielen.

Das Verhalten der Regierung sei nichts anderes als «Staatsterrorismus», urteilte die Wissenschaftlerin Seng Maw Lahpai, eine in Sydney lebende Kachin. Mindestens 64 Frauen und Mädchen in 17 Ortschaften seien von Juni 2011 an Opfer von Vergewaltigung und sexueller Gewalt durch Regierungssoldaten geworden.[12] Der UNO-Sonderberichterstatter für Menschenrechte in Myanmar, Tomás Ojea Quintana, sprach 2013 von «Angriffen auf die Zivilbevölkerung, Tötungen ohne gesetzliche Grundlage, sexueller und geschlechtsorientierter Gewalt, willkürlichen Verhaftungen sowie von Folter». Die Kachin seien allerdings ebenfalls nicht frei von Schuld: Beide Seiten, so Quintana, verlegten Landminen, schickten Kindersoldaten ins Gefecht und zwängen Zivilisten zu Trägerdiensten.[13]

Das alles geschah unter dem neuen Präsidenten Thein Sein. Dieser gab sich nach außen hin konziliant und erklärte, wenn seine Soldaten die Kachin-Armee wirklich hätten vernichten wollen, hätten sie dazu nur einen Tag benötigt. Immerhin befahl er seinen Soldaten dreimal, die Waffen schweigen zu lassen, was die aber nicht gerne hörten. Beim letzten Befehl brauchten sie eine Woche, bis sie die Order befolgten.[14] Dann trat ein Akteur auf die Bühne, mit dem niemand gerechnet hatte. Die chinesische Regierung bot sich als Vermittler an und brachte die Kontrahenten in der chinesischen Grenzstadt Ruili an einen Tisch. Das war neu. Bislang hatte Peking stets auf das Prinzip gepocht, sich nicht in die inneren Angelegenheiten anderer Länder einzumischen. Die chinesischen Diplomaten engagierten sich vor allem aus zwei Gründen: Zum einen wollten sie verhindern, dass sich die USA, wie von den Kachin vorgeschlagen, in den Konflikt einmischten. Zum anderen war ihnen daran gelegen, die Region, in der die Volksrepublik so viele wirtschaftliche Interessen hat, politisch zu stabilisieren.[15] Und nicht zu vergessen: Die Erlöse aus dem Verkauf von Jade allein im Kachin-Gebiet schätzen Experten auf jährlich mindestens zehn Milliarden US-Dollar.

Nicht nur China war an den Verhandlungen über Feuerpausen beteiligt, auch Privatunternehmen engagierten sich. Das taten sie offenkundig, um ihre Profite abzusichern, die sie vermutlich mit den Militärs teilten. Mitunter bezahlten sie die Konferenzen – etwa die Dawei Princess Company, die in Karen-Gebieten Minen- und Abholzkonzessionen besaß. Chef war Ngwe Soe, ein ehemaliger Major, der als einer der vielen Spezis der Militärs gilt. Die Jadeland Company, Firma eines reichen Kachin-Unternehmers, saß bei den Verhandlungen über eine Feuerpause ebenfalls mit am Tisch.[16]

Der Burmese Min Zaw Oo hatte nach seiner Zeit als Soldat in der ABDSF Politik an der Georgetown-Universität in den USA studiert und unter anderem als Sicherheitsberater in Afghanistan gearbeitet. Nun ist er zurückgekehrt, um im «Myanmar Peace Center», einer von der Europäischen Union mit viel Geld finanzierten Organisation, burmesische Truppen und Rebellen dazu zu bewegen, sich an einen Tisch zu setzen und einen Waffenstillstand auszuhandeln. Er sagt: «Es gibt 16 bewaffnete Gruppen, davon haben bislang 14 einen Waffenstillstand geschlossen. Manche Abkommen halten schon seit 25 Jahren. Die zwei letzten, die noch kämpfen, sind die Kachin Independence Army und die Truppen der Palaung.» Warum tun sich beide Seiten so schwer, sich zu einigen? «Es geht zum größten Teil nur um Worte», sagt Min Zaw Oo. Und es geht um die Frage, ob die Armeen der ethnischen Minderheiten weiter Soldaten anwerben dürfen oder nicht.

Ein Waffenstillstand aber ist kein Friedensabkommen – und von dem war 2014 keine Rede, weil sich Zentralregierung und Minderheiten nicht über den Weg trauten. Selbst wenn die Gegner Frieden schlössen, was dann? Experten fürchten, dass sogenannte Warlords, lokale Kriegsherren, das Heft in die Hand nehmen könnten, um sich die Taschen zu füllen. «Die Schlüsselfiguren bei den ethnischen Minderheiten hegen sowohl kommerzielle als auch politische Interessen, und es ist oft schwer, ideologische von wirtschaftlichen Motiven zu trennen», warnte die angesehene Nichtregierungsorganisation International Crisis Group in Brüssel. Die riesigen Profite hätten dazu beigetragen, den Aufstand zu finanzieren, und seien ein Faktor, der den Aufbau einer nachhaltigen Friedenswirtschaft erschwere.[17]

Eine zweite Panglong-Konferenz?

In der Cafeteria des Park-Royal-Hotels in Yangon erläutert der 72-jährige U Saw Tun Aung Myint im Sommer 2014 seine Sicht des Konfliktes. Er ist ein Karen, der allerdings in traditioneller burmesischer Tracht erscheint: dunkler Longyi, weißes kragenloses Hemd und eine weiße Jacke. Als Minister für «Nationale Ethnische Angelegenheiten» im Bezirk Yangon müsse er sich so kleiden, sagt er. Zuvor diente er als Major in der burmesischen Marine. Er habe in seinem Namen gleich zwei Anreden, sagt er, das burmesische «U» und das «Saw» der Karen.

«Die Minderheiten sind der Meinung, dass man statt über einen Waffenstillstand erst mal über die Politik sprechen muss», sagt er. Konkret wollen sie, ähnlich wie die NLD, die Verfassung von 2008 ändern. «Die 25-Prozent-Sperrklausel, die der Armee so viel Macht zubilligt, muss weg ... Wir müssen langsam schneller vorankommen. Die Menschen stehen schon zu lange zwischen zwei kämpfenden Wasserbüffeln.»

Doch die Regierung will erst den Waffenstillstand, bevor über Politik geredet werden könne. Wäre Aung San Suu Kyi, die Friedensnobelpreisträgerin, in der Lage, das Problem zu lösen? «Sie ist sehr populär und sehr effizient», sagt Tun Aung Myint. Allerdings gebe es zwischen NLD und den Armeen der Minderheiten bislang keinen offiziellen Dialog: «Die Position der NLD zum Minderheitenproblem ist nicht klar festgelegt. Die Rede ist lediglich von einem dezentralisierten Staatssystem.»[18]

Aung San Suu Kyi hatte sich nach ihrer Freilassung 2010 als Vermittlerin angeboten. In einem offenen Brief an Präsident Thein Sein sowie an die Armeen von Kachin, Karen, Shan und Mon schrieb sie: «Meinerseits bin ich vorbereitet und verspreche, alles in meiner Macht Stehende zu tun, ein Ende der bewaffneten Konflikte und Frieden in der Union zu erreichen.»[19]

Beide Seiten gingen auf das Angebot nicht ein. In ihrer ersten Parlamentsrede forderte Aung San Suu Kyi Gesetze zum Schutz der ethnischen Minderheiten sowie ein Ende der Diskriminierung. Dazu gehörten nicht nur der Schutz ihrer Sprachen und ihrer Kultur, sondern auch die wirtschaftliche Entwicklung: «Die hohen Armutsraten in den Minderheitenstaaten belegen klar, dass die Entwicklung in den ethnischen Regionen nicht zufriedenstellend verläuft.»[20]

Vor allem aber schlug Aung San Suu Kyi eine zweite Panglong-Konferenz vor. Bei der ersten hatte sich ihr Vater 1947 in dem Ort Panglong mit den Shan, Kachin und Chin über weitgehende Autonomie in einem künftig unabhängigen Burma geeinigt. «Wenn Burma einen Kyat erhält, werdet auch ihr einen Kyat erhalten», versprach er damals den Minderheiten, die ihm glaubten. Die Crux bestand allerdings darin, dass viele Minderheiten wie etwa die Karen an der Konferenz nur als Beobachter teilnahmen, weil sie zum einen von den Briten enttäuscht waren und zum anderen dem Burmanen Aung San nicht über den Weg trauten.

Vielen Minderheitenpolitikern ergeht es mit der Tochter nicht anders, obwohl deren Mutter wohl eine Karen war. Als Aung San Suu Kyi bei einer Diskussion in der London School of Economics 2012 erklärte, man müsse der Ursache für die Konflikte auf den Grund gehen, schüttelten viele den Kopf. Was sei da nach über 60 Jahren Bürgerkrieg eigentlich nicht zu verstehen? Das Misstrauen gegenüber Aung San Suu Kyi und ihrer NLD verstärkte sich, als die Partei ankündigte, bei den nächsten Wahlen im Jahr 2015 in den Regionen der Minderheiten anzutreten – und damit den einheimischen Parteien Konkurrenz zu machen.

Konkrete Programme, wie Burmesen und die anderen Völker in einem demokratischen Myanmar miteinander auskommen wollen, hatten Aung San Suu Kyi und die NLD nicht vorgelegt. Nur eines war für sie klar: Das Problem sollte nicht mehr mit Kanonen und Kampfflugzeugen gelöst werden. Und: Burmesisch soll Amtssprache bleiben, gleichzeitig sollen die Minderheiten ihre eigenen Sprachen sprechen dürfen. Aber wie umfangreich darf die politische Autonomie sein? Dürfen die Minderheiten ihre Armeen behalten, ein eigenes Bildungssystem schaffen? Wer ernennt die Richter, wer erhält die Macht über Rohstoffe und Diamanten? Soll es dabei bleiben, dass allein der Präsident die Ministerpräsidenten der Bundesstaaten bestimmen darf?

Auf all diese Fragen suchten Aung San Suu Kyi und ihre Partei bis Mitte 2014 noch eine Antwort.

11. «Wir können nicht in Furcht leben»

Die Lehre von der liebenden Güte

An einem Sommertag des Jahres 1995 gegen vier Uhr morgens ließ sich Aung San Suu Kyi in den Fond eines geborgten Geländewagens gleiten und zu einem Hügel in der Nähe der Stadt Pa-An fahren. Sie genoss die sanfte und kühle Luft, den Anblick der Felder und Palmen, manchmal erblickte sie die weiße Silhouette einer Stupa im Morgendunst – bis die Straße so schlecht wurde, dass sie mit den anderen im Wagen hin und her geschleudert wurde.[1]

Am 10. Juli 1995 war sie aus ihrem ersten Hausarrest entlassen worden. Das Ziel ihres ersten Ausflugs in Freiheit war der Hügel Thamanya, auf dem der betagte Mönch U Vinaya lebte. Er besaß in Myanmar damals Kultstatus, nicht nur wegen seiner Antipathie gegen die Junta, sondern vor allem, weil er eindringlich «Metta» und «Thissa» predigte: die buddhistische Lehre von der Freundschaft oder der liebenden Güte und die Lehre von der «Wahrheit». Aung San Suu Kyi wollte sich den Segen des Geistlichen holen.

Wie viele ihrer Landsleute ist sie Anhängerin des Theravada-Buddhismus, der vor allem in Süd- und Südostasien verbreitet ist und sich auf die ältesten buddhistischen Schriften stützt. Wörtlich übersetzt, heißt «Theravada» die «Lehre der Älteren». Ihr Glaube ist ein wichtiger Faktor für ihren erstaunlichen Werdegang: von einem braven Teenager der oberen Zehntausend Asiens über die Oxford-Studentin bis zu einer Kämpferin für die Demokratie, von einer zum Supermarkt radelnden Hausfrau und Mutter zu einer Politikerin, die Junta-Generäle ins Wanken bringt.

«Ich bin eine gläubige Buddhistin. Also bin ich mir sicher, dass die Lehre des Buddhismus die Art meines Denkens beeinflusst», sagte sie einmal.[2] Zweieinhalbtausend Jahre alt ist diese Weltanschauung, die für jeden Einzelnen dauerhaftes Glück anstrebt. Buddhisten können die Natur ihres Geistes erkennen, also erleuchtet werden. Dabei kennt Buddhas Lehre keine Dogmen, nichts muss geglaubt oder vorausgesetzt werden. Jeder Mensch soll seine in ihm innewohnenden Möglichkeiten voll entfalten können.

Die Theravada-Buddhisten wollen ihren Geist besänftigen, in sich ruhen und Leid und Schwierigkeiten im Alltag vermeiden, sich quasi selbst aus dem Kreislauf des Leidens befreien. Dabei hilft es, den sogenannten Achtfachen Pfad zu beschreiten. Dazu gehören etwa richtiges Denken, richtige Rede, richtiges Bemühen, richtiges Leben. Wer ein guter Buddhist sein will, darf nicht töten, nicht fremdgehen, nicht stehlen, nicht lügen und keine berauschenden Getränke trinken. Deshalb sollen die Anhänger des Theravada-Buddhismus anderen auch kein Leid zufügen. Um das Leid zu beseitigen, müssen nach ihrer Ansicht die drei Ursachen dafür beseitigt werden: Gier, Hass und Verblendung. Das können die Gläubigen mit Tugend, Meditation und Wissen bewältigen.

Burmas Geschichte und Gegenwart sind eng verwoben mit dem buddhistischen Glauben. Über 400 000 Mönche und Nonnen sind heute in der sogenannten Sangha organisiert, der Gemeinschaft aus Laien und Geistlichen. Damit kommt sie der Stärke der burmesischen Streitkräfte mit ihren 492 000 Soldaten nahe.

Mönche sind in Myanmar hoch angesehen, denn sie versuchen mit ihrer Lebensweise, dem Ideal nahezukommen. Praktisches Mittel, um ewiges Glück zu erreichen, ist die Meditation – sozusagen der Königsweg zur Selbstentfaltung.[3] Wer meditiert, versetzt sich in die Lage, Buddhas Lehre selbst zu erfahren. Dabei gibt es mehrere Arten von Meditation: Eine zum Beispiel zielt darauf ab, mit Hilfe besonderer Atemtechnik den Geist zu beruhigen. Eine andere, die Metta-Meditation, strebt an, der Welt mit größerer Freundlichkeit zu begegnen.

Aung San Suu Kyi versteht sich als Buddhistin, die Metta, die Lehre von der liebenden Güte, im Alltag und in der Politik praktizieren will.

«Es bedeutet nicht, einfach passiv dazusitzen und zu sagen: ‹Diese Menschen tun mir so leid.› Es bedeutet, etwas an der Lage zu ändern ...»[4] Diese Philosophie wendet sie in der Politik an und versucht, den Menschen das Leben zu erleichtern, sie davon zu überzeugen, einander zu helfen und dadurch Freude aus sich selbst zu schöpfen, auch wenn ihr Alltag von Waffen und Unterdrückung geprägt ist.

Buddhismus und Meditation halfen Aung San Suu Kyi, den langen Hausarrest psychisch durchzustehen. Als sie 1995 freikam, sagte sie: «Ich hoffe, ich bin gereift. Ich fühle mich seelisch und geistig stärker. Ich wurde geprüft, und das hat mich gefestigt. Und ich denke, dass ich größeren Wert auf Mitgefühl legen sollte. Ich denke, Mitgefühl ist in dieser Welt sehr wichtig.»

Meditation war ein wesentliches Mittel, Ärger und Zorn zu kontrollieren.[5] Begonnen hatte sie damit einst im Meditationszentrum «Mahasi Thathana Yeikhta» in der Thathana-Yeiktha-Straße 16 in Rangun, einer kleinen Seitenstraße, die zehn Minuten Autofahrt von ihrer Villa entfernt liegt. Aung San Suu Kyi war damals 25 Jahre alt und nutzte ihre Besuche in Rangun für die Kurse. Doch erst im Hausarrest fing sie ernsthaft zu meditieren an.

Buddhismus als Waffe

Der Buddhismus war für sie zugleich eine politische Waffe, ein Schild, mit dem sie die Vorwürfe der Junta-Generäle abwehren konnte. Als überzeugte Gläubige wollte sie so nicht nur die moralische Oberhoheit über die Unterdrücker gewinnen, sondern in den Anfängen der NLD auch die Kritik abfedern, ihre Partei sei von Kommunisten unterwandert, ja sie selbst sei eine verkappte Kommunistin. «Das brachte Aung San Suu Kyi von Anfang an dazu, ihre Nähe zum Buddhismus zu betonen», schrieb der holländische Anthropologe Gustaaf Houtman.[6]

Diese Nähe zu einer asiatischen Religion half ihr überdies, sich gegen die Behauptung der Generäle zu verteidigen, Agentin ausländischer Mächte zu sein. Die Aussage der Junta, Demokratie sei ein westliches Konzept und passe nicht zur burmesischen Lebensweise, ließ sie nicht gelten. Demokratie und Menschenrechte seien Bestandteil der buddhistischen Weltanschauung, die Allgemeine Erklärung der Menschenrechte der UNO enthalte buddhistische Werte.[7] Hätten die Burmesen sich in der Vergangenheit gegen jegliches Eindringen ausländischer Denkweisen gewehrt, wäre der Buddhismus nie nach Burma gekommen, argumentierte sie: Er wäre auf Nordindien begrenzt geblieben, genau wie das Christentum auf eine kleine Ecke des Nahen Ostens und der Islam auf Arabien.[8]

Aung San Suu Kyi verwob gerne buddhistische Lehren mit ihren demokratischen Ansichten. Den Junta-Generälen, allesamt ebenfalls Buddhisten, hielt sie zum Beispiel die «zehn Pflichten für Könige» entgegen. Buddha verlangte von einem guten König unter anderem Moral, Liberalität, Integrität, Freundlichkeit, Gewaltlosigkeit – und vor allem: das Prinzip, sich nicht gegen den Willen des Volkes zu stellen. Und sie verwarf die von Despoten in Fernost gerne vorgetragene Idee in Bausch und Bogen, dass Demokratie keine passende Gesellschaftsform für Asien sei.

Mit dem Glauben allein ist das Phänomen Aung San Suu Kyi allerdings nicht zu erklären. Sie hat in ihrem Leben enorme Opfer gebracht. Sie verzichtete darauf, zu ihrem sterbenden Mann nach England zu fahren; sie weigerte sich, im Hausarrest Post von ihren Lieben zu empfangen, weil sie sich nicht der Gnade des Regimes ausliefern wollte; sie entschied sich gegen das Zusammensein mit ihren Kindern und für den Kampf für mehr Demokratie in Burma / Myanmar; sie lehnte es nicht zuletzt ab, sich im Gefängnis von ihrem Sohn Alexander besuchen zu lassen.

Im Laufe ihres Lebens zeigte Aung San Suu Kyi in den Augen vieler Freunde mehrfach ein ungewöhnliches Verhalten: Sie sprach Kindern auf Geburtstagspartys Preise ab, weil sie beim Spielen geschummelt hatten. Sie stand mehrmals tagelang an einer Brücke und vor Straßenbarrieren und beharrte auf ihrem Recht weiterzufahren. Manche würden sie als aufrecht und hartnäckig beschreiben, andere als verbohrt und stur.

«Ich tue das für meinen Vater»

Was trieb sie an? War es politischer Ehrgeiz, persönliche Eitelkeit, Pflichtgefühl, der Wunsch, das Anliegen ihres Vaters zu vollenden? Ohne ihren Vater Aung San ist die Politikerin Aung San Suu Kyi in der Tat nicht zu erklären. Er war zwar ein raubeiniger Revolutionär, der erst durch seine Frau Khin Kyi zivilisiert wurde, während die Tochter so ganz anders erscheint – als charmante, zuweilen um Geduld ringende Oppositionelle und Dissidentin. Aber wie er denkt Aung San Suu Kyi mehr pragmatisch als theoretisch, wie er ist sie selbstlos und ehrlich. Sie ist wohl nicht von ihm «besessen», wie ihr Kritiker vorwarfen, fasziniert jedoch ist sie von ihm schon.

Noch als über 40-Jährige sprach sie liebevoll von ihrem «Daddy», in dessen Fußstapfen sie treten wollte. Der Vater war stets ihr Vorbild, sie spüre, wie sie einmal sagte, seine geistige Unterstützung. «Ich tue das für meinen Vater ... meine einzige Sorge ist, dass ich mich seiner nicht würdig erweise.»[9]

War es der Vater, der ihren politischen Ehrgeiz beflügelte, so war es ihre Mutter Khin Kyi, die ihre Lebensweise stark beeinflusste und ihr die Stärke mitgab, mit der sie Hausarrest und Gefängnis durchstand. Von ihr bekam sie Prinzipientreue und Pflichtgefühl eingeimpft. Khin Kyi war eine auf Disziplin und auf gesellschaftliche Umgangsformen bedachte Frau, die ihrer Tochter eine gute Ausbildung und den Zugang zu inspirierenden und klugen Menschen ermöglichte. Sie sorgte dafür, dass ihre Tochter in einem christlichen Schulumfeld aufwuchs, schuf aber auch Kontakte zu angesehenen Mönchen, die der Tochter den Buddhismus nahebrachten. Wichtiger noch: Sie formte aus ihrer Tochter einen sozialen Menschen, der keine Hassgefühle hegte. Überdies lebte sie ihr Härte gegen sich selbst vor, etwa als sie nach der Nachricht vom Tod ihres Sohnes Aung San Lin nicht sofort nach Hause eilte, sondern erst ihre Arbeit beendete.

Aung San Suu Kyi hat wie ihr Vater, den sie als ihren politischen Mentor bezeichnete, nie ein vollständiges politisches Theoriengebäude entwickelt.[10] Er war getrieben von einem unabhängigen, sie von einem demokratischen Burma. Das politische Programm ihrer NLD erschien bis Mitte 2014 eher dürftig. Wahlkampfbroschüren europäischer Parteien sind mitunter umfangreicher als die Papiere, die bislang die NLD vorgelegt hat – mit gutem Grund: Die junge Partei war bereits kurz nach ihrer Gründung für viele Jahre unterdrückt worden – Jahre, in denen es wichtiger war, sich um politische Gefangene und ihre Familien als um Paragraphen zu kümmern, Jahre, in denen es keine Gelegenheit gab, gründlich über die Zukunft nachzudenken.

So viel scheint klar: Aung San Suu Kyis Aufstieg zum politischen Idol hängt mehr an ihrer Persönlichkeit als an ihren politischen Ansichten oder an neuen Ideen. Wer aber ihre Aufsätze und Reden liest, kann wichtige Elemente ihres Denkens herausfiltern. Im Gegensatz zu ihrem Vater ist sie weit davon entfernt, Sozialistin zu sein. Sie plädiert für die Marktwirtschaft und nimmt Ungleichheit in der Gesellschaft hin. «Es gibt Reiche und Arme in demokratischen Gesellschaften», sagt sie. Gleichwohl muss nach ihrer Ansicht jeder Bürger das gleiche Recht haben, sich in der Wirtschaft zu engagieren, das gleiche Recht auf Bildung und Gesundheitsversorgung besitzen.[11]

Ausländische Geschäftsleute in Myanmar sollten demokratiefreundlich sein, die Menschenrechte achten und möglichst nicht mit den Günstlingen der Militärs Geschäfte machen, fordert sie. Investitionen dürften nicht mehr Korruption oder mehr Privilegien für diejenigen bringen, die bereits privilegiert sind. Das Wichtigste sei es, Arbeitsplätze zu schaffen und für eine gute Ausbildung zu sorgen.[12]

Sie ist davon überzeugt, dass nicht nur wirtschaftliches Wachstum zu einer funktionierenden Demokratie gehört, sondern auch Selbstbestimmung und innere Erfüllung im Leben eines Menschen. Nur so könnten «menschliche und kulturelle Werte» gedeihen, nur so könne eine freiheitliche Gesellschaft erblühen.[13] In der Demokratie und Rechtsstaatlichkeit sieht Aung San Suu Kyi deshalb die einzige Rettung für ihr Land. Die Bürger sollten allerdings nicht im Teehaus darauf warten, bis irgendein gnädiger Herrscher ihnen die Demokratie schenkt, fordert sie immer wieder. Demokratie, lautet ihr Credo, müsse man sich durch Mut, Entschlossenheit und Opfer erkämpfen.

Dazu zählten Einheit und Solidarität sowie ziviler Ungehorsam – im Großen wie im Kleinen. Das machte sie in einer ihrer Zaunreden in den neunziger Jahren deutlich, als ihre Anhänger sie mit Fragen aus dem Alltag einer Diktatur bombardierten. So zwangen die Behörden die Bürger etwa, teure Jahreskalender zu kaufen, um den Beamten einen Nebenverdienst zu verschaffen. Auf ihren Vorschlag, mit einer Stimme zu sagen: «Wir kaufen keine Kalender», kam der Einwand, die Obrigkeit könnte darauf mit Repressalien reagieren. Das jedoch hielt sie für nicht stichhaltig. «Wenn wir alle keine Kalender kaufen, werden sie uns alle feuern?»[14]

Gleiches riet sie Bauern, die ihre Abgabequoten bei den Reisernten nicht erfüllen konnten, deshalb Reis zukaufen mussten und in eine Schuldenspirale gerieten. Sie müssten sich zusammentun, gegenüber den Behörden mit einer Stimme sprechen. Nur der Einzelne riskiere, auf der Polizeiwache zu landen.

Wenn die Uhren stehen bleiben

Immer wieder betont sie in ihren Ansprachen, dass politisches Engagement von unten kommen sollte – wie in der Zaunrede am 14. Oktober 1995. Damals hatten Zuhörer die vielerorts stehengebliebenen Uhren der Uhrentürme im Land beklagt, die meist die englischen Kolonialherren nach dem Vorbild des Big Ben in London hinterlassen hatten und um die sich niemand mehr kümmerte. Aung San Suu Kyi riet ihnen, mit den Behörden zu verhandeln und die Uhren selbst zu reparieren.

Nicht alles von oben hinnehmen, nicht einschüchtern lassen, zweifelhafte Anordnungen und Gesetze in Frage stellen – so stellt sie sich ein funktionierendes demokratisches Myanmar vor.

Ein weiterer Schlüssel für eine demokratische Gesellschaft sind ihrer Meinung nach gute Schulen und Universitäten. Ohne sie werde das Land nicht in der Lage sein zu wachsen. Myanmar brauche aber noch mehr: eine neue politische Atmosphäre, eine neue Kultur der Demokratie, in der gegenseitiges Vertrauen herrscht und der Wille vorherrscht, Kompromisse auszuhandeln. Die Kunst, sich zu verständigen, sei ihren Landsleuten irgendwann abhandengekommen.

Um die Diktatur durch die Demokratie zu ersetzen, baut sie nicht auf blutige Revolution, sondern auf gewaltlosen Widerstand. Der Dialog mit den Mächtigen ist ihrer Ansicht nach der einzige Ausweg. Ihr großes Vorbild ist der indische Rechtsanwalt Mahatma Gandhi (1869–1948), der politische und geistige Anführer der indischen Unabhängigkeitsbewegung. Mit gewaltfreiem Widerstand und zivilem Ungehorsam schafften die Inder es, sich aus den Fängen der britischen Kolonialherren zu befreien. Kern von Gandhis Gedankenwelt war das Wort Satyagraha («Festhalten an der Wahrheit»). Damit verband er die Strategie, nicht mit den Unterdrückern zusammenzuarbeiten, ungerechte Gesetze bewusst zu übertreten sowie Streiks und Boykotte durchzuführen. Dazu zählte auch die Taktik, sich in Massen verhaften zu lassen – eine Idee, für die Aung San Suu Kyi 1988 zur Überraschung ihrer Mitarbeiter warb. Wie Gandhi reiste sie später oft durch das Land, um möglichst viele Anhänger zu mobilisieren.

Mahatma Gandhi war davon überzeugt, dass nur Gewaltlosigkeit weiterhelfe. Wenn 300 Millionen Inder die Zusammenarbeit mit 100 000 Briten verweigerten, stünden diese schnell auf verlorenem Posten, argumentierte Gandhi. Eine der spektakulärsten Aktionen des gewaltlosen Widerstands war der sogenannte Salzmarsch im März/April 1930, mit dem er und seine Anhänger gegen das britische Monopol kämpften, Salz zu fördern und zu verkaufen. Über 50 000 Menschen wurden verhaftet, doch die Briten gaben schließlich nach und öffneten den Markt für die Einheimischen.[15]

Vor Studenten der Columbia-Universität in New York schwärmte Aung San Suu Kyi von Gandhi und empfahl den jungen Leuten, dessen Werke zu lesen. Ihrer Meinung nach war vor Gandhi gewaltloser Protest als Mittel, Veränderungen herbeizuführen, nicht einmal angedacht worden.

Moral als Treibmittel für Politik, die Hinwendung zur Gewaltlosigkeit, der Wille, Rivalen und Gegnern die Hände entgegenzustrecken, die Offenheit für Ideen aus anderen Kulturen, die Furchtlosigkeit, auch vor dem Tod, sowie großer persönlicher Charme mit einem Schuss Hu-

Aung San Suu Kyis Vorbilder Nehru und Gandhi (1946): Ähnlichkeit mit dem eigenen Schicksal

mor: «Suu Kyi ist ein viel besserer Gandhianer als jeder derzeit lebende Inder», urteilte der populäre indische Historiker und Journalist Ramachandra Guha. Selbst die Chefin der indischen Kongresspartei, Sonia Gandhi, und der frühere Premierminister Manmohan Singh fielen seiner Ansicht nach gegen sie ab.[16]

«Tu es nicht»

Aung San Suu Kyi wurde aber auch von Jawaharlal Nehru (1889–1964), dem ersten Ministerpräsidenten Indiens (1947–1964), beeinflusst. Da dieser ein Freund der Familie war, kannte sie den charismatischen Inder persönlich. Er hatte sich öfter mit ihrem Vater getroffen, und als Khin Kyi Botschafterin in Indien wurde, besuchte Nehru sie und ihre Tochter häufig.[17] Sie verehrte Nehru aus vielerlei Gründen. Seine «kühle Arroganz», die sie öfter persönlich erlebte, erinnerte sie an die Berichte über ihren Vater, der für seine mangelnden gesellschaftlichen

Umgangsformen bekannt und berüchtigt war. Zudem mochten sie beide das Gedicht «An Irish Airman foresees his death» des irischen Poeten William Butler Yeats (1865–1939). Darüber hinaus rechnete sie Nehru hoch an, dass er ihrem Vater, der im Januar 1947 auf dem Weg zu den Unabhängigkeitsverhandlungen in London war, während eines Zwischenstopps in New Delhi gegen die eisige Kälte in England mit wärmeren Uniformen versorgte. Vor allem aber bewunderte Aung San Suu Kyi Nehrus Standfestigkeit.

Aus Anlass von Nehrus 123. Geburtstag erinnerte sie 2012 in einer Rede in New Delhi daran, dass die Briten ihm 1934 im Gefängnis über Mittelsleute anboten, er dürfe sich um seine schwerkranke Frau Kamala kümmern, wenn er nur eines verspreche – sich fortan aus der Politik herauszuhalten. Nehru war empört, dass man ihn überhaupt für fähig hielt, solch eine Bedingung zu erfüllen. Gattin Kamala flüsterte ihm bei einem kurzen Besuch zu: «Tu es nicht!»

Die Ähnlichkeit mit ihrem eigenen Schicksal ist offensichtlich. Aung San Suu Kyi beschrieb in ihrer Rede in New Delhi, dass sie zunächst von dem «monumentalen Egoismus» Nehrus irritiert war, als sie von dem Drama erfuhr. Doch sei ihr klar geworden, dass nicht allein die Politiker oder Aktivisten Opfer erbrächten, sondern auch deren Verwandte, Freunde, Geliebte, Kollegen. «Wir treffen eine Wahl und möglicherweise eine egoistische. Wenn wir das aufgeben, was unseren Herzen teuer ist, machen wir das nicht manchmal auch, um uns weniger verwundbar zu machen? Jene, die die wahren Opfer erbringen, sind jene, die uns gehen lassen, damit wir unsere geheimen Verabredungen mit dem Schicksal treffen können.»[18]

Diese Opferbereitschaft verlangte sie von ihren politischen Gefährten und Anhängern. In einer der Zaunreden nach dem ersten Hausarrest zum Beispiel beantwortete sie die Frage eines Mannes, der beklagte, dass seine Frau ihn bei seinem Einsatz für Demokratie behinderte. Sie wolle nämlich nicht, dass er ins Gefängnis komme. Aung San Suu Kyis Antwort war harsch, ja fast grob: «Frauen sollten versuchen, auf ihren eigenen Füßen zu stehen. Selbst wenn dein Mann im Gefängnis sitzt, solltest du in der Lage sein, deine Familie selbst anzuführen ... Wenn wir nicht mit kleinen Sorgen fertig werden, dann kommen wir mit dem Leben nicht zurecht.» Das Leben sei eben Leiden.[19]

«Ich war frei, weil ich keine Angst hatte»

Zu ihren Vorbildern gehörte nicht zuletzt der tschechische Autor, Dissident und spätere Präsident Václav Havel (1936–2011), der ebenfalls für seine Überzeugung ins Gefängnis musste und sich in seinen Werken mit der Sprache und der Absurdität totalitärer Systeme beschäftigte. Er hatte sich dafür eingesetzt, sie zum Friedensnobelpreis zu nominieren. Im Hausarrest verschlang Aung San Suu Kyi seine Bücher und Stücke sowie sein Freiheitsmanifest «Charta 77», um herauszufinden, wie auch sie die Jahre des Kampfes überleben konnte. Zu Lebzeiten hatte er ihr eine Blume versprochen, nach seinem Tode brachte ihr eine tschechische Delegation eine Rose von seinem Sarg.

Buddha, ihr Vater, Gandhi, Nehru, Havel und ihre Mutter sind die Persönlichkeiten, nach denen sich Aung San Suu Kyi ausgerichtet hat. Von Aung San übernahm sie die Forderung, im Kampf gegen die Mächtigen die Angst abzustreifen. Auch sein indischer Freund Nehru sah in der Furchtlosigkeit die größte Gabe für ein Individuum oder eine Nation.

Sie hat die Idee der beiden weiterentwickelt: «Es ist nicht die Macht, die korrumpiert, sondern es ist die Furcht», schrieb sie 1991 in einem Aufsatz, der internationale Beachtung fand und sie auch als politische Denkerin bekannt machte. Dieser Gedanke half ihr, die langen Jahre des Hausarrests zu überstehen: «Ich war frei, weil ich keine Angst hatte.»[20] Um Diktaturen wie die in Burma zu beseitigen, benötige man eine «Revolution des Geistes». Ein Volk, dass eine Nation mit starken demokratischen Institutionen als Garantie gegen staatliche Macht errichten wolle, müsse zunächst «lernen, seine eigenen Gedanken von Apathie und Furcht zu befreien».[21]

Sie gestand jedoch ein, dass in einem politischen System, in dem die Macht aus den Gewehrläufen kommt, Furcht durch jede Pore kriecht, dass Angst die Seele auffrisst – etwa die Angst vor dem Gefängnis, vor

Aung San Suu Kyis Vorbild Václav Havel (1991): Eine Rose von seinem Sarg

Folter, vor Armut, vor gesellschaftlicher Isolation, vor dem Tod. Aber Furcht, so behauptet Aung San Suu Kyi, sei nicht der natürliche Zustand eines zivilisierten Menschen. In ihren Zaunreden appellierte sie deshalb an ihre Anhänger, die Angst zu überwinden. Um das ernste Thema etwas aufzulockern, wich sie auf Scherze aus: «Wir können uns ja beim Angsthaben abwechseln. Wenn du zum Beispiel verheiratet bist, fürchte die Behörden nur jeden zweiten Tag, den anderen Tag fürchtet sich deine Frau. Wenn ihr eine Fünfergruppe seid, dann teilt jeden Tag einer Person die Angst zu. Habt keine Angst.»

Auf der Skala ihrer politischen Werte rangiert diese Freiheit von Furcht höher als die Rede- oder Pressefreiheit. Wenn Aung San Suu Kyi über Demokratie spricht, betont sie nicht nur die Notwendigkeit von starken Institutionen, sondern auch von einer starken Opposition. Viele und laute Gegenstimmen verhinderten das Aufkommen einer gewissen Selbstgefälligkeit bei den Mitgliedern einer Regierungspartei.

Wie sie sich konkret ein demokratisches System in Myanmar vorstellt, erläutert sie nicht im Einzelnen: Soll es zum Beispiel ein Präsidial- oder ein Parlamentssystem sein? Das hängt ihrer Ansicht nach von den historischen und kulturellen Bedingungen des jeweiligen Landes ab. Ein echtes demokratisches System müsse in jedem Fall den

Willen des Volkes ernst nehmen. Sie machte jedoch klar, dass sie als Präsidentin Myanmars nicht nur repräsentieren, sondern tatkräftig das Land lenken wolle.[22] Eines steht für sie fest: Die Armee muss hinaus aus Regierung und Parlament und zurück in die Kasernen. Dafür ist sie bereit, den Uniformierten die Verbrechen am Volk zu vergeben. Bereits 1996, nur kurze Zeit nach dem Massaker auf den Straßen der Hauptstadt, verzieh sie den Soldaten mit den Worten: «Ich hege keinen Groll gegen die Truppen, denen befohlen wurde, uns im neuen Jahr zu attackieren. Sie sahen überhaupt nicht froh dabei aus ... Wir sind nicht böse mit ihnen ...»[23]

Aung San Suu Kyi verschweigt nicht, dass sie stets eine Schwäche für die Armee hatte – obwohl diese ihr so viele Jahre ihres Lebens gestohlen und das Leben Unzähliger auf dem Gewissen hat. In ihrer Kindheit gehörten Uniformierte zu ihrem Alltag. Im März 2013 besuchte sie die offizielle Parade am Tag der Armee in Naypyidaw – eine Entscheidung, die viele ihrer Anhänger irritierte, denn das Militär war in diesen Tagen in einen blutigen Kampf gegen die Kachin-Minderheit verwickelt. Ihre Sympathie für die Armee ist jedoch wohl dem Umstand geschuldet, dass sie diese immer als die Armee ihres Vaters ansah.

Es geht ihr um eine nationale Aussöhnung. Sie könne zwar verstehen, dass einige es als unverzeihlich empfänden, was ihnen angetan wurde, indes habe sie selbst nicht den Drang, sich zu rächen. Es müsse an das große Ganze gedacht werden.

Obwohl sie selbst viel von Disziplin hält, lehnt sie die von der Regierung propagierte «disziplinierte Demokratie» strikt ab, sie will «echte Demokratie». Deren wichtigstes Merkmal ist für sie die Rechtsstaatlichkeit mit einer funktionierenden unabhängigen Justiz. Gebe es erst einmal diese Rechtsstaatlichkeit, lautet ihr Credo, werde sich in Myanmar alles andere fügen – mit der Wirtschaft werde es bergauf gehen, die Probleme der ethnischen Minderheiten könnten gelöst, die Konflikte zwischen Burmesen und Muslimen beigelegt werden.

Denn davon ist sie überzeugt: «Demokratie ist das am besten geeignete System, die Menschenrechte zu schützen.»[24]

12. Ein Mensch zwischen Himmel und Erde

Wandel über Nacht

Es ist ein milder Samstagnachmittag im April 2014 an der Bernauer Straße, dort, wo Betonwand und Todesstreifen Berlin einst in Ost und West teilten. Eine Polizeieskorte mit einem schwarzen Mercedes S 500 rollt heran: Aung San Suu Kyi lässt sich die Gedenkstätte Berliner Mauer zeigen. Sie lugt durch einen schmalen Schlitz der Betonwand, betrachtet die Fotos der Maueropfer. Vor dem Bild von Marienetta Jirkowsky legt sie eine weiße Rose nieder. Die 18-Jährige gehört zu den mindestens 138 Menschen, die auf der Flucht nach Westberlin ums Leben kamen.

Alle Politiker in der deutschen Hauptstadt erweisen der Besucherin ihre Reverenz – von der Kanzlerin über den Bundespräsidenten bis zum Bundestagspräsidenten. Alles, was Rang und Namen hat, will mit ihr sprechen oder wenigstens auf ein Foto mit ihr. Die SPD verleiht ihr den Internationalen Willy-Brandt-Preis, sie besichtigt nicht nur die Mauerreste, sondern auch eine Tempelhofer Tischlerei. Dort erkundigt sie sich, wie deutsche Lehrlinge ausgebildet werden. Und sie besucht eine Sitzung des Bundestags.

Aung San Suu Kyi wirkt oft angespannt bei diesem Berlinbesuch – kein Wunder, denn in ihrer Heimat warten gewaltige Probleme auf sie. Ihre Chancen, die Militärs dazu zu bewegen, die Verfassung zu ändern, damit sie doch noch Präsidentin werden kann, scheinen dahinzuschmelzen wie Eis in der burmesischen Sonne. Präsident Thein Sein, der Reformer, auf den sie gebaut hat, verkündet nun, die Streitkräfte dächten gar nicht daran, sich zurückzuziehen. Sie würden weiterhin eine Rolle beim demokratischen Übergang spielen. Das ist eine «sehr beunruhigende Aussage», befindet Aung San Suu Kyi.[1] Tatsächlich häuften sich Mitte 2014 die Indizien dafür, dass die quasizivile Regierung auf die Reformbremse trat. Die Presse im Land bekam das zu spüren. So verurteilte ein Gericht im Sommer vier Journalisten und ihren Verlagsgeschäftsführer zu hohen Gefängnisstrafen, weil sie einen Artikel über eine Waffenfabrik veröffentlicht hatten, in der womöglich international verbotene Chemiewaffen hergestellt wurden. Die Anweisung für das scharfe Urteil kam direkt aus dem Büro des Präsidenten.

Noch aber hofften nicht nur die demokratisch gesinnten Kräfte in Aung San Suu Kyis Heimat, sondern auch viele Regierungen im Ausland, dass Burmas mühsamer Weg hin zu einer offeneren und liberaleren Gesellschaft nicht ebenso abrupt wieder endete, wie er 2010 begonnen hatte.

Für die Außenpolitiker etwa in den USA, in Indien und in Europa spielten dabei nicht zuletzt strategische Überlegungen eine wichtige Rolle, hatten sie in den vergangenen Jahren doch besorgt beobachtet, wie die Volksrepublik China im Nachbarland immer mehr Fuß fasste. Die Beziehungen Myanmars zu Nordkorea beunruhigten ebenso. Pjöngjang lieferte offenbar Waffen gegen Reis und schickte Techniker, die nach Überzeugung von Geheimdienstexperten unter der neuen Hauptstadt Naypyidaw ein Tunnelsystem gruben, das womöglich für ein unterirdisches militärisches Kommandozentrum gedacht war.

Aus chinesischer Perspektive war der Vorteil enger Verflechtungen mit Myanmar offensichtlich: Zum einen lockten die reichen burmesischen Rohstoffvorräte – von Edelmetallen über Diamanten bis zu Jade – sowie der große Markt für Konsumgüter und Militärgerät (Flugzeuge, Hubschrauber, Waffen und Munition). Zum anderen wollten die Chinesen durch die Benutzung Myanmars als Transitland einen wichtigen Teil ihrer Energieversorgung absichern. So planten chinesische Ingenieure, die Stadt Kyaukpyu am Golf von Bengalen im Westen des Landes für viele Milliarden Dollar zum Tankerhafen auszubauen, sie gleichzeitig aber auch zum Ausgangspunkt für eine Eisenbahnlinie, eine Autobahn und Öl- und Gaspipelines Richtung China zu machen.[2]

Amerikaner, Europäer und Inder waren ebenfalls an den Rohstoffen interessiert und gleichzeitig begeistert über die Aussicht auf einen neuen Markt mit rund 51 Millionen Kunden – für Maschinen, Coca-Cola, Autos, Computer oder Internetleitungen. Nach der Wahl 2010 erhielt die Regierung Thein Seins Hilfszusagen über gewaltige Summen, Japan allein versprach 18 Milliarden Dollar.

So hatte sich Myanmar fast über Nacht von einem schläfrigen, abgeschotteten und unterdrückten südostasiatischen Land zum Akteur eines großen weltpolitischen Machtspiels gewandelt. Und Aung San Suu Kyi, die der schwedische Burma-Experte Bertil Lintner einmal leicht ironisch mit einer «Heiligen» verglichen hatte, «die keine Fehler machen kann», war vier Jahre nach ihrer Entlassung aus dem dritten Hausarrest und zwei Jahre nachdem sie ins Parlament von Naypyidaw gewählt worden war, nicht mehr unumstritten.[3]

Viele ehemalige Demokratie-Aktivisten, die nach langen Jahren des Exils aus dem Ausland zurückkehrten, fühlten sich von ihr ignoriert. Es mehrten sich die Stimmen von Leuten, die ihr zwar mit großer Sympathie begegneten, von ihr als Politikerin hingegen nicht viel hielten. Nicht nur ihre zurückhaltende Position in der Frage der muslimischen Rohingya löste Kontroversen aus, auch ihre Reaktion auf den Protest der Anwohner gegen die Letpadaung-Kupfermine erregte die Gemüter. Darüber hinaus wurde ihr vorgeworfen, sich mit ihrer Bereitschaft zur Kandidatur bei den Parlamentsnachwahlen von der Regierung instrumentalisieren zu lassen.

«Hinter ihrem Glorienschein steckt wenig Substanz», sagte der deutsche Burma-Experte Gerhard Will.[4] Aung San Suu Kyi spreche zwar viel über Demokratie, ihre eigene Partei, die NLD, führe sie aber wie eine «One-Woman-Show», meinte Khin Zaw Win, der Politikberater. Seiner Ansicht nach wage in der NLD niemand, Aung San Suu Kyi zu widersprechen, geschweige denn als Gegenkandidat anzutreten. Das sei besonders problematisch, da die andere Seite nicht schlafe: «Die Regierungspartei USDP arbeitet strategisch und geplant, die NLD schaltet den Zufallsgenerator ein.»

Das Pech der Generäle

Dabei wird niemand bezweifeln, dass sie seit jenem tragischen Jahr 1988 eine Schlüsselrolle für ihr Land gespielt hat. Wo stünde Burma/Myanmar heute, wenn sie nach der Beerdigung ihrer Mutter – oder vor dem Tod ihres Mannes – ihre Koffer gepackt hätte? Wenn sie nach England zurückgekehrt wäre, um sich um ihre Familie zu kümmern und eine wissenschaftliche Karriere in Oxford zu beginnen? Doch sie blieb – und sie war die richtige Person zur richtigen Zeit am richtigen Ort. Das Pech der Generäle war, dass sie mit ihrer Intelligenz, moralischen Klarheit, ihrer Schönheit und ihrem Charme das bessere Myanmar verkörperte. Ihr Prinzip der Gewaltlosigkeit erleichterte Amerikanern und Europäern, ihr zu folgen, als sie nach ihrem ersten Hausarrest Sanktionen gegen das eigene Land verlangte, um die Junta unter Druck zu setzen. Die USA untersagten generell Investitionen in Burma. Die EU verbot europäischen Unternehmen Kontakte mit der burmesischen Holz-, Minen- und Edelsteinindustrie, verweigerte Angehörigen der Junta sowie deren Familien Visa, fror die Konten von Militärs und Firmen ein und versagte, bis auf humanitäre Hilfe, jegliche Unterstützung. Viele Unternehmen zogen sich deshalb aus Myanmar zurück, Touristen entschieden sich, Aung San Suu Kyis Boykottaufruf zu folgen und lieber anderswohin zu fahren.

Am Ende setzte sich vielerorts die Ansicht durch, dass die Sanktionen dem Land mehr schadeten als nutzten. Viele, die sich für solche Strafmaßnahmen ausgesprochen hatten, warfen Washington und Brüssel vor, zu unkoordiniert und nicht energisch genug gehandelt zu haben. Die Folge war, dass besonders die südostasiatischen ASEAN-Staaten und die Volksrepublik China die Gelegenheit ergriffen, günstig Geschäfte zu machen, wo die Konkurrenz es nicht tun durfte. Andere Unternehmen scherten sich nicht um die Sanktionen. So verlegten amerikanische und französische Firmen unter dem Schutz der burmesischen Armee die Yadana-Gaspipeline durch das Land.

Die Gegner von Strafmaßnahmen hatten stets davor gewarnt, dass nicht die Junta unter dem Boykott leiden würde, sondern die burmesischen Arbeiter und Bauern. Nach Expertenschätzungen gingen Jobs für 60 000 bis 80 000 Textilarbeiterinnen und -arbeiter verloren, als die Amerikaner keine Hemden und Hosen mehr aus Myanmar kauften.

Die NLD hielt daran fest, dass der Boykott richtig und nützlich war: «Wir sind zu dem Schluss gekommen, dass die Sanktionen nur die Führer des Regimes und ihre engen Geschäftspartner trafen, nicht die Mehrheit der Menschen», sagte NLD-Vizechef Tin Oo.[5] «Ohne die Sanktionen wären wir nicht dort, wo wir heute sind», befand Aung San Suu Kyi.[6] «Politisch waren sie sehr effektiv.»[7]

Ihrer Ansicht nach hatten die Sanktionen schlussendlich dazu beigetragen, die Aufmerksamkeit der Welt auf ihr Land zu lenken und das Regime zu Reformen zu zwingen.[8] An der Krise in der Wirtschaft sei nicht der Boykott, sondern das schlechte Management der Militärs schuld gewesen. Und die entlassenen Textilarbeiter hätten nicht lange gelitten, weil sich die Branche schnell erholt habe und sie wieder zu Lohn und Brot gekommen seien.[9] Sicher ist, dass die Sanktionen eine große psychologische Wirkung auf die Junta und auf die Welt hatten: Sie demonstrierten, dass es die EU, die USA, Australien oder Kanada mit ihrer Unterstützung für Aung San Suu Kyi und die Opposition ernst meinten.

Wo also stände Myanmar ohne «die Lady»? Ko Ko Hlaing, Armeeoberst a. D., einst Zensor der Junta und später einer der wichtigsten Berater des Präsidenten, hat dazu eine Antwort: Ohne die «Stardissidentin», wie er Aung San Suu Kyi nennt, wäre Myanmar heute wohl mit «anderen autoritären Reformstaaten wie China oder Vietnam zu vergleichen».[10] Das ist eine bemerkenswerte Aussage, bedeutet sie doch im Klartext, dass Myanmar ohne die Friedensnobelpreisträgerin so unfrei wie eh und je, das Land keinen Zentimeter Richtung Demokratie gerückt wäre und Hunderte von politischen Gefangenen noch hinter Gittern säßen. In Vietnam und China herrschen kommunistische Parteien, die zwar eine wirtschaftliche, aber keine politische Öffnung dulden.

Keine andere Wahl

Seit ihrer Rückkehr nach Rangun 1988 hatte Aung San Suu Kyi die Militärs vor sich hergetrieben und den Bürgern in dunklen Zeiten Hoffnung gegeben. Das Regime sah sich so in die Enge gedrängt, dass es amerikanische PR-Firmen anheuerte, um sein Ansehen zu verbessern. Gleichwohl waren 2014 viele ihrer Weggefährten der Meinung, sie sollte den Versuch, Präsidentin zu werden, aufgeben und sich stattdessen darauf konzentrieren, die Partei zu einer schlagkräftigen politischen Organisation aufzubauen, ihren Nachwuchs zu schulen und besser für den komplizierten Übergang in eine moderne, zivile Gesellschaft auszustatten. Andere fanden, dass sie – statt Zeit im Pseudoparlament von Naypyidaw zu verschwenden – lieber durch die Welt reisen und bei Milliardären wie Bill Gates und George Soros Spenden für Burmas Krankenhäuser und Kindergärten sammeln sollte. «Sie ist ein Mensch zwischen Himmel und Erde, sie sollte sich nicht nach unten in die Niederungen der Politik begeben», sagte ihr früherer Mitarbeiter Nyo Ohn Myint.

Solche Vorschläge verkannten, dass Aung San Suu Kyi in ihrem Herzen gar keine andere Wahl blieb, als den Weg, den sie 1988 zögerlich und eher zufällig begann, zu Ende zu gehen. Immer und immer wieder machte sie deutlich, dass sie sich verpflichtet fühle, die Mission zu vollenden, die ihr Vater begonnen hatte, und ihre Anhänger nicht enttäuschen durfte, die mit ihr vor allem eines verbanden: Hoffnung.

Der Preis, den sie dafür gezahlt hat, war hoch: Sie opferte nicht nur ihre Freiheit und riskierte wiederholt ihr Leben. Sie trug außerdem schwer daran, dass so viele ihrer Landsleute ihrem Aufruf folgten und für den Traum von einem demokratischen Burma Haft und Folter auf sich nahmen. Ihnen sei es viel schlechter gegangen als ihr selbst, sagte sie. Kurz vor dem Ziel aufzugeben käme in ihren Augen einem Verrat an ihrem Vater, ihrem verstorbenen Mann, ihren Kindern, ihren Anhängern und an ihr selbst gleich.

Sie verlor ihre Familie, als sie sich entschied, in Burma zu bleiben.

Mit der Trennung seien ihre Söhne nicht gut zurechtgekommen, und besonders nach dem Tod von Michael Aris hätten sich die Dinge nicht so entwickelt, wie sie es sich gewünscht hatte, sagte sie einmal. Der ältere Sohn Alexander, der für sie die Dankesrede bei der Verleihung des Friedensnobelpreises in Oslo gehalten hatte, lebt heute (2014) zurückgezogen von der Welt mit gleichgesinnten Buddhisten in einem spartanisch eingerichteten Haus in der Nähe von Portland im US-Bundesstaat Oregon. Zuvor hatte er an der Georgetown-Universität in Washington «Internationale Beziehungen» studiert, das Studium jedoch, glaubt man der Regierungspropaganda, abgebrochen. In Portland belegte er Philosophie. Alexander Aris war Veganer, fuhr Fahrrad, kochte über Holzfeuer und praktizierte die chinesische Atemtechnik Qigong. Gegenüber Freunden sprach er über die «große und unnötige Last», die er in seinem Leben tragen müsse.[11]

Ein Bekannter von Alexander Aris schilderte im Jahr 2011 auf einer Webseite, wie er mit diesem in einem Café einen Studienkreis über den österreichisch-britischen Philosophen Ludwig Wittgenstein gegründet, stundenlang diskutiert und schließlich von Aris rund 45 Bände von und über Wittgenstein geschenkt bekommen habe, weil der Sohn Aung San Suu Kyis gerade sein «Leben vereinfachen» wolle.[12]

Überdies tauchte er als Teilnehmer an einem Diskussionsforum für «Ethische Philosophie – Wahre Menschen diskutieren moralische Fragen» auf. Ein Foto zeigt ihn auf der Webseite mit einem braunen Chow-Chow.[13] Der indische Autor Amitav Ghosh berichtete von einer Begegnung in Portland, wo er sein Buch «The Calcutta Chromosome» signierte: Da stand ein groß gewachsener Mann vor ihm, lobte das Werk und sagte dann: «Sie haben meine Mutter in Rangun getroffen. Ich bin Alexander Aris.»

In Myanmar hat er Aung San Suu Kyi in den letzten Jahren offenbar nicht besucht. Es hieß jedoch, dass Mutter und Sohn regelmäßig miteinander telefonierten. «Ich habe mich nicht von meinem Sohn entfremdet», sagte sie in einem Interview mit CNN. «Das sind so die Gerüchte, die herumfliegen, wenn sich Menschen für viele, viele Jahre nicht sehen.»[14] Die Frage, ob sie Alexander während ihres Aufenthalts in den USA getroffen habe, beantwortete sie nicht.

Aung San Suu Kyis Sohn Kim (2012 in Oslo): «Blowin' in the wind»

Alexanders jüngerer Bruder Kim verkraftete die Trennung von der Mutter schwerer. Als sie in Rangun blieb und er mit Vater und Bruder in Oxford lebte, versuchte der kleine Junge sooft wie möglich mit ihr zu telefonieren: «Komm bitte nach Hause, Mum. Wir vermissen dich so. Warum bist du nicht hier?»[15] Max Horsley, ein Schulfreund aus der Dragon School in Oxford: «Es war herzzerreißend zu sehen, wie sehr Kim darunter litt, ohne seine Mutter aufwachsen zu müssen.»[16]

Als Teenager trank Kim gerne Whisky. Er lernte den Beruf des Zimmermanns, heiratete Rachel Jefferies, mit der er zwei Kinder hat: James und Jasmine. Sie waren 13 und zehn Jahre alt, als Aung San Suu Kyi sie zum ersten Mal in die Arme schließen konnte. Im Hausarrest hatte ihre Großmutter Harry-Potter-Romane gelesen, um informiert zu sein, wenn sie die Enkel irgendwann treffen würde.[17]

Mit Frau und Kindern lebte Sohn Kim in einer einfachen Siedlung aus Doppelhäusern im Oxforder Ortsteil Cowley. Nach der Scheidung von seiner Frau soll er auf einem Hausboot an der Themse gewohnt haben. Im Gegensatz zu seinem Bruder reiste er öfter nach Myanmar zu seiner Mutter, gemeinsam besuchten sie die alte Tempelstadt Pagan.

Aung San Suu Kyi mit ihrem Sohn Kim in Yangon 2010: Die rote NLD-Fahne auf den linken Oberarm tätowiert

Auf den linken Oberarm ließ er sich die rote NLD-Fahne tätowieren, auf einer NLD-Veranstaltung zum Welt-Aids-Tag sang er im Longyi und orangefarbener NLD-Jacke das Antikriegslied «Blowin' in the Wind». Als sie am 15. Juni 2012 im Grand Hotel in Oslo eintraf, um ihren Nobelpreis zu empfangen, stand er bescheiden in schwarzer Jacke und Jeans in einer Ecke am Eingang. Seine Mutter begrüßte ihre jubelnden Anhänger, nahm Blumensträuße entgegen und ging hinein, ohne ihn zu bemerken – ihr Sohn folgte ein paar Schritte hinter ihr.

«Ich denke, sie ist echt stark. Und wenn sie über etwas traurig ist, weiß sie, dass sie darüber hinwegkommen muss. Sie verschwendet keine Zeit, darüber lange zu weinen», sagte Kim Aris über seine Mutter. Aung San Suu Kyi formuliert es so: Sie habe es bedauert, nicht mit ihrer Familie zusammen sein zu können und nicht gesehen zu haben, wie ihre Söhne aufwuchsen. Aber sie zweifle nicht an ihrer Entscheidung, mit ihren Leuten in Myanmar geblieben zu sein. Kim Aris hat ihr später verziehen: «Es war nicht einfach, aber ich bin stolz auf sie, dass sie sich so entschieden hat.»[18]

Die Zeit drängt

Was wird die Zukunft bringen? Viele Burmesen fürchten, Aung San Suu Kyi könne eines Tages das gleiche Schicksal wie ihr Vater erleiden, weil konservative Kräfte im Militär den Reformprozess stoppen wollen. Ko Ko Hlaing, der Regierungsberater, ist optimistischer: Er glaubt, Aung San Suu Kyi werde in Myanmar eine vergleichbare Rolle spielen wie in Indien die aus Italien stammende Sonia Gandhi, die einst ihren Mann und ihre Schwiegermutter durch Attentate verlor: Sie werde Parteiarbeit machen und weiterhin sehr populär bleiben.

Vorausgesetzt, die Generäle lassen das zu. Ohne den guten Willen der Militärs, sagt der Publizist Aung Zaw, wird die Bevölkerung Myanmars nicht in der Lage sein vorwärtszukommen.

Aber kann man Aung San Suu Kyi das Präsidentenamt überhaupt wünschen, bei den schier unlösbaren Problemen, die das Land zu bewältigen hat? Die meisten Burmesen sind bitterarm. Überall fehlt es am Nötigsten: Die staatlichen Krankenhäuser sind heruntergekommen, das gesamte Bildungssystem von der Grundschule bis zur Universität ist überholungsbedürftig. 15 Prozent der Kinder gehen nicht zur Schule, und von jenen, die es tun, beenden weniger als 20 Prozent die Oberschule. Der öffentliche Dienst muss erneuert werden, in den Dörfern und Kleinstädten hat sich seit Beginn der Reformpolitik kaum etwas geändert – die lokalen Regenten herrschen autoritär wie eh und je.

Milliarden Euro sind nötig, um Straßen, Eisenbahnen, Strom- und Wasserversorgung auf Vordermann zu bringen. Richter und Staatsanwälte lassen sich bestechen, die Günstlinge des Militärs beherrschen die Wirtschaft. Rebellenarmeen, die mehr Drogen als Demokratie im Sinn haben, kontrollieren weite Gebiete des Landes. Die Friedensverhandlungen mit den ethnischen Minderheiten können sich über Jahre hinziehen. Aung San Suu Kyi selbst spricht von einer «verlorenen Generation». Und damit meint sie nicht nur die Jugend, sondern alle Burmesen unter 55 Jahren. Ihr Fazit: «Wir müssen noch mal ganz von vorn anfangen.»[19] Die Gefahr ist deshalb groß, dass Aung San Suu Kyi, einmal Präsidentin, an den Problemen ihres Landes scheitern könnte. Doch zu diesem Zeitpunkt verehren und lieben die Burmesen sie und hoffen auf wichtige Anstöße und Initiativen von ihr, etwa die ethnischen Minderheiten an einen Tisch zu bringen und die Investoren dazu zu bewegen, nicht nur an Bodenschätze und Profite zu denken, sondern auch an das Wohl der Menschen.

Die Zeit drängt. 2015 ist Aung San Suu Kyi 70 Jahre alt; ein Nachfolger, ähnlich charismatisch und durchsetzungsfähig wie sie, ist nicht in Sicht. Andererseits war Nelson Mandela ebenfalls schon 75 Jahre alt, als er am 10. Mai 1994 erster schwarzer Präsident Südafrikas wurde.

Ihr Sohn Kim sagte einmal über sie: «Sie wird niemals mit ihrer Arbeit aufhören.» Dabei lässt sie sich seit Jahren von einem Motto ihres Vaters leiten: «Hoffen wir auf das Beste – und seien wir auf das Schlimmste vorbereitet.»

Dank

Dieses Buch wäre nicht entstanden, wenn mir nicht meine Frau und Kollegin Jutta Lietsch mit viel Rat und Geduld zur Seite gestanden hätte. Sie war bei den Recherchen in Myanmar und in Oxford dabei und hat immer wieder das Manuskript geprüft. Mein früherer Chef Hans Hoyng schaute auf Teile des Entwurfs und half mit guten Vorschlägen über Hürden. Rainer Szimm von der «Spiegel»-Dokumentation überprüfte Fakten.

Mein Freund, der österreichische Botschafter bei den UN, Martin Sajdik, unterstützte Recherchen in New York, Uta Gärtner beriet, sie und Nilar Majid halfen zudem bei sprachlichen Problemen, Sven Hansen von der «taz» habe ich den Kontakt zu Ko Ko Hlaing zu verdanken.

Als Gesprächspartner in Deutschland opferten Hans-Bernd Zöllner, Gerhard Will, Wolfgang Heinze und Michael Koch ihre Zeit.

Kollege Khine Thurein schuf viele Kontakte in Myanmar, half bei Recherchen und dolmetschte Interviews. Mit Informationen und Einschätzungen versorgten mich Aye Maung, Aye Thar Aung, Aye Thein, Aye Win, Cho Aung Than, Hla Maung Shwe, Khin Khin Win, Khin Zaw Win, Kyi Win, Ma Thida, Moe Linn, Myo Zaw Aung, Nyan Win, Nyo Ohn Myint, Nyunt Nyunt, Phyo Min Thein, Saw Tun Aung Myint, Than Maung Shwe, Thet Zin, Tin Oo, Wai Moe, Win Ma Ma, Win Tin, Yan Myo Thein.

Sollten Fehler unterlaufen sein, gehen sie ganz allein auf mein Konto.

Anmerkungen

Einleitung: Aung San Suu Kyi – Brücke zwischen Ost und West

1 Assistance Association for Political Prisoners (Burma): «Annual Report 2010», http://aappb.org/category/annual-reports/
2 Timothy Garton Ash: «The Beauty and the Beast in Burma», New York Review of Books, 25.5.2000
3 BBC: «Aung San Suu Kyi's address to both Houses of Parliament – in full», 21.6.2012, https://www.youtube.com/watch?v=Uo1MHK1FBic
4 A.a.O.
5 Gespräch mit U Kyi Maung in: «Aung San Suu Kyi: Der Weg zur Freiheit» – Gespräche mit Alan Clements, Gustav Lübbe Verlag, Bergisch Gladbach 1997, S. 237
6 Andrew Heyn: «The Aung San Suu Kyi Lecture 2013 ‹Burma's reform process: a beacon of hope or a project destined to fail?›», St. Hugh's College, Oxford, 2013, http://www.st-hughs.ox.ac.uk/news-and-events/current/video-the-aung-san-suu-kyi-lecture-2013
7 Peter Popham: «Suu Kyi cold, hard-hearted,‹bad mother›? The truth», http://www.peterpopham.co.uk/index.php/suu-kyi-cold-hard-hearted-bad-mother-the-truth/

1. Eine Jugend als Tochter eines berühmten Vaters und einer strengen Mutter 1945–1964

1 Aung San Suu Kyi: «Letters from Burma», Penguin Books, London 1997, S. 115
2 Aung San Suu Kyi: «Der Weg zur Freiheit» – Gespräche mit Alan Clements, Gustav Lübbe Verlag, Bergisch Gladbach 1997, S. 84
3 Peter Popham: «The Lady And The Peacock – The Life of Aung San Suu Kyi of Burma», Rider, London 2012, S. 127
4 Aung San Suu Kyi: «Der Weg zur Freiheit», a.a.O., S. 74
5 Persönliches Gespräch mit dem Autor, 21.2.2014
6 Aung San Suu Kyi: «Der Weg zur Freiheit» a.a.O., S. 86
7 Ebenda
8 Steven Erlanger: «Rangoon Journal; A Daughter of Burma, but Can She Be a Symbol?», New York Times, 11.1.1989
9 Persönliches Gespräch mit dem Autor, 21.2.2014
10 Aung San Suu Kyi: «Der Weg zur Freiheit», a.a.O., S. 220
11 Columbia University World Leaders Forum: «A Discussion Featuring Daw Aung San Suu Kyi», 26.9.2012, https://www.youtube.com/watch?v=q9pKX-Fo8E4

12 Popham: «The Lady and The Peacock», a.a.O., S.171
13 Aung San Suu Kyi: «Der Weg zur Freiheit», a.a.O., S.82
14 Kanbawza Win: «The Nobel Laureate – Aung San Suu Kyi», CPDSK Publications, Bangkok 1992, S.88
15 Persönliches Gespräch mit dem Autor, 25.2.2014
16 Justin Wintle: «Perfect Hostage – Aung San Suu Kyi, Burma and the Generals», arrow books, London 2007, S.166
17 Harriet O'Brien: «Forgotten Land», Michael Joseph Ltd, London 1991, S.58
18 Malavika Karlekar: «Bungalows, Bageechas And Babalog», in: «Remembered Childhood», Oxford University Press, Oxford 2010, S.110
19 Malavika Karlekar: «History has proved Aung San Suu Kyi right, says LSR friend», ibnLive, 2.4.2012 http://ibnlive.in.com/news/history-has proved-aungsan-suu-kyi-right-says-lsr-friend/245109–74.html
20 Peter Popham: «The Lady and The Peacock», a.a.O, S.183
21 A.a.O., S.185

2. Von der Kolonialprovinz zum unabhängigen Staat

1 Archibald R.Colquhoun: «Burma and the Burmans, or, ‹The best unopened market in the world›», University of Michigan Library, 1885
2 Thant Myint-U: «The River of Lost Footsteps – A Personal History of Burma», Farrar, Straus and Giroux, New York 2006, S.191
3 George Orwell: «Shooting an Elephant», Penguin Books, London 2003, S.31
4 Mary P.Callahan: «Making Enemies – War and State Building in Burma», Cornell University Press, Ithaca and London 2003, S.23
5 Michael W.Charney: «A History of Modern Burma», Cambridge University Press, Cambridge 2009, S.31
6 A.a.O., S.34
7 Siehe Hans-Bernd Zöllner: «Birma zwischen Unabhängigkeit Zuerst – Unabhängigkeit Zuletzt», LIT-Verlag, Münster 2000, S.183
8 Michael Charney: «A History of Modern Burma», a.a.O., S.28
9 Michael Graves: «Nationalism as Political Paranoia in Burma. Essay on the Political Practice of Power», Taylor and Francis, eBook, 2013
10 Ko Ko Thett: «The Ghost of Elections Past», The Irrawaddy, 31.5.2010

3. Aung San: Vom wirren Studenten zum Unabhängigkeitshelden

1 Susanne Prager: «Nationalismus als kulturelle Reproduktion – Aung San und die Entstehung des postkolonialen Birma», Ruprecht-Karls-Universität Heidelberg 1998, S.33
2 Bo Let Ya: «Snapshots of Aung San», in: Maung Maung: «Aung San Of Burma (Myanmar)», Unity Publishing House, Yangon 2011, S.7
3 Aung San Suu Kyi: «Aung San Of Burma» Kiscadale, Edinburgh 1991, S.6
4 Bo Let Ya: «Snapshots of Aung San», a.a.O., S.8
5 Ba Maw: «Breakthrough in Burma», Yale University Press, New Haven and London 1968, S.65
6 Susanne Prager: «Nationalismus als kulturelle Reproduktion», a.a.O., S.73

7 Aung Zaw: «Independence Hero Aung San: His Integrity is Sorely Needed», The Irrawaddy, 2004, Volume 12, Nr. 6

8 Aung San: «Self-Portrait», in: «Aung San Of Burma», a. a. O., S. 4

9 Ba Maw: «Breakthrough in Burma», a. a. O., S. 68 ff.

10 Bo Let Ya: «Snapshots of Aung San», a. a. O., S. 11

11 Susanne Prager: Nationalismus als kulturelle Reproduktion», a. a. O., S. 55

12 Ebenda, S. 68

13 Siehe: Ba Than: «The Roots of the Revolution», Government Printing Press, Rangoon 1962

14 Bo Yan Aung: «Our Lonely Mission», in: Maung Maung, a. a. O., S. 41

15 Bertil Lintner: «Land Of Jade», Kiscadale White Lotus, Edinburgh and Bangkok 1990, S. 255

16 Mya Han: «The Writings Of General Aung San», Universities Historical Research Centre, Yangon 2000, S. 18

17 Brigadier Maung Maung: «On The March With Aung San», in: Maung Maung, a. a. O., S. 68

18 Aung San: «Blue Print for Burma», in: Josef Silverstein, Editor: «The Political Legacy Of Aung San, Revised Edition», Cornell South East Asia Program, Ithaka 1993, S. 20

19 Thant Myint-U: «The River of Lost Footsteps – A Personal History of Burma», Farrar, Straus and Giroux, New York 2006, S. 229

20 Aung San: «Burma's Challenge 1946» Third Edition, the key collection, Yangon 2013, S. 31

21 Karen National Union: «A Karen History», http://www.rainbowends.org/karen/history.htm

22 Aung San Suu Kyi: «Aung San Of Burma», in: Maung Maung, a. a. O., S. 20

23 Siehe Susanne Prager: «Coming Of The ‹Future King›: Burmese Minlaung Expectations Before And During The Second World War», The Journal of Burma Studies, Volume 8, Northern Illinois University, 2003

24 Brigadier Maung Maung: «On The March With Aung San», a. a. O., S. 62

25 Susanne Prager: «Nationalismus als kulturelle Reproduktion», a. a. O., S. 96

26 Angelene Naw: «Aung San And The Struggle For Burmese Independence», Silkworm Books, Chiang Mai 2001, S. 91

27 Ebenda, S. 108

28 Field-Marshal Sir William Slim: «I Could Do Business With Aung San», in: «Aung San Of Burma», a. a. O., S. 83

29 U Tun Pe: «Sun Over Burma», Rasika Ranjani Press, Rangoon 1949, S. 114

30 Dr. Maung Maung: «Aung San's Helpmate», in: «Aung San Of Burma», a. a. O., S. 118

31 Josef Silverstein (Ed.): «The Political Legacy Of Aung San», Cornell University, Ithaca 1993, S. 72 f.

32 Angelene Naw: «Aung San And The Struggle», a. a. O., S. 156

33 Der Spiegel: «Viel Lärm um Burma», 46/1947

34 C. R. Attlee: «A Strong Character and a Statesman» in: Maung Maung, a. a. O., S. 108

35 Michael W. Charney: «A History of Modern Burma», Cambridge University Press, Cambridge 2009, S. 65

36 Ebenda, S. 69
37 Dr. Maung Maung; «Aung San's Helpmate», in: Maung Maung, a.a.O., S. 120
38 Ebenda
39 Fergal Keane: «Who really killed Aung San?», BBC 2 Documenary, 19.7.1997,
    https://www.youtube.com/watch?v=Noo3jRV75kc
40 A.a.O.
41 A.a.O.

4. Ein Leben in Oxford, New York und im Himalaja 1964–1988

 1 Ann Pasternak Slater: «Suu Burmese», in: Aung San Suu Kyi: «Freedom from
    Fear and other Writings», edited by Michael Aris, Viking, London 1991, S. 258
 2 Ebenda, S. 259
 3 Ebenda
 4 In: «Aung San Suu Kyi – Lady of No Fear», Documentary, Worldmagazinejam,
    2013, https://www.youtube.com/watch?v=7KuA_GY9Gkc
 5 Ann Pasternak Slater: «Suu Burmese», a.a.O., S. 260
 6 Mary Warnock: «Aung San Suu Kyi's Politics Of Virtue», The Japan Times,
    24.7.1994, http://www.burmalibrary.org/reg.burma/archives/199706/
    msg00401.html
 7 Peter Popham: «The Lady And The Peacock – The Life Of Aung San Suu Kyi Of
    Burma», Rider, London 2012, S. 197
 8 Ann Pasternak Slater: «Suu Burmese», a.a.O., S. 261
 9 Antwort auf die Frage des Autors auf einer Pressekonferenz des Bundespresse-
    amts in Berlin am 12.4.2014
10 Siehe: Ma Than E: «A Flowering of the Spirit: Memories of Suu and Her Family»,
    a.a.O., S. 249
11 Ann Pasternak Slater: «Suu Burmese», a.a.O., S. 263
12 Justin Wintle: «Perfect Hostage – Aung San Suu Kyi, Burma and the Generals»,
    arrow books, London 2007, S. 178
13 Mike Wooldridge: «Retracing the life of Burma's Aung San Suu Kyi in UK», BBC
    News, 19.6.2012
14 Noriko Ohtsu: «My Friend Suu», Reader's Digest Asia, 19.1.2011 http://www.rda-
    sia.com/my-friend-suu
15 Ma Than E: «A Flowering of the Spirit: Memories of Suu and Her Family», in:
    «Aung San Suu Kyi: Freedom from Fear and other writings», a.a.O., S. 250
16 A.a.O. S. 251
17 In: «Aung San Suu Kyi – The Choice»
18 In: «Aung San Suu Kyi – Lady of No Fear», Documentary
19 Michael Aris: «Introduction», in: «Aung San Suu Kyi: Freedom from Fear and
    other writings», Edited by Michael Aris, Viking, London 1991, S. xvii
20 Barbara Bradley: «Dark Victory in Burma», Vogue, October 1995
21 Michael Aris: «Introduction», a.a.O., S. xvii
22 Siehe Justin Wintle: «Perfect Hostage», a.a.O., S. 211
23 Bhiksuni Dhammavati: «Aris Memorial», http://himalaya.socanth.cam.ac.uk/
    collections/journals/ebhr/pdf/EBHR_17_06.pdf
24 Ann Pasternak Slater: «Suu Burmese», a.a.O., S. 262

25 Noriko Ohtsu: «My Friend Suu», a.a.O.
26 Ann Pasternak Slater: «Suu Burmese», a.a.O., S.262
27 Nalini Jain: «Her Father's Daughter», Sunday Times Singapore, 27.10.1991
28 Ann Pasternak Slater: «Suu Burmese», a.a.O., S.263
29 BBC: «Aung San Suu Kyi's Address to both Houses of Parliament – in full», London, 2012, https://www.youtube.com/watch?v=U01MHK1FBic
30 Peter Popham: «The Lady And The Peacock», a.a.O., S.234
31 Ann Pasternak Slater: «Suu Burmese», a.a.O., S.264
32 Thema der Arbeit: «A Study on the Historical Foundation of Bhutan, with a Critical Edition and Translation of Certain Bhutanese Texts in Tibetan», University of London
33 Nicholas Farrelly: «Interview with Professor Michael Aung-Thwin», New Mandala, 28.11.2007, http://asiapacific.anu.edu.au/newmandala/2007/11/28/interview-with-professor-michael-aung-thwin
34 Aung San Suu Kyi: «Letters from Burma», Penguin Books, London 1997, S.35
35 Noriko Ohtsu: «My Friend Suu», a.a.O.
36 Beide Essays in: Aung San Suu Kyi: «Freedom from Fear and other writings», a.a.O., S.82, S.140
37 Michael Aris: «Introduction», in: «Aung San Suu Kyi: Freedom from Fear and other writings», a.a.O., S.xv

5. Rückkehr in die Heimat 1988–1991

1 Thant Myint-U: «The River of Lost Footsteps» – A Personal History of Burma», Farrar, Straus and Giroux, New York 2006, S.297
2 Lee Kuan Yew: «From Third World to First-The Singapore Story 1965–2000, Memoirs of Lee Kuan Yew», Singapore Press Holdings, Times Edition 2000, S.360
3 Michael W. Charney: «A History of Modern Burma», Cambridge University Press, Cambridge 2009, S.122
4 Thant Myint-U: «The River of Lost Footsteps», a.a.O., S.300
5 Harriet O'Brien: «Forgotten Land – A Rediscovery of Burma», Michael Joseph Ltd, London 1991, S.104ff.
6 Aung Zaw: «The Doubly Disastrous Legacy of Ne Win», The Irrawaddy, 28.2.2014, http://www.irrawaddy.org/commentary/doubly-disastrous-legacy-ne-win.html
7 Aung Zaw: «The Face Of Resistance – Aung San Suu Kyi and Burma's Fight for Freedom», Mekong Press, Chiang Mai 2013, S.4
8 Aung Gyi: «Burma: The Beggar Country», The Irrawaddy, 28.8.2003, http://www2.irrawaddy.org/article.php?art_id=547
9 Der Spiegel: «Sohn des Ruhms», 31/1988
10 Michael Aris: «Introduction», in: «Aung San Suu Kyi: Freedom from Fear and other writings», a.a.O., S.xvi
11 BBC: «Burma's 1988 Protests», 25.9.2007, http://news.bbc.co.uk/2/hi/asiapacific/7012158.stm
12 Bertil Lintner: «Aung San Suu Kyi and Burma's Struggle for Democracy», Silkworm Books, Chiang Mai, English Version 2011, S.50

13 Dr. Khin Saw Win: «The Memory of 8–8-88 Will Live On», Burma Watch International, 1998, http://www.burmawatch.org/com-khin-mem-8–8-88. html

14 Mike Carey: «30 Years of Dateline: 1989 – Aung San Suu Kyi», Special Broadcasting Service, http://www.youtube.com/watch?v=tEXoNEmf75s

15 Dr. Maung Maung: «The 1988 Uprising in Burma», Monograph 49, Yale Southeast Asia Studies 1997, S. 274

16 Persönliches Gespräch mit dem Autor in Yangon, 17.2.2014

17 Aung San Suu Kyi: «Speech to a Mass Rally at the Shwedagon Pagoda», 26.8.1988, http://www.ibiblio.org/obl/docs3/Shwedagon-ocr.htm

18 Aung Zaw: «The Face Of Resistance – Aung San Suu Kyi and Burma's Fight for Freedom», Silkworm Press, Chiang Mai 2014, S.14

19 Persönliches Gespräch mit dem Autor, 4.2.2014

20 Persönliches Gespräch mit dem Autor, 5.2.2014

21 Bertil Lintner: «Outrage – Burma's Struggle for Democracy», White Lotus, London, Bangkok 1990 S. 55

22 The Times: «People's Heroine Spells Out Objectives», 29.8.1988, in: Aung San Suu Kyi: «Freedom From Fear and other writings», herausgegeben von Michael Aris, Viking, London 1991

23 Bertil Lintner: «Outrage – Burma's Struggle for Democracy», a. a. O., S.125 f.

24 Justin Wintle: «Perfect Hostage – Aung San Suu Kyi, Burma and the Generals», arrow books, London 2007, S. 278

25 Charles Stuart Kennedy: «Moments in US. Diplomatic History», Interview mit Marshall Adair, http://adst.org/2013/08/burmas-8888-demonstrations-and-the-rise-of-aung-san-suu-kyi/

26 Melinda Liu: «A Nation in Torment», Newsweek Magazine, 3.10.1988

27 Ebenda

28 Ebenda

29 Aung San Suu Kyi, «Two Letters to Amnesty International», in: Aung San Suu Kyi: «Freedom From Fear and other writings», a. a. O., S. 214

30 Tamara Aberle: «Der Pfau als Symbol in Asien», Publikation des Asienhauses, Essen 2006 http://www.asienhaus.de/public/archiv/symbolpfau.pdf

31 Persönliches Gespräch mit dem Autor, 24.2.2014

32 National League for Democracy: «The Policy of Ethnic Nationalities of Burma, 1989, http://burmalibrary.org/docs4/NLD-Ethnic_policy.pdf

33 Persönliches Gespräch mit dem Autor, 19.2.2014

34 Kyaw Yin Hlaing: «Daw Aung San Suu Kyi: A Burmese Dissident Democrat», in: «Burma or Myanmar? The Struggle for National Identity», World Scientific, Singapore 2010, S.126

35 Kyaw Yin Hlaing: «Aung San Suu Kyi of Myanmar: A Review of the Lady's Biographies», Contemporary Southeast Asia, Vol. 29, No. 2, Singapore 2007, S. 366

36 Steven Erlanger: «Burmese, Still Under Military, Settle Into a Sullen Waiting», New York Times, 9.1.1989, http://www.nytimes.com/1989/01/09/world/burmese-still-under-military-settle-into-a-sullen-waiting.html?src=pm&pagewanted=2&pagewanted=all

37 Sein Win: «Students Sing Anti-Government Songs At Funeral Procession», AP, 2.1.1989

38 Aung San Suu Kyi: «Battle Royal», in: «Aung San Suu Kyi and other writings», a.a.O., S.220f.

39 Peter Popham hat in «The Lady And The Peacock» zahlreiche Tagebucheintragungen zitiert. Die Zitate Ma Thanegis stammen aus diesem Buch.

40 Michael W. Charney: «A History of Modern Burma», a.a.O., S.164

41 Aung San Suu Kyi: «Der Weg zur Freiheit – Gespräche mit Alan Clements», Gustav Lübbe Verlag, Bergisch Gladbach 1997, S.49

42 Justin Wintle: «Perfect Hostage» a.a.O., S.319

43 Aung San Suu Kyi: «Dust and Sweat», in: Aung San Suu Kyi: «Freedom From Fear and other writings», Edited by Michael Aris, Viking, London 1991, S.225

44 Philip Kreager: «Aung San Suu Kyi and the Peaceful Struggle for Human Rights in Burma», in: Aung San Suu Kyi: «Freedom From Fear and other writings» a.a.O., S.306

45 Derek Tonkin: «The 1990 Elections in Myanmar: Broken Promises or a Failure of Communication?», in: Contemporary South East Asia, Vol.29, No.1, Singapore 2007, S.10

46 Voice of America, excerpts from interview 19.7.1989, interviewer: David Dyar, http://www.voanews.com/content/excerpts-from-interview-articles-on-1989-aung-san-suu-kyi-house-arrest-109999214/175056.html

47 Barbara Bradley: «Dark Victory in Burma», Vogue, Oct.1995

48 Ma Thanegi: «Nor Iron Bars A Cage», ThingsAsian Press, San Francisco 2013, S.18ff.

49 Gespräch mit U Kyi Maung, in: Aung San Suu Kyi: «Der Weg zur Freiheit», a.a.O., S.241

6. Reise in eine andere Welt 1991–1995

1 Michael Aris: «Introduction», in: Aung San Suu Kyi: «Freedom From Fear and other writings», Edited by Michael Aris, Viking, London 1991, S.xxi

2 Ebenda, S.xxiii

3 Ebenda

4 Persönliches Gespräch des Autors mit Anwalt U Kyi Win, 19.6.2014, und «A Conversation with Daw Aung San Suu Kyi», Lowy Institute, Sydney, 28.11.2013

5 The Manifesto of the National League for Democracy on Multi-Party Democracy General Election, 6.11.1989, http://www.ibiblio.org/obl/docs/NLDElectionManifesto1989.htm

6 Steven Erlanger: «Burmese Vote Rejects Army Rule With Big Victory für Opposition», New York Times, 29.5.1990

7 Aung San Suu Kyi: «A Dissident's Life» (1), in: «Letters from Burma», Penguin Books, London 1997, S.123

8 Persönliches Gespräch mit dem Autor, 5.2.2014

9 Aung San Suu Kyi: «Teachers», in: «Letters from Burma», S.160

10 Sam Marsden: «Aung San Suu Kyi: Oxford summers helped me through dark years of house arrest», The Telegraph, 20.6.2012

11 Brian Rex: «Rangoon's piano-tuners recall the vital part they played in Suu Kyi's struggle», The Independent, 30.3.2012

12 Elizabeth A. Harris: «In New York, Reverence for Myanmar's Opposition Leader», The New York Times, 22.9.2012
13 Brian Rex: «Rangoon's piano-tuners recall the vital part they played in Suu Kyi's struggle», a. a. O.
14 Aung San Suu Kyi: «Der Weg zur Freiheit – Gespräche mit Alan Clements», Gustav Lübbe Verlag, Bergisch Gladbach 1997, S.148
15 Acceptance Speech delivered on behalf of Aung San Suu Kyi, 10.12.1991, http://www.nobelprize.org/mediaplayer/index.php?id=1811
16 Barbara Bradley: «Dark Victory in Burma», Vogue, Oktober 1995
17 New York Times Service: «Burmese dissident is undeterred by long detention, her husband says», The Baltimore Sun, 18.5.1992
18 Christina Fink: «Living Silence in Burma», Silkworm Books, Chiang Mai, Second Edition 2009, S.77
19 Lesley Kean, Dennis Bernstein: «Aung San Suu Kyi Interview», The Progressive, 2.12.2006, http://www.progressive.org/mag_intv0397
20 In: «Aung San Suu Kyi – Angus McQueen: «Aung San Suu Kyi: The Choice», BBC 2, 2012
21 Hugh C. MacDougall: Burma Press Summary …, Volume IX, No. 7, July 1995, http://www.ibiblio.org/obl/docs3/BPS95–07.pdf
22 Amnesty International: «Myanmar – Aung San Suu Kyi», 16.8.1995, http://web.archive.org/web/19961028040229/www.amnesty.org/ailib/aipub/1995/ASA/160895.ASA.txt
23 Gespräch mit U Kyi Maung, in: Aung San Suu Kyi: «Der Weg zur Freiheit», a. a. O., S.244
24 Justin Wintle: «Perfect Hostage – Aung San Suu Kyi, Burma and the Generals», arrow books, London 2007, S.370
25 Gespräch mit U Kyi Maung, in: Aung San Suu Kyi: «Der Weg zur Freiheit», a. a. O., S.244

7. «Über unserem Land liegt ein Fluch» 1995–2000

1 Persönliches Gespräch mit dem Autor, 23.2.2014
2 Persönliches Gespräch mit dem Autor, 16.2.2014
3 Kei Nemoto: «The Japanese Perspective on Burma», Burma Debate, August/September 1995, S.25
4 Christina Fink: «Living Silence in Burma- Surviving Under Military Rule», Silkworm Books, Chiang Mai 2009 S.81
5 Canadian Friends of Burma: «James Leander Nichol's Death», http://www.cfob.org/burmaissue/politicalPrisoners/JLNichols.shtml
6 Aung San Suu Kyi: «Letters from Burma», Penguin Books, London 1997, S.24
7 Kyodo: «Suu Kyi Escapes Attack on Her Car Unhurt», 9.11.1996
8 Harriet O'Brien: «Suu Kyi urges Britons to boycott Burma», The Independent, 17.3.1996
9 Persönliches Gespräch mit dem Autor, 20.1.2014
10 «Die Demokratie wird kommen»; Der Spiegel, 40/1997
11 Der Spiegel: «In die Hände der Junta», 3/1997

12 Peter Popham: «The Lady And The Peacock – The Life Of Aung San Suu Kyi Of Burma», Rider, London 2012, S. 318

13 Ma Thanegi: «The Burmese Fairy Tale», Far Eastern Economic Review, 19.2.1998

14 Zu den ASEAN-Staaten gehörten ursprünglich: Thailand, Malaysia, Indonesien, Singapur und die Philippinen. Später kamen das Sultanat Brunei, Vietnam, Laos, Myanmar und Kambodscha hinzu.

15 Mark Lifsher: «Unocal Settles Human Rights Lawsuit Over Alleged Abuses at Myanmar Pipeline», Los Angeles Times, 22.3.2005, http://articles.latimes.com/2005/mar/22/business/fi-Unocal22

16 INFORMATION SHEET No. A-0492(I/L), 7.7.1998, http://www.burmalibrary.org/reg.burma/archives/199807/msg00151.html

17 Statement 6(7/98), http://www.burmalibrary.org/reg.burma/archives/199807/msg00305.htm

18 Statement 32 (8/98), http://www.burmalibrary.org/docs07/NLDStatement1998-08-20(32).pdf

19 Bangkok Post: «Roadside Standoff Scene Recorded», 17.8.1998

20 Statement 32 (8/98)

21 Bangkok Post: «Roadside Standoff Scene Recorded»

22 Teilnehmerländer waren: Australien, Frankreich, Kanada, Deutschland, Indonesien, Japan, Malaysia, Norwegen, die Philippinen, Portugal, Singapur, Schweden, Thailand, Großbritannien und die USA

23 Anna Magnusson, Morten B. Pedersen: «A Good Office? Twenty Years of UN Mediation in Myanmar», International Peace Institute, New York 2012, S. 25

24 Ebenda, S. 26

25 Ebenda, S. 28

26 Ebenda, S. 29

27 Peter Popham: «The Lady And The Peacock», a. a. O., S. 333

28 Rebecca Frayn: «The untold love story of Burma's Aung San Suu Kyi», The Telegraph, 11.12.2011

29 Christophe Loviny: «Aung San Suu Kyi – A Portrait in Words and Pictures», Hardie Grant Books, Richmond & London 2013, S. 73

30 Seth Mydans: «Burma Leader Forced Home; Standoff Ends», The New York Times, 3.9.2000

8. Blumen für Buddha 2000–2010

1 Razali Ismail: «Meetings with Aung San Suu Kyi», The Irrawaddy, April 2004, Vol. 15, Nr. 4, http://www2.irrawaddy.org/article.php?art_id=6974

2 Anna Magnusson, Morten B. Pedersen: «A Good Office? Twenty Years of UN Mediation in Myanmar», International Peace Institute, New York 2012, S. 36

3 Seth Mydans: «Burmese Democracy Advocate Is Released From House Arrest, The New York Times, 6.5.2002

4 Persönliches Gespräch mit dem Autor, 19.6.2014

5 Glenn Kessler: «Home of Burma's Suu Kyi Imperiled», Washington Post, 15.5.2009

6 Patrick Strefford: «Foreign Debt: Distorting Japan's ODA Diplomacy towards

Myanmar», Ritsumeikan Annual Review of International Studies, Vol. 19, No. 2, Kyoto 2006, S. 163

7 Persönliches Gespräch mit dem Autor, 19.6.2014

8 BBC: «Senior Burmese official killed», 19.2.2001, http://news.bbc.co.uk/2/hi/asia-pacific/1178225.stm

9 Asian Tribune: «Sermon atop fire engine by Suu Kyi to the local junta authorities», 21.12.2002, http://www.asiantribune.com/news/2002/12/21/sermon-atop-fire-engine-suu-kyi-local-junta-authorities

10 AP: «Suu Kyi hints reconciliation talks are floundering», 4.1.2003

11 Mark Baker: «Burma's Iron Butterfly», The Age (Melbourne), 7.10.2002

12 Persönliches Gespräch mit dem Autor, 27.2.2014

13 Siehe: Ad hoc commission on Depayin massacre: «Preliminary report», Bangkok, http://www.ibiblio.org/obl/docs/Depayin_Massacre.pdf

14 Resolution der Interparlamentarischen Union, Mexiko, 23.4.2002, http://www.ipu.org/hr-e/174/myno1.htm

15 Peter Popham: «The Lady and The Peacock – The Life Of Aung San Suu Kyi Of Burma», Rider, London 2012, S. 357

16 Hans-Bernd Zöllner: «The Beast and the Beauty», regiospectra Verlag, Berlin 2012, S. 446

17 Persönliches Gespräch mit dem Autor, 21.2.2014

18 Razali Ismail: «Meetings with Aung San Suu Kyi», a. a. O.

19 Alternative ASEAN Network on Burma: «Burma's National Convention: Illegitimate, Unrepresentative & Oppressive», 16.2.2005, http://www.altsean.org/Docs/PDF%20Format/Thematic%20Briefers/Burma's%20National%20Convention%20-%20Illegitimate%20Unrepresentative%20And%20Oppressive.pdf

20 Persönliches Gespräch mit dem Autor, 19.2.2014

21 Oliver August: «Rangoon to release Suu Kyi for talks», The Times, 23.4.2004

22 Aung Zaw: «The Spring before Khin Nyunt's Fall», The Irrawaddy, 2008, Volume 16, Nr. 10

23 US-Campaign für Burma: «Child Soldiers», http://uscampaignforburma.org/about-burma/conflict-and-human-rights/child-soldiers.html

24 Aung Zaw: «Retreat to the Jungle», The Irrawady, 2005, Volume 13, Nr. 12

25 Christina Fink: «Living Silence in Burma – Surviving Under Military Rule», Silkworm Books, Chiang Mai 2009, S. 97

26 Aung Zaw: «Retreat to the Jungle», a. a. O.

27 Wikileaks: Embassy Bangkok, Cable 06BANGKOK4848, «Chinese View of Burma from Thailand», 9.8.2006, https://wikileaks.org/cable/2006/08/06BANGKOK4848.html

28 Dulyapak Preecharushh: «Naypyidaw – The New Capital of Burma», White Lotus, Bangkok 2009, S. 89

29 Aung Zaw: «Tracking the Tycoons», The Irrawaddy, 2008, Volume 16, Nr. 9

30 Persönliches Gespräch mit dem Autor, 22.2.2014

31 Brian Rex: «Rangoon's piano-tuners recall the vital part they played in Suu Kyi's struggle», a. a. O.

32 Jack Davies: «Aung San Suu Kyi: I was both a prisoner and maintenance woman», The Guardian, 18.11.2010

33 Ian Holliday: «Burma Redux», Columbia University Press, New York 2011, S. 72

34 Christina Fink: «Living Silence in Burma», a.a.O., S.100

35 Asian Human Rights Commission: «The alms bowl and the duty to defy», in: article 2, Special report: «Burma, political psychosis and legal dementia», Hongkong, 2007, Vol. 6, Nr. 5–6, S.19

36 A.a.O., S.22

37 Christina Fink: «Living Silence in Burma», a.a.O., S.104

38 Asian Human Rights Commission: «The alms bowl and the duty to defy», a.a.O., S.41

39 Christina Fink: «Living Silence in Burma», a.a.O., S.106

40 Yeni und Min Lwin: «Massive Cheating Reported from Referendum Polling Stations», The Irrawaddy, 10.5.2008

41 Persönliches Gespräch mit dem Autor, 19.6.2014

42 Tony Dokoupil: «How John Yetta increased Suu Kyi's sentence», Newsweek, 20.8.2009

43 Persönliches Gespräch mit dem Autor, 19.6.2014

44 National Coalition Government of the Union of Burma (Exilregierung): «Trial of Daw Aung San Suu Kyi», update 18./19.5.2009

45 Persönliches Gespräch mit dem Autor, 18.6.2014

46 Moe Linn: «Up Close», Myanmar Consolidated Media, Yangon 2013

47 Lally Weymouth: «An interview with Burma's democracy activist Aung San Suu Kyi», Washington Post, 20.1.2012

48 Wikileaks: Embassy Rangoon, cable 09Rangoon743, a.a.O.

49 Persönliches Gespräch mit dem Autor, 20.6.2014

50 Persönliches Gespräch mit dem Autor, 19.2.2014

51 CNN: «Suu Kyi calls for dialogue with Myanmar government», 17.11.2010, http://edition.cnn.com/2010/WORLD/asiapcf/11/15/myanmar.suu.kyi/

9. «Ihr habt die Gewehre und die Macht»
2010–2014

1 Aung Zaw: «The Face of Resistance – Aung San Suu Kyi and Burma's Fight for Freedom», Silkworm Press, Chiang Mai 2014 S.34

2 Ebenda, S.36

3 Ebenda

4 Hannah Beech: «Aung San Suu Kyi: Burma's First Lady of Freedom», Time, 29.12.2010, http://content.time.com/time/magazine/article/0,9171,2040197-3,00.html

5 BBC: Aung San Suu Kyi aims for peaceful revolution», 15.11.2010, http://www.bbc.co.uk/news/world-asia-pacific-11755169

6 «SEZ» steht für «Special Economic Zone», übersetzt: «Sonderwirtschaftszone»

7 Asian Development Bank: Asian Development Outlook, Manila, 2014, http://www.adb.org/countries/myanmar/economy

8 Simon Roughneen: «Full Steam Ahead: The Burma Boom», The Diplomat, 22.12.2012

9 Bill Keller: «A Conversation with President U Thein Sein of Myanmar», New York Times, 30.9.2012

10 Neue Zürcher Zeitung: «Wir brauchen Geduld und Ausdauer», 9.9.2014

11 Paul Chambers, Aurel Croissant (co-ed.): Democracy under Stress: Civil-Military Relations in South and Southeast Asia», Institute of Security and International Studies (ISIS). Bangkok 2013, S.121

12 Myint Shwe: «In his own words: the rise and fall of Khin Nyunt», Bangkok Post, 8.4.2012, http://www.bangkokpost.com/news/investigation/287955/in-his-own-words-the-rise-and-fall-of-khin-nyunt

13 Rede nach der Verleihung des Willy-Brandt-Preises, Willy-Brandt-Haus, Berlin, 11.4.2014

14 BBC: «Aung San Suu Kyi: Burma election not ‹free and fair›», 30.3.2012, http://www.bbc.com/news/world-asia-17558542

15 BBC: «Burma's Aung San Suu Kyi sworn in to parliament», 2.5.2012, http://www.bbc.com/news/world-asia-17918414

16 Walden Bello: «Will the Burma Road End in Democracy», Focus of the Global South, 9.7.2012

17 Aung Zaw: «The Letpadaung Saga and the End of an Era», The Irrawaddy, 14.3.2013, http://www.irrawaddy.org/mining/the-letpadaung-saga-and-the-end-of-an-era.html

18 Persönliches Gespräch mit dem Autor, 6.2.2014

19 Spiegel-Online: «Burmas Oppositions-Star: Suu Kyi muss dubiose Parteispenden erklären», 15.1.2013, http://www.spiegel.de/politik/ausland/burma-suu-kyi-muss-dubiose-parteispenden-erklaeren-a-877676.html

20 Human Rights Watch: «All you can do is pray», Washington, 2012, http://www.hrw.org/sites/default/files/reports/burma0413webwcover_0.pdf

21 Al Jazeera: «UN raises alarm over Rohingya Muslim abuse», 8.4.2014, http://www.aljazeera.com/news/asia-pacific/2014/04/un-raises-alarm-over-rohingya-muslim-abuse-2014486363891587.html

22 Ulrich Delius: «Streit um Staatsbürgerschaft der Rohingya», in: Ute Köster/Phuong Le Trong/Christina Grein (HG.): «Handbuch Myanmar», Horlemann-Verlag, Berlin 2014, S.364

23 BBC: «Aung San Suu Kyi ‹Attacks on Muslims not ethnic cleansing›», 24.10.2013, http://www.youtube.com/watch?v=rNVE_Ch_Q18

24 «Aung San Suu Kyi on Muslims in Burma», Shingetsu News, 20.4.2013, http://www.youtube.com/watch?v=Q3WQE-hVucI

25 David Blair: «How can Aung San Suu Kyi – a Nobel Peace Prize winner – fail to condemn anti-Muslim violence?», The Telegraph, 24.10.2013, http://blogs.telegraph.co.uk/news/davidblair/100242929/how-can-aung-san-suu-kyi-a-nobel-peace-prize-winner-fail-to-condemn-anti-muslim-violence/

26 Felizitas Küble: «Birma: IGFM übt deutliche Kritik an Friedensnobelpreisträgerin Aung San Suu Kyi», Christliches Forum, 6.11.2013

27 Larry Jagan: «Suu Kyi shifts pre-election tack in Myanmar», Asia Times, 12.6.2014

10. Zwischen zwei kämpfenden Wasserbüffeln

1 David I. Steinberg: «Burma/Myanmar – What Everyone Needs To Know», Oxford University Press, New York 2010, S.44

2 Martin Smith: «Burma – Insurgency And The Politics Of Ethnicity», Zed Books Ltd., London and New Jersey 1991, S.251

3 Bertil Lintner, Michael Black: «Merchants of Madness», Silkworm Books, Chiang Mai 2009, S. 25

4 Martin Smith: «Burma – Insurgency And The Politics of Ethnicity», a. a. O., S. 35

5 Benedict Rogers: «A Land Without Evil», Monarch Books, Oxford 2004, S. 84

6 Martin Smith: «Burma – Insurgency And The Politics Of Ethnicity», a. a. O., S. 256

7 Der Spiegel: «Feines Leben», 49/1996

8 Persönliches Gespräch mit dem Autor, 1996

9 United Nations Office of Drugs and Crime (UNODC): «World Drug Report 2014», http://www.unodc.org/documents/wdr2014/Statistics/Opium_Heroin_cultivation_production_eradication.pdf

10 Martin Smith: «Burma – Insurgency And The Politics Of Ethnicity», a. a. O., S. 160

11 Persönliches Gespräch mit dem Autor, 26.6.2014

12 Seng Maw Lahpai: «State Terrorism and International Compliance – The Kachin Armed Struggle for Political Self-Determination», in: «Debating Democratization in Myanmar», Ed: Nick Cheesman, Nicholas Farelly, Trevor Wilson, Institute of Southeast Asian Studies, Singapore 2014, S. 290

13 Human Rights Council: «Report of the Special Rapporteur on the situation of human rights in Myanmar, Toma's Ojea Quintana», Advance Unedited Version, 6.3.2013, http://www.ohchr.org/Documents/HRBodies/HRCouncil/RegularSession/Session22/A.HRC.22.58_AUV.pdf

14 International Crisis Group: «A Tentative Peace in Myanmar's Kachin Conflict», Asia Briefing No. 140, Yangon, Jakarta, Brussels, 12.6.2013, S. 11

15 Siehe auch: Qin Liwen: «China and Myanmar: Beijing's Conflicting Role in the Kachin Peace Process», China Monitor, Mercator Institute for China Studies, Berlin, 6.6.2014

16 International Crisis Group: «Myanmar: The Politics of Economic Reform», Asia Report Nr. 231, Yangon, Jakarta, Brussels, 27.7.2012, S. 16

17 Andrew R. C. Marshall and Min Zayar Oo: «Special Report: Myanmar old guard clings to $ 8 billion jade empire», Reuters, 1.10.2013

18 Persönliches Gespräch mit dem Autor, 21.6.2014

19 BurmaNet News: «Daw Aung San Suu Kyi's Open Letter», 28.7.2011, http://www.burmanet.org/news/2011/07/28/daw-aung-san-suu-kyi's-open-letter-unofficial-translation/

20 BBC: «Burma's Suu Kyi Urges Minority Rights», 25.7.2012, http://www.bbc.com/news/world-asia-18979410

11. «Wir können nicht in Furcht leben»

1 Aung San Suu Kyi: «Letters from Burma», Penguin Books, London 2010, S. 3 f.

2 Council of Foreign Relations: «A conversation with Aung San Suu Kyi», Video-Konferenz, 30.11.2011, http://www.youtube.com/watch?v=QdiLvKP89yk

3 Rüdiger Falksohn: «Sanfter Weg zum Ich», in: «Weltmacht Religion», Karen Andresen/Stephan Burgdorff, (Hg.) Deutsche Verlags-Anstalt, München 2007, S. 188

4 Aung San Suu Kyi: «Der Weg zur Freiheit – Gespräche mit Alan Clements», Gustav Lübbe Verlag, Bergisch Gladbach 1997, S.39
5 Robert Booth: «Aung San Suu Kyi picks Beatles and Tom Jones on Desert Island Discs», The Guardian, 27.1.2013
6 Gustaaf Houtman: «Mental Culture in Burmese Crisis Politics: Aung San Suu Kyi and the National League for Democracy», Institute for the Study of Languages and Cultures of Asia and Africa (ILCAA), Tokyo University of Foreign Studies 1999, S.292
7 «Daw Su's 25 Dialogues With The People 1995–1996», ed: Dr. Hans-Bernd Zöllner, Kant Kaw Wut Yee Publishing House, Yangon 2014
8 Aung San Suu Kyi: «In Quest of Democracy», in: Aung San Suu Kyi: «Freedom from Fear and other writings», Aung San Suu Kyi: «Let's visit Burma», Burke Publishing Company, London 1985 S.175
9 Siehe: Gustaaf Houtman: «Mental Culture in Burmese Crisis Politics: Aung San Suu Kyi and the National League for Democracy», a.a.O., S.16
10 Columbia University World Leaders Forum: «A Discussion Featuring Daw Aung San Suu Kyi», 26.9.2012, https://www.youtube.com/watch?v=q9pKX-Fo8E4
11 «Daw Su's 25 Dialogues With The People 1995–1996», a.a.O.
12 Deutsche Welle: «Suu Kyi wirbt um Investitionen», 1.6.2012
13 Siehe Himalayan Times: «Suu Kyi and democratic socialism: Will her suggestions bear fruit?», 24.6.2014 und: Aung San Suu Kyi: «A Culture of Peace, Democracy, and Human Rights», address to a meeting of the World Commission on Culture and Development, Manila, 21.11.1994
14 «Daw Su's 25 Dialogues With The People 1995–1996», a.a.O.
15 Siehe etwa Dietmar Rothermund: «Gandhi: Der gewaltlose Revolutionär», C.H.Beck, München 2011
16 Ramachandra Guha: «Gandhians, Real Or Not – If only Aung San Suu Kyi's fearlessness were infectious», The Telegraph, Calcutta, 2.6.2012, http://www.telegraphindia.com/1120602/jsp/opinion/story_15549220.jsp#.U8oTQ-1Z6OD3
17 Hindustan Times: «Full Text of Suu Kyi's Jawaharlal Nehru Memorial Lecture», New Delhi, 16.11.2012, http://www.hindustantimes.com/india-news/newdelhi/full-text-of-suu-kyi-s-jawaharlal-nehru-memorial-lecture/article1-959856.aspx
18 Ebenda
19 «Daw Su's 25 Dialogues With The People 1995–1996», a.a.O.
20 Fergal Keane: «Suu Kyi speaks to BBC», BBC Archive, July 1995, http://news.bbc.co.uk/2/hi/asia-pacific/8195353.stm
21 Siehe: Aung San Suu Kyi: «Freedom from Fear», in: Aung San Suu Kyi: «Freedom from Fear and other writings», a.a.O., S.183
22 Robert Booth: «Aung San Suu Kyi picks Beatles and Tom Jones on Desert Island Discs», a.a.O.
23 «Daw Su's 25 Dialogues With The People 1995–1996», a.a.O.
24 Video Message Aung San Suu Kyi – 2012, Forum 2000, Prague, 23.10.2012, http://www.youtube.com/watch?v=KBIlo6lWmaA

12. Ein Mensch zwischen Himmel und Erde

1 Eigendorf, Schlesier: «Einige Bürger sind eben doch gleicher als andere», Die Welt, 14.4.2014

2 Toh Han Shin: «Strife hangs over China billions in Myanmar», South China Morning Post, 20.5.2013

3 Bertil Lintner: «Perfect Hostage: A Life of Aung San Suu Kyi», Asia Pacific Media Services, 2007

4 Persönliches Gespräch mit dem Autor, 28.1.2014

5 The Telegraph: «Aung San Suu Kyi calls für sanctions on Burma to remain», 8.2.2011

6 Aung San Suu Kyi Speech at the University of Louisville, 24.9.2012, https://www.youtube.com/watch?v=SCt2XhBddb4

7 Christiane Amanpour: «Interview with Aung San Suu Kyi», CNN, 21.9.2012

8 Anne Gearan: «Aung San Suu Kyi urges easing of sanctions on Burma», Washington Post, 19.9.2012

9 Bill Keller: «A Conversation with Daw Aung San Suu Kyi», The New York Times, 30.9.2012

10 Schriftliches Interview mit dem Autor, Juni 2014

11 Claudia Joseph und Elizabeth Sanderson: «Der eiserne Schmetterling», Die Weltwoche, 24/2012

12 http://seanwilson.org/forum/index.php?t=msg&goto=6878&S=5513903f35f8b60bacad7985d05b7833

13 http://www.meetup.com/Ethical-Philosophy-Discussion-Group-of-East-Portland/members/11731153/

14 Christiane Amanpour: «Interview with Aung San Suu Kyi» ... http://transcripts.cnn.com/TRANSCRIPTS/1209/21/ampr.01.html

15 Claudia Joseph und Elizabeth Sanderson: «Der eiserne Schmetterling», a.a.O.

16 Ebenda

17 Thilo Thielke: «Mit friedlichen Mitteln», Der Spiegel, 47/2010

18 Peter Stanford: «The pain of Aung San Suu Kyi's sons, parted from their mother for 25 years», Telegraph, 22.6.2012

19 «Daw Aung San Suu Kyi at The Asia Foundation», San Francisco, 29.9.2012, http://asiafoundation.org/media/view/video/5XosX7v3RMM/daw-aung-san-suu-kyi-at-the-asia-foundation

Quellen- und Literaturverzeichnis

Anmerkung: Zitate in englischer Sprache aus Artikeln, Büchern, Webseiten, Videoaufnahmen, Filmen und Gesprächen habe ich selbst ins Deutsche übersetzt.

Bücher:

All Burma Students' Democratic Front: «To Stand And Be Counted- The Suppression of Burma's Members of Parliament», ASDF, Bangkok 1998

Aris, Michael (Hg.): «Aung San Suu Kyi», Wilhelm Heyne Verlag, München 1991

Aung San Suu Kyi: «Aung San Of Burma», Kiscadale Publications, Edinburgh 1991

Aung San Suu Kyi: «Der Weg zur Freiheit – Gespräche mit Alan Clements», Gustav Lübbe Verlag, Bergisch Gladbach 1997

Aung San Suu Kyi: «Freedom From Fear and other writings», Viking, London 1991

Aung San Suu Kyi: «Let's visit Burma», Burke Publishing Company, London 1985

Aung San Suu Kyi: «Letters From Burma», Penguin Books, London 1997

Aung San: «Burma's Challenge», the key collection, Yangon 3. Auflage 2013

Aung Zaw: «The Face Of Resistance – Aung San Suu Kyi and Burma's Fight for Freedom», Silkworm Press, Chiang Mai 2014

Aung-Thwin Michael, Aung-Thwin Maitrii: «A History of Myanmar Since Ancient Times», Reaktion Books, London 2. aktualisierte und erweiterte Auflage 2013

Baw Maw: «Breakthrough In Burma – Memoirs of a Revolution, 1939–1946», Yale University Press, New Haven/London 1968

Bayly Christopher, Harper Tim: «Forgotten Wars», Penguin Books, London 2007

Bengtsson, Jesper: «Ikone der Freiheit – Aung San Suu Kyi», Rotbuch Verlag, Berlin 2013

Blum Franziska: «Teaching Democracy», regiospectra Verlag, Berlin 2011

Buruma Ian: «God's Dust», Vintage, London 1991

Cady John F.: «A History Of Modern Burma», Cornell University Press, Ithaca, New York 1958

Callaghan Mary P.: «Making Enemies – War and State Building in Burma», Cornell University Press, Ithaca, New York 2003

Chambers Paul, Croissant, Aurel (co-ed.): «Democracy under Stress- Civil-Military Relations in South and Southeast Asia, Institute of Security and International Studies, Bangkok 2010

Charney Michael W. «A History of Modern Burma», Cambridge University Press, Cambridge 2009

Cheesman Nick, Farelli Nicholas, Wilson Trevor (ed.): «Debating Democratization in Myanmar», Institute of Southeast Asian Studies, Singapore 2014

Cheesman Nick, Skidmore Monique, Wilson Trevor (ed.): «Myanmar's Transition -Openings, Obstacles and Opportunities, Institute of Southeast Asian Studies, Singapore 2012

Cheesman Nick, Skidmore Monique, Wilson Trevor (ed.): «Ruling Myanmar- From Cyclone Nargis to National Elections», Institute of Southeast Asien Studies, Singapore 2010

Constitution of the Republic oft he Union of Myanmar, Ministry of Information 2012

Dunlop Nic: «Brave New Burma», Dewi Lewis Publishing, Stockport 2013

Egreteau Renaud, Jagan Larry: «Soldiers And Diplomacy In Burma», National University of Singapore Press, Singapore 2013

Fink Christina: «Living Silence in Burma – Surviving Under Military Rule», Silkworm Books, Chiang Mai 2009

Holliday Ian: «Burma Redux», Columbia University Press, New York 2011

Houtman Gustaaf: «Mental Culture in Burmese Crisis Politics – Aung San Suu Kyi and the National League for Democracy», Institute for the Study of Languages and Cultures of Asia and Africa (ILCAA), Tokyo University of Foreign Studies 1999

Kanbawza Win: «Daw Aung San Suu Kyi», CPDSK Publications, Bangkok 1992

Khin Nyunt, Maj-Gen, Secretary-1: «Web Of Conspiracy- Complicated Stories Of Treacherous Machinations And Intrigues Of BCP UG, DAB, And Some NLD Leaders To Seize State Power», Myanma Aline Press, Yangon 1991

Khoo Thwe Pascal: «from the land of green ghosts – A Burmese Odyssey», HarperCollins Publishers, New York 2002

Köster Ute, Le Throng Phuong, Gren Christina (Hg.): «Handbuch Myanmar», Horlemann Verlag, Berlin 2014

Larkin Emma: «No Bad News For The King», Penguin Books, London 2011

Larkin Emma: «Everything Is Broken – Life Inside Burma», Granta, London 2010

Lintner Bertil, Black Michael: «Merchants of Madness – The Methamphetamine Explosion in the Golden Triangle», Silkworm Books, Chiang Mai 2009

Lintner Bertil: «Aung San Suu Kyi and Burma's Struggle for Democracy», Silkworm Books, Chiang Mai 2011

Lintner Bertil: «Burma in Revolt – Opium and Insurgency Since 1948», White Lotus, Bangkok 1994

Lintner Bertil: «Land of Jade», Kiscadale Publications, Edinburgh 1990

Lintner Bertil: «Outrage- Burma's Struggle for Democracy», White Lotus, London, Bangkok 1990

Lintner Bertil: «Aung San Suu Kyi And Burma's Unfinished Renaissance», White Lotus, Bangkok 1991

Lintner Bertil: «Great Game East- India, China and the struggle for Asia's most volatile frontier», HarperCollins Publishers India, Noida 2012

Loviny Christophe: «Aung San Suu Kyi – A Portrait in Words and Pictures», Hardie Grant Books, Richmond, Victoria 2013

Ma Thanegi: «Nor Iron Bars A Cage», ThingsAsian Press, San Francisco 2013

Marshall Andrew: «The Trouser People -A Story of Burma in the Shadow of the Empire», Penguin Books, London 2002

Maung Maung (ed.): «Aung San Of Burma (Myanmar)», Unitiy Publishing House, Yangon 2. Auflage 2011

Maung Maung: «A Trial in Burma – The Assassination of Aung San», Second Edition, Unity Publishing House, Yangon 2012

Maung Maung: «The 1988 Uprising in Burma», Monograph 49, Yale Southeast Asian Studies 1997

Maung Maung: «to a soldier son», Sarpay Beikman, Rangoon 1974

Maung Htin Aung: «The Stricken Peacock – Anglo-Burmese Relations 1752–1948», Martinus Nijhoff, The Hague 1965

Moe Linn: «Up Close-Two Decades of Close Encounters with Aung San Suu Kyi», MCM Books Publishing, Yangon 2013

Mya Doung Nyo: «The Thirty Comrades», Educational & Agitational Publications No. 4, Yangon 1992

Mya Han: «The Writings Of General Aung San», Universities Historical Research Centre, Yangon 2000

Nakanishi Yoshihiro: «Strong Soldiers, Failed Revolution – The State And Military in Burma, 1962–88», National University of Singapore Press 2013

Naw Angelene: «Aung San And The Struggle For Burmese Independence», Silkworm Books, Chiang Mai 2001

O'Brien Harriet: «Forgotten Land – A Rediscovery of Burma», Michael Joseph Ltd, London 1991

Orwell George: «Shooting an Elephant and Other Essays», Penguin Books, London 2003

Popham Peter: «The Lady And The Peacock – The Life Of Aung San Suu Kyi Of Burma», Rider, London 2012

Prager Susanne: «Nationalismus als kulturelle Reproduktion – Aung San und die Entstehung des postkolonialen Birma», Ruprecht-Karls-Universität, Heidelberg 1998

Preecharushh Dulyapak: «Naypyidaw – The New Capital of Burma», White Lotus Press, Bangkok 2009

Rieffel Lex (ed.): «Myanmar/Burma – Inside Challenges, Outside Interests», The Brooking Institution, Konrad Adenauer Foundation, Washington 2010

Rogers Benedict: «A Land Without Evil», Monarch Books, Oxford 2004

Rogers Benedict: «Burma – A Nation At The Crossroads», Rider, London 2012

Rogers Benedict: «Than Shwe- Unmasking Burma's Tyrant», Silkworm Books, Chiang Mai 2010

Rotberg Robert I. (ed.): «Burma- Prospects for a Democratic Future», The World Peace Foundation, Washington 1998

Sargent Inge: «Twilight over Burma- My Life As A Shan Princess», Silkworm Books, Chiang Mai 1994

Schacht Martin: «Gebrauchsanweisung für Burma Myanmar», Piper-Verlag, München 2013

Silverstein John (ed.): «The Political Legacy of Aung San», Revised Edition, Southeast Asia Program, Cornell University, New York 1993

Skidmore Monique: «Karaoke Fascism – Burma and the Politics of Fear», University of Pennsylvania Press, Philadelphia 2004

Smith Martin: «Burma- Insurgency And The Politics Of Ethnicity», Zed Books Ltd, London and New Jersey 1991

Steinberg David I.: «Burma/Myanmar – What Everyone Needs To Know», Oxford University Press, New York 2010

Steinberg David I.: «Burma – The State of Myanmar», Georgetown University Press, Washington 2001

Suragamika: «The Roadmap», Silkworm Books, Chiang Mai 2011

Than Tun: «A Modern History of Myanmar 1752–1948», Loka Ahlinn Publishing House, Yangon 2010

Thant Myint-U: «The River of Lost Footsteps – A Personal History of Burma», Farrar, Straus and Giroux, New York 2006

Thant Myint-U: «Where China Meets India- Burma And The New Crossroads of Asia», Farrar, Straus and Giroux, New York 2011

Thomas William: «Aung San Suu Kyi», World Almanach Library, Milwaukee 2005

U Tun Pe: «Sun over Burma», Rasika Ranjani Press, Rangoon 1949

Victor Barbara: «The Lady- Aung San Suu Kyi Nobel Laureate and Burma's Prisoner», Faber and Faber Inc., New York 1998

Wintle Justin: «Perfect Hostage – Aung San Suu Kyi, Burma and the Generals», arrow books, London 2007

Zöllner Hans-Bernd (Hg.): Daw Su's 25 Dialogues with the people 1995–1996, Kant Kaw Wut Yee Publishing House, Yangon 2014

Zöllner Hans-Bernd: «The Beast and the Beauty», regiospektra-Verlag, Berlin 2012

Zöllner Hans-Bernd: «Fetisch Demokratie – Der Arabische Frühling von außen betrachtet», Abera-Verlag, Hamburg 2014

Zöllner Hans-Bernd: «Konflikt der Welt-Anschauungen- Die ‹Zwei Birmas' seit Beginn der Kolonialzeit», regiospektra-Verlag, Berlin 2011

Aufsätze/Studien

Aung San Suu Kyi: «A Culture of Peace, Democracy, and Human Rights», World Commission on Culture and Development, Manila 1994

Bünte Marco: «Burma's Transition to ‹Disciplined Democracy›: Abdication or Institutionalization of Military Rule?», GIGA Working Papers No. 177, 2011

Bünte Marco: «Problemstaat» Myanmar – «Zum schwierigen Umgang mit dem Militärregime», GIGA Focus, Nr. 11, 2007

Bünte Marco: «Wahlen in Myanmar: «Die Konsolidierung autoritärer Herrschaft», GIGA Focus, Nr. 10, 2010

Houtman Gustaaf: «Aung San's lan-zin, the Blue Print and the Japanese Occupation of Burma», Royal Anthropological Institute, London 2008

Kyaw Yin Hlaing: «Aung San Suu Kyi of Myanmar: A Review of the Lady's Biographies», Contemporary Southeast Asia, Vol. 29, No. 2, 2007

Kyaw Yin Hlaing: «Daw Aung San Suu Kyi: A Burmese Dissident Democrat», in: Lowell Dittmer: «Burma or Myanmar? The Struggle for National Identity, World Scientific Pub. Co, 2010

Kyaw Zaw Win: «A History of the Burma Socialist Party (1930–1964)», Wollongong 2008

Magnusson Anna and Morten B. Pedersen: «A Good Office? Twenty Years of UN Mediation in Myanmar», International Peace Institute, New York 2012

Marshall Andrew R. C: «Suu Kyis precarious pivot», Thomson Reuters, 2012

Min Zaw Oo: «Understanding Myanmar's Peace Process: Ceasefire Agreements», Schweizerische Friedensstiftung, 2014

Pilger John: «The Burmese Gulag», Covert Action Quarterly, 1996

Prager-Nyein Susanne: «Expanding Military, Shrinking Citizenry, and the New Constitution in Burma», Journal of Contemporary Asia, Volume 39, Issue 4, 2009

Qin Liwen: «China and Myanmar: Beijing's Conflicting Role in the Kachin Peace Process», China Monitor, Mercator Institute for China Studies, Berlin 2014

Revel Arthur: «Die deutsch-myanmarischen Beziehungen vor und nach 1988 – Viel verloren, wenig gewonnen?» Friedrich-Ebert-Stiftung, 2007

Sampa Kundu: «Two Icons and Two States: Democracy and Human Rights Movements in India and Myanmar», New Delhi 2013

Schuster Christine/Gerhard Will: «Birma jenseits der Wahlen», Stiftung Wissenschaft und Politik, 2010

Steinberg David I.: «Aung San Suu Kyi and US Policy toward Burma/Myanmar», Journal of Current Southeast Asian Affairs, GIGA, German Institute of Global and Areal Studies, Hamburg 2010

Tonkin Derek: «The 1990 Elections in Myanmar: Broken Promises or a Failure of Communication?», Contemporary Southeast Asia, Vol. 29, No. 1 (2007)

Yozo Yokota (1992–1996), Lallah, Rajsoomer (1996–2000), Pinheiro, Paulo Sergio (2000–2007): «Collected Reports to the UN Commission on Human Rights and the Human Rights Council by the Special Rapporteurs on the Situation of Human Rights in Myanmar», UN-Human Rights Council, Genf 2007

Filme/Dokumentationen

Evan Williams: «A Feisty Flower», ABC Australia, 1996

Fergal Keane: «Who really killed Aung San?», BBC 2, 1997

Anne Gyrithe Bonne: «Aung San Suu Kyi: Lady Of No Fear», First Hand Films, 2010

Luc Besson: «The Lady», 2011

Angus McQueen: «Aung San Suu Kyi: The Choice», BBC 2, 2012

Zeitschriften/Zeitungen

Asiaweek
Bangkok Post
Contemporary Southeast Asia
Democratic Voice of Burma
Der Spiegel
Eleven Myanmar
Far Eastern Economic Revue
Journal of Contemporary Asia
London Review of Books
Los Angeles Times
Mizzima News
Myanmar Times

Newsweek Magazine
Reader's Digest Asia
SOAS Bulletin of Burma Research
The Guardian
The Himalayan Times
The Independent
The Irrawaddy
The Journal of Burma Studies
The New Light of Myanmar
The New York Times
The New Yorker
The Telegraph

The Washington Post
Vogue Magazine

Weltwoche
Working People's Daily

Webseiten

www.altsean.org
http://asiapacific.anu.edu.au/
   newmandala/
www.asienhaus.de/burma
www.atimes.com
www.bbc.news
www.burmanet.org
www.bnionline.net
www.burmatoday.net
www.burmaproject.org
www.burmawatch.org
www.burmalibrary.org
cablegatesearch.wikileaks.org
www.cfr.org
www.crisisgroup.org

www.dassk.org
www.dvb.no
www.ecoburma.com
www.elevenmyanmar.org
www.euro-burma.euwww.freeburma-
   coalition.org
www.harvardmagazine.com
www.hindustantimes.com
www.irrawaddy.org
www.mizzima.org
www.mmtimes.com
www.networkmyanmar.org
www.nobel.se/peace/laureates
www.outlookindia.com

Bildnachweis

Karte, S.12: © Peter Palm, Berlin
S.17:   Sean Gallup/Getty Images
S.22:   Kyodo/MAXPPP/picture alliance/© dpa
S.37:   Abdruck mit freundlicher Genehmigung von Malavika Karlekar
S.74:   George W. Hales/Fox Photos/Getty Images
S.87, 90, 93, 95, 96, 98, 111, 142: Aris Family Collection/Getty Images
S.113:   ullstein bild – Heritage Images/Alain Evrard
S.120:   AFP/AFP/Getty Images
S.160:   EPA/Nyein Chan Naing, © picture alliance/dpa
S.165:   Reuters
S.167:   Daniel Simon/Gamma-Rapho via Getty Images
S.227:   ullstein bild/Reuters
S.250:   MANDEL NGAN/AFP/Getty Images
S, 252, 305: Soe Than WIN/AFP/Getty Images
S.292:   akg-images/Archiv Peter Rühe
S.295:   Ingrid von Kruse/SZ-Photo
S.304:   Daniel Sannum-Lauten/AFP/Getty Images

Personenregister

Ortsregister